荊楚文庫

〔乾隆二年〕嘉魚縣志

〔清〕張其維 修 〔清〕李懋泗 纂

〔乾隆五十五年〕嘉魚縣志

〔清〕汪雲銘 修

〔清〕方承保 張宗軾 纂

荊楚文庫編纂出版委員會

武漢大學出版社

荆楚文庫

〔乾隆二年〕嘉魚縣志

QIANLONG ERNIAN JIAYU XIANZHI

〔乾隆五十五年〕嘉魚縣志

QIANLONG WUSHIWUNIAN JIAYU XIANZHI

圖書在版編目(CIP)數據

〔乾隆二年〕嘉魚縣志/〔清〕張其維修;〔清〕李懋泗纂.
〔乾隆五十五年〕嘉魚縣志/〔清〕汪雲銘修;〔清〕方承保,張宗軾纂.
—武漢:武漢大學出版社,2023.12
ISBN 978-7-307-23949-4
Ⅰ.①乾… ②乾…
Ⅱ.①張… ②汪… ③李… ④方… ⑤張…
Ⅲ.嘉魚縣—地方志—清代
Ⅳ.K296.34
中國國家版本館 CIP 數據核字(2023)第 162273 號

責任編輯:朱凌雲
整體設計:范漢成 曾顯惠 思 蒙
責任校對:李孟瀟
出版發行:武漢大學出版社(中國・武漢)
地址:武昌珞珈山
電話:(027)87215822 郵政編碼:430072
録排:武漢恒清圖文菲林輸出工作室
印刷:湖北新華印務有限公司
開本:787mm×1092mm 1/16
印張:29.25 插頁:6
版次:2023 年 12 月第 1 版 2023 年 12 月第 1 次印刷
定價:109.00 元

ISBN 978-7-307-23949-4

出版説明

湖北乃九省通衢，北學南學交會融通之地，文明昌盛，歷代文獻豐厚。守望傳統，編纂荆楚文獻，湖北淵源有自。清同治年間設立官書局，以整理鄉邦文獻爲旨趣。光緒年間張之洞督鄂後，以崇文書局推進典籍集成，湖北鄉賢身體力行之，編纂《湖北文徵》，集元明清三代湖北先哲遺作，收兩千七百餘作者文八千餘篇，洋洋六百萬言。盧氏兄弟輯録湖北先賢之作而成《湖北先正遺書》。至當代，武漢多所大學、圖書館在鄉邦典籍整理方面亦多所用力。爲傳承和弘揚優秀傳統文化，湖北省委、省政府決定編纂大型歷史文獻叢書《荆楚文庫》。

《荆楚文庫》以『搶救、保護、整理、出版』湖北文獻爲宗旨，分三編集藏。

甲、文獻編。收録歷代鄂籍人士著述，長期寓居湖北人士著述，省外人士探究湖北著述。包括傳世文獻、出土文獻和民間文獻。

乙、方志編。收録歷代省志、府縣志等。

丙、研究編。收録今人研究評述荆楚人物、史地、風物的學術著作和工具書及圖册。

文獻編、方志編録籍以一九四九年爲下限。

研究編簡體横排，文獻編繁體横排，方志編影印或點校出版。

《荆楚文庫》編纂出版委員會

二〇一五年十一月

總目録

荊楚文庫

〔乾隆二年〕嘉魚縣志

〔清〕張其維 修
〔清〕李懋泗 纂

《荆楚文庫·方志編》編纂組

組　　長：劉偉成　陽海清（執行）

副組長：劉傑民（執行）　王　濤　謝春枝　郝　敏　嚴繼東

參編人員（以姓氏筆畫爲序）：

王　濤　李云超　宋澤宇　范志毅　郝　敏　柳　巍　馬盛南　陳建勛

夏漢群　梅　琳　陽海清　彭余焕　彭筱瀓　楊愛華　雷　静　劉水清

劉偉成　劉傑民　謝春枝　戴　波　嚴繼東

編　　審：周　榮

顧　　問：沈乃文　李國慶　吴　格

前言

《〔乾隆二年〕嘉魚縣志》八卷續增一卷，清張其維修，清李懋泗纂，清乾隆二年（一七三七）增刻本。牌記鎸：『乾隆二年丁巳歲 嘉魚縣志 重修付梓。』

張其維，字德隅，清山西蒲縣人，敕封文林郎，雍正十年（一七三二）任嘉魚縣令。李懋泗，字魯膏，邑人，康熙四十四年（一七〇五）舉人。

邑志於明朝歷四修，現今所存僅正統十四年（一四四九）莫震志。清康熙十年（一六七一），縣令李元震復依莫志重修志書。張其維到任後，以是時距康熙志修成已逾六十年之久，一邑之事多有更新，若不盡早采輯，恐有湮滅無聞之慮，遂延請李懋泗等邑中耆宿，依明代兩部志書與康熙志之殘本纂修新志，細分條目，融會貫串，至乾隆二年，書成付梓。

志成八卷，共十綱：封域、營建、賦役、學校、風土、秩官、選舉、人物、藝文、外志。正文前有輿圖、張其維序、舊序、舊敘、修志姓名、目次、凡例。正文後有李懋泗跋，另有續增一卷，版心題『嘉魚縣志續增』，載張其維所纂記載修堤事跡之文。

是志體例較之前志改動較大。正統、康熙志皆僅分三卷，且有目無綱。是志則增擴卷數，卷下有綱，綱下有目，且次序更爲合理。其内容兼載興廢，『營建』一門凡現存者悉載原委。『學校』一門前志闕略尤多，是志採鄰縣通行及朝廷頒定者，輯爲一編。『賦役』一門因舊例繁多且非劃一之制，是志僅載新例。『秩官』『選舉』兩門，前志所載錯誤闕遺者甚多，有經指明可增改者，是志予以改正增補，無法考證者仍從舊志。『人物』所載多屬公舉，需經縣批允方可入志，詳略寬嚴悉採之輿論，並遵守生人不立傳原則。『藝文』依體裁分目，所載甚多，篇幅約佔全書一半。

是志作爲嘉魚縣志中承上啟下之作，體例上進行了擴充完善，内容也更爲豐富詳盡。其後乾隆五十五年

（一七九〇）與同治五年（一八六五）之續志皆依其體例纂修，可謂後世之範本。康熙志現已散佚大半，僅存中卷一册，是志保存康熙志李元震之序文，可藉此考據康熙志成書始末。

據《中國地方志聯合目録》，是志有清乾隆二年刻增刻本，國圖、南京、浙江有藏。本次據南京圖書館藏本影印。該藏本存在少許缺字、破損現象。（彭筱漵）

目録

乾隆二年丁巳歲

嘉魚縣志

重修付梓

嘉魚縣圖

嘉魚縣圖

嘉魚縣

漢陽界
新汀洲
小洲
江家洲
湖塘
湖家橋
高脚廟
馬鞍山
下四寺
花塘
下脚洲
漢界
文廟
學宮
東門塘
東岳廟
茶亭
淨保寺
咸寧界
牛首山
白雲
白湖
石井舖
蜀湖寺
受灘嘴
六路舖
湖寺
舒橋舖
大崖寺
秦鐘山
秦鐘寺
蒲圻界

屬全圖

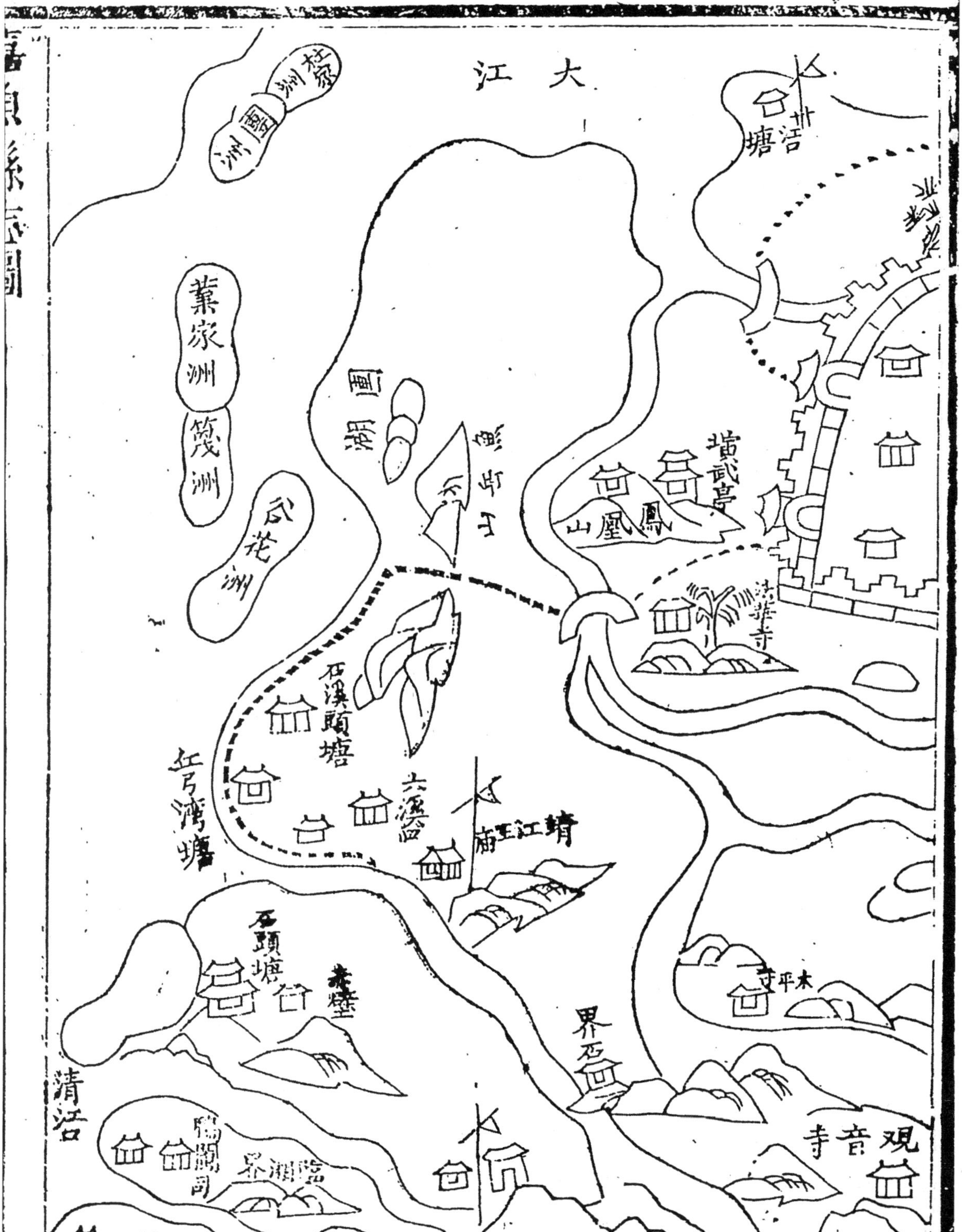

嘉魚縣志圖

重修嘉魚縣志序

自古循良之吏不以催科爲能而以風教爲先一方之風教載在志書者顯無不深切而著明也由一邑推之一郡由一郡推之九

州以至薄海内外食毛踐土之域雖貞淫奢儉之異俗剛柔燥濕之異地人事物理萬有不齊然隸朝廷之版章服朝廷之政教同倫同軌無不可作一邑觀

也我

國家重熙累洽休養生息職方所紀海隅日出無不被以聲靈登之掌故然莫不自一邑始是一邑者天下之積也則一邑之志頗不

重哉無如前人守缺遺文多在散失之餘後來積薪當事不無表章之責此邑志一書一修再修之不容已也嘉魚夙稱望邑余自承乏茲土覽其山川按其

人物見夫故家遺俗之流傳名賢鉅公之偉績烺烺炳炳照耀寰區稽之舊志多有未備且自康熙十年而底自此以後六十餘載深沐

聖朝之德化涵濡薰陶其間端人正士節義流芳諒自不乏若不早為采輯以將湮沒無聞良可慨也第鹿鹿俗吏日事簿書未敢親操鉛槧致嘆遺珠邑人李子

魯膺余乙酉同年士其同學王生雲音亦庠中耆宿也乃折衷搉致之委以纂輯凡分卷者八提綱者十其條析而以類從者視舊志增十之六書成授之梓仍以蕪辭弁之蓋聞古者太史陳詩市納賈以觀民之好惡今其事既不可追而彙之於志則民俗之淳漓吏治之得失通邑之廢興利害悉於是乎稽故考

封域而知設險之重覩營建而思經始之難小東大東賦役之繁興宜愼也上庠下庠學校之培養宜先也順風土所以植民生謹秩官所以司民命選舉昌

序 五

風雲之路廣矣人物盛川嶽之氣靈矣藝文富金石之音播矣至於釋老者流亦附見以備觀覽因之潤色休明布昭
聖化未必無小補焉雖彈丸災

木之書無足重輕而採風問俗者或資之則今日之志庶可待作者於無窮也是爲序

皇清乾隆二年丁巳歲仲夏月
上浣之吉

序 六

勅封文林郎知嘉魚縣事加一級紀錄一次河東張其維
譔

原序

嚴江李元震撰

邑之有志所以記山川之靈秀風俗之貞淳人物之端良文章之好尚沿革興廢忠義節孝之典俱於焉而悉載也予
承
簡命秉篆南嘉夙夜兢兢勤政求賢採風問俗庶務必親百度漸舉緣值奇荒徧畝躬省極之窮山僻壤得諸目擊固知嘉魚良稱醇邑山川都麗風俗渾樸人物文章夙秉先型彬彬乎咸有士君子之行焉而沿革興廢忠義節孝之事自古迄今未易殫舉但按邑之志書自正統巳巳歲為前宰莫霆威先生所手識

此後幾三百年修葺之舉寂然無聞且今止餘繕寫一冊予深恐日久廢弛茲冊或又為蠹魚侵蝕無徵不信將何考訂噫近代以來豈盡乏人何無懷根本之處而聽一邑太典竟湮沒不傳淪落於荒烟蔓草已乎遂使記載者無從紀勝陳詩者尚有遺議嘉亦文獻名區重梓之役烏容已也雖然蒐囊太濫則考核難精推畧益遠則瑕瑜失實予實不敏予何以膺茲重寄惟是夙典是程新型是問而增所未備訂所未確是刻也或得諸題名捫字於斷碣殘碑之上或選諸著述採傳於先民耆彥之中既不[illegible]尋見執已恐有師心妄作之譏尤不

敢瞻顧狥人恐有築舍道旁之議既不敢因訛傳謬恐有魯魚亥豕之疵尤不敢汎攬博收恐有汗牛充棟之累毋繆毋遺適於至當力圖告竣以繫茲一邑之鉅綱云爾然予於是重有念矣予蒞任三月以来人情習尚地方良楛洞諸心胸但見箪洲鎮之郵亭衝傯有事勤劬六溪口之羽雁酸辛徐圖生聚宣化一十二里之水旱頻仍饑饉洊至籌時者催科何術撫字維艱盱衡補救慘澹經營然則當今之時較昔之志江山無恙韻蹟猶存頓覺有勞逸盈虛豐歉之異予何以使勞者還逸虛者還盈歉者還豐使吾民熙熙皞皞共遊於太和宇

宙間是予之願也夫是予之責也夫

原敘

明姑蘇莫震譔

粵攷成周之制職方氏旣掌天下之圖而邦國四方之志則小史外史實領之是郡邑之有圖志其來尚矣蓋志之所見王道存焉一代政敎於是可攷不徒取以爲虛文也嘉魚圖志洪武永樂中嘗奉文修纂意當時迫於期限之嚴未免遺逸識者病之正統丙辰敎諭廬陵

劉池蘊嘗爲訂校江西金谿敎諭李滄朝宗捐貲鋟梓可謂備矣然其敘事旣不能無詳略之殊紀載亦不能無遺漏之失覽者重有慨焉震自正統辛酉奉命來知縣事到今凡八年矣耳之所聞目之所見足跡之所踐履者亦頗知其一二於是不揣愚陋暇日因搜訪故事參以舊志重加補訂較其訛駁芟其繁蕪若水利儲積之闕則補之職役公署之路則詳之科貢而著其出仕之由名宦而錄其已成之蹟迺若古今名公巨卿四方文士詩文足爲是邑之黼黻者備收錄之自建置沿革以訖於雜志詩文凡二十六提要區別成類各以小序弁諸首分爲三卷雖文不逮於事事不周於時然凡一邑古今事跡視諸前志

似覺少備其於檢閱之資庶或有助於萬一於戲管窺蠡測不量甚矣掛一漏萬之失尚有望於博識洽聞大君子

修志姓名

總修

敕封文林郎知嘉魚縣事加一級紀錄一次河東張其維

校閱

江西泰和縣知縣改署嘉魚縣儒學教諭加一級郭 林

嘉魚縣儒學訓導袁若安

纂修

舉人 李懋泗

生員 王士璈

叅訂

進士 程珏

採輯

舉人 周琢

廩生 李正常

生員 甘珠

汪懋灝

監修

龍士鼎

生員 喻一楠

李廷瑀

龍弘瀚

周琳

重修嘉魚縣志目次

目次終

凡例

一志書與諸書異必鑑古乃可知今惟博通始能兼總嘉魚志有三一止於前明弘治一止於嘉靖一止於
本朝康熙辛亥皆非全書且多疑悞茲薈萃三志細分條目融會貫串使其適如一書頗費心力然但有增補毫無闕漏謂予不信觀諸志自得其詳

一志書兼載廢興雖陳蹟久湮者必錄一以著創始之勞一以寓興復之望用意良深所當體認如營建一條自前明嘉靖至今僅二百年滄桑兵燹其故多矣中間興廢之由反有莫得而稽者詳於前而略於後亦一憾也其現存者悉載原委亦難深考

一學校所關甚大前志闕略尤多今採鄰邑通行及
本朝頒定着輯爲一編稍覺完備蓋同文之治始於學宮不得謂之勦襲也

一賦役應遵新例以前則例繁多且非畫一之制故不載

一秩官選舉二條名字官爵錯誤闕遺者頗多但經指明必爲改正增補其未經指明與世代先後無考者仍從舊本傳訛之失所不任受

一一縣風氣視人物爲盛衰近時人物不及前明第有善必錄所以示勸惟節義多屬公舉經縣批允入志詳略寬嚴悉採輿論間有遺漏限於見聞亦非意爲去取

一各傳出自舊志秉筆原非一人稱名稱公體製參差有所受之不可易也其在
本朝者則註後編二字以別之

一是非久而後定公論不以私狥故現任官師當時名碩不贅一辭非特惡其近諛亦以待後來之持論者

一前朝先達人各有集奏疏書記悉闕桑梓利害建置源流即長篇短咏亦因攬勝而傳故登之幾於溢幅我

國家文治百年鼓吹風雅定不乏人極意蒐羅應者殊少間有投贈又與邑乘無涉僅存數作以備一代之選良用缺然其登載詩文悉從事類世代不能盡拘

一志與史異綱目略同綱有總論皆出鄙見目亦如之間採舊志必爲註明不敢掩前人之美爲已有也

一事有傳訛猝難改易如秦鐘寺本名奔鐘寺取詩聞鐘奔古寺之義魚嶽山本名魚躍山取山形如魚之躍且山嶽二字不應重疊又頭陀港一名透脱港楊葉洞一名楊藥洞淨保寺一名靜寶寺此類極多前人未經改定姑從舊可也

重修嘉魚縣志卷之一

封域志第一

書曰申畫郊圻而子輿氏則云域民不以封疆之界夫九州奠壤九野分形前王乃量地以制邑度地以居民雖順其自然固勢當區別也嘉魚介在江表山澤各居其半高深隱現互相縈帶阡陌繡錯於其閒卽非神皐沃野考其建置因革邦則舊矣守土者因其勢而撫馭之亦美錦易製也故以封域志居先

星野

九州封域各有分星以觀妖祥職在保章然則設救政訪敘事風雨之所會陰陽之所和不可不察也志星野〔舊志〕

禹貢荆州之域當天文軫翼之度鶉尾之次也今湖廣所隸府屬惟襄陽在荆豫之閒而施州衞居荆梁之界餘悉爲荆楚地分之分次其占候應與府同

西漢志翼軫楚之分野今之南郡江夏桂陽零陵

及漢中汝南皆楚分

晉書翼軫楚荊州南陽入翼六度南郡入翼十度江夏入翼十二度零陵入軫十一度桂陽入軫十二度武陵入軫十度長沙入軫十六度

按翼軫皆臨楚分度不同占但星野之相鄰即天光之共曜故涉楚境者備錄之不必爲一邑也

沿革

嘉魚古荊州屬地至漢入沙羨俱未晰其名至晉

太康元年始名爲沙陽縣梁升爲沙州隋廢入蒲圻爲鮎賷鎮並沙羨爲鄂州五季南唐改鎮爲場昇元元年陞場爲縣保大十一年始改嘉魚縣以其地有魚嶽山取南有嘉魚之義也元大德五年改鄂州爲武昌路明復改路爲府嘉魚爲府屬邑至

聖朝廓清海宇江漢綏寧而武昌府屬悉仍舊焉 續志

形勢

嘉魚形勢以蒲圻章冠山爲遠脈本邑梅山爲近脈由此至秦鐘山越舒橋棗嶺棗園高家山直趨石井舖五里牌蜿蟺而來遂泝江流迴旋蟠鬱東南則牛首白雲環相拱衛馬鞍峙其北魚嶽浮其西龍潭山爲後障隆隆隱隱縣治適處其中得五星之正位三楚屬邑之勝斯邑亦其選矣此外山川各異另有紀載故不泛及

疆界

言封域則疆界可知矣然封域内錯所統者全疆界外拒所守者約王者有分土無分民畫疆

而理亦以便民也志疆界

東西袤二百一十五里　南北廣七十里

至　京師水路四千八百三十里陸路三千二百四十里

至本省水路二百四十里陸路一百八十里

四至

東至咸寧縣界八十里

南至蒲圻縣茗山五十五里

西至臨湘縣界新店一百三十五里

北至漢陽縣界潦水夾一百里

八到

東到咸寧縣治一百四十里

南到蒲圻縣治七十五里

西到沔陽州治二百五十里

北到漢陽縣治二百四十里

東南到咸寧縣治二百四十里

東北到江夏縣治二百五十里

西南到臨湘縣治一百六十里

西北到沔陽州治三百里

塘房

穀花洲塘十里至箕洲塘十五里至清江口塘十五里至土磯頭塘十五里至石頭口塘十五里至六溪口塘十五里至江安塘十五里至石磯頭塘十五里至江口塘十五里至新淤洲塘十五里至冬乾湊塘十五里至夏田寺塘十五里至東嶺塘十五里至下簰洲塘十五里至黑坡塘十五里至牛角尖塘十五里至王家港塘十五里至江夏界

以上一十七塘在江南岸

烏沙洲塘十五里至龍口塘十五里至汪家洲塘十五里至田家口塘十五里至漢陽界

以上四塘在江北岸

舖遞

縣前舖十里至石井舖十里至萊嶺舖二十里至舒橋舖十里至洪水舖十五里至蒲圻界

都里

周禮令六鄉之民各爲比閭族鄰使之相保相

受相賙相救後世散而爲都析而爲里皆其遺意也因其意而變通之厚民生而成民俗悉覩諸此矣志都里

舊有三鄉廣賢鄉管都之二四豐義鄉管都之一三五七八九懷仁鄉管都之六之十六後罷鄉置都分都管里都凡十有一里凡二十有二正統七年都仍其舊里并爲十二一都曰宣化曰永豐二都曰廣賢曰淨保三都曰居仁曰熟湖四都曰清洪曰德潤五都曰受澥曰西保六都

曰豐義曰太平七都曰郃陵曰親仁八都曰西
安曰欽敎九都曰石塘曰崇義十都曰懷仁曰
介石十一都曰左湖曰淸江以永豐歸宣化熟
湖歸居仁德潤歸淸洪西保歸受㵾太平歸豐
義親仁歸郃陵欽敎歸西安崇義歸石塘介石
歸懷仁淸江歸左湖至
國朝康熙四年分圖均米合居淨兩里爲一分懷仁
一里爲二仍十二里云載後

宣化里　廣賢里　淨居里　淸洪里　受㵾里

豐義里　郃陵里　西安里　石塘里　上懷仁
里　又懷仁里　左湖里

九洲

上洲　中洲　上截　下截　小洲　付助洲
傍還洲　還餘洲　護歸洲

九屯

上屯　中屯　傅屯　田屯　東屯　牛屯
小屯　白屯　大屯

保

何家保在縣北　陳家保在縣北　安樂保在縣西南
淨保在縣東

鎭

石頭鎭在縣西南六十里　六溪鎭在縣西南四十五里
簰洲鎭在縣北一百里

山川

宇宙肇判九土攸分高山大川以峙以流而丘
陵墳衍原隰之名物所以辨區寓阜民人而利
財用也志山川舊志

北境之山曰龍潭山在縣治後相傳有龍潛焉故
名　青山
百足山又名馬鞍山勢蜿蜒如飛練泝江而西故
名
河泊磯危石聳立甚奇
黃公山邑人李承箕築室其上諭德王鏊有記
大小蜀山先主與吳會拒曹操駐蹕於此故名
浮石山
東境之山曰牛頭山　石壁山　戴家山

陸家山　陰山　仙師山

仙跡山山頂石上有足跡甚巨相傳葛仙翁飛昇處

望夫山石上有婦人足跡

西保山羣峯羅列西湖之上不可以一峯名故總稱西保山

青林山山勢聯絡若青林

連洲山其山與前湖諸峯相連故名

南境之山曰白面山奇峯卓立勢如展旗按宋史韓世忠傳招撫劉忠叛有衆數萬據白面山營柵相望世忠伏精兵大破之斬忠湖南遂平即此山也山石多白前志乃云世傳有人禱於此山生三子皆白面死而爲神誤矣

白雲山在白面山之西相連有石洞可容數十人上有白雲菴舊志謂之寨石山即此山也

梅山山多梅下有洞名楊藥洞一名楊葉洞

大牛山　石官山　九隴山　横山　臨江山

秦鐘山本名尋鐘又訛陳鐘

唐帽山樹木蔥蔚望之如唐帽故名

石泉山　石崙山　霞山

楊家山在霞山北山勢相連

百合山在大崖山東北

鵓鴿山在梅山北一名皮閣山

西梅山在梅山西北

大石屋山其中空洞可容百人

大崖山有南嘉第一峯五字在山之陰名人題詠甚多

蒲圻山按蒲圻志有蒲圻山近西艮湖此未詳

西境之山曰灌磯山一名鳳凰山上有五嶽觀

魚嶽山水經注云在大江中楊子洲南一名江島山江流淤嚙洲已不存今山去江一里許

唐公山

月山形如半月有三山拱其前如心字水繞前後四時不涸

官山一名大觀山

桐山　引馬山　左經山

界石山有石如黿在河中逆流而上
柳山　雨壇山在赤壁之東南
石頭山方輿勝覽云在嘉魚隋志云蒲圻有石頭山蓋隋并嘉魚入蒲圻故云山在蒲圻
赤壁山即周瑜破曹操處
團山（在郭公湖北岸）　鐵山俱近赤壁
大明山　栢山　金獅山　城豪山俱近黃岡湖
禹貢岷山導江過九江（今之洞庭）至于東陵（今之巴陵）東迤北會爲滙（今之彭蠡）

嘉魚口即魚山驛江口也其一大港水自大崖山西南來過霞山范家橋至鵓鴿山梅山洞諸水自東南注之滙於蜜泉自馬徑至横山又東北至白雲山西南爲三汊潭過大通橋經魚嶽山之足紅硃港之水自東滙之東北至魚山驛入於江其一陸水至界石東北分流由螺螄港至石屋山又東北分流至唐帽山黿湖諸水自南注之爲楊家涇自小港經石磯頭之東南自欒木橋入於大港其一自官橋西流至牛頭山北會白湖梅獅之水爲曾港至三汊潭入於大港
六溪口在縣西南即古陸口三國時吳以此爲控地按舊志曾肅自江陵下屯六口肅卒呂蒙代之後呂岱又領潘璋士卒屯於此按水經註陸水經呂蒙城西又經蒲磯山北入大江謂之刀環口又謂之蒲磯口即此口也
石頭口在赤壁山下水有二其一自新店來爲白石長河會清江黃岡滄湖諸水遶鐵山至麻壕其一自蒲圻小梅山歷明橋蕁湖滙柳山湖諸

水遶鐵山之東南至麻壕之欒木涇二水合流注赤壁入於江
清江口土名灌口江水春漲則灌入黃岡湖至石頭口入江秋冬時則斷流矣
夾口在縣北簰洲盛夏則通舟楫秋冬則涸土人有上下夾之稱一名潦水夾
駕部口在縣東北
三港口在縣東
大灌口在縣東北

湖

太平湖在縣南十里相傳水涸時夜有光怪土人識而掘之得鑄鐘秦少游有弔鑄鐘文見藝文志

梅灘湖　楊汊湖　李漊湖　烏土湖　涸湖

龜湖　小龜湖　江池湖　大灘湖即大雅湖　小蘆湖

後湖　竇泉湖　湯家寨　以上諸湖在縣南

大鼓湖　蔡家湖　蚌蛤湖　致思湖　蘆洲湖

西保湖邑人李德艮隱居處　破鼓湖　方家湖

楊港湖　雁湖　柘株湖　李戌湖　楪李湖

大明湖　赤城湖　陶陵湖　以上諸湖在縣東北

黃岡湖　滄湖　大小左湖　滕毋梅湖

沙池湖　源潭湖　韓家坑湖　鯉魚湖

金灘湖　李漊湖　蘆城湖　白石長湖

清江寨　郭公湖　以上諸湖在縣西南

港

南圻涇港　東陂闘港俱在縣南

紅硃港在縣北舊有橋名通江一名宣化嘉靖間知縣吳瀚塡塞橋口引紅硃之水西流入江別建龍津橋云

大港在縣西大通橋跨其上

白小港在石磯頭之南　曾港在梅灘湖　長港

舒濟港　東港俱在縣南

李洙港在縣西南　大青泥港在縣西北

車濟港　鴿子港　頭陀港一名透脫港即今頭陀湖　西港　宋家港　高家港　青泥港俱在

縣東北

灘

金雞灘　孟家灘　炭窰灘　鐵鑪灘俱在縣西南

郭家灘　陰山灘俱在縣東

白楊灘　陳油灘俱在縣北

潭

三汊潭在白雲山下　龍潭在縣治北

浮石潭在縣東　楊家潭在新堤

胭脂潭有二一在縣東北一在縣西滄湖之濱

石頭潭在縣南　烏龜潭在縣東北

泉

竇泉即八眼泉水甘泉在湖中

石泉在石泉山之下

温泉一名湯坑在石頭口之東南

牛眼泉　洗耳泉俱在大崖山

池

落星池在大成殿前詳見亭榭

上放生池　下放生池俱在縣治東久廢

丁家池在縣治西

陂

上陂　下陂俱在受辦里　舒橋陂　柏葉陂俱在西安里

塘

東籬塘在縣治前　石塘在石塘里　龍塘在受辦里　鷺塘在濟保　胭脂塘在邰陂里　譚家塘在縣西

續志云正統間一十二里計塘二百四十五歲久閉塞不一故不具載今稍存一二以備考焉

嶺

大琛嶺　韓婆嶺　菉嶺俱在縣東

洪山嶺　古豪嶺俱在縣南

洞

梅山洞在梅山　白雲洞在白雲山　石室洞在大崖山　觀瀾洞在魚嶽山之背　石泉洞在唐帽山下

畈

平市畈　安樂畈　木梨畈俱在縣西南　舒橋畈在縣南　藤荆畈　龍塘畈　古城畈　南寧畈俱在縣東北　三九畈　黃港畈俱在縣東

洲

白面洲在縣南白面山下

楊子洲在魚躍山外金梁洲舊志載水經註江經魚嶽山下得金梁洲今崩塌已盡意護縣等洲即其地也

連洲在西保湖中

馬洲在縣東南

龍穴洲在縣東北按水經宋景帝迎文帝於江陵有龍躍負文帝舟左右失色帝謂長史王曇首曰此夏禹所以受天命也我何德以堪之哉一名駕部口

雙洲在縣東

堤

通江堤在縣東北有橋名宣化又名通江嘉靖十九年知縣李璣衡更築龍津堤以便行旅久而

橋圮二十四年知縣吳瀚塞通江橋更移橋於龍潭之西名曰龍津橋邑人方逢時有記

長堤宋皇慶元年知縣成宣築上自馬鞍山下至石家壟嘉魚分修三千一百四十三丈一尺以障下六里之田歷元明迄今無改雍正五年春夏水漲堤盡冲塌本年　督憲傳捐米一千石給堤內居民是年十月奉

旨給帑銀三千一百七十一兩六錢委員監發堤民修築堤旁植柳雍正十二年江岸崩塌堤近大河現任知縣張其維改築月堤一道長八百丈並將全堤加高五尺寬五尺堅厚結實多栽柳樹遂得穩固

新堤在縣東五里宋政和間知縣唐鈞築以捍江水靖康兵興堤圮乾道知縣陳景福改舊堤三百步因兩山相距楊家潭上橫亘爲堤江湖不通水患始息

附錄

石磬　白鷺磬俱在縣東

鄭家磬　頓古石俱在縣南

山陂峽在馬鞍山下

官壋在縣東北

麻壕　邱公灣　北壟　馬牙嘴俱在縣西南

王世明溝在石礮頭之西

張家蕩　犂轅段　長堤坎　鯉魚汊俱在縣東

獅子毬山在縣西南

古蹟

周鼓秦碑在當時亦耳目前物俯仰之間[illegible]

陳迹後之視今猶視昔安知不代積而成古耶考古實以証今也志古蹟

縣治在魚嶽山東南唐保大十三年因罹兵亂遂徙治白面山下即今白雲山宋平江南復還舊治今廢址尚存

沙陽城在縣東北一里許今無考

呂蒙城在縣西六十里石頭口孫權征長沙時築今無考

岳公城在縣東北四十里岳飛征楊么城此今無考

赤壁在縣西南六十里與烏林相對即周瑜破曹操處巉石峭立上有赤壁二字乃周瑜所題名人詩咏甚多見藝文志

祭風臺與赤壁山相連山頂有臺諸葛亮祭風於此

三皇廟在縣北半里許今無考

拄杖孔在縣東陰山之頂世傳葛仙翁常陟其巔杖立石間即成石窟水清不溢居民爭取以療疾男女混雜水遂絕

望夫石在縣東境山頂有一石上有足跡宛如婦人趾世傳其夫役於外婦登此望焉故名

宋汾疑洒字之訛陽郭君墓在龍潭山之原正統十三年八月有掘其墓者得墓誌一通仍爲瘗於塚畔誌云君諱一新字德彰舊諱彌遠復州玉沙縣滄浪鄉清化里人其先來自興國曾祖考琦曾祖妣聶氏祖考勉祖妣蔡氏考知常妣王氏淳熙壬寅二月十九日生嘉熙已亥清野南徙鄂之嘉魚明年八月二十四日卒十一月初四

日辛酉旅櫬縣治北龍潭山之原娶同邑趙氏諱媛夫魏王位什王宮親宅保平軍院珂州宗位女父承信郎彥滮母張氏淳熙丁未十月十二日生慶曆乙酉出適淳佑癸卯七月初二日終甲辰九月初八日丙午祔一男涇一女適寓邑李伯龍君家世聞於時義恤聞於鄉州縣賦政於民多所委任洒陽僑治條書裨贊力尤多守臣將擬補奏辭以疾弗能强其寓居也卜蓮荷塘之上面大江以西志鄉關之在目也嗚呼

天限南北不獲還先人之隴有此遺憾缺文不可無歲月缺文石內諸缺文

詳此君人品非碌碌者應在寓賢之列但壙記多缺誤又不載作誌姓名初擬削去今依舊誌存之

杏壇在魚嶽之背邑人李承芳有記載藝文誌

文廟古松元主簿狄忠手植明初尚百餘株歷爲風雨摧折僅存三十餘株崇正間熊公開元復植數十本今存者甚蒼秀

古柏一株在城隍廟不知植自何代今約十餘圍矣明季枝葉盡凋歲餘復生青葱如故

營建志第二

司空列職於冬官凡邑有大興作皆以爲民民或未之知也既用其財復用其力於是大事未舉怨讟生焉古者因事立法與民宜之占營室以審天時正方位以合地理節勞逸以順人心急所當務罔有紛更不待國中之黔執朴以扶而畚挶與規模具矣後之君子覽建置之由其可忘節愼之義乎

城池

重關百二表裏金湯天府之雄皆因地利邑雖小必憑險以立特陋而不設備古所深譏也志城池

舊志云嘉魚縣治東南阻山西北距江居民鮮少舊無城池前明正統時僅土垣木柵正德間羣盜大起知縣陸槐因故址拓築女牆上覆以瓦周圍二百雉厚六尺高倍之四門曰東望曰南

薰曰西成曰北鑰歲久傾圮萬曆戊寅知縣吳駿聞之兩院守巡巡撫都御史陳公瑞疏請改築易以磚石周圍四里東西廣里餘南北袤二里城高一丈九尺厚一丈三尺上設女牆門建一樓曰寅賜曰嚮明曰迎江曰定奎又爲一小門西出曰水西門西北有便糧門今閉提學副使張邦奇邑人方逢時俱有碑記以後修築未詳至雍正十年大雨傾毀三百丈現任知縣張其維捐俸修葺堅完居民永賴

池以水爲險縣城南距湖西北距江亦若漢水以爲池也惟東爲驛路車馬往來之區盡負郭居民塲圃村落耳

廨署

官署非蘧廬比也所以謹內外肅觀瞻崇卑大小其制各殊皆有堂廉之義焉君子攸躋可僅視爲傳舍與志廨署

縣治在龍潭山前元至正甲辰知縣李夔建大堂儀門縣門六房及典史衙舍明洪武初知縣姚

以德建後堂正統六年知縣莫震重修成化中知縣馬炳然續修外設鼓樓三間則知縣姜溥所建也以後修建無考至康熙乙亥大堂全傾前令李藥鼎修乾隆元年現任張其維依式修輯并添設捲篷及牌坊皆改觀焉

今制縣門一座　儀門三間　大堂三間

穿堂三間額曰見心　後堂三間額曰主敬　架閣三間

東西司房各五間　住宅在主敬堂之後

申明旌善二亭在縣門西今廢

按察分司在縣治北知縣姚以德建今廢

布政分司在按察分司之右知縣黃開建今廢

寅賓館在縣門內東偏正統七年建

土地祠頭門內東偏

監倉在西三房後今移東

典史廳在縣治東偏

佐理廳三間宅在後康熙丁酉年典史戴士鵬重修

簰洲巡檢司署在縣北七十里洪武元年巡檢李

顏建

石頭口巡檢司署在縣西六十里洪武元年巡檢謝希顏建

魚山水驛署在縣北五里洪武元年驛丞鄧宗文建

石頭口水驛署在縣北六十里洪武元年驛丞鄧思賢建

簰洲水驛署在縣北八十里洪武元年驛丞瞿福受建

太平湖河泊所署在縣西一里所官湯旺建

黄岡湖河泊所署在縣西南八十里所官鄭　建

頭陀港河泊所署在縣東三十里所官羅學賢建

致思湖河泊所署在縣東北六十里所官完耆帖木兒建　今驛丞河泊所俱裁

惠民局在縣治前洪武七年訓科童祥建今廢

養濟院在縣東一里洪武八年知縣吳啓文建今廢

廟祠

妥神有廟祈報有時禮也祀典所載皆有功德於人忠臣烈士出其靈爽福祐斯民亦所謂暗理王綱者各以類書之志廟祠 續志

城隍廟舊在縣西燬於兵洪武三年知縣王孔昭遷於縣東南會眞觀之基天順三年知縣劉循修弘治間知縣馬炳然重建中爲正廟東西兩廊爲左右司前有拜廳儀門後有過亭寢廟正統九年重修至

國朝廟圮順治八年鼎修雍正元年知縣湯星南捐費買廟後基地建立後燬又買廟左餘地[illegible]契存監修人甘健也龍揮千熊世理收執

張王廟在縣東北一里許洪武十五年知縣吳啓文建弘治間知縣姜溥改建並祀關壯繆岳武穆故稱三忠正統十三年重修嘉靖巳亥以廟基爲儒學而移其祠於東山之麓仍稱三忠祠

關聖廟舊在縣東地址湫隘永樂三年縣令冉通遷置東嶺之上邑民祀之今廢

吳王廟在縣西南石頭口赤壁山右三國時孫權

保此民懷其惠立廟祀之洪武十六年知縣劉秉政重修

五通廟在縣東東嶺上創始無考

梅山龍王廟在楊藥洞口創始無考歲旱入洞取水祈雨有應歲久圮廢正統十四年重建

龍王廟在縣南六溪口元時建洪武十六年里民吳繼祖重修

許眞君廟在大崖山創始無考今横山有眞君廟其廟亦祀眞君相傳有仙蹟舊志不載

靖江王廟有四一在六溪口廟在江干威靈赫濯能分風上下官商往來必親禱致祭無揚帆竟過者創始不知何代雍正九年十年
督憲邁　前後捐金四百兩暨官民賫助廟宇鼎新現任知縣張其維復修前殿及廟門又甃石以固江岸廟址益堅永無崩嚙之患實稱壯麗一在縣城水西門內邑人歲時奉祀有禱必應一在灌磯山之麓丁家池之上一在小龜塔
靖江王有廟自此始今廟祀遍四境惟此俗稱祖廟云

嘉魚縣志卷之一　營建　二六

文昌祠有三一在
文廟大成門之東一在儒學儀門外之東明知縣程可登建左有作人塾祠額文昌書院春秋致祭一在法華寺山門之西爲文昌會館今廢

吳王行祠在縣西南地名界石明洪武八年里民徐福建

東嶽行祠在縣東宋時舊址元建而復廢洪武二十一年里民陶得成重建明季邑人遷於縣治東郊外二里許

西嶽行祠明時在西郊長堤之外今遷於龍津橋內龍潭山之麓

關聖祠在分司舊址康熙丁未知縣來鑑捐貲建雍正乙巳年奉
旨追封三代公爵
曾祖光昭公
祖裕昌公
父成忠公雍正癸丑年現任知縣張其維捐貲重修

嘉魚縣志卷之一　營建　二七

廟宇

二賢祠在大成殿之西今廢

葛公中選生祠在河泊磯山頂今廢

壇壝

天施地生其益無方與出雲氣行風雨者咸秩諸祀典理陰答陽禮莫大焉厲雖非正祀聖人所以澤無告有其舉之莫敢廢也志壇壝

社稷壇在縣西灌磯山頂壇制東西二丈五尺南北二丈五尺四出陛各三尺壇下前九尺五寸

東西南各五丈繚以牆垣四門紅油由北門入壇上石主一丈二尺五寸方一尺埋於壇南正中去壇二尺五寸止露圓尖餘埋土中神牌二以木爲之朱地青字高二尺五寸書縣社之神縣稷之神臨祭設於壇上祭畢藏之神厨宰牲房神庫各三間今俱廢雍正壬子前令王邦鼐依舊址重建圍以磚牆壇高三尺上立石碑爲神座

風雲雷雨山川壇舊在城隍廟前共一壇牌位凡三一曰風雲雷雨之神一曰嘉魚境内山川之神一曰嘉魚縣城隍之神俱南向今三壇移祀於城東棗林嘴如社稷壇之制

邑厲壇在縣北郊壇制與社稷同祭時設本縣神位於壇上歲以清明中元孟冬前一日致祭

鄉厲壇在各鄉凡十有二所

新設

先農壇雍正丁未年知縣王邦鼐奉
旨建在縣東門外官道旁殿三間中立牌位圍牆一座

壇在殿前其縱横高下尺寸悉遵 部式

耤田四畝九分在壇前貢契存庫

津梁

廣谷大川凡行旅之經過其地者非舟梁莫濟况邑當水次利涉爲先興者宜修廢者亦不容泯存其名以勸好義者志津梁

大渡橋在縣東南二十五里

岑家渡在縣東三里

丁家渡在縣東三十五里

頭陀港渡在縣東四十里

三港渡在縣東六里

上夾口渡在縣北九十里

小洲渡在縣北十五里

夏田寺渡縣北七十五里

田家口渡在縣北三里

汪家洲渡在縣北十五里

龍口渡在縣西北三十里生員鄒國正募設有節婦鄧阿甘施田三石課八錢作渡子工食名曰義渡事載碑記

六溪口渡在縣西南四十五里
石頭口渡在縣西南六十里
穀花洲渡在縣西南百三十里
龍津橋在大西門外明縣尹吳瀚黃孟經重修邑人王少湖捐貲佐理
國朝邑民廿伯宋李玉子熊聖楚募化重修
大通橋在小西門外嘉靖初知縣李璣衡始爲木橋以石爲墪而施巨板於其上順治初典史陳文奎重修康熙庚子市人周儒宗捐貲鳩衆再

修
宣化橋在縣東北紅硃港弘治庚戌知縣姜溥建
梅澥橋在縣南門外順治初合邑士民重修
董公橋在縣東七里邑人李珩重建
淨保橋在淨保寺前元統間僧紹忠建
硃砂橋在縣東二十里邑人李滋建一名東橋陳白沙詩誰知萬里東橋月戛破羅浮亦有詩蓋謂此也
熟湖橋在熟湖寺東邑人李天申建

官橋在縣東十五里知縣李夔建
清溪橋在縣東二十里弘治庚戌邑人周賓建
大橋在縣東南二十五里
舒橋在縣南四十里知縣李夔建
大渡橋在縣東南二十里

坊表

聯門闕宣敎化表賢達所以畫坊昔之坊多矣今無一存者卽廢址亦不可考然藉以表章先迹興起後來是亦存名之效也志坊表 續志

承流坊在縣門東　宣化坊在縣門西
興賢坊在學宮左　成賢坊在學宮右
育賢坊　崇賢坊俱在學宮前
太平坊在左湖街　迎恩坊在東嶺上
進士坊有七在儒學門南者爲程鑑立在學宮左者爲宋興文立在豐義街者爲李英立在廣賢街者爲李田立在通江闗者爲李承恩立繼承恩者爲李承芳立在官巷者爲李承勳立
經魁坊爲李璣立

晝錦坊在豊義街爲叅議陳宜立

解元坊在分司左爲李滄立

科第坊在岳公樓爲舉人李田立

折桂坊在晝錦坊東爲舉人古信立

攀桂坊在居仁巷爲舉人孔儒立

青雲坊在廣賢街爲舉人徐永聰立

繼芳坊爲舉人程涵立

世科坊爲舉人李爲臣立

登科坊爲舉人李承恩立

騰蛟坊爲舉人曾儒立

起鳳坊爲舉人徐玹立　以上五坊俱在廣賢街

雲梯坊爲舉人童以明立

雲程接武坊爲以明之子珪立　二坊在豊義街

凌雲坊在豊樂巷爲舉人龍淵立

青雲得路坊爲舉人杜福立

三桂坊爲舉人李承顔立

文奎坊爲舉人任岳立

鵬程萬里坊爲舉人杜循序立

步武聯芳坊爲舉人李爲義立

大司空坊爲尚書吳廷舉立

青宫太保坊爲尚書李承勳立

司馬亞卿坊節制三邊坊大柱國坊四世恩光坊

俱爲尚書方逢時立

父子進士坊在承流坊右爲李承勳立

都憲坊在官巷爲都御史李田立

繡衣坊在廣賢街爲御史孔儒立

闗市

東闗曰東嶺西闗曰務門南闗曰左湖北闗曰通江西北曰豊盈邑舊無城故有闗及城設而闗癈矣

豊義街在縣右

懷仁街在縣左

岳公樓在縣中央爲四街通衢

廣賢街自岳公樓至龍潭山南

左湖街在懷仁街南通僧會司

古桂巷在豊義街南通山川壇

居仁巷自岳公樓西北至琴東書院
官巷在縣治西南通都憲坊
豐樂巷在豐樂坊通社稷壇
此成化前志所載以後俱不著名今存之

亭榭

邑有亭榭以資遊觀是稱別構雖時有興廢然前人選勝而成佳麗後人觸景而增嘯歌所以感懷其致一也志亭榭

遠觀亭在龍潭山頂宋嘉泰間知縣柴景望建今廢

節文亭亦在龍潭山頂今廢
後樂亭在平易堂後知縣馬炳然建
仰高亭在龍潭山頂正統己卯知縣莫震建
博約亭在仰高亭後典史倪彬建
觀德亭在射圃知縣吳啟文建
閱武亭在灌磯山知縣馬炳然建
摘星亭在大成殿東傍有隕石名落星知縣馬炳然易今名　按摘星亭在殿東落星池在櫺星門前相距頗遠續志云正統間知縣莫震建落星亭後尹程可登舁石置博約亭址將建升星亭以覆之未果而池塞順治十六年知縣郭植復開落星池移石舊所豈摘星亭即落星亭馬尹特易其名耶至學博劉士臣作落星辨且改落星爲樂心尤爲迂謬可笑即升星摘星亦紛紛多事矣又按摘星亭載弘治時志不可曉

采芳亭在摘星亭之右典史倪彬建
竹軒在縣廳之西知縣莫震建
晚泊亭在魚山驛宋淳熙三年邑令建嘉泰四年知縣柴景望重修江岸傾圮後令朱鎧遷立取詩諠呼閱使星之句易名閱星亭

葛仙亭在仙蹟山
紫微亭在大隱樓前
鐵橋亭在大崖山下有洗耳泉
威鳳亭在灌磯山明季演武舊址康熙己酉知縣李世錫建
望雲亭在縣署後山頂康熙戊辰知縣麗穎建後改名清音非是現任知縣張其維重加修葺仍改望雲亭
寶花臺在縣東受澥里

躋春臺在縣治之北隅知縣李元震建
西湖雲隱在西保湖邑人李德良讀書處
石室　貞靜所在大崖山俱邑人李承箕藏書處
大隱樓在縣治北
竹西書屋俱邑人方逢時建
翔鳳樓在灌磯山嘉靖間建今俱廢

縣志卷一終

重修嘉魚縣志卷之二

賦役志第三

九貢九式財賦所自出絲粟悉取具田間損上則用絀瘠下則民困國家酌中正之經而令甲懸之有司守成法而已嘉邑濱江帶湖地近沮洳田多甌脫屢苦於潦戶不踰二萬丁然而惟正之供輸將恐後者經制定而賦斂平涵濡德澤者深也賢大夫能以撫字爲催科其永無萇楚之歎也夫

戶口

大司徒掌人民之數以稽夫家以頒職事保息安養之政所以行也志戶口舊志

戶二千七百六十九
口一萬七千九十七
男子九千二百六十七口　成丁四千一十二口
婦女九千六百六十六口舊志

周官司寇獻民數於王王拜受之登於太府其重如此世經更易戶口之登耗莫考

聖朝混一區宇休養生息生齒日益繁今歲自康熙

十年始以俟歲增云續志

戶官民軍匠雜役等二千七百六十九戶

口男婦大小共一萬八千九百三十三丁口今同

貢賦

任土作貢則壤成賦經國裕民王政之大者布縷粟米力役之征後世之法也志貢賦舊志

正雜餉實征數

原額田地山塘堰共四千二百六十三頃三十九畝九分九釐一毫

額科秋糧米六千二百九十六石九升三合四勺

額徵條遼優免銀九千四兩三釐一毫九絲

原額人丁四千三百一十二丁除免運夫故丁七十八丁外實在人丁四千二百三十四丁

一康熙十一年審增人丁一十丁

一康熙四十五年審增人丁二丁

一康熙五十年審增人丁一丁

額徵丁糧一千二百五十五兩三錢二分八釐五毫六絲二忽二微五塵三渺於雍正七年奉文丁隨糧派加增丁銀八十三兩五錢五分二

五絲六忽六塵五渺二漠三茫七沙

二共實徵丁銀二千三百三十八兩八錢八分六釐一絲五忽三微一塵八渺二漠三茫七沙

內糧派銀一千一百六十七兩三錢六分六釐五毫七絲一忽七微五塵六纖四渺一漠一茫七沙屯派銀一百七十一兩五錢一分四釐九絲三忽五微五塵四纖四渺一漠二茫

帶徵均攤坍塌班匠銀一百兩九分五釐七毫二

忽三微二塵九纖

應隨丁銀一十二兩九錢七分七釐三毫八絲九塵四纖五渺四漠五茫五沙

以上一十二里實徵地丁銀一萬二千八十四兩四錢四分二釐八毫二忽一微五塵八渺五漠七茫二沙

一原額更名成熟地七百六十八頃七十四畝一分一釐七毫九絲六忽五微

康熙四十年續墾更名地一頃三十一畝八分四

釐三毫九絲三忽六微七塵三纖
二共更名成熟地七百七十頃五畝七分六[illegible]
一毫九絲一微七塵三纖
額徵租餉銀一千二百五十六兩五錢六分三釐
八毫四絲八忽四微六塵五纖四渺七漠四茫
額徵茶菓餉銀五十六兩一錢四分二釐八毫一
絲三忽八微二塵
班匠一十七名匠價銀一十兩二錢
以上更名租餉并班役匠價共銀一千三百二
十二兩九錢三釐六毫六絲二忽二微八塵五
纖四渺七漠四茫於雍正七年奉 文丁隨糧
派該隨丁銀一百七十一兩五錢一分四釐九
絲三忽五微五塵四纖四渺一漠二茫
以上更名租餉并班役匠價及隨糧派徵丁銀
共一千四百九十四兩四錢一分七釐五絲五
忽八微三塵九纖八渺六茫內除
高堤屯坍塌更名地六十五頃八十七畝二分六
釐九毫

坍塌租餉銀一百二十五兩二錢四分五釐七毫
六絲一忽三微又除
班役匠銀一十兩二錢又除
本糧應隨丁銀二十四兩四錢五分四毫六忽五
微五塵七纖三共除銀一百五十六兩八錢九
分六釐二毫一絲七忽三微五塵六纖均攤入
里屯茶菓蘆課蔴鐵府鈔各項帶徵
更名租餉并均攤及丁銀共一千二百九十三兩
八錢四分六釐九毫八絲一忽九塵二纖四渺
七漠四茫
茶菓餉銀并均攤及丁銀并蘆課均攤銀共七十
九兩九錢六分六釐一毫八絲一忽四微二塵
二纖一渺五沙
一各湖課
兩京乾魚正損銀一百一十四兩六錢七分七釐
八毫九絲五忽
本府魚課鈔銀九十二兩一錢八分八釐八毫二
絲四忽五微遇閏加銀七兩二錢二分七釐一

毫二項帶泒均攤銀兩二兩二錢七分七釐八
毫五絲八忽六微二塵四纖三渺八漠九茫
三共實徵銀二百九兩一錢四分四釐五毫七
絲八忽一微二塵四纖三渺八漠九茫
學田租穀折價充餉銀一十兩
蔴鐵銀四百七十七兩一錢六毫于忽五微遇閏
加銀三十三兩五錢六分三釐一毫五忽
帶泒均攤銀五兩二錢五分三釐六毫五絲二忽
二微七塵八纖三渺七漠七茫

二共實徵銀四百八十二兩三錢五分四釐一
毫五絲七忽七微七塵八纖三渺七漠七茫
牙茶稅餉銀二十五兩
蘆課實徵銀一千八百三十二兩八釐一毫五絲
一忽八微六塵七纖
以上闔縣額征正雜餉銀共一萬四千二百一
十六兩七錢六分二釐九毫五絲八忽四微三
塵五纖一渺九漠七茫七沙
又雍正七年并十二年新增開墾田地四頃六十
八畝一分二釐一毫四絲九微四塵六渺
新增秋糧米三石六斗五升六合九抄七圭五粒
七粟
雍正七年新增開墾更名地一頃二十畝
新增租餉銀一兩九錢五分八釐二毫一絲六忽
六微一塵九漠八茫
起解存留實數
一解布政司項下
戶禮工三部并光祿寺本折錢糧并更名湖課學

租及歷年裁欵等項共銀九千二百八十一兩
一錢九分四釐三毫七絲五忽九微一纖七沙
解費銀八兩二錢六分一釐七毫七絲六忽三
微
蘆課銀一千八百三十二兩八釐一毫五絲七忽
八微六塵七纖
新增銀七兩一錢八分五釐一絲八忽六微二塵
四纖二渺四漠七茫七沙九灰
一隨漕項下

原額隨漕銀五百七十四兩一錢五分二釐六毫
七絲九忽二微
一兵部項下
江濟水夫銀五百八十四兩九錢一釐一毫三絲
五忽
驛站銀六百七十兩一錢一分五釐一毫五忽二
微一塵
一撥運科舉半復銀七兩七錢三分五釐七毫三
忽九塵八渺八漠九茫

一存留支給項下
官役俸供并均徭祭祀雜支等項共銀一千二百
五十八兩二錢三分四釐二絲五忽八微六塵
五纖三渺八茫
漕糧實徵數
兑軍正漕米一千六百一十七石二斗
四耗米六百四十六石八斗八升
二耗米三百二十三石四斗四升
雍正七年新增正耗漕米一石八升七合二勺三
抄三撮一圭五粒六粟
雍正十二年新增正耗漕米四斗一升五合三勺
一抄八撮八圭七粒八粟
以上正耗米共二千五百八十九石二升二合
五勺五抄二撮三粒四粟
征科之法隨時屢更應從新例舊志不錄
邑人方逢時論曰下之供上謂之貢上之取下
謂之賦貢無定時而賦有常則古之道也什一
之法廢而苛暴之政滋民困久矣大有爲之君

有志之臣往往加意而卒不能復三代之制者
固爲古今時異勢殊難相沿襲而亦正本澄源
之功少也姑無論已嘉魚邑小民貧貢賦之則
在昔莫考國朝洪武而後二百餘年中間更制
易度不知凡幾是以近時之征派與舊志所載
逈不相同文案毀壞無可考証隨事任意取辦
目前無復恆度小民俯首輸納不知其由此戶
口之所以日耗而流亡轉徙者日甚而不止也
悲夫茲查總會文冊所載秋糧夏稅里甲均徭

驛傳公費有十年一審編者有五年一審編者有一年一審編者名色多端條貫靡一有司苦於稽查小民困於追呼而墨吏得以夤緣朘削於其間萬歷十年言者始議爲條編之法削去煩瑣之名通爲均平之制亦云善矣誠使會計不爽於原額徵科無溢於額外比較有期出納有籍轉輸無扣減之私支給革那移之弊上不違於公程下不妨於農時而民焉有不樂從者乎今閭閻之下訩訩紛紛言不便者非不便於

法也而行法者不施便於民也語曰有治人無治此之謂矣

積儲

積粟以備賑貸轉漕以裕軍國二者皆急務也愼乃蓋藏謹其出入擇善地而置之則外府一如內府矣志積儲

漕糧倉在城西北便糧門內正廳一頭門一班房一東西兩廊皆一十二里糧倉各屋房六間後爲兵燬今漕糧皆貯儀門外西偏糧房共六間

積穀倉一名預備倉在儀門內之西

盈甯廒在縣治西今廢

預備倉有四今廢

東倉在淨保里

南倉在西安里

西倉在懷仁里

北倉在宜化里俱廢其現存者載後

常平倉一十八間在縣署頭門內西偏

社倉在各里者一十二在城市者三隨便貯穀雍

正十三年士民共捐穀九百五十石

守憲朱諱濡捐穀一十石

府憲今陞湖南驛鹽道馬諱靈阿捐穀一百石

現任知縣張其維捐穀二百石

以上官民共捐穀一千二百六十石

邑人方逢時論曰便民倉卽古常平之遺法也嘉魚五倉正統間各有儲穀多者千石少者四百餘昔之人所以厚下而慮遠者何如也當時議者或以爲不便意非倉之不便抑亦行之者

之遷與夫苟非其人則不便於民者豈特一倉而已今盈豐預備皆併入便民而四鄉者則傾廢無餘天災流行民將奚賴惜哉

學校志第四

古者鄉三物之教由庠序而行考其興廢稽其盛衰作人之化可知矣聖人澤垂萬世宜享其報故牆數仞陛九尺俎豆兩楹致肅而展虔通於宇內一邑豈有加焉惟兹典禮舊章諸生所講習於其間者一有弗飭均非所以光文治興教化雖欲譽

髦斯士不可得也故學校之制宜詳

廟祀

學以宣聖教廟以妥聖靈一事而兩舉其究不殊也入焉而生敬則化民成俗之原在是矣志廟祀

按各屬文廟皆前廟後學嘉魚獨分兩處亦各據形勢之勝

舊志學在縣南大成殿在縣北宋淳熙戊申知縣姜偃以學地湫隘始遷廟於龍潭山之陽遷學於縣治之東迨元知縣成文煒薊靖主簿狄忠先後修理未有改遷至明洪武己卯知縣吳敬文以廟學隔越非宜乃卽廟左山麓爲學正統間知縣莫震復爲修理嘉靖戊子學遷於北門之內己亥復遷於三忠祠之基仍分兩址卽今處也萬曆丙戌知縣蔣時馨加修殿宇至崇正癸酉甲戌間知縣程可登邑紳熊開元拓闢舊址確詳位次殿廡戟門名宦鄉賢暨明倫堂兩齋改造重新規模稱備惟櫺星門外東西義路禮門二坊廢矣續志

崇聖祠一座在仰高亭下年久圮壞現任知縣張其維捐貲修

叔梁紇進公而王自宋大中祥符始稱啟聖公自元始宋時顏曾子思配享堂上顏路曾晳伯魚從祀兩廡洪邁姚燧以爲祟子抑父熊禾謂宜別設一室祀叔梁紇而以三子配程敏政主其說嘉靖九年遂專祀遍天下彝陞激公宜與三子爲四配至

國朝雍正十年奉

旨追封孔子五世王爵

詒聖王防叔公

裕聖王祈父公

肇聖王金木父公

昌聖王伯夏公

啟聖王叔梁公各立牌位合祀一宮而四配從之至周程張朱蔡五賢之父仍從祀四配分兩廡列焉

四配姓字考

顏無繇字季路淵之父　曾點字晳參之父

孔鯉字伯魚子思之父　孟公激公宜或曰字公宜軻之父

從配祀姓字考

周輔成敦頤之父　程珦顥頤之父

朱松熹之父　張迪載之父

蔡元定沈之父

大成殿一座在崇聖祠前

至聖先師歷代異稱漢平帝稱宣尼公和帝封褒尊侯北魏孝文帝稱文聖宣父後周宣帝封鄒國公隋文帝稱先師尼父唐高宗贈太師武后封道隆公玄宗謚文宣王宋眞宗謚元聖元武宗號大成至聖文宣王明嘉靖九年禮部議曰人以聖人爲至聖以孔子爲宗宋眞宗稱孔子爲至聖其義已備今宜去王號并大成文宣之稱廟不稱殿其四配稱復聖顏子宗聖曾子述聖子思亞聖孟子十哲以下及門弟子皆稱先賢某子左丘明以下皆稱先儒某子凡一切公侯伯不宜復稱以混成周封爵之制又易像爲主居中東西則四配十哲以次上下列焉今從之

四配姓字考

顏回字子淵魯人　曾參字子輿魯人

孔伋字子思鯉之子　孟軻字子車或曰字子輿鄒人

十哲姓字考

閔損字子騫魯人　冉耕字伯牛魯人

冉雍字仲弓魯人　宰予字子我魯人

端木賜字子貢衛人　冉求字子有魯人

仲由字子路卞人　言偃字子游吳人

卜商字子夏衛人　顓孫師字子張陽城人

康熙　年奉
旨褒崇改入十哲後
朱熹字元晦婺源人

東廡五間

西廡五間

東廡先賢姓字考

蘧瑗字伯玉衛人　澹臺滅明字子羽武城人
原憲字子思　南宮适字子容魯人
商瞿　漆雕開字子若蔡人

司馬耕字伯牛宋人　有若字子有魯人
巫馬施即巫馬期陳人　顏辛字子柳魯人
曹恤字子循蔡人　公孫龍家語作寵蔡人
秦商字丕茲魯人　顏高字子驕魯人
穰駟赤字子從秦人　石作蜀字子蜀秦人
公夏守字子乘魯人　后處字里之齊人
奚容蒧字子楷魯人　顏祖字子襄魯人
句非疆一作井疆衛人　秦祖字子男魯人
縣成字子期魯人　公祖句茲
燕伋字子思秦人　樂欬家語作欣魯人
狄黑一作墨字哲之衛人　孔忠字子蔑史記作孔子兄孟皮之子
公西蒧字子商魯人　顏之僕字子叔魯人
施之常字子常魯人　申棖字子周
左丘明魯人　秦冉
牧皮　公都子
公孫丑　張載字子厚郿人
程頤字正叔洛陽人　公羊高齊人

西廡先賢姓字考

林放魯人　宓不齊字子賤魯人
公冶長字子長魯人　公晳哀字季沉齊人
高柴字子羔衛人　樊須字子遲
商澤字子秀魯人　梁鱣字叔魚魯人
冉孺字子魚魯人　伯虔字子楷魯人
冉季字子產魯人　漆雕徒父字子文魯人
漆雕哆字子斂魯人　公西赤字子華魯人
任不齊字子選齊人　公良孺字子正齊人
公肩定字子仲魯人　鄡單舉家語作縣亶字子

罕父黑家語作宰父墨字子索一字子黑　榮旂字子旂魯人
左人郢字子行魯人　鄭國家語作薛邦字子徒魯人
原亢字子抗魯人　廉潔字子庸魯人
叔仲會字子期晉人　公西輿如字子上魯人
邽巽選字子斂家語作邦　陳亢字子禽魯人
步叔乘字子車齊人　秦非字之子魯人
顏噲字子聲魯人　琴張一作牢字子張魯人
顏何　縣亶一云郎鄡單
樂正克　萬章

董仲舒廣川人　周敦頤字茂叔營道人
程頤字伯淳洛陽人　邵雍字堯夫范陽人

東廡先儒姓字考

孔安國字子國孔子十一世孫　毛萇大毛公亨之子趙人
高堂生字伯魯人　鄭康成名玄高密人
諸葛亮字孔明　王通字仲淹龍門人
司馬光字君實夏縣人　歐陽修字永叔廬陵人
胡安國字康侯崇安人　尹焞字彥明洛陽人
呂祖謙字伯恭婺州人　蔡沈字仲默建陽人

陸九淵字子靜金谿人　陳淳字安卿龍谿人
魏了翁　王柏
許衡字仲平河內人　許謙金華人
王守仁字伯安餘姚人　薛瑄字德溫河津人
羅欽順　陸隴其字稼書平湖人

西廡先儒姓字考

穀梁赤字元始魯人　伏勝字子賤鄒平人
后蒼字近君東海郯人　董仲舒廣川人
杜子春河間人　范甯

韓愈字退之修武人　范仲淹字希文吳縣人
胡瑗字翼之泰州人　楊時字中立將樂人
羅從彥字仲素延平人　李侗字愿中劍浦人
張栻字敬夫綿竹人　黃幹字直卿
真德秀字景元浦城人　何基
趙復　金履祥
陳澔　陳獻章字公輔新會人
胡居仁字叔心餘干人　蔡清字介夫福建人

名宦祠在大成門之東

元

縣尹成公宣

明

縣尹馬公炳然

縣尹莫公震

縣尹吳公啟文

縣尹孫公倫

縣尹姚公以德

縣尹吳公駁

縣尹姜公溥

縣尹蔣公時馨

縣尹龐公一德

儒學訓導石公磐

國朝

縣尹靳公樹喬

皇清誥授光祿大夫加太子少傅總督湖廣部院贈少保謚清端楊公宗仁

原任總督湖廣等處地方兼理糧餉兵部右侍郎兼都察院右副都御史世襲拖沙喇哈番紀錄一次署理西安將軍額公倫特

鄉賢祠在大成門之西

明

都御史李公田

大理寺評事李公承芳

鄉進士李公承箕

兵部尚書李公承勛

大理寺少卿尹公相

工部尚書吳公廷舉

兵部尚書方公逢時

吏科給事李公沂

大成門一座

櫺星門一座

神厨神庫宰牲房各三間今廢

敬一亭在廟後明尹陸槐建今廢

文昌祠

忠孝節義祠各一間在廟左右雍正元年奉

旨新建
泮池在櫺星門之内久廢現任知縣張其維捐貲
因舊址開鑿砌以甎石堅緻完好有碑記
桂二株石楠二株在大成門内柏二株在大成門
外古松數十株在山之上下
儒學在山之左弘治乙卯知縣吳啓文遷
明倫堂五間成化庚子知縣孫倫建
東西二齋儀門正門各三間堂之北爲饌堂齋之
西爲號房俱知縣馬炳然建其餘爲兩齋住宅射

圃在學之右圃中有觀德亭學前有牌坊一座今
俱廢

禮樂

人道經緯萬端禮樂無所不貫廟中特其一耳
顧聖人爲制作之宗歷代已修明畧備今居極
盛尤詳所當詳也志禮樂
凡祭前一日執事者設香案於牲房外獻官常服
詣省牲所省牲宰牲盛血毛少許於盤是日觀樂
習儀齋宿及期質明鼓三嚴通贊唱樂舞生就位

執事者各司其事次唱陪祭官就位分獻官獻官
以次就位贊引引獻官至拜位通贊唱瘞毛血執
事者以毛血瘞於坎通贊唱迎神舞生執羽籥麾
生舉麾擊柷樂奏咸和之曲奏畢獻官陪祭官仝
四拜訖樂盡麾生偃麾櫟敔樂止通贊唱奠帛行
初獻禮捧帛者各捧帛執爵者各執虚爵贊引至
獻官前唱詣盥洗所盥畢詣酒尊所司尊酌酒執
事者各以次執虚爵受酒同捧帛者各以次在獻
官前分兩行由中門入序於神案之側朝上立贊

引導獻官由左門入詣至聖前麾生舉麾擊柷樂
奏寧和之曲跪奠帛獻爵俯伏興平身詣讀祝位
位設於殿中香案之前麾生偃麾樂暫止衆官跪讀祝文讀
畢俯伏興平身讀祝者仍將祝文跪置於香案上
麾生舉麾舞生接舞仍奏先未終之樂詣顔子前
跪奠帛獻爵獻畢俯伏興平身詣曾子子思孟子
前俱如前儀獻畢行分獻禮各獻官詣盥洗所盥
畢詣酒樽所酌酒詣東西哲東西廡神位前俱跪
奠帛獻爵獻畢俱俯伏興平身復位樂盡麾生偃

麾櫟敔樂止行亞獻禮如初獻禮但亞獻奏安和三獻奏景和無迎神以下諸事故禮止三獻樂止跪飲福受胙畢俯伏興平身復位鞠躬拜凡二興各官拜訖 通贊唱 徹饌麾生舉麾擊柷樂奏咸和之曲執事者稍動籩豆司節引舞生序立樂盡麾生偃麾櫟敔樂止 通贊唱 送神麾生舉麾擊柷樂奏咸和之曲鞠躬拜凡四興平身各官拜訖樂盡麾生偃麾櫟敔樂止讀祝者捧祝進帛者捧帛各詣瘞所望瘞麾生舉麾擊柷樂奏咸和之曲捧祝

帛者詣望瘞位獻官分獻官陪祭官至瘞所祝一帛從一段數至九段焚訖衆官三揖樂盡麾生偃麾樂止禮畢

先師祝文 維年月日某官敢昭告於

至聖先師孔子曰維師德配天地道冠古今删定六經垂憲萬世惟茲仲春秋敢以牲帛醴齊粢盛庶品式陳明薦以

復聖顏子

宗聖曾子

述聖子思

亞聖孟子配

崇聖祠祝文

維公誕生至聖爲萬世王者師功德顯著茲因仲春秋告虔以先賢顏氏先賢曾氏先賢孔氏先賢孟氏配

名宦祝文

卓哉羣公懋修厥職澤被生靈功垂社稷

鄉賢祝文

於維羣公孕秀茲邦懿德卓行奕世流芳

樂章

大哉孔子聖道尊崇維持王化斯民是宗典祀有常精純并隆神其來格於昭聖容 迎神

自生民來誰底其盛維師神明度越前聖粢帛具陳禮容斯稱黍稷非馨惟神之聽 奠帛

大哉聖師實天生德作樂以崇（一作崇功）時祀無斁清酤維馨嘉牲孔碩薦羞神明庶幾昭格 初獻

百王宗師生民物軌瞻之洋洋神其寧止酌彼金

酌維清且旨登獻維三於嘻成禮 亞獻終獻同

犧牲在前俎豆在列以享以獻既芬既潔禮成樂備八和神悅祭則受福率遵無越 徹饌

有嚴學宮四方來宗恪恭祀事威儀雝雝歆茲維馨神馭還復明禋斯畢咸膺百福 送神奠瘞同

樂舞

起奏樂生舉麾升龍見止奏偃麾降龍見

迎神樂奏咸和之曲用大哉孔子八句無舞

奠帛行初獻禮樂奏寧和之曲 樂舞俱全用自生民來八句自行禮奏起至讀祝止

初獻樂奏寧和之曲樂舞俱全用大哉聖師八句自讀祝畢接奏起至獻終止

亞獻樂奏景和之曲樂舞俱全樂用百王宗師八句舞用自生民來八句自行禮起自獻終止

終獻樂奏景和之曲樂舞俱全樂同上用百王宗師八句舞用大哉聖師八句自行禮起至獻終止

徹饌樂奏咸和之曲用犧象在前八句無舞

送神樂奏咸和之曲用有嚴學宮八句無舞望瘞

奏樂無舞與送神同

樂器 乾隆元年知縣張其維捐置

鼉鼓一 楹鼓一 鼗鼓一 應鼓二 搏拊鼓三

特鐘一 編鐘八 編磬八 琴二 瑟二

笙二 龍笛四 鳳簫二 洞簫四 壎二

篪一 柷一 敔一 管四 麾旛二

節旛二 籥翟八 鐘鼓磬琴瑟架共一十六

硃絲大鬚八 琴臺二

祭器

犀樽一 象樽一 硎盒二 簠二十二

簋二十二 籩豆共一百一十二 方棹三

長條棹五

至聖位陳設一案 禮神制帛一 白磁爵一

牛一 羊一 豕一 登一 鉶二 簠簋各二

籩豆各二 酒樽一

四配位陳設各一案 禮神制帛一 白磁爵三

羊一 豕一 鉶一 簠簋各二 籩豆各八

酒樽一

十哲陳設每位各一案朱子一案　禮神制帛一
白磁爵各一　豕一　鉶各一　簠簋各一
籩豆各四　豕首一
兩廡陳設同　禮神制帛一　銅爵各一　豕三
每案簠簋各一　籩豆各四
崇聖祠陳設各一案　每位禮神制帛一　白磁爵三
羊一　豕一　鉶一　簠簋各二　籩豆各八
酒樽一
配位陳設各一案　禮神制帛二　每位銅爵三

豕首一　簠簋各二　籩豆各四
從配祀陳設各一案　禮神制帛二　每位銅爵三
簠簋各一　籩豆各四　豕肉一

學規

師儒造士身教爲先言教爲後其須在學官者皆言教也然令甲森然賢愚共凜則勵世磨鈍之法存焉志學規

宋大觀元年詔布周官八行八刑之法於學宮令所在鐫刻淳熙六年御書白鹿洞教條頒天下學立石洪武二年令學者專治一經以禮樂射御書數分科設教三年定學校射儀十五年頒禁約於天下學勒石明倫堂謂之臥碑成化三年令提學官躬歷各學督率教官化導諸生仍置簿考驗其德行優文藝贍治事長者列上等簿或有德行而劣於經義或有經義而劣於治事者列二等簿經義優治事長而德行缺者列三等簿若平日囑託公事捏造歌謠興滅辭訟及敗倫傷化過惡彰著者不必品其文藝即行革退嘉靖五年世宗親撰敬一箴并著宋儒程氏視聽言動四箴於天下學

校立碑以肅生徒

國朝順治九年禮部　題奏
欽依條約八欵頒刻學宮謂之新臥碑載後

一生員之家父母賢智者子當受教父母愚魯或有非爲者子既讀書明理當再三懇告使父母不陷於危亡

一生員立志當學爲忠臣清官書記所載忠清事蹟務須互相講究凡利國愛民之事更須留心

一生員居心忠厚正直讀書方有實用出仕必作良吏若心術邪刻讀書必無成就為官必取禍患行害人之事往往自殺其身常當思省

一生員不可干求官長交結勢要希圖進身若心善德全上天知之必加以福

一生員當愛身忍性凡有司衙門不可輕入即有切己之事止許家人代告不許干預他人辭訟他人亦不許牽連生員作證

一為學當尊敬先生若講說皆須誠心聽受如有

未明從容再問毋妄行辨難為師者亦當盡心教訓勿致怠惰

一軍民一切利弊不許生員上書陳言如有一言建白以違制論黜革治罪

一生員不許糾黨多人立盟結社把持官府武斷鄉曲所作文字不許妄行刊刻違者聽提調官治罪

賓興

凡生員就鄉試者舊例有盤費銀若干兩後奉裁任遇大比縣官於七月初旬擇吉開宴鼓樂導

祖餞捐貲給舟車之費中式者官為樹旗送扁禮其廬其會試公車銀兩隨時增減不一皆從藩司給發舉人親領故不具載

鄉飲酒

明制府州縣每於正月十五日十月初一日於明倫堂行禮以正官為主位東南以禮致仕官員為大賓位西北擇三人或二人為僎賓位東北以次長為介賓位西南以賓之次者為三賓位於賓主

介僎之後以教官為司正以老成生員習禮前一日陳設坐次司正率執事習禮次日黎明宰牲具饌主人率僚屬司正先至遣人速客客至出迎於庠門外三揖三讓升堂拜跪訖就位司正至堂中北面立賓主皆立皆揖執事者酌酒於觶以授司正司正舉酒曰恭惟朝廷率由舊章敦崇禮教舉行鄉飲非為飲食凡我長幼各相勸勉為臣盡忠為子盡孝長幼有序兄友弟恭內睦宗親外和鄉里無或廢墜以忝所生讀畢司正飲酒畢以觶授

執事者舉律令於案堂中賓主皆拱立讀者詣案北面讀曰大誥鄉飲酒禮序長幼論賢良別姦頑異罪人其坐席間高年有德者居於上高年淳篤者并之以次序齒而列其有曾違條犯法之人不許干與善良之席主者若不分別致使貴賤混淆察知或發覺罪以違制姦頑紊亂正席者全家移出化外讀畢復位執事者舉饌案至客前主人獻賓薦脯醢設折俎賓酬主人如之獻僎介僎介酬亦如之訖工入升歌鼓瑟歌鹿鳴飲酒供湯工歌四牡飲酒供湯工歌皇皇者華飲酒供湯笙入笙奏南陔又奏白華又奏華黍詩歌魚麗笙奏由庚歌南有嘉魚奏崇丘歌南山有臺奏由儀於是合樂奏關雎鵲巢又奏葛覃采蘩又奏卷耳采蘋每詩止歌首章飲訖乃徹饌賓主兩拜訖又賓僎介賓衆賓拜訖送賓三揖出庠門而退

國朝鄉飲酒禮如明制

書院

義學書院在西保湖宋慶曆間邑人李宗儒宗儀

建廢於建炎之亂慶元六年裔孫李桂復其舊址學有二閣左曰漣漪右曰輝華詳見藝文志

琴東書院在縣治北知縣姜溥建

乾山書院在受澥里知縣馬炳然建

咸嘉社學在縣東清洪里正德戊寅都御史吳廷舉建以教二縣子弟知縣趙選記

新設義學在小西門城內現建正樓三間東西廂房各二間其門牆外空基前抵城垣後抵縣署成名洲地四十畝清洪里袁家坡田四斗一升以上三項現任知縣張其維捐置

又清洪里圻嘴田三斗廩膳生員章以溱捐助

又六屯灘粑塘田五斗地二段監生陳知遇捐

載籍

新頒四書一部　書經一部　詩經一部

春秋一部　性理一部

學田已充餉入正項不載

西門外繒埠二處　鐵寶盆地課五錢

北城外草課二錢　東城內基地

北城內基地并箭廠

學門前後基地三處共課三兩

生徒

廩膳生員二十名

增廣生員二十名

歲貢生每二年輪次一名

文生員歲考取入一十五名科考取入一十五名

武生員歲科取入一十五名

風土志第五

觀風而知治化任土而作貢賦政典也風有淳漓隨地變易土有沃瘠藉人滋培則兩者相因矣嘉魚禮教之邦士敦而民慤俗稱易治物產不饒於他邑苟非難得之貨所在皆能取給今或敦者漸趨於薄慤者漸入於偷室無厚藏一遇災祲竭其土之所入不足以支則走險若鶩二者遂交儆焉返樸還淳示儉示禮得無煩良有司之蒿目耶

風俗

吳越奢華唐魏儉嗇風氣使然轉移在人耳否則俗一成而不變三代至今存可矣奚慮江河之日下乎　志風俗

氣無勁悍習尚溫柔土瘠而服食無華訟簡而賓性近儒　通志

士恥貪饕農鮮蓄聚家以魚稻爲業人敦詩禮之好

冠婚喪祭遵禮教者十而七八貨財懋遷行商賈者百無一人仕進以富及田閭爲恥老大以不見官府爲榮

近世以來賦重役繁人窮俗弊　俱舊志

嘉魚古稱勁直俠烈後變爲樸素淳雅居民不遠行商火耕水耨以務本力農爲業士皆知讀書明理學出以有用爲榮　追入

聖朝涵濡德化俗愈淳良惟喪祭多用浮屠豈楚辭序所謂信鬼而好巫猶爲荊楚之遺風與　續志

土產

五土生物各有攸宜辨厥土會以教萬民貴賤良楛惟其所有悉以待用或備考焉則物產在

所當知也志土產舊志

穀之品

稻 秔 糯 麥有大小二種 豆有紅黃黑綠扁豌諸種 粟

蕎有春秋二種 黍 粱 芋

貨之品

絲 綿花 茶 油 蔴 蜜 炭 石灰

木之品

松 檜 楸 柏 桑 柘 桐 梓 楮

櫟 槐 桂 杉 榆 檀 樸 椿 樟

楓 楊 柳 石檀 黃楊 白楊 烏柏

冬青 皂角 棕櫚

竹之品

南竹 筀竹 水竹 苦竹 筋竹 班竹

紫竹 白竹 叢竹 實竹

花之品

牡丹 芍藥 水仙 蜀葵 郁李 山茶

薔薇 荼蘼 雞冠 鹿葱 金錢 海棠

長春 紫荊 玉蘭 芙蓉 鳳仙 朱槿

山丹 紫薇 幽蘭 菊 白木槿 剪春羅

菓之品

梅 桃 李 栗 棗 柿 梨 橙 柑

蓮 藕 枇杷 櫻桃 木瓜 石榴 菱

草之品

蒲 荻 芹 藍 蒿 艾 蓼 蘋 蘩

芭蕉

蔬之品

葱 蒜 韭 薤 茄 莧 白菜 芥菜

萵苣 苦蕒 蘿蔔 王瓜 東瓜 匏 藠

葫蘆 甜瓜 南瓜 絲瓜 芫荽

禽之品

鴿 鵲 鳩 鷹 鶚 鴒 鶴 鷳 雀

雉 鷄 燕 烏 鷗 鸜鴿 鷺鷥 杜鵑

鶯 白頭翁 梟 伯勞 鶺鴒 鵪鶉

竹雞 畫眉 布穀 黃頭 啄木 翠鳥

獸之品

虎 鹿 麋 麞 麝 獺 狐 兔 貛猪

鱗之品

鯉　鯽　鰄　鱖　鰱　鯇　鱅　鮎　鯁

鰓　鯖　鮊　鰉　鱧　鰌　鱔　鰻　鰕

介之品

龜　鼈　黿　蟹　穿山甲

蟲之品

蜂　蝶　蠶　蛇　石龍子　蜈蚣　螳螂

蜻蜓　蜥蜴　刺蝟　螟蛉　蟀蟋　螺蠃

絡緯　蝦蟇　水蛭　蚯蚓　蜘蛛

畜之品

牛　馬　驢　騾　羊　豕　犬　猫　雞

鴨　鵝

物產續志不載謂其與諸邑同竊謂布帛菽粟何處不同然天下之至寶也齊紈蜀錦海錯山珍諸非邑之所有物雖異烏得而寶之以其同爲可置諸邑胡乃屑屑耶茲從舊志以備一則或者謂買茶求益殆非也

重修嘉魚縣志卷之三

秩官志第六

親民之官莫如令長上應列宿出宰百里一方之民命繫焉嘉雖彈丸邑莅斯土者不知幾何人矣大抵繭絲保障各視其才不能一二數惟澤及當時聲施後世者足述耳師儒體別而道尊固當厚自淬勵矧今爵秩有加祿糈從倍　恩綦渥矣可以散員自居乎宜次令令以下均佐令爲治者各以次書之遵舊例也

嘉魚縣知縣一員

吏書一十二名　攢典六名　庫書一名

倉書一名　迎隸八名　馬快八名

皂隸一十六名　庫子四名　禁卒八名

斗給四名　門子二名　轎傘扇夫七名

新設壯丁二十六名

儒學教諭一員訓導一員

書辦一名　攢典一名　門斗五名

齋夫一名　膳夫二名

典史一員

書辦一名　攢典一名　皂隸四名

門子一名　馬夫一名

巡檢司二員

書辦二名　攢典二名　皂隸四名

允充弓兵三十七名裁

縣丞主簿裁

驛丞三員裁

河泊所四員裁

防守武職一員

醫學　陰陽學　僧會司　道會司

知縣

宋

施　群得鑄鐘

唐　鈞宋政和間始築新堤以蘇民患

陳景福乾道間修堤有功

姜　偃淳熙戊辰遷　文廟於龍潭山之陽

晁　名缺淳熙間改晚泊亭於魚山驛

柴景望嘉泰甲子重修晚泊亭

蔡　璸河南上蔡人嘉泰間由進士來任入籍嘉魚住大琛嶺昭坎

朱　鎧改晚泊亭爲闕星亭

蕭　洞新喻人由秘書省校書郎來任

元

達魯花赤按元制州縣設達魯花赤各一員乃官名非姓名也前志失考

成　宣皇慶間任築堤有功祀名宦

成文煒延祐甲寅重修學校政務農桑

童春穀至治壬戌任躬巡民間以察疾苦

蘇　靖元統間會修學

虞　槃集之弟

李　夔至正甲辰開設縣治修建橋梁

明

姚以德洪武戊申任祀名宦有傳

王孔昭洪武庚戌任有政聲

吳啟文洪武乙卯任遷建山川等壇

劉秉政洪武壬戌任建吳主廟于赤壁山

邊　整洪武庚午任秩滿去人多懷之

[illegible]　濟洪武癸酉任福建崇安人由明經

冉　通洪武丁丑任四川萬安人由進士政平訟理民有遺思

陳伯達洪武辛巳任

李　伸永樂乙酉任

王　本永樂己丑任直隸望江人

曹　順永樂壬辰任直隸南皮人

武　韜永樂丙申任

董　琏永樂己亥任直隸元城人由監生

黃　開永樂甲辰任浙江建德人由監生

莫　震正統辛酉任由進士祀名宦有傳

劉　循景泰壬申任江西南城人

羅　純天順辛巳任四川榮昌人由舉人悃愊無華喜怒不形建博約亭在任十有二年名完身潔

高　舉成化辛巳任鳳陽人

孫　倫成化戊戌任四川瀘州人由舉人祀名宦有傳

馬炳然成化壬寅任四川內江人由進士祀名宦有傳

姜　溥弘治己酉任江南廣德州人由進士祀名宦有傳

張　輪弘治甲寅任直隸泗州人由監生

吳　琛弘治癸亥任江西永豐人由舉人

陳治定弘治己亥任廣西蒼梧人由舉人陞泗州判

朱　振正德己巳任直隸人由監生

折　衡正德辛未任陝西神木人由監生

陸　槐正德甲戌任江南宣城人由舉人築城捕盜民甚賴之歷陞太僕寺丞

陳文煒正德庚戌任廣西潯州人由監生

虞守愚嘉靖癸未任浙江義烏人由進士有傳

陳一言嘉靖乙酉任廣西馬平人由舉人

吳　鯤嘉靖壬辰任江南宣城人由舉人

石淵之嘉靖丙申任浙江上虞人由舉人有傳

李璣衡嘉靖己亥任浙江錢塘人由舉人

姚　梧嘉靖壬寅任浙江慈谿人由進士爲政有紀吏民畏服

甘文瀚嘉靖己巳任江西奉新人由舉人

黃　茂嘉靖丙午任四川合州人由舉人節用愛人民有遺思陞荊州府通判

陶　愰嘉靖己酉任廣西桂林人由舉人

章　桂嘉靖庚戌任江南貴池人由貢生

吳　瀚嘉靖癸丑任浙江臨海人由舉人陞知州

符大賓嘉靖丁巳來任廣東合浦人由貢生建龍津橋

張　符嘉靖庚申任四川浩州人由貢生

越民樂嘉靖壬戌任貴州籍江南册徒人由舉人政有綱紀民多惠愛

熊尹臣嘉靖乙丑任江西新昌人由舉人

王天任隆慶戊辰任江西安福人由舉人才學兼優未幾罷去

劉元相隆慶己巳任廣西全州人由舉人修築長堤有功于民

陽光宇萬歷癸酉任廣西臨桂人由舉人

吳　騏萬歷丙子任江南宜興人由貢生改邑土城易磚石規制有法至今賴之祀名宦

經仁謙萬歷辛巳任廣西全州人由舉人外樸內明以不長對答而去

黃孟經萬歷甲申任廣東龍川人由進士

蔣時馨萬歷丙戌任福建漳平人由進士端肅廉平所立法悉著爲令而興學校培士風尤爲知務以丙陞去祀名宦邑人立二賢祠并李承箕祀之

蔣守浩萬歷己丑任廣西全州人由舉人以明敏見稱陞潼川知州

郭維翰萬歷壬辰任江南册徒人由貢生

龎一德萬歷己亥任廣東南海人由舉人學優德厚奬掖士子多所成就刻題名碑後續祀二賢改爲三賢祠

文邦儒萬歷壬寅任由舉人續修城建排柵

蔡用吉

王堯臣以上三令舊志不載今從續志錄入出身鄉貫俱未詳

蔣中選萬曆庚戌任雲南河西舉人修長堤保障黃湖口建岳公樓修拜風臺等處祀名宦

唐國士萬曆丙辰任江南上海人由舉人復築長堤建古治陞福州府通判

張　銘天啟壬戌任山東招遠人由貢生

王來儀天啟乙丑任雲南昆明人由舉人才識明敏尤工書法

陳　定崇正庚午任雲南楚雄人由舉人

梁弘建崇正辛未任由舉人

程可登崇正甲戌任廣東高明人由舉人政靜學優嫻于禮節修文廟學宮建彌高亭文昌書院日親督率凡所營立堅緻有法尤加意城垣譙門明季兵寇居民藉以守禦始知公慮事之遠

王良鑑崇正己卯任由貢生癸未六月獻賊入楚閉城堅守城陷見執罵賊死之

劉士琨崇正甲申任江南常州人由貢生時闖寇猖獗郡屬多鎮兵民未苦寇先苦兵公多方調護村市賴以保全已而賊入城陷不知所終

國朝

陳一道順治乙酉任江夏人由舉人後登順治丁亥進士

王應虹順治丁亥任山東人由舉人清操雅化有儒者風

鄧林尹順治庚寅任政尚和平以憂去後陞岳州府同知

李焯然順治辛卯任山西翼城人由進士端肅清正在任三年鄉里中無一胥之擾至今士民懷之

郭　植順治甲午任北直邯鄲人政治嚴明捐貲修大成殿戟門學宮改築長堤然頗傷苛刻在任十二年以憂去

來　鑑康熙丁未任陝西三原人

李世錫康熙戊申任山東膠州人由進士建威鳳亭於灌磯山

李元震康熙辛亥任浙江嚴州人由進士

白受輝康熙甲寅任正紅旗人

李長齡康熙丁巳任鑲藍旗人

呼應臚康熙戊午任

年昌齡康熙己未任鑲白旗人政平訟簡案牘蕭然或經旬閉閤有臥治之風

荊振日康熙乙丑任江南丹徒人由舉人後以憂去

龐　穎康熙丁卯任廣西梧州人由舉人有傳

李　棨康熙己巳任直隸灤州人由拔貢

蔣　敩康熙戊寅任直隸蠡縣人由進士歷陞寧波府知府

靳樹裔康熙癸未任鑲藍旗人有傳

李鼎徵康熙乙酉任福建晉江人由舉人有傳

陳法乾康熙庚寅任廣東南海人由貢生

湯星南康熙乙未任江南宜興人由監生

崔　溢雍正甲辰任順天霸州人由進士居官廉潔存心忠恕卒以催科見黜

張　璿雍正丁未任四川閬中人由拔貢

王邦鼎雍正丁未任江南高郵州人由舉人修築長堤捐置義塚緝盜嚴聽訟決陞武岡州知州今任靖州

張其維雍正壬子任山西蒲縣人由舉人在任築長堤葺城垣修文廟崇聖名宦鄉賢祠置祭器樂器砌石泮池創義學置義田修大堂加捲棚建牌坊修關帝廟施義塚捐社穀俱出己貲詳載各條有記

教諭

明

蕭士衡衢州府人　莫　鏞浙江武康人

楊曜宗福建人　熊　禎江西南昌人舊志熊作能

古　鑑四川雅州名山人永樂間由進士來任陞楚府教授後入籍嘉魚

陳　昇福建人　劉池蘊江西人有傳

孫允恭滁州人校正邑志　歐陽憲江西泰和舉人

朱　珙江南華亭監生　張　經四川成都監生

林　琚福建晉江舉人　李大節四川成都舉人

朱加爵貴州監生　李士文福建連江舉人有傳

覃　煦廣西平南舉人　鄔　憲浙江餘姚監生有傳

何鍾秀南平人　蕭　玨廣西宣化監生

張欽之福建晉江選貢　何　愈廣西付川舉人

戚　寵金華人　孫日培虹縣人

魏　廉景陵人今天門縣　向王道江南江浦舉人

馬載道安陸人　梅　文光澤人

楊文會四川南充舉人　滕養志江南溧陽舉人

朱光前江西南昌人續志作朱光賢　張二和巴陵人

楊希賢本學訓導陞　龍奮淵貴州人

李大晉光山人恩選　裘允元江西南昌舉人

周希孔湘潭人歲貢　楊長春安陸人舉人

張維新舉人陞知縣　朱永思山東人

王命宣　張國宗金谿人舉人

楊士趂江西湖口人

國朝

吳　琮陞河間縣尹　張玟葵舉人陞鹽亭縣尹

李春明郴州人舉人復移落星於池之舊址

馮　琮蘄州人長厚貞誠課士有方陞九溪衛教授

劉士臣沔陽人舉人　郭更名麻城人舉人

李桂林　范文叔

鄒　參天門人舉人　張世勳江陵人舉人有傳

李前芳巴東人舉人　金祖謙漢川人歲貢

王佺昌漢川人歲貢　王業弘漢川人歲貢

郭　林麻城人舉人由江西泰和知縣雍正壬子改署來任

訓導

明

王　藻河南人　張　堅江南當塗人

郭　維河南人　袁　訓江西豐城人訓或作海

朱　艮應天人　劉　濟江西湖口人

范　謨江西豐城人　李　珪巴東人

黃　貞江西南昌人　楊　輝江西新喻人

石　盤仁和人舉人有傳　溫　端寧都人

郭孔恕河南舞陽人監生　陳謙山福建莆田人舉人

曹　綸江南宿松人監生　陳　質廣東永淳人舉人

盧廷柏江南清江人監生　陳　雄福建晉江人舉人

董嘉謨雲南人　劉德宏江南旌德人監生

尹如俸四川人監生　顧　頎東安人監生有傳

戴　璐江西德化人監生　闞　泰浙江臨海人監生泰一作管

高　遷 雲南人監生　劉　朝 四川人
劉廷章 江西人　檀　瑋 江南江浦人監生
周有恆 江西人　梁尚義 廣東人貢生
宋聚星 北直人貢生　杜　容 四川人貢生
李正榮 四川人　蔣永泰 蓬州人
蔡　震 福建漳浦人　郭宗儀 歸善人貢生
伍　喻 湖戶人貢生　璩　鎬 宏山人
楊文炳 四川人　蔣　材 江南山陽人
盛　德 華亭人　黃宗轍 浙江義烏人

聶　宛 江西永豐人　夏　誥 雲南人
王　松 黃岡人　李堯勳 遂州衛人
李繼東　晏承恩 大昌人
楊希賢 江西贛縣人　楊　熙 石門人
朱　紱 四川達州人　艾淑久 沅州人
唐之賓 桃源人　鄭應夔 常德人
李三畏 臨潼人恩貢　宋元時 丹稜人
謝廷瑚 休寧人　王元敬
袁程度　鄒孟儒

楊宗孟 遠安人歷東安縣尹

國朝

韓再琦 江陵人陞合浦知縣　田之玉
羅似錦　李嘉彥 安陸人捐俸修學前甬道
詹士朗 黃岡人　鍾應遴 黃安人
歐陽迤 漢川人　高　淳 江陵人
鄒　屺 麻城人　袁　嶷 光化人有傳
劉澤民 潛江人　袁若安 棗陽人

縣丞

明

李　成　張子敬
藺　成　樂　直
高　鉉　李才亨
湯仲濟　郭　儀
胥　葩　李文興 永樂間裁

主簿

元

狄　忠 至正間重修雨廳植松夾道

明

梁興　闞仕中

崔守敬　李威

周恆　鍾處雲

王清　正統間裁　老大順　金州衛人係河泊所今奉裁補

典史

明

王繼祖　吳祐

陳景輝　尤恭

王熙　侯觀

陳以常　蕭玉

盧受　馬進

張榮　錢象

朱元讓　陳玉

倪彬　建博約亭能詩　王賁

張瑀　童武昌

劉銓　吳善

梁鑑　李循

王塡　劉經

劉廷用　牛經

葉天祿　王思貴

楊琴　黃明高

郭正朝　黃光偉

鄧斌　李朝賜

姚用夫　邰子亢

黃文明　夏實

翟義安　林秉秀

張朝貴　朱琮

祁堯仁　曾大章

張大經　劉穆

周振　翁木

陳可德　羅坤

李自遠　江正濂

喻士登　龔左泰

國朝

陳文奎　李傳芬

趙邦祥　池　芳邠州人
許宗耀　呂大韶
沈　鍮　馬俊民河橋人
曹尚志鄆城人　戴士鵬大興人
程正心懷來人　高維達北直茂山衛人
趙泰吉大興人　金文俊北直永清人
陸廷宰宛平人　曹修元池州府人

石頭口巡檢司

國朝以前縣志不載今無考

潘　瀾山東堂邑人　王心淵北直永清人
包其韜順天宛平人　朱　標宣化人
李學源大興人　趙登銓梁城所人

簰洲巡檢司

國朝

白　琳富平人　吳繼鄧涇縣人
李世明北直南河人　童　焜桐城人
李棲鳳寧武所人　李　適江南通州人
周　瓛大興人　倪　標吳縣人

趙志仁大興人　宋　潮大興人
金廷鉞武清人　單　成三河人

營汎自康熙十一年起以前無考

李得貴開封人　馬　學江夏人
王國佐直隸人　陳有功江夏人
麻重慶麻陽人　高鳴臯江夏人
張　勇江夏人　張世華江夏人
王文元襄陽人以上俱行伍
陳　恭閬中人武舉

宦蹟

居官無赫赫名去後令人思愈久而不忘循良傳所由作也後之覽者曰某也廉能某也子惠而以下無譏焉亦可知所自處矣志宦蹟

明

姚以德不知其家世洪武戊申自建平縣丞擢爲縣尹勝國之季邑當敵衝民不勝苦流亡幾盡以德開草萊訓耕耨數年之間民蘇物盛民甚宜之陞濱州知州民思之爲謠曰南有嘉魚樂賢之區姚

侯戾止以扶以鋤昔也干戈今也袴襦蔚蔚桑麻雨露所濡樹德方滋征車在途永懷去思沒世弗渝

莫震字廷威吳江人以進士來任爲人修潔春秋嚴於祀事牲帛醴羞皆戒於三月前滌池汲水亦極深潔官舍有木偶像人甚畏之震投之江每秋冬親行郊野相土宜修陂池與民興利疆埸整飭封域肅然日與賓客登山臨水飲酒賦詩爲樂有古循吏風陞福建延平府同知

孫倫字維敘四川瀘州人天順壬午鄉試成化戊戌來任内外一誠以禮自飭見利如仇人不堪其清苦修舉學宮條冠婚喪祭之禮去浮屠老子舍毀其像人皆遵其敎親藩之旗尉恃勢強取居民邸墓之木倫從容使諭之不聽乃嚴刑而遣之王大怒以欺侮奏衆爲之危倫曰事苟公平雖死何悔法司勘以非罪詔釋之倫精勤吏事圖爲久遠當以邑戸口寖消差役益繁縣當水陸之衝民力不堪欲移鄰封之半以增里疏成未及上而倫沒矣沒之日邑人哭之失聲曰清官死誰復能字我者後其子不能歸里遂入籍嘉魚

馬炳然字思遠成都内江人由成化辛丑進士來任有爲人作狀牒者名其人訊之曰汝民當安分畏法奈何爲人造訟乎對曰貧無以養寫一狀可活吾家數人炳自責曰不富烏能教厚其資使立本自是公門遊食者悉遁去炳然爲政明察而不煩苛暇則巡行村落洞悉民隱貧富多寡程力賦事胥徒不能爲奸三年大治流民復業乃新治事之

堂扁曰寧富敎退居之堂曰絜矩二十三年夏湖湘旱飢炳然申賑貸未報輒開倉救之明年大飢朝廷出內帑錢以佐民府守意令文具散放而實欲轉輸府庫也炳然曰天降凶荒爲政者之罪也聊放散之守怒炳然弗恤也踰年徵拜監察御史累遷至湖廣都御史道遇賊刼之不從遂殺之謚毅愍

姜溥字希廣南直廣德人由進士弘治己酉任爲人才高氣邁涖縣時值制度簡略蠹弊滋深溥爬剔

綜理條爲規畫巨細畢舉又因邑治瀕江水數爲患乃自百疋山修長堤至三角舖二百餘里以捍漲溢地方賴之又修學養士文教聿興民歌其德考滿卒於家

虞守愚字維明浙江義烏人由進士嘉靖三年任時邑數澇民飢守虞下車加意拊循事務休息凡政令之庇催科之弊必力爭而心計之不以勢沮不以微忽先是嘉魚糧少差繁每撥鄰邑之糧以爲朋吾民之貧者首嘗其苦而鄰之富者坐乘其逸

守愚廉知其害請於當道移差以就糧民受其惠暇則引諸生講論多所啟迪未幾以優調萬安吾民至今懷之爲立去思碑云

石淵之字本深浙江上虞人由舉人嘉靖十五年任爲人敦厚淳謹不事表暴政尚和平留心撫字親行勸課詩文古雅可觀然性頗骯髒多忤上以年衰遂請休致巡撫東𤍞顧公批其狀曰石淵之意古而不宜於今累陳休致益見晚節眞得其爲人之實矣有省耕勸農詩

國朝

龎頴字右曾廣西梧州人由舉人來任刑清訟理不激訐以爲名尤加意學校諸生受其賞鑑者必厚餼之試童子面定甲乙決入彀早暮若操左券康熙戊辰五月武昌裁兵亂十屬皆震邑當兵衝人無固志公多方捍禦晝夜巡輯奸宄不行會提鎭徐公治都奉命勦賊駐師金口公親往請兵護城已而賊潰江漢肅清邑獲安堵皆公保障力也時公二親在粵戀

慕切至乃構亭署後扁曰望雲以志屺岵之思卒歸終養士民懷之後編舊志內先載卒以憂去今乾隆乙丑之歲覈准入祀名宦始知告歸終養故釐正之

李鼎徵原名光墩字訒齋福建安溪人大學士李公光地之胞弟由舉人來任謙恭禮讓政尚慈祥不事擊斷時歲頗豐稔民旣樂輸諸事不甚掣肘公賦斂有方遂書上考乃貫地於邑東門外給爲義塚於小西門內買屋建爲育嬰堂又精堪輿培植縣脈多所改更由是文武兩科先後稍得吐氣人以此首功之然善政不盡是也尋陞主事去

韓樹喬字子遷鑲藍旗人來任時年甚少發奸摘伏老吏不如也性不苟取正餉耗羨過二三分者并還之納戶勤於聽斷不留獄欲置廚廳事前令訟者自爲炊爨隨到隨質不入歇家未幾以疾卒不果行舊例故官之柩無敢入城時公奉檄至武昌沒於舟次柩抵河下士民雨泣擁其柩直入內署朝夕哭奠者日數十百人妻高氏溫惠貞淑先是巳病甚聞公卒遂不欲生喪至撫棺一慟而卒公以死勤官高以死殉夫皆僅事也入名宦

儒學附

明

劉池蘊江西吉水人正統間教諭善於誘掖因人而施每說書解文有未達其意者必多方譬喻通曉而後已幼稚者抱置膝指陳口授亹亹不倦性忠厚人卽忤之無怒意

石磐字鴻漸浙江仁和人成化乙酉鄉舉任訓導門人貧乏者歲時賙給之爲人恬退於世無所嗜好邑人李田爲浙江參政時磐將之京師資以官舟不受其故人爲卿相每名相見竟不詣其耿介有如此者入名宦

李士文字在中號肖山福建連江人由舉人嘉靖五年任刻厲清苦勤於教訓外和內剛貴義賤利諸生無不嚮服後登嘉靖巳丑進士官至浙江按察使

顧頎直隸東安人由監生嘉靖三年任訓導溫厚純篤得之天性與人處破削崖岸諱言過惡視諸邈名喜事大不侔矣求諸師儒中其長者也哉

鄔憲字克章號松澗浙江餘姚人戊戌以歲貢任教諭資性莊重動遵禮法博通五經立會日講一經諸生各執經而聽分晰精義娓娓不倦人人若有所得二年以老去爲詩以別諸生曰昨宵月雪上魚山雪逐風顛砭骨寒官柳橫塘誰與折孤梅傍屋獨撐看拮据雀力霜天曉懊惱鳩聲杏雨殘健我歸舟千百里白鷗伴釣舜江干可以觀矣

國朝

張世勳江陵舉人由湘潭教諭補任嘉魚恢閎瀾達

氣度偉然嚴師弟子之禮辭色未嘗少假而情誼懇切體恤周至人以此樂親之勤於其職多所造就尋陞辰州府學教授去然無忝師範者則前後稱最焉 後編

袁嶷字九峯光化人邑訓導嚴毅方正望之儼然士子月兩課餼具豊腆甲乙悉當春秋致祭必按諸祀典物不備不敢獻諸生執事遠近畢至胙不給者或捐貲市脯給之教人首重行檢有不率者夏楚不少貸故宮牆之内敗類屏跡而賢者相慶爲

得師焉

選舉志第七

南金竹箭楚實生之以擬人才則非倫才者取精於造化毓秀於山川砥以家修貢之王國必能建事立功書竹帛而勒鐘鼎才斯稱焉科貢特出身嚆矢餘可知矣然釋此則拜獻無資故士之紆青曳紫施及後先者必由之嘉邑人才今不逮昔登仕版者若晨星此亦剝復之機也泝往哲而奮興其能無厚望也乎

科第

科目莫盛於有明顧其可傳者不在是今先型已遠極盛難繼不得已仍於科目中求之亦循名責實之意也此外可以類推不更志

文科

宋

李希顔 紹熙戊午解元

李修巳 登寧宗朝進士授中順大夫

李恕巳 擢奉常進士

李義山 嘉定十三年進士

李伯姝 嘉熙戊戌中太學上舍

程一飛 寶祐癸丑四舉登第

曾登龍 寶祐乙卯中太學上舍

李伯嘉 解元任錢塘知縣

李　桂 進士由貢

李　格 解元周禮中式

李　瀛 登咸淳進士授通直郎

李大同 咸淳戊辰魁南省見人物志

李大元 咸淳戊辰中太學上舍
李　演 登景炎進士授承直郎除授州軍事
李大珪 任玉沙知縣
熊道則 登德祐進士仕至御史

元

李　杲 登延祐進士除福建提刑陞朝請大夫

明

李　璣 洪武庚午科第二名舉人天長教諭歷成都府學及泗州宿州皆有成績詳見孝子傳內

陳　宜 洪武己卯科舉人仕至工部員外郎
殷　宏 洪武己卯科舉人任河南遂平知縣
宋興文 洪武壬午科舉人登甲申曾棨榜進士任山西太原知縣
李　貞 永樂乙酉科舉人
雷　晏 永樂乙酉科舉人任四川灌縣知縣歷南城新興二縣
胡文冑 永樂辛卯科舉人任祁門訓導
周　恕 永樂辛卯科舉人任四川岳池知縣
史　讓 永樂辛卯科舉人任江西德興訓導
黃思信 永樂辛卯科舉人

程　鑑 永樂甲午科舉人登乙未陳循榜進士有傳
李　英 永樂甲午科舉人登戊戌李騏榜進士任州判
岑必通 永樂甲午科舉人任四川雲陽教諭
程存誠 永樂甲午科舉人任江西湖口教諭
程　鵬 永樂甲午科舉人任廣西河池知縣
張友文 永樂丁酉科舉人任廣州通判
張　本 永樂丁酉科舉人
李　華 永樂丁酉舉人廣平千戶所吏目
李　璿 永樂庚子科中蒲圻縣第三名舉人任九江府訓導

雷　豫 永樂庚子科舉人
李　善 永樂庚子科舉人任四川珙縣教諭
薛思敬 永樂庚子科舉人任廣東陽春知縣
李　滄 宣德己酉科解元有傳
岑　玫 宣德壬子科舉人
古　信 宣德乙卯科舉人任江南沛縣知縣
徐永聰 正統甲子科舉人任周府紀善
程　涵 正統丁卯科舉人任汝陽訓導
查以明 正統甲子科舉人任廣西遷江知縣有傳

孔　儒景泰庚午科舉人天順丁丑欽賜進士任監察御史

雷九成景泰庚午科舉人

李　田景泰庚午科舉人登甲戌孫賢榜進士有傳

龍　淵景泰癸酉科舉人歷陞重慶府知府

李爲臣成化戊子科舉人有傳

杜　福成化戊子科舉人任浙江德清知縣

李承恩成化庚子科舉人登甲辰李旻榜進士任戶部郎中

吳延舉成化庚子科廣西舉人登丁未費宏榜進士有傳

李承箕成化丙午科舉人

李爲義成化丙午科舉人任江西彭澤縣尹

童　珪成化丙午科舉人任鎮平教諭

陸　賢成化丙午科舉人任崇慶州學正

李承芳成化丙午科舉人登弘治庚戌錢福榜進士仕至大理寺

徐　玹弘治己酉科舉人任饒州府訓導

曾　儒弘治己酉科舉人任順慶同知陞知府後官至兩浙御史

杜循序弘治壬子科舉人任江南貴池知縣

李承勛弘治壬子科舉人登癸丑毛澄榜進士有傳

任　岳弘治乙卯科舉人

李承顔弘治乙卯科舉人

李　整正德庚午科舉人

呂　端正德庚午科舉人

周　夔正德癸酉科舉人登庚辰楊維聰榜進士任富順知縣

呂調羹嘉靖乙酉山東舉人登己丑羅洪先榜進士仕止知縣

尹　相嘉靖戊子科舉人登壬辰林大欽榜進士有傳

李寶聯嘉靖戊子科舉人

李喬齡嘉靖戊子科舉人

方逢時嘉靖庚子科舉人登辛丑沈坤榜進士有傳

李　冬嘉靖庚子科四川舉人任青州府訓導

雷上儒嘉靖己酉科舉人登癸丑陳謹榜進士仕至贛州府知府

程一夔嘉靖壬子科舉人仕至饒州府通判

李寶蒙嘉靖壬子科舉人

李寶全嘉靖乙卯科舉人

李寶約嘉靖戊午科舉人仕至南戶部郎中

任邦實嘉靖辛酉科舉人仕至常州府通判

周廷諮嘉靖甲子科舉人仕至常州府通判

李　沂萬歷癸酉科舉人登丙戌唐文獻榜進士有傳

李　僚萬歷戊子科舉人登丙戌焦竑榜進士有傳

鄧揚魁由選貢入順天監中萬歷丁酉科舉人

游士任萬歷丙午科舉人登庚戌韓敬榜進士有傳

熊開元萬歷戊午科舉人登天啟乙丑余煌榜進士有傳

金　聲由選貢入順天監中天啟甲子舉人登崇正戊辰劉若宰榜進士有傳

尹民興天啟甲子科舉人戊辰科進士有傳

任弘震崇正庚午科舉人登庚辰魏藻德榜進士有傳

尹奇逢崇正庚午科舉人登辛未陳于泰榜進士仕至山東兵備道有傳

任喬年崇正庚午科舉人庚辰欽賜進士

雷士順崇正丙子科第四名舉人

李占解崇正壬午科第三名舉人

高自遠崇正壬午科舉人任江南建平知縣

國朝

劉均運康熙己酉科舉人

孫　襄康熙乙酉科舉人

李懋酒康熙乙酉科舉人任衡陽教諭

尹　健康熙乙酉科副榜戊子科舉人

陳新謨康熙甲午科第五名舉人

房逢年康熙庚子科舉人

劉仁濟雍正癸卯　恩科舉人

程汝曾雍正己酉科舉人

程　珏雍正壬子科第五名舉人登癸丑陳倓榜進士改授黃陂縣教諭

尹　侃雍正壬子科舉人

副榜

胡　鎔康熙甲午科

李傳大康熙庚子科

武科

明

方日中武探花

方壯猷丙子科舉人

王德勳壬午科舉人

國朝

劉鎮定順治辛卯科舉人授淮安守備陞山西大同宣府都司致仕

毛楚翰順治甲午科舉人

楊象德康熙己酉科舉人

易　昆康熙乙酉科舉人壬辰進士選　侍衛歷任凉州靈州衞守備今候補

方開國　康熙乙酉科舉人

黃　錡　康熙戊子科舉人

周　玫　康熙癸巳　恩科舉人

周　琢　康熙甲午科舉人

鄭士瀚　康熙甲午科舉人任南漕押運千總代賠旗丁逋糧隨奉戶部坐糧廳賜扁功堪裕

國總漕

題陞衛守備以疾卒

吳鼎勅　康熙甲午科舉人

易　最　康熙庚子科舉人

余　璉　雍正癸卯　恩科舉人授山東濟寧衛千總值曲阜重修　文廟監修運瓦如期績因東省水旱勘災捕蝗有功制臺保

題賢能候推

張　襄　雍正丙午科舉人

蔡思瀚　雍正壬子科舉人

黃從賢　雍正壬子科舉人

貢監

明

徐與權　桃源知縣　　徐與道

朱文昺　都督府所事　　王　志　如皋典史

游艮能　射洪教諭　　劉景文　刑部主事

宋文顯　修武教諭　　夏　珪

徐方貢　嘉定州判　　李　暹　蒲城主簿

舒文煥　慶遠照磨　　李　忠　臨桂縣丞

來如賓　廣東千戶吏目　　崔　嵩　鴻臚寺序班

游體加　　王思誠　廣寧屯經歷

危　安　　王　禮

姚思俊　　李紹源　濟寧知縣

龍必昇　渭南知縣　　李　琩　江山知縣

李　鼎　懷寧主簿　　劉　紳　貴州布政司知事

張以善　縣丞　　蔡簡澄　新喻高苑縣尹

黃　淮　縣丞　　李　顯　海州訓導

周　溥　處州府經歷　　李　震

石玉成　　周　忻　確山教諭

杜　楨　雲南檢校　　李仁源

孔　選　　江　源　通判

雷　震　北直衛經歷陞五軍都督指揮　　曾　頌　貢

游廷昌　營山知縣　　李汝淮　主簿

李源 銅梁知縣　李汝謨 經歷
王焜　孫璣
李虎　鄧祿 交城知縣
張澄 江油知縣　徐永諒 韓府審理正進階奉政大夫
朱俊 嚴州府訓導　許諒
江灝 經歷　周文 廣東知事
羅錦　丁貴 騰沖衛經歷
舒聰 新繁訓導　程正 臨潁訓導
徐珪 內江訓導　李熙

徐璋 雲南知事　任升
李承亨 儀真訓導　蔡琛 浮山知縣
王邦　程貫 蒲江知縣
周憒 灌縣訓導　李春 蒼溪教諭
來綬 永寧教諭　雷韡 湖州府訓導
程賢　李鶴齡 慶元訓導
任萬全 真定訓導　雷震春 汝寧府訓導
徐墉 襄府教授　徐綬 襄府教授
杜璘　李鎔 遼府教授

李珩　蔡崇政 泗州學正
蔡崇文 南充知縣　周如孟
古完珍　李堯民
徐堂 高郵訓導　雷孟春 句容訓導
李嵩齡 梁山教諭　蔡崇嶽 錢塘訓導
杜循古　李九齡 太學上舍
王彥卿 萬縣知縣　蕭璽 嘉興訓導
萬新 巢縣訓導　李棨 代州訓導
游繼恩　李承清

孔述 白水教諭　李承問 舒城訓導
古述　鄧廷爵 洧州知州
李整　鄭寔
李似 吏目　任民恩
李森 天長知縣　李曒 教諭
李褒 主簿　蔡偲 衛府教授
古宗儒 淄陽教諭　杜廷元 寧國訓導
曾孟詹　雷岱 宜黃教諭
蕭輔堯 襄城教諭　蔡佃 潼川訓導

劉光國 澧州同知　尹 楧 長沙府訓導
程 坪 宜陽訓導　杜廷升
陳時敘　雷敏中 儀眞縣丞
程鵬搏 臨城知縣　黃 袍
古 梗 處州府訓導　李寶荃 上高教諭
李 慄 饒州府教授　尹汝揚 通道教諭
李作楫 東安教授　尹以談 枝江教諭
尹以諤 荆州府訓導　湯 訓 宜都訓導
李 快 常州府教授　黃文炳 通山教諭

徐繼治 桂陽州學正　古學禮 遂昌教諭
李宙憲 衡陽訓導　李宙奕 黃州府教授
周昭文　尹以論
任完璧 乙酉副榜　方弘運 沔陽訓導
方 接　毛 序
徐自新 永州府教授　陳嘉謀
游士逵 潛山訓導　尹以譽 慈利訓導
游士俠 祁門知縣　蕭頤吉 福州通判
雷 驤　方日隆 訓導

李宙遜 麻城訓導　李占與 沔陽訓導
李宙裘　呂纘明
雷 驥　游時昂
趙應康　黃應祥
胡希亮　涂顯元
金 簡　尹天知
李宙奮 崇陽訓導　湯有光
鄧人龍　李 黃

國朝

李宙阜 上海縣丞　李開唐 沔陽州學正
游明羽　尹奇養
余 芳　熊合元 大冶訓導
鄧胤星 天門訓導　方弘鼎 漢陽教諭
方弘勳　趙希仲 考城知縣
金敦溥 江華教諭　高其昇
蔡用予 選通判未任　杜麟昌
尹民昭　謝廷聘
周于岸　來諭國

李占星　方弘祖
任昌應青田縣丞陞錢塘縣尹　童心開
龍文鼎天柱司訓　趙鳳池
李宙奇　李宙都
蕭爲備　游明爍應城訓導
尹士大彝陵訓導　李正慈
周應時拔　任祺年
周士毅任恩　唐　冀
孫弼章　王敷極

方　海恩　朱世溥恩法歲
張　愷　李遇榮
明時習　尹士郭
周斯葦拔鑲藍旗教習　程孟言
李儒大　周應修
耿應賜　明時翼
尹柱世　任汝楫
吳鼎勳恩　張　昭
李詩大　鄧　濤

劉士觀拔貢現任崑山縣丞　吳之江拔
尹章世　尹安世
萬　錦　萬　鎰
尹任世　鄭士會
尹世焯　賀世傑
萬　鉉　劉奕勳
尹貴伯　來入聖
杜　榮　萬世清
劉本衷　周世淳

尹貴震　金忠益
羅　瀚　陳知遇
蕭文旦　尹貴佐叔
來作屏　陳　鑄
葉天鐸　杜國傑
貢補遺　古　柏宜陽訓導　張　淳太和縣丞
孫　明訓導　龍　潛
貤封
宋

李希說義山祖誥贈朝請大夫黃氏贈宜人
李修巳義山父誥封紫金光祿大夫虞氏封永寧郡夫人繼蔣氏安康郡夫人

明

陳□宜父誥封工部員外郎□氏宜人
徐方通永諒父誥封奉政大夫左氏宜人
程自新鑑父誥封工部郎中李氏宜人
雷本聰震父誥封都督府經歷蕭氏安人
孔仲宣儒父敕封浙江道御史張氏孺人
李　善田父誥封都御史又以孫承勛貴加贈光祿大夫童氏封淑人又加贈一品夫人

吳源富廷舉祖誥贈通議大夫都御史曾氏淑人
吳貴榮廷舉父誥封通議大夫都御史陳氏淑人
李　奐承勛曾祖誥贈光祿大夫太子太保兵部尚書熊氏加贈一品夫人
李　田承勛父誥封光祿大夫太子太保兵部尚書畢氏加封一品夫人承勛妻龔氏繼袁氏俱封一品夫人
李　阜承芳父敕封大理寺評事鄧氏孺人
方　宸以輸粟賑饑授義官後平劇賊有功賜葬祭贈本府檢校
尹德彰相父敕封南京刑科給事中孔氏孺人
方孟銳逢時曾祖加贈光祿大夫太子太保兵部尚書李氏加贈一品夫人

方　寵逢時祖加贈光祿大夫太子太保兵部尚書李氏加贈一品夫人
方　亨逢時父誥封光祿大夫太子太保兵部尚書孔氏封一品夫人逢時妻周氏繼余氏俱封一品夫人
雷　敬上儒父誥封戶部郎中游氏安人
李寶蒙憿父誥封光祿寺丞　氏安人
游　讓士任父誥封廣西道監察御史明氏孺人
熊　俁開元父敕封文林郎　氏孺人
金文耀聲父誥封山東道監察御史吳氏孺人聲妻鮑氏孺人
尹以登民興父敕封文林郎李氏孺人民興妻來氏孺人

尹文華奇逢父誥封中憲大夫李氏繼朱氏俱封恭人奇逢妻王氏恭人

國朝

易興周昆父誥封中憲大夫杜氏封恭人昆妻杜氏封恭人

恩廕

宋

李立巳希顏之子知縣

元

李　憬譯史
李　英義山孫平寇有功恩加奉議大夫

李　端杲之子知縣
李　瑺黃之孫經歷
李　鑛[illegible]之孫南充縣尹
李承階田之子鴻臚寺序班
李　敉承勛子右軍都督府經歷益府長史加四品服色
方日中逢時長子錦衣衛右所正千戶丁丑武探花實授指揮同知南鎮撫司僉書
方日明逢時次子右軍都督府都事
方日興逢時三子南京五軍都督府[illegible]
方日接逢時四子蔭監生

方弘瑞日中長子蔭錦衣衛
方弘謨日興次子鴻臚寺序班
方弘瓚日興三子中北直武舉蔭鎮國將軍
方　鎮蔭錦衣衛副千戶
尹汝學相之子鴻臚寺序班

辟舉按此條大[illegible]志列之貢舉方志列之辟舉[illegible]志又列之選蔭紛紛不一細查方志近是今從之[illegible]成化乙巳[illegible]所考矣

元

李俊傑至正間以薦舉官至翰林學士

明

陳道弘以薦舉任綦江訓導
蔡　聄以貢舉薦授翰林院五品職官又賜蒲圻縣俸令終養克明其字舊志訛今正之
李德庸名公弘以字行明經授國子監助教歷經筵日講以下俱以明經舉
程　衡任本學訓導　雷士膺本學訓導
萬　欽靖江王府紀善　李　愷固始教諭
曾　權鳳陽教授　李　惟黃岡教諭
孫汝傑以人才任新安主簿以下俱以人才舉
李　奐四川巡檢　方　謙汝寧倉大使

雷獻章績溪稅課使　舒　其[illegible]康典史
程　正保舉濟源縣丞　余　彬以生員任閿鄉典史
雷伯璣以選舉任江西湖口知縣　龍　光
陳繼榮任永新富寨巡檢　胡　裕
童　祥以明醫任訓科　古　柏
童　偉　童　仲
童以顯俱訓科　崔　壬以明術任陰陽學訓術下以明術舉
李　琦訓術　古　文訓術
古　冕訓術　程立中縣丞以下附載

吳　藩吉安州判　李爲仁儒官
吳廷謌梧州千戶　李啟裘
李坤齡義官　李乾齡訓科

例雜

明

程公溥主簿　杜　清雎寧典史
雷本聰休寧主簿　曾勝宗巡檢
許子文武城典史　李　玉如林典史
熊以恭樂安縣丞　王仲文吉水縣丞

羅　璿經歷　來　桂袁州經歷
吳　鼎縣丞　鄧　鸞縣丞
胡守由宜春典史　劉國文吏目
鄭朝賜縣丞　方養才主簿
凃守賴典史　皮一麟經歷
王思堯典史　雷大作巡檢
呂廣榮經歷　鄒望楚四川經歷
謝士醇鹽大使　凃可敎經歷陞崇善知縣
李方品遊擊　周　庶紀善

國朝

雷開禧犨昌照磨　周永禎連城北團寨巡檢

武職

國朝

李名春由行伍授廣州守備
王尚隆由行伍授興國州千總陞雲州守備
王良柱以生員揀選勇健營隨征西路候推千總

重修嘉魚縣志卷之四

人物志第八

善人國之紀文士國之華若夫間氣所鍾必有磊落奇偉才全德備者當之經綸宇宙師表彝倫非其人莫屬焉吾邑人物之盛素甲鄉邦自諸名公卿外稍加蒐剔尚可郤車而載他如行師會閱誼合雷陳轟薛高蹤松筠勁節但有關於世教即宜壽之簡編斯山輝澤媚之徵亦論世采風之助也詎敢忽諸

賢達

士有三不朽兼之者難不可謂無其人也前乘所紀楷模具存其未盡表章者書缺有間矣亦心竊嚮往之志賢達

宋

李義山字伯高世居豐城後徙居嘉魚西保總角讀書一過能解大義師事晦菴南軒二先生嘉定十三年賜進士第初授衡州司戶端平元年知贛縣改授臨川遷吉州饒州能輕其稅斂諭安寇攘峻城深池摧折豪強淳祐元年除樞密院編修又除知大宗正丞兼金部郎中轉對首言為善不可有疑心去惡不可有悔心又言陛下有好善之心而無遷善之勇有除惡之名而無去惡之實敷奏詳明上屢首肯而平章師相魏國公請於朝稱其行美於瑜節介於石可謂知公者後以明堂恩賜爵中大夫直秘閣豐城縣開國男食邑三百戶所為文有應事詩藁八卷續藁九製美堂漫錄思過錄後林遺藁若干卷孫英以平寇功授岳州府同知不受別有傳

元

程堯臣與其弟舜臣嘗遊湖見絕流而漁者謂其弟曰一船魚半船血吾不忍觀也李承箕曰堯臣可謂仁人矣臣初名成為鄉人誣奏徵入京師事白順帝元統間改成為臣賜第一區

明

程立中居仁里人明初家貧力學不棄鄙賤常役官府後期為尹所辱立中於庭下朗吟一詩以寄

諷尹謝曰才子也急釋之延之上座因與語益知其所蓄卽以詩薦之朝拜縣丞又以催科後期下刑獄一夕呈詩百首太祖覽而悅之謂廷臣曰此子忠愛由是復官九載致仕卒於家

周恕豐義里人以鄉舉任岳池知縣舊尹以遲緩廢事繫獄恕至淸其獘端如櫛髮烹鮮累年逋賦悉完訟獄皆平舊尹得釋且復官恕卽還朝致其事而退

程鑑字叔明從龍之孫永樂乙未登進士授刑部

主事調營膳陞虞衡郎中大學士楊文定曰吾生平不敢廣交游自海內及鄉國相與往還者葢有數焉若叔明者吾所願交也鑑特達持重平居恂恂而是非可否卓有定見事非涉己未嘗輕發言營繕虞衡尤劇司鑑所至裕如人推服之刑部侍郎曹公以鑑可大用薦諸　朝適鑑奉使于蜀而死矣

李滄字朝宗端謹雅飭學立行修鄉試第一明年會試中乙榜第一賜進士　冠帶給俸入翰林讀書應制獻詩輒蒙恩賚歷官金谿教諭保寧教授學士李英嘗曰朝宗端謹有學行名望素著爲敎官實屈其才石首楊文定公尤重之以墨竹題詩寄之曰春滿江皐雨露深此君別後每關心何當養就凌雲節製作簫韶協鳳鳴正統間典試廣西後又典雲貴等處試事拔擢盡名士上特詔立牌坊賜獅子於門年六十致仕以讀書賦詩爲樂客至無貴賤必冠帶出見人或治具召之雖貧賤不拒也

童以明字用晦質孱弱若不勝衣知縣莫震性剛傲獨志年交之以明[illegible]深至事叔如嚴父弱冠舉鄉薦爲廣西遷江令不鄙夷其民修學校之敎設婚姻之禮遠至洞獠亦服從焉在任六年而卒壽三十七行槖蕭然幾不能歸

程鵬字萬里以鄉薦爲廣西河池令地近邊方風俗獷戾以戰爭爲事鵬推誠訓導民爲丕變後陞滄州同知淸操益著所居不蔽風日鵬處之裕如也

李琩字伯溫西堡人以貢入太學選任江山知縣居官務矜恤視民如子時閩浙海醜爲患琩捧檄征勦有功撫臣請優擢懇辭歸里

李田字舜耕以進士初任戶部主事出監臨清糧務兵民肅清陞郎中遭母喪服除補山西司郎中四川蠻叛朝廷命大將討之故事命大臣督餉尚書楊鼎薦田行比王師至而芻餉百萬聯絡山積任使官屬秋毫不敢違事平陞布政司左參議久次得廣東瓊州蠻叛且僭號衆議請兵於朝田曰

兩廣經年用兵公私困弊甚矣此易與也即日渡海發近郡兵捕首惡誅之焚其服器巢穴安其衆而還或敎以獻俘論功田拒之久之尹旻爲冢宰晉田左參政權貴人沮之不報權貴人罷陞右布政使尋轉福建左布政使其爲政務存大體事有統紀凝神端坐人莫窺其際陞順天巡撫京畿賦役煩重貴卿戚畹多倚暴田皆直之貴人多不便以疾致仕詔不允踰月而卒祀鄉賢

孔儒字宗學爲人戇直尚氣節景泰庚午鄉薦丁丑會試值闈中火災官司悉逃奪門無路儒升牆端引手拯出者無數事聞上索牆端舉子姓名衆以儒對遂名入俞勞有差不俟終闈即賜進士第授巡城監察御史拜命數上疏動闕大計會星變條呈災異指斥無所忌諱清軍南泝益勵風裁終廣西慶遠府知府致仕家居嚴重端默足不至公門人有游惰不檢必面斥之後進姱嫮之士不敢過其里巷焉

吳廷舉字獻臣清洪里人洪武中祖戍梧州遂隸

戎籍以進士初授廣東順德知縣潔己字民卽抗權璫御史汪公惡其專忤上官以他事按之公囚服桎手詣公所衆共泣訴公無私狀御史大慙釋之尋陞成都府同知廣東盜起陞公兵備討平之逆瑾專權公屢訐其私瑾矯旨坐謫戍鴈門是年瑾誅起雲南兵備副使尋陞江西右參政討桃源賊多逢盤錯公竭智勇悉得蕩平他如撫嶺表猺獞之亂疏六事以備宸濠之變累著大功歷官至工部尚書卽疏歸衣弊居陋無郭外之田卒之日

身無以爲斂家口素不給隆慶元年追錄其孝行
贈太子少保謚清惠祀鄉賢今自湖廣至廣西引
松夾道是其手植也
李爲義字用勇由鄉薦爲彭澤令清廉撫字處官
豈不爲勢屈一統志文行篇獨優公云
李承芳字茂卿自幼穎敏生七月以箸畫灰作土
地二字年十四其伯父指鄉之富貴者示之曰兒
志及此乎對曰富貴不淫貧賤樂兒之志也既長
博涉子史酷嗜吟詠弘治中以進士授大理寺評

事性不喜羈束居官無鮮衣良馬清儉而苦嘗謂
人曰予得俸錢三十緡可津而南矣未幾遂謝病
歸與弟承箕俱隱於黃公山下以講學賦詩爲樂
其論道以敎化爲本雖疏食屢空不悔有勸之仕
者曰吾素無作官才非敢邀譽薄世也大學士王
鏊表其墓曰卓然自立不顧流俗求合於義不求
合於人求信乎後不求信乎今誠確論也有東嶠
集行世祀鄉賢
李承箕字世卿幼有大志不喜舉子業好古文辭

非禮不言動成化中與兄承芳同登賢書癸丑公
車定以元旦不忍以令節違親己酉除夕兄弟侍
親榻中夜母歎曰今夕有二子在明夕當何如先
生聞之即泣下不忍去勸兄就駕己留奉親隨棄
科名不復言仕進讀書大崖之峯因號大崖博綜
墳典倡明理學徒步入東粵訪陳白沙者凡四白
沙與之遊甚懽終不及爲學之方即叩之亦微啟
其端而不及其奧久之先生曰箕得之矣凡學以
言傳非眞傳也其有目擊而道存者乎白沙驚曰

子眞其人耶吾且從子後矣遂以理學名天下爲
文章刮剔塵垢無起無止莫可端倪如山川出雲
雷雨交至倏然雨止天日晴朗奇偉不凡與兄東
嶠日聚黃公之堂更唱迭酧自相師友室如懸磬
家人以告則相視笑曰吾道非耶終不以介意後
追配濂溪祀鄉賢
李承勛字立卿田之子也生姿英敏器度弘遠周
歲試以諸物獨睥睨一劍知其有文武才焉弘治
壬子以儒士舉於鄉癸丑成進士除太湖令俗尚

獷悍公至精勤吏事悉變淳良徵南刑主事尋陞戶部郎中出守南昌時宸濠陰蓄異志百計嘗之不墮其術會諸寇紛然丁大王等陷瑞州公誓師力勦五寨悉平又桃源賊王浩八叛公出奇計擒之中間宸濠撓誣百端而治行終爲第一陞浙江按察使轉陝西河南左右布政使遷遼東巡撫一切戰守芻糧之費皆出羨積事聞特晉一級隨以久勞軍務乞休嘉靖初起南臺轉南刑部侍郎晉尚書疏論弭災異濬河道上悉行之召爲吏部尚

書辭以不堪乃加太子少保又陳列時務上益嘉納徙兵部尚書兼都御史提督團營太子太保欲用爲吏部尚書不果是年春公卒贈太保謚康惠祀鄉賢公學有淵源才無枝拄提兵南北曉暢軍機通達國體議論英發廉潔自守家無餘貲子救益府長史

尹相字商衡號介石生而頴秀長而方嚴學憲許公宗魯深異之曰尹子文如行雲流水遠到器也由進士初授行人郎振風采陞南刑科給事中凡所建白皆朝廷大體民生休戚嘉靖十五年太廟災應詔陳六事十六年雷火災又陳五事俱深切時弊至於糾武定侯配享論霍尚書紛更忤世勳犯權寵尤人所難旋丁憂起補禮科左給事中晉吏科都給事中時嚴嵩父子擅權亂政百僚依阿公獨正色自立朝會一揖之外無私見嵩頗啣之會御史何維柏論嵩嵩疑公指授使人恐公無發邸報公拒之遂奏公黨維柏世宗怒逮何與公皆下獄廷杖公憂懼不形時楊繼盛周怡同在獄歎

曰蒙難正志尹子其庶幾乎再閱月始釋削籍而歸公既家居葛巾野服優游田里聞蔣道林信講學桃源扁舟從之臺省屢薦不起穆宗即位追錄言官晉中議大夫太常少卿又八年乃卒焉祀鄉賢

方逢時字行之號金湖弱冠舉進士筮仕之初三爲令尹民甚思之歷陞廣東惠州兵備道會山賊花腰蜂等逆猺彌天殺掠二十餘年白骨山積公蒞任即以平賊爲任遂移檄示賊賊得檄大喜即

取徐姓者殺之以報明年賊又潛約其黨葉朋入冦衆千餘公率兵盡討之廣人德焉會公有量移之報調山西備兵宣府士民遮留哭聲震天請公生年月日留衣履建生祠以祀尋陞都察院巡撫遼東甫十日大同告警復命巡撫大同公至威制德服斟酌戰守方略屢建奇功特賜蟒玉劍履璽書尋專掌兵部團營加太子太保兵部尚書又加少保廕子世襲祀鄉賢

蕭輔堯號震岑其先世廬陵人六世祖時中狀元

官修撰子緼儀官武昌司訓後遂卜勝嘉魚世籍硯畝暨公尤富墳典詞源泉湧每試輒驚當事詩律工細有少陵風味以明經論松陽襄城兩學士風丕振歸構書室四壁圖畫清幽百家卷軸森列食貧力學泊如也性仁恕尤樂資給其接人貌古而心虛不設崖岸與李太清為志年交日與評騭古今怡情觴咏有元亮堯夫高致焉事載太清傳略

李沂字景曾號太清誕時母夢虬飛庭中光芒射地覺而生公幼敏邁七歲能詩萬歷十四年成進士選庶常命同諸詞臣修大明會典成賜宴禮部上祀南郊幸辟雍公皆扈從有詩紀事嘗試王壺氷賦上嘉奬之晉吏科給事中時東廠太監張鯨擅權舞法舉朝憚之公入垣旬日即疏其罪上大怒下鎮撫司廷杖鯨囑杖者斃之公呼太祖高皇帝者三飇風大作杳冥晝晦上感悟乃釋之削籍歸里明年上思公言始戍鯨江南復公冠帶光宗登極特贈光祿寺少卿祀鄉賢

李憭字景穎號幼泉以進士初授衢州司理清操如雪執憲如山尋陞南銓部生選政丁內艱餐疏廬墓孺慕依依服闋補禮部主客司奉命冊封蜀王王所餽遺一無所受尋陞光祿寺丞晉本寺少卿復晉太僕少卿三疏乞休不報家居四載讀書大崖山中日與烟雲泉石為伍部檄屢速力疾赴京晉光祿寺卿甫三月卒於官公至性孝友與人誠摯邑中利害力請興革如長堤湖課等邑族咸賴之萬歷間朝廷遣官致祭

游士任字肩生幼有大志縣尹麗公一德雅重之
命讀書於法華寺歲給衣廩文具并代贍其家日
課月程篤於父兄師友公益攻苦刻勵遂領鄉薦
成進士初授浙江長興尹勅補廣西道御史再遷
監登萊軍務惜其軍功未一奏朝議多阻不克遂
其素志邑人咸謂縣尹之知人造士如此公之不
負所知如此從信錄有首叅三妖疏猶見正氣凜
凜

金聲字正希一字子駿生有異姿兒時即嫻文律
出語驚人未冠補弟子員督學葛𡶷瞻歲試得公

卷拔首諸生語人曰嘉有士若此科名足道耶甲
子舉北雍戊辰成進士廷對忠懇書法尤精士司
見之喜將處以大魁會少宗伯羅公喻義讀卷慫
慂曰此名士某卷也當國引嫌不敢置首選竟擬
第十八出身授庶吉士上封事數千言執政以詞
臣不當言兵欲出之外上特嘉其骨鯁擢山東道
御史公磊落不阿居臺省每與時政忤例轉山東
僉事特除翰林修撰後上疏乞罷得允歸田明季
起兵徽州已而衆潰遂死之忠節凜然與文章相
稱有燕詒閣尚志堂歸金合葉諸集行世

尹民興字宣子號洞庭忼慨有大志兩試闈墨爲
下傳誦初授寧國縣令調繁涇縣潔已愛民懲奸
剔弊神明之頌口碑至今欽取考選丁艱未赴服
闋候銓上十四事上嘉納之擢兵部職方主事名
對平臺面陳兵務轉員外晉郎中巡視九門異時
職方廣行賄賂公盡屏苞苴清望凜然名對文華
殿賜茶及羹奏叅楚撫宋一鶴宣督姜禹緒上皆
罷之又名對中左門奏叅保督范志完中協巡撫

潘永圖上亦罷之鎮臣劉超叛公陳方略卒擒超
晉太僕寺少卿疏三十餘上皆邊情兵機每奏上
輒稱善有重務則問輔臣職方云何時都城戒嚴
上命首輔周延儒督師勅公察劾鎮撫功罪西鎮
王定踰期不發公縛定將斬之延儒扭勸乃止懷
宗殉國赧宗南立馬士英阮大鋮交薦公起用公
恥與同列草疏力叅請賜斥罷遂深隱不出有菴
園集行世

任弘震字澹公號雪柯早聰慧四歲即善屬對八歲詠梅見志有幾雪休矜艷看君和鼎時之句邑令龐公試以文曰是兒瞬息可致千里遂肆力爲制舉義及聲歌詩賦十六補諸生旋首拔食餼與金正希熊魚山皆爲葛屺瞻門下士後屢困於場屋崇正庚午始與長子喬年同列賢書庚辰成進士授戶部主事政績卓然後之重公者卒以學行蓋其政事其爲文闢盡時蹊直窺古人堂奧淺學之士或不能句然當時文風士習賴以振起今青鳳軒集其手著也

國朝

龍文鼎字筆韓廩生龍韜之子韜故邑名士太史金公聲受業門下未嘗更師沒時公尚在襁褓稍長太史拾置家塾訓課之年十七采芹隨冠軍食餼明末盜起公被縶適亂兵中有嘗讀公試卷者詢其名急釋之公知生死有命益肆力詩古文辭皆典博奧衍爲人溫醇雅飭不言而飲人以和至其周旋中禮造次不離雖耆儒宿德未能或之先也康熙癸卯舉明經丙寅授天柱司訓以年老辭不就明年卒於家

尹士大字自閒以歲貢授彝陵司訓舊規謁刺史出入不由中門公曰予雖官卑祿薄然師嚴道尊豈以五斗見屈哉遂申文上憲各允所請至今循爲成例造士興行人文大起以毋老乞歸郡守魏公挽留將以卓異薦公不從浩然解組家居二十餘載杜門不入公庭好施與屢捐粟帛以賑貧乏訓子孫讀書種德無忝世家云

胡之奇字特生與叔希亮讀書大崖山中苦心孤詣弱冠即首拔食餼生平孝友所得廩膳田租一切不私同居再世父卒苫塊三年邑侯程可登手札獎勵之臨貢而卒次子庠生大撰有父風撫孤恤貧氷兢自守年八十有四猶勤教授門下多高弟子孫世列宮牆著有心印文集藏於家

李元鍾字淸華邑廩生累試高等性豪邁英挺見義必爲邑中大事可否悉決焉前後長吏皆延爲上賓文酒交歡無虛日所至人皆倒屣亦不恡情

去留聞遠近不平事則切齒大罵以此賈禍不恤居恆授徒自給亦多知名士家無儲蓄不名一錢當貢而歿人共惜之

孝義

孝德可以通神明義聲可以動天地士節所先綱維繫焉一邑之內必有其人古今詎不相及耶志孝義

明

李璣字伯瑢洪武庚午科經魁授天長教諭未滿任以舉人不及數左遷成都訓導永樂改元以錯降官員詔取回朝再諭天長轉泗州學正復除宿州爲人孝愛居喪獨處一軒不至寢室朝夕以不得葬地爲憂夜忽夢神指地於蓮坵山次日往求之遇一老翁曰爾欲求親葬地在鵲巢樹下遂拜懇之老翁示以處忽不見人以爲孝所感也兄弟求異居戒諸子不得言物產厚薄

楊秀太平里人性至孝年方十二虎至石井鋪食人畜日暮至秀家後門母出收衣爲虎所爪秀奮

臂持斧砍中虎腦母遂得全知有親不知有身聞者異之

童仲醫學訓科市人也性至孝事母極謹溺器皆自舉母亡時仲年五十餘矣毀不勝衣及期値姊喪自市至姊家二十餘里哭不絶聲入門哭不能起勺水不入口而歸戒家人喪禮不用浮屠

李阜受澥里人幼時能讀父書於死生顚沛散亡之餘及長誦朱文公資治通鑑眞西山文章正宗等書昕夕不倦以隱爲高不求仕進性至孝母病湯藥嘗而後進祈禱請以身代兄好飲往鄉黨親戚家未嘗不極醉至跌仆不能行阜雖夜不分遠近扶回略無倦意與其弟都憲公田尤篤愛課其子承芳承箕皆以科第顯陳白沙銘其墓曰子代母病弟扶兄醉堯舜之道孝弟而已以子貴贈大理評事

李九齡受澥里人年十三父爲義令彭澤遘疾進諸藥皆不效遍禱梁公靖節諸祠皆不應病勢益危九齡憂懼莫知所措乃泣曰計窮矣吾見輟耕

錄有割股刲心以愈親疾者遂取瓣香欲效其所爲毋止之曰恐不濟則徒傷汝生耳九齡暫已遂入僻室割臂煎湯以進服畢漸愈踰年病復作遂至不起九齡叩地號泣吐血數尸昏瞶仆地家人以湯藥灌之踰時始蘇人以爲更生之年實誠孝所感云

王純市人也父名萬仁奉毋至孝毋病劇萬仁割股調藥以進毋遂愈後毋喪廬墓三年及純奉毋克篤父志毋病純亦刲左股煎湯以療毋歿與父

合葬廬墓三年縣尹葛中選聞其事一日五鼓徒步命一役前引至墓所純果寢苫塋內尹嘉慰之聞諸上每歲給絹米有差額其堂曰兩世濟美賜聯曰堯行何地步舜孝此關頭後凡尹茲土者皆給聯額以旌異之

任弘善進士弘震之弟性至孝割股療親縣尹葛中選贈額曰孝篤刲肱邑人扁聯以贈者甚衆且課子俱有成山年祺年爲名諸生皆其子也

國朝

周傑字仲霖邑庠生素以孝稱父喪繼毋黃氏年七十忽攖惡疾四肢潰爛如裂臭穢不可近傑乃率家人焚香哀禱百醫不効俄一道人過其宅云必須子吮痛處盡出其毒藥乃可用傑從之道人出壺中藥少許敷瘡上卽去病亦頓愈但手足俱廢寢食起居悉倚於人傑妻殷氏及子媳皆如傑指殷勤奉養十年不倦毋乃以壽終闔庠公舉孝行督學蔣以行符子騫額其庭仍令續入邑乘以示風勵云

李卓大字郈菴邑增廣生性至孝父病進藥不効乃祈天願以身代其夜父夢人語曰爾數已定爾子孝姑增爾年後三日醫當至及期果有叩門求治者投一丸立愈其後父卒廬墓三年仍授徒在外毋無疾而殞歸而哀毀骨立遂至委頓抱病再廬墓亦如父喪墓前產白芝一本白鵲一雙通庠公舉孝行已經遍報本生力辭故未及　題請

宋以下義行

李宗儀字子文從弟宗儒字子通四世同居相友

愛好學篤行築書院建祠以祀　先聖舉私田給來學者如費當時張元動王正卿以儒學名當時皆其所禮者也文章之美人才之富自慶曆至政和間濟濟然於斯盛矣工部侍郎李祁都水使者陳求道皆以得升其門塾爲幸及求道爲隨襄鄧潁四州鎮撫一路屬官皆萃於其家而問政焉未幾汴都失守賊兵日盛賓客凋散程吏部千秋勤王宗儀之子彥章開倉資給千秋喜欲官之而不受觀彥章之自守則其父兄師友漸摩之功已深

而其自處亦遠矣

元

李英字國章未冠能自立與人交未嘗出惡聲家庭雍睦出處合宜鄉里稱之壬辰兵變武昌失守所在相聚爲盜英能保障之癸巳冬元叅政阿魯輝領兵克復武昌英即率義兵出應擒首惡數十人授敦武校尉給以百戶銀符白銀四鎰不受是年秋蘄黃視寇以舟師泝武昌而上莫之敢禦蒲圻咸寧嘉魚殺掠殆盡寇由新堤挽舟出大江英率兵尾其後設伏擊之寇赴水死者相枕藉獲舟艦鎧仗輜重甚多獻之官藩臬勘實聞於朝授奉議大夫同知岳州府事以疾辭不赴卒於家

明

方宸字侍臣左湖里人少倜儻不羈多膂力精武藝彎弧橫槊雅自矜詡常輸粟賑飢以例授冠帶人感其義正德己巳歲飢流民嘯聚爲盜劇賊賀璋劉琪等尤爲凶黠聚黨數百人橫行江湖殺掠焚刼官軍莫敢攖其鋒追捕數年不獲大爲民患

撫臺疏聞榜募能擒者優加官賞宸即出應引兵大破之縣錄其功受白金之賚未幾餘黨復熾令患之宸奮不顧身誓必滅賊曰危一身以除衆人之害破一家以貽一方之安何不可耶復提兵隨在追勦六日自百合山至李株港遇賊賊懼不敢進宸方駐兵山寺其地林木深密賊故伏林莽中以二三賊服婦人衣出鬬宸擊斃之一賊從林中出不意刺其脇墜馬而死弟寀急往救之力鬬亦死賊亦潰敗逋去江野遂寧撫臺上其事追勞有

差贈府檢校其妻徐氏亦守貞自勵壽八十餘而終

任忠豐義里人以公事役京師舟過釆石猛風中見前船婦人失足墮水忠以鐵戟挽衣而上得不死前舟人未之知也暨晚泊舟鄰船有悲泣聲忠詢之謂曰吾已救之矣其夫酧以金帛忠不受亦不告以姓名

方孟錠字世用左溯里人正直忼慨輕財喜施凡鄉黨是非曲直一以理裁之無徇比縣令馬炳然

廉吏也名爲耆老政事疑者與決之時江夏巨室某被盜誣太守檄令往捕將至門伏其邏卒隻騎造室若借炊者坐堂上伺其動靜渾無盜狀知其誣乃出郡檄示之其人哀訴曰第往見郡守爲汝自至郡取囚質之果誣也遂釋之後數月其人攜四百金來謝公曰使我貪財前捕汝時何患不得今乃需此耶固卻之父子感泣而去岳郡有二盜貿刼財於鄉公知其爲盜止與易者盜憤之歸舟即置酒延公將殺之置刃案上曰吾商也公何目我爲賊公曰汝爲賊與否吾何從知昨聽言之耳且汝非賊則吾言妄矣汝果賊則吾言得矣若殺我非賊而何且以一老而易汝數賊不亦可乎盜意沮更設席留公以善言化誨之盜悟相與歎飲而去後二人復犯盜岳郡獲而訊之曰悔不用方某之言至此萬曆六年以曾孫逢時貴贈尚書

方寵字晉臣在邑庠中始以毛詩稱督學行縣詢諸生所習經書缺春秋歎曰可使麟經曠典哉選諸生異等者若干人公爲首出凡五試有司弗第

爲人慷慨有大節屬從兄宸勇而任俠邑中盜起宸應募捕斬以次就平無何盜黨有誣宸以他狀者臺臣過聽罪在不測公匍匐赴部部使者廉其狀歎曰義士也以是得雪已而盜再起宸復討之陣亡無後公力請於當道得贈義官賜祭表墓爭爲之立嗣奉其發惟謹兄弟八人公以長主家政平居自奉不有私財然好施與歲除夕鄰有夫婦貧者枵如也公厚爲贈遺元旦盛供具一擬之富家子此雖細行不足述然大槩類是矣年四十四

而卒

國朝

孫杰字若璟其先漢陽人祖瑀由進士官副憲父以㵾官鴻臚寺序班公始遷嘉魚小洲性豪爽俠烈時逼族甚苦軍務公尚幼力請於父捐已田三百石課地七百畝分給族衆以代公傜萬曆三十六年大荒又請捐私財族人每戶各五十金外姓亦厚加賑贈以至傾囊毫無吝惜其樂施如此長子承祀邑廩膳生次廷聘庠生長孫襄乙酉鄉薦

餘列鄉國兩學若亨袞及在岳者又六人晚舉介賓年八十九而卒

尹天知字聞儒貢監生持身修潔雖貴介公子而樸素過於儒生生平無疾言遽色規行矩步驕惰者望之而氣自消待以舉火者則比閭相屬也常捐腴產一十七石分給親族建祖宅三楹推與族之尤貧者居之尤精醫理購藥材病者應手而愈活人無算不取一錢與諸叔年相頡頏奉若嚴父至老不衰年九十一而卒

程日葵字向生邑庠士年十五而孤上奉孀母下撫四弟婚喪教養一身肩之値明季兵荒備嘗艱苦不廢詩書迨

國朝定鼎與弟大詮同遊泮田產皆其創置分給諸弟自取荒頓廬舍器物亦然錙銖弗屑也性慷慨能任大事順治初年西山寇警徵發不時邑侯藉其擘畫豆草軍供咄嗟立辦官民咸嘉賴之康熙二十三四年鄰邑誣卸長堤偏累桑梓公率六里士民上控三歷寒暑蒙督憲批允照舊修築資用

蕩然幾至破產至於輕財好義急病讓夷尤其素性如是非貌爲豪俠者庭訓嚴切長子璥屢試冠軍文名藉甚次子珏成進士孫汝曾登賢書公三舉介賓前後長吏咸敬禮焉

易興周字紹義本城人家素貧爲人幹力勤敏中年得計然治生之術漸以饒孝於二親先意承志尤篤愛其姊撫孤甥成立體恤周至非特解衣推食已也析烟後將貲本百餘金付弟貿易一無所償臨歿曰不言弟亡棺衾宅兆皆出私財營辦不問

諸姪祖宅久已私者仍還之又代為完娶……
名與諸子諸孫先後連鑣衣冠濟濟焉晚年……
訓多格言令家人朔望誦之以子貴　誥封如其
官

李時楙邑庠生秉性剛直早年失偶父母迫令續絃時楙守義不娶惟以色養課讀為事後父母亡遂居文昌閣朝夕虔奉　聖廟掃除必親屢與同學甘又旦倡修正殿兩廡黌門俄而不祿論者惜之一子一孫俱列黌序

章威仲清洪里人少苦志力學數奇不售性孝友毋病舌乾晝必親調甘脆夜則披衣十起雖祁寒盛暑不輟兄弟怡怡無幾微辭色從硯田起家不甚豐饒然緩急可恃有叩必應正賦先期完納且諭族衆急公有不給者或捐金代輸必如約無敢後者舉耆賓年八十四而卒三子兩孫悉登黌序一門之盛皆積慶之餘也以下鄉者

李正櫛上懷里人豪俠好義慷慨樂施黃岡湖水涯時有過行要路船不能施正櫛築堤以便行人於青魚潭等處各施義渡所謂好行其德者雍正七年公舉鄉賓

杜方履小洲人孝友天成忠信素具值雙親年老孝養愈隆至歿則循禮盡哀三載罔間睦族惇厚居家勤儉尤人所難去縣止隔一江足跡不履城市喜解紛好施與周人之急甚於已私所建津渡橋梁或捐或募無不玉成其事者雖工費浩繁不辭也雍正十二年舉鄉耆　府憲馬公以德重鄉閭四字特旌之子榮監生

李維命為人正直耿介輕財重義生平好行施與凡所建造必捐貲首倡督修靖江王廟工將竣惟少金頂仍竭力獨造用以壯觀舉鄉飲

王雲耀性敦厚詳慎生平無失德賙貧賑匱緩急必應修建祠廟津梁多所捐助以義俠見稱舉鄉耆

逸士

出處兩途也乃感會風雲前輩若林立而敦光匿采者屈指曾不數人泉石之風難於圭組諒

矣哉志逸士

宋

李大同富於學問能文章爲人瀟洒略無凝滯時人謂其意氣如晴天片雲胸次猶紅爐點雪器具黃鐘大呂節挺翠竹蒼松度宗咸淳戊辰中周禮第一授國子學錄甲戌歸隱屢聘不出作詩辭之略云曾上蓬萊第一峯夕陽留住且從容牡丹詩云鹿啣花去泣闕山回首沉香一夢間觀此則時君之荒於酒色國勢已去而不能救可知矣豈自愛其身而無意於世也與

元

程從龍字登雲少嗜學敏德家無餘資不計有無夏則手不霎冬則以被溫足孜孜不倦嘗讀書至五鼓鄰人有叩門乞火者從龍曰無如是者再鄰人曰書燈非火耶始覺天將曙矣時元運初興或勸其試科以取名位從龍曰吾聞聖人有美玉待賈之言不取求賈之說且道之行廢有命士之顯晦有時可衒以求售耶遂棲遲鄉里以教授爲業隨人之姿禀而化導之多所造就大家禮致若不及子弟爭往師之入粟益富惟甘旨以養其親不爲子孫計植梅數株花時則酌酒而吟倚樹而歌有處士風人稱爲梅軒先生

明

李德良西保人穎悟勤學至忘寢食不得其意不已兄弟自相師友有司以禮爲羅棄不顧築室西保湖之上號西湖雲隱惟命弟德庸出應薦歷官國子助教其子璣璿俱經魁孫滄解元額其廬曰父子兄弟魁解云

李爲臣字用忠幼有大志超邁不凡成化戊子領鄉薦五上春官皆乙第當事奇之甲辰試畢選府同知不拜歸與兄弟習古文辭積學種德蕭然自適終不以五斗就也

列女

婦道從一自古已然特時窮而節乃見事久而論益定故擬以艱貞惟忠可偶衡其勁決與義同方也志列女

元

何氏邑人徐子安之妻素嫻内則曉大義元末所在兵起氏語夫曰世亂如此家復濱江懼不免已而沿江失守遭屠戮者過半氏携六齡之子與夫俱被執置之舟中留老弱監守氏私謂夫曰賊意在我不從必并殺汝不若留我於舟汝父子逸去猶勝同及於難夫方痛苦未決而氏已投江中矣守者競起救之其夫負子逃匿叢葦中得脱

明

任氏縣民李仲富之妻年二十生一子而仲富卒守節終身洪武十八年旌表其閭邑人李滄有詩頌之

熊氏李奐妻蕭圻義豐里人性孝好施與從夫宦四川未幾語夫曰舅姑誰養乃告歸所得悉分諸娣姒早作暮宿不辭難易入則整容以事舅姑出則常服除垢而已小至殺蔬割切步履進止皆有法平生無怒顔無高聲語夫亡叔治家甚猛厲事熊如事母焉

楊氏崔琰妻年二十而夫亡家極貧或竟日不食惟閉門靜坐以待斃總不丐人一物其堅潔之操如此詩曰我心匪石不可轉也其斯之謂與

曾氏任方孟之妻年二十于歸家人宜之二十四而方孟死誓不再適朝田暮績無求於人志節堅定鄉人稱之

羅烈女廣賢里人正德間流賊大起女與其母避之江濱蘆葦中賊得而欲汚之女以死拒墮水賊復出之脅以刃曰從我則生否則死女罵曰吾郎死豈受汝賊奴辱賊怒肢解之而去

段氏宣化里李儒妻儒死於行伍段年甚艾一子在襁褓人皆勸之再嫁段曰戶無他人惟此一息携以入人之門非類也不聽子果成立戶不絶籍軍不失伍

方氏方孟英之長女自幼許配未適而夫死誓不更字父母不能奪其志潔清自矢依母兄紡績自贍壽至六十一而終内外無間焉

周氏受澥里人李爲邦妻隨夫侍其翁朝宗教授

保寧至和州夫溺水死周投水覓夫尸侍者強救起姑龍氏慰之曰汝有二子在襁褓汝若溺此子難生不若少忍俟其成長教訓使宗祀有託不猶愈於徒死乎周意解然每一號泣輒絕自後不飭容止不履戶庭教二子椿齡補於庠鶴齡舉明經年七十餘而卒

李閶芳舉人李爲臣之女略通書史父喪事母甚謹母疾革乃割臂肉一臠煎湯以進母尋愈時年十六士大夫咸歌其孝府志并李承箕所修邑志

皆紀其事

杜氏增廣生方守妻秉性貞淑克修婦職夫病危割股和藥以進尋少愈踰年夫卒氏撫孤自守貞潔之操始終如一壽五十一而終

石氏李寶韜妻年二十七韜卒撫兩月孤冰霜自矢卒年七十有七孫宙　著有節孝錄

孔氏邑廩生方亨妻少保逢時之母御史儒之女孫也自幼嫻女範有丈夫志節亨習舉子業七試不第家貧無餘貲孔氏任薪水執炊爨孝養孀姑

李氏三十年中歲亨歿訓長子登進士服官嘗示訓曰官錢不養子孫刻薄非祐福之道又曰得失窮通有命不可趨權勢辱聲名性喜施與寸絲尺帛不入私藏孀居三十年俱隨子在任吏治賢聲母力居多

余氏少保方逢時繼室敏慧性成公朂歷中外多所贊勤莊皇后聞其賢會親蠶召至內殿賜采桑衣一襲及金剪桑筐余拜命益恭因謂公曰君力竭矣主上眷遇無以加矣古大臣知止足而戒盈

滿曷乘時引去保有完名乎公改容謝遂上疏乞骸骨歸

程氏孔玉瑩妻程進士鑑女孫也瑩年十六早逝遺子蓮塘程矢志撫育爲娶婦蔡氏蓮塘至十六歲亦早折遺子綿芳甫四月程與其媳又相依撫孫綿芳年十五遂遊泮家窶甚遇雪凍缺餐斵薪得金數兩始慶蒸歎程氏壽至八十一而終邑令申請旌表爲製節婦傳役令皆有題贈其冊頁猶存

饒氏庠生李占禧妻光祿公懈家孫婦比部郎饒公完白女也適李甫期夫卒遺一子或謂其弗堪非有他志卽相從地下矣饒顧不忍棄去卒哭之辰乃盡碎諸奩具取大布帕蒙頭下至襪履無一縷纂組者親執勞苦若田家婦孤燈寒砌毋績子讀始終弗渝鄉里難之咸以爲慷慨一死者不逮也

郭氏尹公民與繼室與公避兵同至宣州遇賊公間道亡去郭獨留石窟中不出已而求之獲所佩

金剛經宛然委蛻上乃知其守義而死不欲膏賊刃爲更芳也

徐氏熊公開元亞室避亂至粵舟次程鄉蒿卩徐知不免謂公曰當使公見妾死必不使背後斧公懷次晨賊數千奄至夾岸而陣徐急出艙赴水死援以篙櫓竟不受而沉翼日得其尸覘衣履叠七縫無少罅是又以從容爲慷慨者

章氏童貢士心開之妻世居白湖癸未獻賊入邑章隨夫抱子先登舟避入白雲山石洞中山故近城受賊鋒最苦無寸壤不搜掠多被害者心開素以文行著得從萬刃中脫出章被執罵不絕口遂遇害

余氏界石人庠生李之馨妻也遇獻賊亦以罵賊死

童烈女邑人童洞儒幼女未出適遇流寇陷城女同兄庠生伯隆避湖中兄恐謂妹曰止因汝累女曰如有急必不累兄及兵至女知不免持所攜針線竹筐對兵擲曰此中有寶汝可取之兵果取筐

女急赴水死其兄得脫

彭氏黃若水之妻明季寇熾夫婦俱被擄彭知不兩全乃紿云若要阿去放夫回乃可賊果釋其夫彭望夫行遠度勢不及追乃高聲謂夫曰汝放心去吾終不從此賊賊怒支解之

國朝

胡氏里民黃明寰之妻生子仁美甫二歲而夫亡氏年止二十家徒壁立黃卩呱呱自顧已無生理但念黃氏四世單傳承祧止此一線乃忍死撫孤藉

紡績爲饘粥之計卒完孀節子亦有成今庠生從
聖武舉從賢皆其孫也
王氏廩生王廷爵之女適里人尹求伸二十三歲夫亡子儒甫二歲時宦門中落產去差存康熙甲寅值湖南之變軍興旁午內外交訌氏隻身紡績僅了公家事惟嚴於課子晝則使就外傅夜則篝燈伴讀稍不率必撻之子獲遊泮舉介賓孫亦能文氏年八十二而卒
黃氏儒士劉愈六之妻年二十三夫卒乃扶柩歸

葬祖壟親封馬鬣屏居墓左遂家焉舅姑時已六十餘氏生養死葬盡誠盡哀亦郊之其子早逝同孀媳朱氏教訓三孫悉登黌序年至九十餘而卒於雍正元年詳奉　題
旌表建坊載郡志
甘氏市人鄧公定之妻家甚寠夫早亡止遺二女有欲奪其志者氏唾之舅姑歿後依壻甘又盤爲命性勤而好善將私置柏葉坡田三石課入錢施作龍口渡子工食行旅不取一錢遠近賴之此外

絲粟不留量力施濟通邑以節義請　旌氏力辭而止
熊烈女市民熊叔俊之女許字諶氏諶氏子不肖有醜聲其父訟之官欲令女改適女曰夫巳失行矣兒若有他志獨不謂之失行乎兒命止此矣勿復言其夜即密縫上下衣凌晨投繯而卒父母救之不獲邑人哀之爲竪碑墓道前令蔣公敭扁其盧曰節冠閨貞
尹氏里人金彥璋之妻年十九于歸二十五歲而

夫亡無子撫叔彥珩之子忠鼎爲子氏痛失所天悲哀特甚因憂鬱成疾年四十而卒
尹氏庠士尹民衡之女儒士來公琰少有文名納爲贅壻生一子而夫亡氏年甫十八君姑家舅姑隔越十餘里俱高壽氏旦夕必進甘旨日遣人數往返終身不輟平時深居閨閫行止不踰尺寸暮年猶自矜愼閨門凜若氷霜年八十餘而卒
尹氏貢生尹章世之女方及笄夫熊之柱早逝訃音至即匍匐往弔屏去釵珥綺羅之飾縞素終身

家人頗以爲嫌終不易祖姑及姑憐其少寡欲令改字莫敢發聲歲時哀泣遂以隕命年三十六而卒

古氏石頭口民劉天祿之妻性孝謹雖田家婦承順舅姑曲盡禮節雍正甲寅四月內姑黄氏患病勢甚危氏情迫即刲肱以療病立愈年逾七十二尚無恙氏祇事有加通邑咸稱誠孝

孫氏庠生鄭日新之妻夙嫻內則勸夫力學有樂羊婦之風焉年未三十而夫卒氏忍死茹辛以供

堂上甘旨生盡養死盡哀教子世濂過於嚴父弱冠采芹家聲復振

胡氏市民汪頎若之妻生子㨗陽甫五歲夫卒家素貧窘不免飢寒老姑在堂氏生奉甘旨病嘗湯藥殁營宅兆皆以子身任事無何子亦殀媳梁氏遺腹生子逢聖婦姑同心撫育倍受艱辛而梁之事胡猶胡之事姑胡氏卒梁旦夕悲號及葬卒孤守墓不忍遠離家人感動謂汪氏世傳節孝守志各四十餘年卒

熊氏適邑人孫亮本名家子早喪未生子族里以其少寡疑不能守志氏斷髮毀容之死靡他立姪在崛爲後足不踰閾今始終一節氏爲庠貢龍文鼎孫日蕃女雖貞淑性成亦得之家教者深也

胡貞女清洪里人胡夢占女許字庠生李懋勉之子執秩未出室而執秩亡女聞訃即欲往以身殉父兄不可女曰夫死吾分當爲李氏鬼且舅姑老吾即不死亦當代夫終養遂毅然往執喪三年衰絰不釋有議改字者女毀容破面衆莫能奪舅姑

有則定省殁則衣麻一如子媳禮年五十四歲鄉里公舉節孝女泣謝曰我天地罪人有何奇節敢煩　上聞力辭免

尹氏貢生尹士郭之女適庠生程正宏之子文揚年二十六而夫亡無子止生二女翁亦繼亡叔在襁褓氏拮据茶苦力葬翁及祖翁二柩敬事嫡庶二姑曲有禮節又爲叔擇師擇配不遺餘力若撫孤然二女各選名族次壻高璵現入邑庠

陳氏六溪市民程大濂之妻年二十而夫卒無子

氏既少寡姑亦孀居有强委禽者乃斷指自誓雖
父母之言無由入惟習女工勤紡績爲老姑朝夕
之奉姑亡盡哀盡禮喪葬之費無乞假於人者撫
姪卯銓爲子飲食教誨如巳子久而不渝所稱鐵
中錚錚者也
喻氏安樂堡胡子賢之妻性貞淑而有才年十七
于歸生一子而夫癱醫治弗愈家極貧苦氏克修
婦職謹事其夫十年夫卒殯葬盡禮祭祀必虔身
自耕種無傭保之助撫子弄孫一以勤儉爲敎壽

七十四歲氷霜一節人無間言
楊氏邑庠生黃藍斌之妻斌卒長子甫七歲幼子
僅周歲氏以女工自給課子甚嚴子能讀父書即
戒之曰爲學不能成器猶績麻不能成布汝先人
一線書香何忍失墜子亦承順母志長子正陛龥
於庠次子正臨亦遊泮克酧厥志焉
程氏里人劉子明之妻年二十四歲夫卒氏苦節
六十餘年代夫終養翁姑盡誠盡孝敎一子以嚴
爲慈其幼孫失恃復爲撫摩成立習勞終身至老

不倦現年八十八歲
倪氏庠生孫選仁之妻選仁入庠冠多士卽不祿
生一子未匝月氏苦節自甘上奉高堂下撫弱息
孝養備至孀居三十六年閨門整肅子媳恪承厥
志族里合詞請　旌
涂氏市民朱紹台之妻夫亡氏年二十三歲子傑
昌甫三歲家無立錐以績紝爲生計佐子讀書遊
泮子復早卒與媳楊氏撫養孤孫備嘗勞瘁晚節
愈艱通邑憐而敬之時年八十有七

高氏庠生尹聖世之妻年二十八夫亡子懷珍方
九歲時家產蕩廢懸釜而炊夜則栖敗屋中夢神
告曰速起牆且傾氏驚寤抱子趨出則屋巳粉碎
矣又值逋糧賠累左支右絀艱苦萬狀守志益堅
其子雖不售立品端方孫均學遊郡庠皆母教之
力也
章氏里人吳國祚之妻年十九而夫沒遺一子撫
之成立授室舉一孫次孫尚未誕彌而其子復隕
氏痛極以頭搶地遇大針刺入額中其媳以口嚙

出昏暈幾絶嗣是姑媳相依茹苦食淡再撫兩孫苦節四十餘年鄉里無不稱嘆

李氏儒士詹錞之妻錞能文而早折父母痛甚不半歲相繼亡家無次丁凡棺衾窀穸皆氏自爲拮据時年二十二歲無子一女甫三月與叔同日生孤苦伶仃戚黨共勸改醮氏凛不可奪撫其叔遺於已女幼而乳哺長而完娶盡心竭力三十餘年如一日詹氏之緒復振合邑公舉節孝已申報待旌

江氏蒲邑巨族女本邑曾扶東之妻生子歲餘夫卒其祖姑胡氏姑尹氏皆孀居叔僅九齡氏奉養兩姑綜理家政使叔得專心舉業父子俱列宫牆氏亦連舉六孫書香不替苦節之甘巾幗中之罕覯者也

王氏蒲邑鄉紳王開建之女孫適嘉邑舉人劉均運之子丙乙生子紀聖方五歲夫亡時孀姑在堂毋亦無嗣以氏爲家三寡相依一貧如洗專事紡績爲生氏奉姑奉母各盡禮節兩家生養葬祭皆其心力所支又脱簪珥爲館穀之費子亦列於庠

胡氏里人王濟臣之妻年二十五夫亡姑高年病目飲食卧起非人不行氏執婦道唯謹授杖滌器必躬必親教二子隆爵允爵俱列邑庠二子亦早亡又撫其兩孫皆能成立家亦漸饒氏端謹静黙閫以外無聞其聲者族里稱爲毋範云

孫氏庠生尹士孚之妻士孚性剛方家人嗃嗃氏承以婉順終無違言夫卒子碩生甫三歲庶室之子癘世止一歲舅姑在堂中饋是倚家有薄産差

役煩興又遭竊盜氏兼[illegible]不失故物教二子皆入宫牆晚年長齋繡佛壽七十五終

熊氏市民鄭康庚之妻生子紹祖甫三歲氏年止二十三歲夫卒室有老姑家無餘積父道子道以弱女子肩之卒能兩盡不愧初心公舉節行辭不受尤女流之有深識者

重修嘉魚縣志卷之五

藝文志第八

鳴國家之盛者莫如文章然有傳有不傳非有幸有不幸也亦視其所以傳之者何如耳嘉魚故文獻邑才俊之子人握靈珠縉紳之族家傳鴻藻苟無關於掌故勢不暇爲書備即大篇奚取焉其或高人韻士蠟屐來遊觸景抒懷可爲山川生色僅納諸奚囊而去又無從而搜索之故言擇尤雅必與事儷即美不盡收已纍纍盈帙矣文章須求有用豈不信乎

疏

請修長堤疏

吴廷舉

臣竊見嘉魚長堤自魚山驛起至簰洲下夾口止延亘一百二十餘里本縣所轄宜化廣賢淨保居仁清洪受瀰豐義等七里接連蒲圻縣地方則有西艮觀山神山池口大橋丁家埠錢家渡丁泗橋咸寧縣地方則有桃林鋪紫潭湖王赤磅馬磅西河渡官埠磅嵩城湖後湖江夏縣地方則有五重湖法師洲板橋坊新窯龍泉舖潘家橋等處與本縣前項里分田地相連俱各低窪前堤今又倒塌一遇水發則自缺堤奔灌前田地崇朝渰沒水退則由金口而出晝夜方消分寸來急則黍麥先渰退緩則晚禾難種以故田地無收錢糧拖欠爲此案委武昌府同知唐鶚親詣嘉魚縣督同儒學教官會集士夫耆老糧長計議修築若用嘉魚蒲圻咸寧江夏四縣堤成得利之人每縣出銀若干共用銀若干可以始終其事各官既會議踏勘丈量計處回報矣臣又委荆州府通判趙

景鸞隨地開稱逐一勘量計處一以各官具呈工費再批仰武昌府知府沈睞看詳估計調度有無相應具由回報或别有長策申來採用續據沈睞看得景鸞計算用工分數日期遠近頗爲詳悉欲照丁定分尤則取一竊恐不給又縣小民稀若嘉魚欲起夫一千雖云築堤悉亦難得況今農工告急大水將至之時不如且經畫計悉定爲成規候農隙水落之時督令舉事乃爲便益至於不必動用官銀之說尤非至計成大事者不惜小費豈謂成此大功而徒驅民以

役之乎且民難圖始蠢動之衆能知佚道使之之義者有幾竊恐功利未見而怨謗先興計惟雇夫人日給銀二分窮民圖利自能赴工皆肯乘隙前來一以不妨農功一以得活身家如京城雇工之法每日給直隨來隨募別無所虞合無將蒲圻江夏咸寧三縣正德十四年秋糧存留本府大有倉本色准收折色每石五錢内將三錢照例作正餘二錢約有一萬餘兩俱備雇夫築堤之用候此徵糧之時銀既可辦民亦空閒水落工堅百事可舉嘉魚秋糧原議收銀内除四

百兩雇夫外除銀亦准支奏再有餘銀收庫別用庶官不費財民不費力太功可成矣其餘栽植版築等項事宜俱有條理但節候已過須待來年方不徒費民力等因到臣爲照前項長堤沿居江岸所以捍禦巴蜀西來瀟湘南下及岳澧辰常西南而來各江之水使之東行將由金口趨武昌下九江以入於海而障護嘉魚蒲圻咸寧江夏四縣田廬之在卑下沮洳者也此堤一成而四縣享其利此堤一壞四縣受其害始焉得縣尹成宣築之中焉得縣尹姜溥修之今二十餘年不修千萬人家失利國賦之所關民食之所繫非細故也見議修築民情各願事體亦宜況經委官同知唐翺通判趙景鸞踏量又經知府沈暕議處觀其徃役之夫每日各有二分之雇値則不勞小民之力矣雇夫之銀取之本戶該納之正糧則不動府庫之財矣及時舉事尅日成功但臣賑濟已完勘事已畢不久回京竊恐各該官員見臣去後不但因循廢弛又或刻忌狐疑必使終無成功不顧民失所望將來遇有水潦勢須賑濟小則發廩勸分大則請

官開例而已所謂救荒莫如備荒者有司官員孰於平時肯究心耶如蒙乞勅戶部轉行巡撫巡按官督布政司并該道分守及按察司水利各道將前項所議凡應修堤岸預先定委江夏蒲圻咸寧嘉魚四縣佐貳或首領官每縣一員分定地方各司其事仍委同知唐翺督理工程於本年九月初旬起手十月初畢工其雇夫等項合用銀兩悉如知府沈暕所議此外用剩銀兩嘉魚者存留雇夫送迎江夏等三縣者收貯府庫豫備修築但前銀一時徵收未完欲將臣

賑濟餘銀四千二百六十五兩內借出雇夫候冬末春初追完此數補庫起解其護堤栁樹亦候本年十二月明年正月令嘉魚縣掌印官督令人夫依數栽揷分守水利官員仍須徃來督同設法責成於原議所當行者盡心經理原議所未及者從宜處分事完造册通行繳報功成之後定立每年巡視之法遇壞卽修之規一如荆州修理黄潭堤車腦等垸故事而行使四縣小民連歲有收成之望一方水患常年有捍禦之功其於官民甚爲便益

請減南糧疏正德十一年　吳廷舉

題爲量地減糧以甦民困事旻禹則壤以定賦漢文因年以減租自古帝王未有不周知民艱而軫惜民困者也竊民所需在粒食而粒食所出在恒產如湖廣武昌府所轄之嘉魚縣土磽地低兼外濱長江內傍大湖一經水漲汪洋浩瀚禾黍飄爲蘋藻之場室家蕩爲魚鱉之鄉一年之耕不能供半年之食此啼饑號寒者十有八九而安居樂業者百無一二民既逃亡國賦安供耶惟是目擊流離而爲之籌之者不曰減賦則曰賑濟減賦固屬殊恩第小民之輸將歲有定數豈能常蠲又豈能常給至於賑濟度口而授計日而支未必於閭閻無補若嘉魚十年九水災祲不一縱比年來告從而賑之明年復告又從而賑之小民之呼籲無已大有之倉積有限幾何不立匱乎且歲有一災必有司請之府道司府道司轉請之督撫然後督撫具題幾經曲折幾經展轉則請者旣煩卽監賑者之官員亦不勝其勞勞也臣伏思之嘉魚雖小縣亦有南漕糧二倉漕糧輸京師以備用又較

南糧爲多萬不可減莫若減去南糧一倉民實受減一倉之福而下不困矣災異不致屢陳蠲賑不必數行而上不勞矣有若對哀公有曰百姓足君孰與不足自有南糧之減民得少舒必多踴躍以赴公者非惟量地制賦有法而亦足民以足國之一道也我皇上自御極以來好生如天保民若赤匪特四海喁喁嚮風懷德卽嘉魚縣偏隅窮黎無不戴深仁厚澤但無如土居瘠薄勢處窪下不比他府州縣可以稍輸知量地減糧必決然而行之伏惟轉勅戶部酌議須

陰海内同一均沾臣不勝戰汗悚冀之至謹奏

重守令疏　　李承勛

夫治化之行自守令始守令之當重人孰不知徒知當重而不知所以重徒有重之虛言而不副以重之之實事亦未見其重也重之之目有四曰求之慱而擇之精也曰禮之重也曰責之專也曰任之久也是四者前後相須缺一不可久任之法先該吏部已奏請而舉行之矣然知府雖當久任而州縣之任亦不可不久推官知縣有行取之例雖難拘以九年亦必

待二三年善政有聞而後可旌異之又二三年素履無玷而後可行取之更繁調簡之例一切毋以妨職業然上有員缺則下必遞遷故欲久任之法必行又自愛惜人材始伏願皇上念天之生材至難君之成就尤難毋以小過而棄大用之材毋以一眚而致終身之擯在上既無輕棄之才則下自無速化之術矣公舉之法近該言官建白吏部查覆重牧守之職而欲公薦天下之賢才可謂得其要矣臣愚以爲州縣正官尤爲親民擇之尤不可不慱而精况京堂之薦舉有限人才之隱伏無窮與其限之於數人未若慱求之天下方今巡撫巡按於按屬之賢者已有旌揚之典矣但賢才衆多恐非一人所能盡知而知之未必盡眞也用之未必盡公且當也自知府而論之其僚佐則有同知通判推官之員其屬則有經歷以下至於州縣正佐首領師儒之員知州知縣莫不各有僚屬又郡邑之中或有志行高潔致仕養病甘於山林隱遯而不仕者凡此類皆所謂天下之人才也以僚屬相與則賢否著於官以鄉士居家則善惡孚於鄉見

聞之間知之必實使州縣正官各舉所知不拘爵之崇卑不限數之多寡總以聞於知府再加斟酌而明揚焉至於布政按察二司亦莫不各以所知屬官鄉宦爲薦因其所薦之人亦可知其公私明暗然後吏部加之以訪察之嚴參之以衆人之舉隨才量地授之以官不舉者申蔽賢之罰謬舉者嚴連坐之法則求才極其廣薦舉極其公而選擇極其精矣夫士莫不願伸於知己既受知於君子則凡中人之才猶知自勵而况豪傑之士乎如是而守令之職猶稱乏人

者臣未之信也夫守令之職旣精選矣然使待遇之
不隆猶爲未也臣嘗歷官郡縣藩臬三十餘年艱難
險阻備嘗之矣其閒弊政知之最眞夫守令之於統
莅最重者莫如廵撫廵按其參謁之禮具於憲綱著
爲令矣比來則不然守令之相參也不問賢不肖惟
以奉承之何如爲其人之臧否跪拜頻仍送迎踰境
者雖知爲過禮而內喜喜則忘其惡以禮自處不諂
不瀆者雖知其爲正而不悅不悅則頓忘其善或者
於相見之間爭一跪伏之末節而搆成大隙又有陰

險小人其設心又以爲某知府某知州知縣人皆稱
爲好官也我乃區區爭一跪伏之禮而持以告人不
足以厭衆心於是從而媒孽其短假耳目以求其疵
瑕植心腹以伺其陰私甚而大張無稽之謗指廉爲
貪以正爲邪而論劾公排考語私醜矣朝廷見其羅
織之詞以爲去之猶有餘辜而豈能盡知其中不能
無負屈者乎或未必遽去而遷就爲之所使有道之
士不得其志而又蒙其汚故有高飛深逝之想而不
樂就其職亦勢之所必至者耳流俗之見乃謂某官

之賢如彼近被挾私一劾遂致如此况吾曹衆人可
不屈意依阿承奉乎州縣則依阿府官府官則依阿
二司二司府州縣則同聲依阿撫按而甚則廵撫亦
依阿廵按矣至於公事之是非生民之困苦天灾之
迭至眞知其可憂者誰與眞以爲已憂者誰與天下
之俗愈趨愈下以至於此不急改絃而更張之誠可
爲寒心也臣願陛下明勑廵撫廵按等官申明憲綱
使各遵守弗得違越撫按等官固不可蔑視國憲而
責其過爲承奉知府等官尤不可不知自重而非禮

逢迎各官在任果有異政者更望陛下隆以殊恩或
崇之以爵秩或勞之以金帛或錫之朝覲之年特賜
召問則待遇守令之隆又自朝廷始不惟人不敢輕
而守令亦知自重矣如此而守令不知激勸職業未
脩者臣未之信也夫守令之待旣隆厚矣然用之不
專猶爲未也夫任之知府則一府之政不問巨細俱
宜使之得專任之知州知縣則一州一縣之政不問
巨細俱宜付之自理今之守令凡事必申請於監司
者亦樂分其事否則疑爲輕己怒及之而謗隨之矣

不但提吏叅官而又盡反其政至於瑣細末務撫按等官一二皆親爲之各另委官規畫不復關白守令既有成案然後數刋大榜多者七八十欵飾以四六之文付之施行雖有土俗不宜不得輙有變動前官之榜鄉民未及遍閱而後官紛更之榜又告至矣有志者稍有釐正動輙獲戾條屬軍民見正官無專主之權益輕忽之蓋知上之人必不聽其自任也守令之職分散如此復何善政之有臣愚以爲凡府州縣一切事務皆宜付之守令職掌不得分侵其權或疑

如此使郡縣得人則可如匪人也不遺殃於民乎夫守令既經簡擇得人必多又禮之隆而責之專圖報必切不幸而遇匪人豈無所以處之乎且臣亦非以監司可廢也蓋卑者分其繁尊者執其要治體當如是也撫按二司但當公以照之靜而觀之分巡分守或於歲終季終考其職掌而申達撫按覆核其實因其優劣而課其殿最不及則教太過則抑反覆之而不悛於是覈其罪之所在而去一以警其餘則賢者不至掣肘難行而不賢者亦不得以肆其惡矣守令之職專且久而職業未修者臣未之信也然前項獘源深痼欲痛革之又不可徒恃虛文而已也大抵天下未嘗無不可救之獘而患無救獘之誠亦未嘗無不可行之法患無行法之人探本核實之論惟在撫按得其人而已矣欲撫按之得其人惟在吏部都察院堂官患亦肯任怨而已臣願皇上明勑各該衙門堂上官如遇巡撫之推必精擇老成重臣而久任之每歲巡撫之差不論其次而惟論其人必得識達治體有憂國之眞心者而後及焉如巡按四五次而舉

措中理輿論攸服者則查舊例不次超拜僉都御史按察使之職否則回京之日考察之例亦必見之行事不可徒存虛名蓋在外臣工監司守令有撫按以舉劾之巡撫則有科道以糾劾之而近日則雖同處巡按亦間有劾之者矣巡按一方其任極重勸懲之典獨缺可乎夫朝廷取舍必公必明天下撫按自然不患其不得人矣撫按得人則其舉劾必公必明天下方面有司自然不患其不得人矣得其人而無其治萬萬無是理也雖然監司者守令之原朝廷者監

司之本故大學首篇極論修齊治平之道而揭其本曰自天子以至於庶人一是皆以修身為本伏望皇上正身率德以道修身以身取人則內而輔弼九卿外而監司守令皆得其人矣王道之成何遠之有臣不勝惓惓仰望之至

辭吏部尚書疏

李承勛

吏部咨差官賫捧勑書一道賜臣改吏部尚書天語叮嚀恩超常格欲臣速至則特許乘傳恐妨銓務則戒令勿辭臣感激驚惶隨即上道晝夜兼程於十月

十一日行至臨清州地方覲君有日喜躍交并夫思趨召命不敢暇逸實臣敬畏之誠量能度分不敢冒昧亦臣守身之分切念臣質本凡庸器非宏遠青年學道白首無成昔感風痰遂成偏痺荷蒙矜憫放回調理病勢稍愈即賜甄收一歲三遷其官濫掌留都邦禁恩已渥矣望已過矣豈期迂闊無用之腐儒復改華要難稱之崇秩受寵逾分自處實難夫吏部職在用人尚書得專銓政進君子而抑小人則泰可保而怨謗必興混資格而混賢愚則位可安而治道無補況今奔競一事壞盡天下之人心虛文兩字害盡天下之治體乘積弊已深之日正聖主更化之期講學窮理而聖敬日躋舉直化枉而仁知兼盡更望精求馮翼孝德之賢以宣蕩蕩平平之化則中興之治不日可望如臣愚者論才考德已非其人加以病根未除眩暈不常兩膝戰掉不能端立使臣貪冒寵榮處非其據豈惟一身取負乘之譏實慮敗國家之官爲盛治之累伏望皇上擴天地之量垂日月之明容臣辭免新改職事或憐其病弱放回休致以保餘年

或念臣器小別授相應職事以圖補報臣不勝感恩待命之至

乞恩休致疏

李承勛

臣近因衰病陳情乞休温旨慰留未賜俞允調治數日病尚難痊再罄愚衷不勝戰慄竊以因材而授任君之明也否必致棟撓之患量力而致身臣之義也否必蒙覆餗之刑故堪其事則鞠躬盡瘁死生以之不堪則奉身而行以讓賢能君亦不强其所不能而聽其去所以全進退之禮而抑慮夫有妨於政也若

不能爲久不肯去貪榮戀祿孔子之所謂鄙夫而可使之立於大臣之列乎臣本小器素乏遠猷初任卑官才與位稱致有過情之名以誤遠近之聽厥後官加而才不逮體弱而病漸侵退伏林泉幸全衰朽豈料過恩付兹重任行及一年事無小補然而前古治亂之迹不敢謂不涉其流矣當今可憂難處之事亦不敢謂不介之意矣軍民貧困日甚臣深憂之災異重大頻仍臣深憂之桐封日廣戎秩日增而正賦不足以給臣深憂之兵將驕惰吺吺者數報而禦侮毋

苦之人臣深憂之空抱漆室之懷未獲徙薪之策患將日大蔑無建明當受辱臺之罰久矣且舊患頻發趨朝足不能前立班嗽不能忍每閱章牒未及一年輒忘其前凡三四讀未能參詳得失近疾纏綿血氣尤弱委靡支持才不稱官即宜求去何必待罪戾之積病不勝繁即宜求去何況乎伏枕逾時臣之愚誠所以不敢避煩瀆之愆而央於一去庶天下以爲皇上召用之人雖不稱大臣之位亦小異於患得而患失者此臣仰酬大造萬分之一也夫天下不患有難處之事而患不得難得之才昔漢文帝時諸侯强橫賈誼請益梁封爲二世利又請衆建諸侯寡其力以制其心至景帝時以梁委吳楚而七國滅武帝時盡用其策而宗社安唐自天寶後養成方鎮之禍至五季而尤烈宋祖用趙普言銷兵於立談間是二者可謂至難處之事矣而二子一言易於反掌今天下之事豈復有如在昔之可憂難處者乎皇上聰明天縱從善如流抑豈二帝之可及乎但臣才識駑下所理者皆細故末務不能如二子爲皇上敷陳大計耳然

則天變何由而可消弊俗何由而可變不肖者不退則賢者不進伏望皇上憫臣才綿病弱不能有爲放臣休致更望皇上勿輕天下以爲無人至誠以求之虛已而任之自有全體大用之真儒建祈天永命之良策三代之治皆可漸復何二子之足羨臣下情不勝惓惓憂國之血誠謹疏

請除閹官疏　李沂

閹宦之禍譬猶腹心之疾惟英明之主早見豫防拔去本根故免後日之禍臣不敢遠引即如正統時太

監王振正德時太監劉瑾舞弄朝權傾危社稷後緊萬死何足贖罪至今令人切齒寒心此我朝明鑒也皇上臨御十有六年宮闈清穆朝綱整肅文武諸臣斤斤奉法惟謹獨東廠太監張鯨倚仗恩寵欺天壞法膽大心雄從來未有諸臣所奏八罪一一有據詔付法司嚴究惡黨中外臣民踴躍歡呼咸謂萬代瞻仰在此一舉必將剪除元兇以杜後禍昨法司問明奏請邢尚智等俱奉旨處分張鯨姑念侍奉多年勤勞痛加省改策勵供事中外聞之大失所望惡本不

除爲害滋甚臣恐王振劉瑾復見於今日也敢爲皇上極言之昔我太祖高皇帝防制宦官嚴極有罪不赦洪武十年五月一監官供事內庭言及政事即日斥遣因諭羣臣曰自古賢明之君凡有所謀必謀及公卿大夫而斷之於已未聞近習嬖倖可得與者今此宦官雖事朕日久不可姑息决然去之所以懲將來也羣臣頓首稱善夫監官僅言及政事耳太祖即日斥去不肯姑息使如張鯨犯法太祖當何如處置也今科道交奏法司究問皇上明知鯨罪惡矣即加顯戮以洩天地祖宗神人之憤猶慽其晚奈何令罪大惡極者而處宮幃禁掖之地乎昔年馮保招權納賄皇上已籍没之近日宋坤挾詐騙財即斥去之矣張鯨之惡百倍馮保萬倍宋坤擢鯨之髮不足以數其罪食鯨之肉不足以伏其辜故京師爲之語曰寧逢虎狼莫逢鯨張言虎狼有時而不噬張鯨無入而不害也皇上英明同符太祖不難去馮保不難去宋坤何獨難去一張鯨耶臣伏讀明旨以臆斷之邢尚智監候處决謂其黨鯨害事也使鯨不横恣雖百尚

智豈能擺置李登雲張繼德發煙瘴地面永遠充軍謂其受賄縱情欺君賣法也然受賄賣法孰過於鯨尚智李奇等冒領鈔錠銀兩俱稱張鯨主令是實冒領者既加之罪主令者何獨倖免此臣所未解也以鯨爲侍奉多年其弄權壞法亦多年矣皇上宜深慽之何復念其勤勞耶以爲痛加省改猶可策勵供事臣未聞狠如狼虎之人而可責令守門戶者也況在宮闈禁掖之地安知其不包藏禍心乎前數日都市流傳鯨廣進金寶多方乞請皇上猶豫未忍决斷乎

外臣民初聞不信竊謂皇上富有四海豈少金寳明並日月豈墮奸詐威如雷霆豈狥乞請及接明旨許鯨策勵供事中外臣民遂以此事爲眞謂鯨之奸謀旣遂而國家之禍從此始矣伏願皇上大奮乾綱爲法割愛將鯨重治以儆奸邪以釋羣疑庶宗社生靈可幸無恙不然皇上聰明聖智竟爲此閹誣也國家十六年淸平盛治竟爲此閹壞也以一閹宦之故而壞聖明之治壞祖宗之法壞朝廷之體天下謂何後世謂何此忠臣烈士日夜撫心泣血必欲殄滅此賊而

後已也臣職在諫垣君側有惡不爲掃除皆臣之罪故敢直言無諱伏惟聖明裁督是幸

記

始修城記

提學副使　張邦奇

嘉魚縣在省城南二百里實爲襟喉之地舊以山水參伍不立城郭民皆因山阻水而居取便耕漁警則乘便趨避習以爲常國家隆平民風敦樸廩囷蓄牧悉置諸戶外自成化間江北比多水患流民就食於外始聚而爲盜昏夜掠商船率於江湖無人之所尚未敢公然入縣治也邇歲征役繁重遠近逋移剽致劇賊賀璋輩誘脅窮民攻縣治殺民兵劫庫獄燒廬舍出沒險阻日滋蔓不可制正德甲戌秋宣城陸槐來知縣事患之謂非築城不可遂以龍見興工縣小而民窮財力無所資日夕疲心力總理矻矻久未克就廵撫都御史錫山秦公適臨茲土躬爲陟降以先築南堤數十里逼隘非規制命展而環焉遂命分廵僉事顧公英督旁邑發儲峙協濟工力功乃具舉丙子五月江水大漲囊其南堤五閱月水涸乃伐石甃

址并二管門浚水運土併力修築維時秦公念劇賊猖獗將除之或曰不如姑巳舉而弗能制患滋甚公曰巳之患獨不滋甚乎遂廉其蹤跡命分守右布政使周公季鳳分廵副使惲公巍督其屬設法捕斬之而鎭守太監杜某總兵都督同知楊某廵按監察御史張某暨按察使王都督指揮僉事劉協贊謀畫以成其功積數十年之寇一旦就戮餘黨狼狽解散朝廷下璽書褒美錫以金帛行者居者罔不晏然上下遠近動色相慶而城亦適成城環二百雉厚六尺高

倍之爲四門曰東望曰南薰曰西成曰北鑰樓櫓之屬罔不備飭用工越十甲子皆倩諸他邑及事竣民無告勞者予觀嘉魚士民習俗淳厚蔚然有古風焉乃者賊殲而城成去其毒而固其衛以奠宣湖藩之襟喉豈徒其邑之幸哉方賊勢日熾民無保障恣其所如莫敢誰何致今日安堵者其誰之力也繼或吏於茲土者其亦有思乎夫千雉百雉孰非爲民民城之本也民殘而城固未之有也凡蒞斯土者尚思固斯民哉

續修城記

雷士順

古者立國城郭與宗廟宫室並建城者民之衛也民則邦之本也墮其衛以撥其本豈計之得乎故雖時極隆平未有不城而治者乃宇内郡邑治以不城者亦復不少聚廬而居折柳而樊固可幾幸無事質之設險守國之義當不其然我嘉魚雖古治乎以山川參錯城之匪便此有邑以來一大缺典也正德甲戌陸侯諱槐者始築土城都御史秦公發旁邑糧儲以佐厥功顧濱江窪池土城易壞萬曆戊寅撫院陳公疏請改立磚城邑大司馬方公規議官任費而民任力庶瘠邑貧民不驚畏而思從當道用其言計處三千餘金吳侯諱騤督修告竣不兩年而再圮則匠作無法苟完而工不堅也至辛丑龎侯諱一德議以洲價爲重修之費院道報可閲歲而復爲完城垂今幾四十年半圮者又復如是崇禎甲戌程侯蒞茲土次日登埤周望愀然曰此何時何地而俾城壞至此且不堪視詎堪恃乎前之人留以俟後者豈其不念民衛亦時絀不敢舉嬴耳吾將任之輒解囊金若干付

窑戶領費造磚召匠作估計買料給工照民間常例無虧短絲毫者工皆僱募無役民半日者計城内外共百有餘丈週城腰墻共一百八十三丈全修垛子一百六十個半修四百二十個補蓋城樓四座全砌蓋者一座新增守宿窩舖一間新增栅欄二座閉塞便門二處通算支用銀五百八十七兩有奇無粮儲金錢之助無洲價之乞惟故民鄭朝魁妻張氏有夫存日賣田留金一百五十兩送助修城鄉督王廷元助修贖田菜麥銀二十兩又助工二十兩侯之任費

者四百金皆捐已貲非第捐俸薪捐贖鍰而已也工告成士民樂之議勒功德於石以垂不朽且托名公諛述以重其事侯謂士順曰牧民者補苴牖戶是本分事有如借譽顯貴是施勞也倘必記以示勸則知我無子若子其據實紀歲月俾後人知城所自始所自頹所自修而止必無文無煩言令吾有不安於心者士順雖不敢當而亦不敢辭承命志其大概如此

縣學記　　元提舉王宜振

學校之教尚矣自唐虞三代以來命司徒掌教歷代

相承而學宮滿天下庠序學校雖異名辟雝泮宮雖異制其爲教則一也詩頌泮水之能修歌菁莪之樂育其以是夫皇元嘉美人文崇儒重道開設學校作養人才申嚴憲章有司主領敦勸之命獎諭諄切武昌爲楚重鎮嘉魚其屬邑也江漢炳靈人物鍾秀章縫之士遊於聖人之門訓迪有師肄習有業庖廩有資教養僉行倫厚俗美廟學舊在城南基址湫隘淳熙戊申縣尹姜偃遷於龍潭山之上宮牆數仞巍然靈光士民欽仰歲月更代風雨震凌前至正甲申主簿狄忠重修殿廡植松夾道遺愛尚存延佑甲寅縣尹濟河成文煒增其舊制充拓規模重建大成之殿已嘗加意厥後皆因陋就簡未有能殫智畢力以久遠計者元統甲戌冬臨清蘋公野泉來尹茲邑下車之初首謁先聖廟見而惕然屬以邑事倥偬未暇議越明年政通人和百廢具舉迺造學宮率諸生議及興創衆皆悅從會材委工究心而理之工費浩繁學廩不給首割俸餘以爲之倡學椽文珪亦捐俸以襄斯役士儒義助多寡有差是歲學租所入悉以充費

於是崇禮殿及兩廡皆煥然一新從祀牌位悉加修飾櫺星門外結石爲道工匠傭役僉手偕作公理政之暇必一至其所莅其勤以勵其怠經之營之完矣美矣衆目環覩驚相歎曰邑庠之廢弛久矣豈意目前忽見此修飾耶且邑宰之任本以理民爲務食祿而不怠其事斯亦善矣而公能兼修僉舉則其志之高才之優爲何如於是邑學士民相與求文以勒石爲記予爲之說曰大哉夫子之道乎肖形穹壤間靈而爲人秀而爲士推而爲政以修齊治平用之立教

以惇人倫美風化造次顛沛孰能外乎斯道人之所以報本返始者固不可以捍災禦患勤事定國載在祀典者例視之也廟學之建國家所以崇奉先聖賢哲生民以來未有盛焉豈可聽其殿古草生城荒鴉噪而置之不問耶今賢大夫舉而力新之撤去弊陋復還偉觀士有絃頌之樂民絕囂陵之弊其爲風化豈曰小補之哉公名靖字冲卿詩禮之家克世其祿故其爲政知所本云

重修縣學記　明提刑按察使司　韓陽

皇明崇重儒道其於學校之政視古加修而益隆益盛所以八十年來海內人才彬彬濟濟先後相望誠非前此所能及焉南嘉武昌上游之邑乃湖湘要衝之區而川廣必由之路官其邑者於往來應酬之不暇尚何有心於學校之事哉以故學宮恒廢而失治學政每闕而不修也稽諸縣志今學自宋淳熙間知縣姜偃始遷於龍潭山之陽禮殿居中兩廡以翼二門碑亭各有成矩至元甲申主簿狄忠重修殿廡植松夾道延祐甲寅縣尹成文煒又新其舊元統甲戌野泉蕭公來尹茲邑竭力再爲修治時提舉學事翁山王先生宜振爲之記刻石尚存入我國朝學政維新洪武乙卯知縣吳起文以廟學隔越非宜乃卽廟左山麓建明倫堂復爲正心明義二齋而文廟則未之修迨今餘七十稔殿宇傾頹門廡顛敗未有能振其廢者正統元祀皇上慎擇守令惠綏黎元其於學校尤爲急務歲在庚申以進士吳江莫震來知縣事視篆之初拜謁學宮顧瞻殿宇頹廢不勝歎息遂言曰學宮之廢興長民之責也震敢不以爲巳任耶於

是鈎考志書諮詢衆議經營圖畫亟欲新之奈頻年水澇相仍公務塡委心雖惓惓未克遂也正統丁卯乃悉心以圖修舉邑之好義者咸樂相焉於是召匠揀材揆日庀事朝夕親臨學宮卹其勞役而課其章程崇其垣墉高其臺址禮殿兩廡皆撤而新之加封之舊碑有亭瞻仰之後人有所櫺星戟門內外輝映黝至髹彤舉稽其度始事於丁卯三月畢工於戊辰四月妥神有位配侑在列而他所宜有者罔不具完衿佩來集絃歌相聞人皆嘖嘖稱羡以偉其成庠之

司訓黄真備述其事請記於余竊以湖湘廟學府州之外縣庠凡一百有奇予皆歷焉其間邑宰能體朝廷崇儒重道之心以爲心者未能多見間有見之吾未嘗不喜談樂道而與其善焉今觀南嘉邑宰莫震氏以蕞爾要衝之區乃能惓惓以修理學宫爲念而文廟爲之一新不惟見其能尊崇斯道抑亦可見其無負聖天子擇任之責也宰名震字霆威正統巳未名進士

重修學廟記

方逢時

仲尼之道師表萬世爲群聖之宗歷代尊崇設像祀之學宫禮如王者至隆重也迨我皇明其尊崇之典始亦因先代之舊至世宗肅皇帝謂今之王爵下同人臣非所以爲尊也制徹像去王尊稱之曰至聖先師改大成之殿曰先師之廟故自國都以至縣衛莫不有學莫不有廟其在嘉魚前代無論矣洪武之初廟建於龍潭山之陽學則在於城南分兩址也既而遷學於廟之後前尹吳江莫公修之而督學韓公爲之記正德末年督學鳳梧陳公捐俸修葺而明倫之堂則未暇及也嘉靖戊子學遷於北門之内巳亥復遷於三忠祠之基仍兩地也迺來六十餘年學既頽壞廟亦傾圮籩豆之所對越之位鞠爲茂草春秋之祀備數事而已及萬曆丙戌之秋漳平蔣侯來令吾邑恭謁先聖見棟宇摧頽塗壁剥落乃隱然於心顧師弟子而言曰吾夫子之道如布帛菽粟然吾人不可一日無者而祀饗之所傾敗若此於心安乎而況朝廷崇儒重道若是其至也吾與若職忝師儒置而不問其如朝廷建學之意何其如先師之道何抑何

以免於法吏之議是在我矣乃欲大有所爲於時水旱薦臻弗克如志乃先有事於廟以妥神靈木石之費甓堊之需分毫不取於民乃捐私俸市材陶瓦命匠鳩工朽者易之欹者正之卑而窪高而跂者築之平之門墊以磚垣周以土殿宇廟廡秩然維新師弟子欣欣然相語曰昔者荆棘瓦礫之場今變爲朱甍碧瓦之所非我蔣侯孰能爲此蔣侯之政可謂知所先務作人之化於是而可觀矣是不可以無記相與徵言於予予既爲述其事乃揖諸弟子而諗之曰侯

之斯舉固爲不擾於民而其意葢示諸生以爲學之方也夫天下之事求諸人者常不足求諸巳者常有餘聖人之道雖大而原於人心萬物皆備反而求之在我而巳故夫子之教有曰譬如爲山未成一簣止吾止也譬如平地雖覆一簣進吾往也蔣侯葢有得於此故今舉之以教吾嘉耳不然諸生日馳於言語文字之間而無得於身心性命之實雖廟貌之修棟宇之飾謂有司者自盡其職則可於諸生何有焉是則蔣侯修建之意也諸生勗哉

鼎修聖廟碑記

任弘震

今天下郡邑祀廟之制凡以爲民也先明神祀之謂嘗有功德於民也云報也城隍社稷之神祀之謂能司吾民升饉之祥也云祈也斯其意未嘗不可以著敎於天下而教天下之事不在焉庠序之敎虞夏以來未之有改也先師之廟固所謂千萬世以祀歷千萬世祀之而不足以報其德澤之萬一也葢未嘗云祈而祈之意未嘗不在焉釀祭先釀斂祭先斂彼其意未嘗非報而不勝其祈之之念之隆重也夫臨萬世而教思無窮者先師之心也奚俟祈予不云夫自行束修以上未嘗無誨乎若然則千萬世之摩頂放踵而求之者固先師之靈之所嘿攝之者也且其祈焉者非福利其身之謂也固祈先師之教之明於天下也祈斯教教斯明斯修道之敎之謂也勺盤水以求日光無不專得矧以論於容光之照耶今郡邑之學皆依於廟吾邑獨兩地葢各取地勝此亦未始無祈焉之意矣廟學皆修於萬曆丙戌丁亥閒歲久皆就傾頹比癸酉歲吾友給諫熊公以休沐抵里門瞻

拜廟下盡焉心動巳則悉索餘俸得金百乃傾以首廟事而邑縉紳人士各厚薄捐眉有差方僝功什伍而高明程侯適奉命來令下車之明日謁於廟則慨然曰此何莫非有司事亟捐俸若干益之更復爲之考典章審位置酌度數而績乃竣厥竣予方讀書白嶽諸人士則以事狀暨廟圖示予而屬予記予爲之說曰諸君子亦知夫先聖王之制之僅存者獨庠序之教乎夫制則僅存耳然先王之時四術四教移左移右亦何勤以懇也後之日月省試上下應求文辭

科名已耳其復有所謂春秋禮樂冬夏詩書否耶其復有所謂離經辨志敬業樂群博學親師論學取友如古之一年三年五年七年之一一有以示之否耶若然則直謂之未嘗教之也可而世之偉人傑士道德勳業之儒比比從學校以出豈非以先師之經術如日月之經天而亦先師在天之靈默默有以提命之而收攝之耶國雖匱不得廢禮士雖貧不得廢師則今日之所以崇先師之廟貌者豈僅僅高華之所能竟耶且與諸君子披斯圖也殿堂之崇廣廡楹之

增倍戟門櫺星之嚴飾言言噲噲焜焜將將所以教瞻也主座之縝美題奉之精確所以教慎也宮牆之閎拓所以教器也列級故竣絕也而以紆得坦所以教引而著人力也甃斷岸而奠庚之所以教康而著利往也躋星石而山危之所以教就而著人地也泮池無先故也而時闢之浚之所以教淵而著育也至於隆啟聖之祠則所以推先師之孝思而教天下之爲人子者苟或仁未堯而孝未舜則有志者之蒿目於茲也自不能不瞿瞿皇皇也名宦鄉賢故有祠然

各辱椽武楹合室而異筵耳于所以明虔而遠嫌也者無處且其於宮牆更若推而遠之推親炙聖人之心以昭事昔之君子豈應如是今則於戟門之左右各有專祠也一則以教後之君子之至於斯也學道愛人慎無以此下澤之蘋藻謂弗芳且烈焉而吐之也一則以教自今茲以迫無窮之生於斯聚族於斯者或爲不待興之豪傑或爲不負師友之良賢皆願有以自處而以殁不俎豆於其間爲非夫以自矢也斯舉也於未備而有待者增三之一踵事而華焉者增

三之二總之以究於備也舉難舉之端者熊公也備難備之緒者程侯也蓋一舉而十教備焉兩公之澤於是乎不可既矣寧獨謂吾臣子也而爲朝廷贔屭以勵翼文治也乎簫九成鳳來儀鼓六變天神格先師之靈實式几筵不必瞻其騎龍何雲之鄉也則不佞又爲吾子弟擬庠序之歌以誦之歌曰奕奕文廟唯其閎之秩秩星芒唯其穗之力力熊公式其緻之明明程侯式其序之追爾吾師曷其暨之則又爲泮池之歌曰昔兮礫兮譙兮嶤兮子衿青青唯其愬兮

胡斯涓涓滔兮汩兮謂爾於涵胡斯魄兮謂爾於漁
胡斯畫兮格兮格兮翳我心則獲兮於是拜書以爲
之記

重修城隍廟記

周　融本縣教諭

府州縣通得奉祀者惟風雲雷雨與社稷而已而城隍則合祭於風雲雷雨焉其功德福民固莫可擬而有事必禱有求必告其功尤甚焉長郡邑者遇朔望則必拜謁焚香稽首以致敬而後退而視事嘉魚舊廟在縣西燬於兵燹國朝洪武間遷於會真觀舊址即今所也四圍牆垣狼藉廟宇傾圮景泰三年邑侯劉下車之初恭謁神廟顧謂民曰城隍輔我以治民者也陰佑默相允賴其功視彼傾圮實吾人責於是捐費助修命工匠備器用斬板榦礱柱礎陶瓦甓築垣墉恢弘舊制煥然一新設像正位儼然秩然可瞻可仰官寮大小罔不悅懌自是神亦示靈禱之即應嘗有虎害民劉侯禱之三日一虎自投火中一虎自死樹下又火起風作侯禱之風即轉火即止又鼠食禾不侵縣境是皆神靈之佑助也嗚呼神不可測也

而無不可格神可禱也而不可瀆善者福之惡者禍之禍福人所自致神豈能私庇於人哉觀於是吾人亦可以惕然懼躍然興矣

重修東平王廟記

李　滄

唐眞源令勅河南節度副使宋加封東平王南陽張忠臣之祠舊址在嘉魚縣沙陽城本爲表忠而立邑民歲時伏臘必有祭水旱疾疫必有禱咸有答焉正統五年冬聖天子愼選邑令以任人民社稷之責詔吏部謂安民惟得人宜簡其尤者往莅之於是吳江莫侯霆威者擢知斯邑敬神惠下除穢革邪周視斯祠乃言曰王之德足化導吾民在禮以死勤事者則祀之況其死節而祀禮自上出乎睢陽有祠而斯邑立行祠者以神之靈澤會偏所及從民欲而立也遂捐已俸暨僚屬之懽趨者葺理惟恪展拓狹隘恢閎垣宇市材孔良命匠孔臧葢覆孔光楹棟門軒黝堊丹漆舉中其法牆飾以粉道砌以石碑覆以亭經始於正統戊辰之夏越三月祠宇維新儀容端儼其所以奮百代歷千祀而化斯民者宜矣竊惟捐軀狥國

此臣子職分之當爲崇尚忠良乃賢侯風化之善政遠稽唐至德元載值祿山之亂王時爲真源令始選精兵千人西至雍丘討破賊將令狐潮李懷僊等四萬餘人及潮復圍國命阻絶乃設天子畫像斬欲降賊之大將士心益勸使郎將雷萬春與賊語面中六矢而不動未幾出戰擒賊將十四人斬首百餘級賊夜遁後移軍東守寧陵以待賊將李庭堅等始與睢陽太守高陽許公遠相見是日賊將楊朝宗帥馬步二萬襲寧陵亦至晝夜數十合大破之斬首百餘級

勅爲河南節度副使其屢破賊如此二載春正月賊降將尹子奇以兵十三萬寇睢陽遠告急乃自寧陵引兵三千與遠兵合僅六千八百擒將六十餘殺士卒三萬餘衆氣自倍子奇復寇因賊解甲休息與南霽雲等十餘將斬賊將五十餘殺士卒五千餘射丧子奇左目幾獲之子奇乃走及子奇復寇城中食盡士卒耗病諸侯不救乃修守具絶雲梯與鉤車焚木驢與磴石皆應機立辦其屢却賊如此冬十月保障江淮堅守無救食紙紙盡遂食馬馬盡羅雀掘鼠既盡殺愛妾以食士至是僅餘四百人終無叛者賊登城士卒饑病而無敵乃西向再拜曰臣力竭矣生無以報陛下死當爲厲鬼以殺賊城遂陷罵賊已侔周苛殺身寧讓臧洪以飢疲之寡敵强暴之衆卒復唐室以致中興當時追贈首定元勲刻鮑信之形而祭哭圖龎德之狀於陵牆立廟宋州齊許遠之位納官其子合勾踐之心今嘉魚賢侯重新殿宇式是形容典幕姑蘓倪公彬懼事跡久湮願勤堅石假辭紀美惟王智以神其機勇以揚其氣忠以挫其鋒烈以死

其事殘乎身者成乎仁見於行者處於義完節付於天大功信於人此賢侯所以明叙國當詳記而傳世祀之遠爲臣死忠爲子死孝如文天祥所云則廟記之作豈徒然哉若登祠者不此之思不此之效惟獻楮帛以求福利豈惟神明不答抑亦失賢侯之本意矣

修長堤記

元　曹珏

水之爲民害多矣昔之爲政者謹防水庸之禮嚴曲防之戒若河則東徐有黃樓之賦澶淵奏功而感宣

房瓠子之歌若江則渚宮有息壤之塞堤堰增利而遏懷襄昏墊之勢然長民者興利除害務在得人所謂不偏愛人急親賢也予以皇慶癸丑領武昌郡事郡城當江漢之上而所屬邑中惟嘉魚濱大江楊家洲障之馬鞍山渚洪溢其害及於蒲咸江夏宰爲沮洳邑令成侯宣以廉能聞而治聲爲最廼能灼見其源築堤自馬鞍山延袤數十里而擇士之賢者得人焉曰李季成家世儒而通敏於事躬任是役民驩趨之期以旬日不愆於素遂使斯水東行由金口入湖堤成而水之患息不惟嘉魚得以耕桑而鄰邑皆受其惠邑人將樹碑以紀其功而請於予予聞而喜曰興利除害果得其人成侯可謂能矣俾展驥而守千里則東都有坐嘯之美而民思金堤示不忘也或曰杭有蘓公堤南嘉之人將名之爲成公堤矣

再修長堤記

方逢時

大江出夔峽歷荆渚南過洞庭之浦控九江經東陵乃東北流澎湃蕩潏之勢千里莫禦而嘉魚當其委注夏秋之間百川泛溢浩浩如滇渤赤壁而下西南諸山蟻聚螺列縣治若浮漚焉川無可梁澤無可陂殆不可以人力爲也環龍津循百疋逾河泊之磯涉南寧之畈地益下迤山益少東南匯爲西保諸湖浩瀚瀰漫與蒲圻咸寧江夏三縣同壤嘉魚之編戶六里附焉無溪谷以洩之無長山大原以間之凡居其間皆緣洲渚而田沮洳瘠薄長江横被没畦畛漂廬舍率數百里無人烟葢自古而然矣按縣志元皇慶間縣令成公宣始創議自馬鞍沿江而東築長堤爲之捍蔽水道紆遠民得収穫爲利甚厚迨至皇明歲久而圮蕩無遺塊又江流日南徙垠岸决嚙水勢轉盛而四邑之害視昔彌增正德末年邑人尚書東湖吳公賑郿全楚曾議修築而吏事因循勞而無益又五十年爲隆慶巳巳邑侯吳公實來首詢民瘼知堤之爲利慨然軫念曰是在我長民者之責也請於臺院省府會三邑之長分疆畫里計徒慮庸循成公故跡而增築之出府金發倉儲藉富室之羨以助其費躬廵督責不避寒暑再越歲而堤始成高厚堅固宜如長虹夾植榆柳以防頹潰衝激葢百年之規永逸

之舉而總理之周督察之勞又什百於三邑也畢功之歲秋乃大熟西湖之民穡功三倍咸欣欣然喜相告曰劉侯眞民之父母非侯我民曷克胥匡以生惟我子孫其永賴之不可無紀命言於予乃言曰聖天子奉天休命惠養元元恐一夫不獲其所而懷保拊循爲守令之責爲之令者受百里之地撫數十百千戶之民而爲之長宅沃土理逸民循輯無擾即稱嘉令衆且戴之豈若劉侯當衝疲之邑撫困瘁之民櫓愛煦濡勞心焦思急所先務成此巨績變荻葦蒲稗

之場爲稻梁桑麻之域拯囹圄之衆獲生生之利深仁厚澤嶽積河潤使民百世戴之而不忘夫所謂承宣德意度越循良而功在斯民者非耶昔史起爲鄴令引漳水溉鄴民歌其功載在史傳於今爲烈即侯之功實媲美焉是宜著之文辭刻之金石以追配前休垂示無窮也抑余聞之不泯者德難成者功作事者時乘時者人劉侯之功德可不朽矣世久則堙時平則玩勢所必至也念民生之孔艱思成功之不易時而緝之毋俾或壞終此大惠永保我民竊有望於後之循良君子矣

又記　熊廷弼

丙辰年予嘗觀嘉魚老堤自馬鞍山至簰洲艾家墩蜿蜒百里古木蒼蒼雲連霧列蓋居然長江一長城也按志始自宋政和以來唐均陳景成宣諸君接連創置暨我朝正德年間吳清惠公以賑勘之役復疏請大修之集嘉蒲咸夏人民合力修築引江水由金口入湖以緩其勢而四邑賴焉自正德至今又百餘年矣歲久衝嚙所在潰决水自上流百道直下而又

自艾家墩至赤磯山四十餘里故無堤水復橫入與直下者合湊而四邑田土崇朝立盡廬舍人民漂蕩死徙至不可爲嘉魚光祿李公向予顰蹙而言曰吾人其魚矣老堤未修新堤未築吾與子曷圖之奉書當事者爲四邑請命嘉魚葛侯目擊心傷復爲申議前後文書至數十上於是前中丞董公直指史公恭簷陳公郡伯馬公咸忻然允發府庫三千餘金區分四邑長吏募夫併築時嘉咸江夏各次第訖工而會署蒲篆者有派里甲之擾致生齟齬中丞梁公直指

錢公方伯劉公憲臬王公張公郡伯黃公特檄江夏徐侯往勘以受水之均而衆議之不容違始徃卒業而四十里之新堤於是告成功矣光祿爲予計之曰老堤當首衝而濱者弗塞卑者弗高薄者弗厚雖新堤庸有濟乎復爲言之徐葛二侯轉請於前當事者再發帑三千金專屬葛侯修補葢或恊築或專修皆所以遵向來成往例也逮新舊堤全而蜀水自西瀟湘之水自南岳澧辰常之水自西南而來者至魚山皆弭伏順衍不敢一窺湖而四邑一旦汙萊盡闢流

移盡復桑麻樹畜布滿中野無復向時昏墊沉溺之虞公私逋負之患其於民食國賦豈曰小補之哉光祿屬予爲記曰諸公之德意邑長之勤劳役民之成例後來之勸觀皆於是乎在子不可以無言予謝不敏屢以讓公頃者公作古人矣傷哉於是畧次以兩言曰凡爲地方舉事者爲民之念要眞而同事之心亦貴眞則飢溺由已而勞怨嫌疑之不辭此長民者事也一則吳越共濟而彼此異同之弗立此吾四邑之爲士民者事也誠如是則四邑長有此堤四邑之民長受此堤之利雖千百世存可矣董公名漢儒開州人梁公名見孟安肅人史公名記事渭南人錢公名春武進人彭公名宗孟海鹽人陳公名寀清苑人劉公名之龍富順人王公名一楨青陽人馬公名人龍太湖人張公名維樞晉江人黃公名景星莆田人徐侯名日久西安人葛侯名中選河西人咸寧令徐侯名可大安化人葛侯在任六年强半居宿堤上祁寒暑雨備諸勞苦不具述云

又記　游士任

丙辰年葛侯竣長堤之役遷南廷尉評以去熊侯指業爲石上言記徐葛兩侯舉事始末俟可千秋矣游子假歸父老復礲石索言於鶴樓者再游子曰予不文曷敢爲片石辱卽有言亦不出直指意中事耳父老曰吾君一片熱腸向與直指合姑言所已言亦言所未言可乎游子喟然曰夫堤始唐均次姜溥次成宣次劉元相而吳清惠亦經疏請載邑志新堤始馮公應京議焉而未竟載縣牒予請勿言獨憶丁戊間予以一孝廉牽三邑父老灑泣而言堤事郡伯張公

折節以從而隣邑某侯足不窺江岸一步輟闢予議時熊直指在遼李光祿在燕安得有出片言相佐亦此機緣未到耳無何堤决四邑之田廬蕩然彪倪之啼號沸然予恨不能爲眞宰訴也歲庚戌游子成進士葛侯除嘉令遂與李光祿觴使君者三刺刺言四邑堤不除口而尤願以新堤爲侯新政冠不啻闗弓涕泣道也侯頷之甫下車他政未遑也遂東西聘而遠近視以爲荒度計蓋大江自岷山來領黔瀘諸水出峽而東走而沅湘辰澧諸水又大會於岳陽下至

赤壁乃始就啣勒又下過魚山則嘉蒲咸夏之山三面周圍而西缺其一面以受江水大約山如弓而堤當其缺如弦然堤之形一而堤之屬則四又譬之人身然馬鞍上下若額若頰三角鋪若咽喉巡司以西若背膂獲口以北若尻向之堤始馬鞍山夾口至獲口以北不堤卽吳清惠之疏不及焉是額喉背俱全而無尻也不捍七而缺三創而長焉起獲口至赤磯如馮公應京議而其尻乃全是爲捍九而缺一蘆其一于金口水至戶則若建瓴然不反顧矣其剩流從口

入湖而上焉其勢殺比滿而溢則江已就落不復以四十里爲口而朝茹夕滿也葛侯旣有成算一一條諸牒以力請焉當事韙其議江咸無間言而蒲稍不如約如丁戊間故事於是熊直指李光祿慷慨陳說於當事手脘幾脫而予亦向兵備張公郡伯馬公司理唐公孫公披瀝滿紙當事嵩目是以有勘堤之役擇江夏徐侯以往至則爲之别疆域分山澤核里數酌丈尺以所受害多少爲準而其議始定當事欣然捐三千金以創新屬四邑分築而堤之尻續矣旣又

捐三千金以增舊堤屬嘉魚專修而堤之額若咽若背亦無弗顧者矣明年江泛没堤之半予遊觀若上或走告予曰堤以外水高丈餘堤以内黍稷油然桑麻蔚然向時蕩析之區地今盡樂土其魚之人今盡擊壤國賦亦從此不逋矣游子手額曰卓哉兩侯明德遠矣歸而疾走堤上徘徊四顧則見江若白龍堤如青鯢周旋翼蔽與三面山共成四塞四邑世世賴之卽吳起西門豹寧多遜焉是役也問之里江夏六十三患水者三十四蒲圻三十患水者八咸寧十六

患水者八嘉魚十二患水者七問之堤江夏之丈以千者二蒲圻咸寧之丈以千者各一嘉魚之丈以千者一有奇費如前問之嗇事則中丞張公董公梁公直指史公錢公彭公方伯劉公叅藩陳公臬憲王公張公郡伯馬公黃公司理唐公孫公視堤則別駕李公謝公君某諱某某地多載熊直指記中無容贅也

又記　尹民興

水者地之臣妾也先王疏之以利其情隄之以閑其惡疏近禮教引而弗牽隄類政刑峻而不犯然後水

供其職而奠其都居嘉魚古堤北若干尋乃公慮焉力請於上旬三浹而庸成矣邑之耆老屬余記之余曰斯役也亶於公之心心不可見記其見者耳則爲防實其體體不實而土與水相濡也而卒相害土不勝而逸水篡其居登登者以致其實也實欲均外凝而中動則動者爲門凝者受寇寇入其中合其動者以攻凝者而無不勝矣均之則外內護也水得風而朋土處其孤無以仳之仳諸樹也樹也者土之藩屏也誰謂水無牙土雖實躶而受齒不如沉之根椽也裳

毀柔不契需矣然後極水之技土能任之謂之强土水柔用剛水剛用柔今自河泊磯袤延四十里水勢剛强婉遜其趾則水爲客而我爲主水輕可奪我柔不可廹此天道也而吾猶臚七則孔臧其終則稽間田而備不虞之索植表木而閑牛馬之風設稟庾而輔協濟之衰遴耆民而司朝昏之察嚴薪蒸而助行粟之蓄塱畛墉而恤隣國之灾貴勤作而賤無事之禍

記

儒學進士題名碑記　劉池蘊 本縣教諭

國朝恩榮燕畢禮部請立石題名遵舊制也郡縣多題於壁久而未有不泯者嘉魚舊鮎漬鎮南唐升爲縣廟學在縣南宋淳熙戊申徙廟龍潭山縣學在東偏洪武乙卯徙至今學進士題名碑缺典洪武年間題名壁泯然無存況前此者乎正統戊午予忝學諭郎謀諸知縣黄開得石於里士李拳書上提調學校

湖廣僉事劉公虬請記弗獲有曰本學碑記何必他求池蘊汝爲之可也而莫公震適來知縣事書請而覆命如其言予謂碑所以志其姓名而進士由學問所至學問猶水木水有源而其流日遠木有本而其枝日繁嘉魚多士昔之登名進士榜者已用於時其居近侍居清要者有焉居方伯居風憲者有焉各致其職竭其忠黼黻皇猷笙鏞治道何莫非資於學問之懿乎學問所以立其本事功所以達其用水木之有本源支流也題其名於石蓋以昭示方來者抑學

校有舉人焉有貢士焉其出身雖與進士異其學問其顯庸則有與進士同者其名亦所當記今畫石四節首篆額次書記序進士之名於記之次列貢舉之名於進士之次事從省也是爲記

法華會館記　尹相

邑之逶迤南盡一阜隆起其上若砥其下若畚市闠遠隔湖光近臨雖非勝形完局亦靜所也始作者以居佛焉是爲法華寺浙東吳侯來縣政餘之暇乘興肆覽嘆曰此殆儒林也豈容僧據爰即西南隅建堂

翼廊闢門除路厥制煥如厥觀偉如請扁於督學初泉劉公公方以學問率諸弟子意甚愜題曰法華會館夫孔子之教不借於佛豈侯言哉號孔子之徒風趨日卑佛之說横行於天下此昌黎動盡法之忿也夫法可盡乎哉嘗鬭取益者不妨於行路憂患者必增其壘培存乎志而已耳離脫根塵彼所覺也然而吾敵國也寬博而服侏儒而言敲金戛石以媒其欲其流之下也然而吾弗士也於其覺以辨吾迷焉於其流之下以正吾士習焉夫不亦孔子之教歟侯才

歛智周令行禁止時吏無能之奬削剔殆盡及見談經講藝猶有宗旨眞可以牖蓬茅而覲天日固大都之俊也吾知其有爲矣歲庚申適嶺南符君至喜厥成遂謀諸博士粤之何君蜀之杜君蔣君刻石以記之符君名大賓何君名鍾秀杜君名容蔣君名示泰

咸嘉社學記　　趙　遷

社之有學夏商周三代庠序學校之遺意即古之所謂小學者是也古之士八歲入小學十五歲入大學由小學而入大學學非有大小也蓋小學則學之始

大學則學之成是故三代之士非後世之所可及以學之有漸也惟我大明御極歷數世聖化之久學宮遍天下而鄉社亦在在有之人文之盛與三代而匹休猗歟盛哉湖廣武昌府之屬邑有咸寧嘉魚相接壤而學之在社尚有缺焉正德之乙卯歲都御史東湖吳公適奉璽書有事於此惻然念後學之士不可不教於蒙而得養正之地乃謀諸鄉者士大夫卜諸二邑之交山高而水長得涵養本源之趣飭材鳩工命有司董其役撤其所自爲屋而立爲正廳廳之後爲書館各三間禮夙儒而主之東爲號舍凡六間以棲諸生西爲厨房三間以便炊爨繚以周垣垣之外雜植松竹鬱然成陰大門左爲賓館以接賓客之遠至者仍置田一頃七十畝與民佃耕歲除税外取所餘穀五十石爲師束脩贄及弟子之貧而願學者悉以周之噫公用心仁矣事旣落成咸令尹吳君聰嘉令尹陳君焯合議於咸庠司訓李君玠走書丁寧於遷謂遷志楚史宜志斯社學之顛末也夫天下之事莫重於始始之不教政本失矣曷以望其成耶故君

子作事謀始東湖公是舉也吾知二邑之士他日彬彬禮樂底於大成或足建功名以善達天下或足踐道德以善道聖賢伊誰之力歟東湖公建學之力也雖然二邑之士孰不樂是舉孰不有是心之同然者哉久而玩玩而愒愒而泯焉勢也吳李諸君礱石以記得是心之同然將不獨一時之士可以興孟子曰豪傑之士雖無文王猶興百世之下豈無興之者如東湖而士之猶興豈無此豪傑者乎東湖公功被天下者不可勝紀此學之一事亦政之首務也是宜記

爲歲在正德辛巳之七月適嘉靖龍飛之始四月也

李氏重修義學記

吏部左侍郎余祐鄱陽人

學校之建將以淑人心變風俗而美士習也三代盛時養民有制人皆獲遂其生而又自里巷以至國都莫不有學以爲施教之地其所以教者人倫物理綱維世道實爲政基本所從出焉自秦以降治弗古若學校之設雖亦云遍天下然皆干祿求進之人聚處其間而凡閭閻里巷皇皇覓食與衣猶不免於凍餒果何暇於務學而亦何有能教之者哉治之衰道之

否也道之否學之廢也天下國家大小雖殊而士君子欲自盡其輔世之心在家者猶其在國也在國者猶其在天下也勢或不獲行之於遠而近豈不可以致力耶嘉魚李氏司寇立卿最稱邑之名族爵甫諱田仕至副御史懋著賢聲兄茂卿世卿皆由科第講求正學不與俗偕立卿同予官南都時每於政理之暇講切相資益詳其實間嘗爲余稱其遠祖諱宗儒者宋慶歷間創建湖西義學合族共助田若干歲斂其入以爲師生肆業之資遂元末墜當時李氏子姓固在教育之中而自卿鄰延及旁邑亦多沾其惠澤國朝初年兵火頓廢已逾百二十年弘治庚申大理評事茂卿又偕族人即義學舊址重建堂宇漸圖興復然有學無田事難持久卒莫克振嘉靖乙酉立卿獨念先人美善不忍失墜而義學舊址去今族衆祖廬勢頗踈越子弟肆業往返未便而有學不可無田即教養兼舉之意也又常依附祖墓肇創祠堂以祀其先置祭田以供其祀有餘即贍族之貧乏乃就祠堂偏左重建義學爲室五間偏右建義倉五間用貯

祭田之入均給奉祀與學之費屬予記其首末且曰師之所教弟子之所學必有的焉以爲終身所至之地敢請一言爲訓庶俾後進不迷於所從也予聞之曰學未有得奚能言而立卿義舉與其先世之懿惡可無一言哉人生而蒙長無師友之資則益進於愚而遂不可游於人道所謂去禽獸不遠者是已人豈可不學而學豈可不切於吾人之身哉四德者身之所蘊也五倫者身之所處也百行者身之所由也修四德敦五倫勵百行師之教弟子之學此其最大且

急而辭翰之麗爵祿之榮功名之顯皆非吾身之所固有者得之不加益失之不加損而世競趨焉此豈李氏自昔迄今興建義學之意乎況嘉魚邑治既有儒學師生之講習矣義學師生所從事者果與之同耶即無之可也抑與之異耶則當審彼之失求吾之得懇切用功無或荒怠庶幾眞有功於人道之立而於輔世之功亦甚偉矣哉然則義學雖爲李氏私塾其有關於公家政理如此凡爲弟子來遊是學而克自奮勵窮則爲家之才子達則爲國之良臣立卿偕子均有望焉

義學記

刑部尚書鄭　曉浙江人

曉童子時讀書東海上聞今天下有嘉魚李公者與仁和胡公崑山魏公鄱陽余公同官留都號君子四友私竊願見顧賤且遠不能以姓名相通越數年以諸生拜公於浙臺一望其顏色又越數年公爲大司馬曉從屬吏後始獲承受教言昔人所謂十餘年聞聞其名而不得見者一旦爲知已曉固非其人也而公不鄙夷命爲義學記曉其敢辭夫義學者仁人孝子之心也以之事天以明民也國無棄人焉以之事親以合族也家無不才子焉仁孝之至也可久可大之業也曉何足以知之公之言曰惟我李宗唐出也唐有顯王封望於欝林十四傳至璠璠自武寧徙嘉魚嘉魚一世之祖祖璠也璠四傳越惟我宗儒府君始爲湖西義學學傍有田若干畝歲收其入以贍來學之人勝國兵燹學遂廢廢且百三十餘年我伯氏東崙宗儒十世孫也爰復舊址且建爲義學學設而無田我族人廬弗附於學學亦旋廢廢又三十餘年

惟我先中丞悼念先猷弗遑式廓予惟夙夜疚心滋慕是經是營度利規遠用弗隕於舊德乃惟予五世宗三祖緯有功德於我宗人禮不獲祀於家廟乃卽何婆崙墓偏爲祠祀之亦惟我紀六叔祖有堂構播穫之勞法宜祀伯氏東崙大崖以聖賢之學昌我宗人廬於斯耕讀於斯和樂如一克類德音惟於茲學有賴焉嗚呼公之心何心也非仁孝之至其孰與於斯夫正學弗明於天下久矣射利媒榮者固弗足言其進於是者則又侮聖言而崇淸談厭實事而歆虛

譽甚而不復其究未可知也公之爲義學也能無
慨於是乎遡松楸無忝爾祖以發其孝思省之稼
穡惟土物愛以弗遷其志幼而相諧羣而不相忤以
廣其樂易子諒之心敎之小學五經四書以端其向
往四敎行而聖功存焉由是而獲用則爲良士不獲
用亦不失爲良民李氏之宗益昌且遠矣嗚呼使家
有一人焉如公家之人無弗學矣國有一人焉如公
國之人無弗學矣天下亦家國之積也天下之人無
弗學雖謂之唐虞之世可也今之人視從子弟已弗

若已之子弟矣而況於五服之親乎況於服窮者乎
況於百年十世歲時弗相集者乎而公固比渙萃離
必欲同歸於善而後已此其心何心哉盍亦思公之
意景公之行求無愧於斯學哉有學於斯而求無愧
焉亦仁人孝子之心也

李氏重修世祀堂記　王錫爵

孔子之先有弗父何者吾聞其能讓也有正考父者
而能恭也積而至於孔子聖矣數千年而孔氏之澤
不衰泰伯逃荆蠻荆蠻歸之者千餘家積而至於季
札賢矣數千年而句吳化爲衣冠禮義之鄉何也仁
義之不負於天并不負於人也天道感應之機不亦
近乎楚嘉魚李氏世稱望族宋慶歷間李宗儀宗儒
兄弟開義學於所居之旁置田以贍來學者邑中子
弟及隣邑之會學者數百人皆籲於李氏其德之積
也深矣宋元間登科第者甚衆迨我聖朝發越益盛
如中丞公田戶曹公承恩廷評公承芳鄉貢士理學
名儒承箕一時道德功業名高天下而最顯者則贈
少保謚康惠公承勛也公於先皇嘉靖時籌邊有功

晉兵尚提督團營懋著丕績帝心簡注如捧主太廟
助耕籍田持節册九嬪悉以委公以示優寵又屢親
灑御劄宸章以賜公追贈四世勑賜祠堂恩至渥矣
皇上龍飛之十六年命諸詞臣纂修大明會典功成
咨賜金鈔表裏有差而給諫公景曾諱沂者實康惠
公曾姪孫前在詞臣列亦與有功獨辭金鈔表裏之
錫疏請區額於世祠堂以褒顯其先人上御書報本
二字賜之則李氏之耿光家宗者有其道而朝廷崇
德勸功之典亦昭昭於無窮也公以聽諫歸籍乃萃

族人重修世祀堂其弟燎今年成進士以公命自楚之吳問祀記於余時予休致家居已久因昔與景魯於退食之暇得聞李氏世祀堂者詳故特書之以見積累之克驗而仁義之不負於人也殆天人感應之機至近而益綿綿不已歟是爲記

理學祠記　二

國子監司業　楊起元

古人以學道爲急故不遠千里而從師子游吳人也而學於魯陳良楚人也而北學於中國若此者難望於後世矣後世以訓詁辭章爲學其於聖人之道莫

不自以爲知之也又奚以師友爲哉先生幼抱異質長雄於文一領鄉薦遂絕意仕進從嘉魚走新會以學於白沙先生此果何所見而然耶蓋先生秉剛明之氣故其神識援出於流俗之表一切功名富貴不足以爲之動地之相去也豈止千有餘里而已至白沙者凡三其始也居七越月其繼也居一歲又其繼也幾二歲矣當其時師弟子相與登高山望遠海追雲逐月飲酒賦詩以爲樂至於何物而爲道何物而爲學師不言曰吾以待世卿之自得也弟子亦不問曰吾亦待自得之也此其聲應氣投高風遠韻萬世之下豈不令人有餘思哉今之知先生者皆以瑰琦之文及不仕之節而已至於依依於白沙而不忍舍者未知也是棄先生之所重者以重先生也白沙先生嘗序交情爲先生別意義最爲微奧大底言有道而後有交嗟夫交義之不明於世久矣如先生之於白沙乃所謂交也交義立而後友之倫不廢友之倫不廢而後彝倫常叙矣然則吾人與天下後世所當重先生者誠在此先生沒已祀鄉賢歲丁亥嘉魚令

蔣公即先生讀書大崖之山捐俸特立專祀因覓祠旁公塘三十畝俾先生子孫世世収入以奉祀事蓋先生之德久而彌彰亦蔣公之志行有曠世相感者先生曾孫燎今年成進士乃致蔣公命屬記於予予廣人也嘗讀白沙書稍知先生始末不敢辭故特著之以示務學者知求師而事師若先生者可也蔣公名時馨福建漳平人同予舉丁丑進士今擢南京大理寺評事

西湖雲隱記

翰林學士　劉三吾長沙人

太學生王志請曰同邑有隱君子曰李德良氏養性邑東梧桐山之陽西湖之上顏其游息之所曰西湖雲隱因以自號其子璣介志以求記且言其奕世業儒有貴顯而食邑江右之豐城者焉厥後徙之沔漢居嘉魚者凡七葉領薦登科屢有其人至德良則耕讀西湖之壖自食其力篤於行誼尚樸素而賤浮靡課子讀書闔閭朝夕鄉之人有逸於禮愆於義者從而規之使敦六行而謹四維葢一鄉之善士也居間則携童曳杖臨水登山俯仰自適弦松風而鏡蘿月

盟鷗鷺而侶魚鰕其於世利澹如也賓至則放舟中流匏罇相屬丙穴之魚沼沚之毛足充籩豆抵掌歡歌意愜心怡不知樂之所自故以是名願先生其勿靳焉予重王生之端謹知其辭非溢美乃爲之言曰天下之言西湖者非一皆名浸也莫不有賢士大夫顧留而賞焉若永叔之於穎川子瞻之於惠州西湖之美往往因人以名至今稱之弗泯然非隱也惟錢塘之西湖則有和靖隱於梅焉今嘉魚之西湖則有德良隱於雲焉所隱雖異而所以隱殆無異也葢亦希賢者矣抑吾聞古之人隱居以求其志遯名以自潔也避俗以自高也使得達其道焉則足以化夫人而善夫俗矣茲聞德良之隱居尚能薰陶一鄉俾底於善其或見用則有裨世道必矣矧德良之子五人皆其俊邁者也過庭之訓造就者衆將見騰霄以從龍爲雨以澤物者絡繹以起不啻潤夫千里云耳若然則聲實旣溢藉名亦著雖欲隱乎雲而雲豈能終隱也乎德良名公弼璣其次子也

龍津橋記

方逢時

邑之東北濱江有山宛延聯綿有若屛障曰百疋山有水自山南環旋屈曲東北入於江曰紅硃港夏秋潦漲滙爲巨浸冬春竭涸沮洳塗澤不可揭厲行者病焉歲在癸丑臨海吳侯來令吾邑期月政俗咸底於理乃詢民瘼乃度地形曰是流也非引而別出則杠梁不可成行者終無寧歲乃塞紅硃之隘引而注之龍津之中循山而西以達諸江繚以修堤跨堤爲橋以便行旅厥土堅實厥流迂迴無崩圻決嚙之患邑人咸和行旅大悅歡呼躍舞如登衽席盼睞之間

山若增而高水若增而深且風氣囘合烟樹鬱盤于邑有庇賴焉以其在龍潭山之陰也名之曰龍津橋邑文學何子杜子蔣子乃言於予曰自王政廢而輿梁徒杠之制不備於天下野廬司險之職牧民者咸鄙焉不屑故公孫僑乘輿之惠君子譏之道茀不可行議者謂陳之將亡也唯是龍津之績吳侯慶越昔人多矣子其記之余曰唯唯兹乃侯政之一端云耳夫吾邑固鄂之下邑也土瘠民貧疲於奔走久矣暨侯之來也拊循煦濡若保赤子慈和樂易與之休息

凡令之不習政之不宜建置設施之未當者莫不斟酌損益盈縮而變通之惟其適不爲其飾夫其嘉績善政惟其時不爲其亟惟民之是利不惟已之是棘則遂謂斯橋爲吾邑之甘棠也夫奚過哉

鼎建二賢祠記

龎一德 南海人

往蔣公蘭居先生以漳平名進士試宰嘉魚遊刃恢恢百廢具舉既進嘉庠之士日勞而月來之矣而公故自負千載之絶學謂能紹明其緒又謂邑中可與共此者獨一李公大崖先生而阻於世遠也者因起九泉可作之思於公舊隱大崖山之麓買地鳩工築書堂以祀公邑中諸後學遂駸駸乎與具有統宗云蔣公擢爲廷評爲選部未幾竟挂冠去而公所與共盟爲肝胆慕岡馮公以廵道之節行嘉魚咨詢蔣公爲令時事慨慕之低囘不能去於是邑庠諸彦黄生文炳徐生繼治輩退而以其私議曰吾邑所茹服賢侯之利不無善政者莫若蔣公蔣公之應祠無疑然公所尊信寔在大崖祠大崖而不於城郭不載祀典公之心疑若有待者我輩尚亦率先閭閻爲二公圖

不朽而以祠典求隸有司乎議既具博士偕來白令一德謂善因曰豈不聞蔣公旦夕且拜命起家霖雨蒼生乎如之何而與李公之陟降帝載者伍也有説於此惟前爲之堂貌蔣公慰瞻仰後爲之寢妥李公肇禋祀是法之所得行於今兹者而同堂以食則他日事矣諸博生若弟子具唯唯令遂自白署學道西安周公守道漳浦陳公若馮公報竝可卜得吉地於宫牆之右大小偕來令一德出餘俸以助之始工於萬曆辛丑之二月越若干月堂寢成會秋祀以次丁

日始祭李公於寢室又邑民有不遠三千里走漳平親蔣公以歸者時亦至因範木為像樹前堂凡既備矣令曰不有經費時祀何所資其歲以公費河湖草淌若干緡奉春秋祀申明守道晉江楊公報如陳公令曰不有守者洒埽何所藉其以厲壇門子設祠役署為令他日黃生徐生輩謀以當時名公之記垂不朽責予一言為先資令曰記以記二公之為學脈計也者不佞安知不佞所知者奮乎百世之上百世之下聞焉而興起者是謂百世師李公起於俗學支離

之日其所嚴者惟一獨坐青山不著書之陳子超然而瑩然也蔣公生姚學大明之後而所慨慕惟一聲利外立脚之大崖淵然而粹然也是不亦頑懦之伯夷而鄙薄之展季乎百世之下二賢且有餘風師之遂從而祠之豈不誠有司者當務之急而二三子若父老所為拳拳者哉而或者又以為李公動而能神之說為有以近契乎至近至神之旨蔣公袪意誠之教為有以遠符於去耳目支離之訓而一以為江門之顏子一以為江門之孟子是則知言之學自韓退之而下未易以置一喙者不佞潦倒簿書之日久誠因二三子而竊有聞焉敢不拜賜焉公名應京壬辰進士任僉憲周公名傳誦己丑進士任憲副陳公名一珠丁丑進士任藩大叅楊公名道會戊辰進士任憲使而令一德為龐氏南海人

黃公山釣臺記　王鏊

弘治壬子嘉魚李世卿考室黃公山之陽廣東陳白沙先生題之曰黃公釣臺有詣世卿而問者曰何哉君所釣者果在魚乎世卿曰吾所釣者非緡非竿非鮪非鱣終日釣焉無所釣也餌且不設而何有於魚

伯氏茂卿方為大理寺副曰盍歸乎吾將釣乎黃公之山遂解官去天下之士聞而高之頃年白沙德業文章驚動海內天子虛己召焉至則授以侍從中外動色白沙終去不顧世卿徒步萬里往從之遊不肯復舉進士茂卿舉進士官大理甫三歲徑去豈白沙之門必以不仕為高賢者出處固非世俗所能知哉楊子云鴻飛冥冥弋者何慕賈子云鳳飄飄而高逝兮夫固自引而遠去於戲吾安得從斯人者遊而釣

於臺上也

大崖記　　　　姜　溥

大崖在嘉魚西南與九隴相峙考舊志山頂多巨石外竅中虛古洞深窅而懸崖峭削如壁比諸崖特大故曰大崖邑人李世卿嘗讀書崖下號大崖居士越三載不出既有得乃南走海濱遊白沙陳先生之門一年始還予初至邑世卿毎與道大崖有絶離塵俗意心甚慕之今年春三月予奉省檄發粟賑饑且云大崖近南社倉日賑之餘可至也先期約邑博華亭

朱君良玉寧都溫君叔莊舞陽郭君道用俱往時溫君以足疾不果是日明發至倉已旁午事畢舍輿從馬南行數里而日暮矣之大尹杜天錫氏宿焉明日肩輿入山野夫曰達崖有兩徑北崎南夷遊者必南上北下始可予從之世卿亦降迓逕左徐携手躡足梯雲度嶺至崖半見小菴左右皆挺竹蒙密而幽翠冬不甚寒夏不甚暑菴前一泉從東巖下流迸出石罅清冷可掬僧湫之成池鑿石爲橋架亭其上號鐵橋亭方不及丈周匝僅可坐八人予與朱良玉輩因少息俄而清風四襲羣鳥和鳴超然物外之樂不知身名爲何物也既而入菴中趺坐交談了無俗事老僧煨笋汲泉煮茶以進數甌而煩渴解時蒲圻致政亞叅龔公聞茲遊自邵陵來會以耆年不能躋險走伻自北逕促下崖數步一石逶迤盤曲大者綿谷小者跨溪仰若虎踞俯若獸蹲豎者爲門眠者爲梯巉巖交峙千態萬狀而林木陰翳於上下視窈然泉聲泠泠循澗不絶如是者里餘始接舊跡與亞公會予顧謂世卿曰陳希夷在華山非其山名人名也大崖

今在嘉魚未名而世卿已有名先正謂地因人勝豈以是與世卿曰神人無名予曰有是哉茲遊亦奇矣非有記不可柳子曰邑之有遊觀或者以爲非政是大不然予故記大崖

赤壁山記　　　　姜　溥

弘治己酉予來尹嘉魚道黄州艤舟江滸時秋暮江寒月明因憶曰此非東坡與客遊處乎欲起而賦之未暇也明年庚戌秋八月望日予謂邑人李大崖曰黄州赤壁予嘗過之嘉魚赤壁安在耶古之人心與

跡異而風景物象亦將有異乎翼午具舟與邑博質菴朱君魯菴温君葵軒郭君蜀進士草窻楊君發魚山驛泝江南上未十里適左叅政李公西守北還返遊魚山明日與諸君笑曰行止豈非數耶茲將復往諸君能復從耶咸樂行比登舟江月東升天風北來開蓬擊楫俄頃而至相與探遺鐫岩上有赤壁二字國初楚王南征題詩刻二絶崖今去江數里春夏水長可遊時秋雖深水未落石亦未盡露崖南秋波瑩澄月影搖蕩漁舟不驚近而可呼遠則兩岸蘆花

一白千頃較東坡所遊亦不減也因各分韻賦詩節以酒酒不盡詩亦不盡蓋亦玩物以適志而興起焉者豈但高視冥漠寄遺響於悲風而已也哉

石室記　李承箕

大崖周遭皆山山陰可二百餘步有石室焉東西北闕上竅如立甕引風氣通日色夏洌而冬温可布席百餘非神定志堅者不能居往年予讀書大崖每因時一遊焉高林低薄無行人跡望山而走遇石而憇俯泉而飲倚杖而歌或寄之於長吟或寓之於遊觀或從倚偃仰隨其所適嗒然於山水之外從予遊者立卿弟也今年子卿弟讀書大崖而立卿成進士請告而歸顧予未老得閒舉無塵累者時春暮矣又相與一遊焉向之高者巳爲人之棟低者巳爲人之薪左右前後旁通多岐路惟巉巖老石煖雲氤氳余之坐痕猶在也

仰高亭記　莫震

亭在龍潭山最高處山後有潭淵深莫測世傳有龍潛焉山之陽坡麓平坦孔子之廟在焉正統巳卯震

重建大成殿披翦荒蕪以陟其巔則洞然開豁四矚之間東則崇崗複嶺起伏繚繞西則長江襟帶浩無際涯自面拱於前百匹列於後儼然嘉魚之巨鎮也因建小亭於其上扁曰仰高制度簡樸無華麗雕琢之飾亭之前纍石爲山植以松檜蔚然可觀經始於丁卯之十二月閱兩月而落成焉夫亭以仰高名未易言也凡物之高者皆可仰聖人之道猶天然豈易言哉斯亭之建非爲快登臨資遊覽而巳蓋欲學者從事於顏子之學則所謂卓立之地其殆庶幾乎

大隱樓記

方逢時

大隱樓樗散野人藏書之所遊息之處也古之人有言大隱在朝市小隱在山林野人心慕焉又野人無山林業先人敝廬介在城市故以名之云爾嗟乎野人未能即隱也野人束髮登仕版七年歲在己酉而樓始克成塗墍未畢即搴裳而出滯吳越遊幽燕廵嶺海剖符授鉞於遼海雲谷之間幾三十年神勞形倦壯心灰冷矣中間幸數歲始一歸省不旬月輒辭去而山林雲樹之勝風花魚鳥之適賓朋琴罇之樂

樓薄天涯徒攖夢想今年始衰尚未知稅駕之所悠悠斯隱知復何時抑嘗聞之君子之隱不同有心隱有身隱東方曼倩避世金馬門非心隱乎子牟身在江湖心懸魏闕非身隱乎野人心隱久矣造物者其將憫予心逸我以老隱身斯樓吟風弄月如古擊壤之民以觀太平之盛乎則太隱之樂且無疆也謹記之以俟

聽琴軒記

徐永聰

吾邑自唐升爲縣宋時從白雲山徙今治所民居錯先君子得受一廛在縣治之北余幸托居焉居之側作堂曰聽琴軒客有問予者曰聽以善聽也子何爲而徒寄之琴琴以鳴豫也子何爲而惟琴之聽有軒若此不幾過爾優游乎余應之曰不然昔不齊宰單父鳴琴而理言偃宰武城學道而弦歌則琴固善政之所不廢亦善俗之所必有也吾嘉雖小邑士尚禮義民崇廉恥猶有古龐樸風長吾邑者不必焦勞而治可援琴而撫爲吾民者無庸向隅而泣可弦歌而嬉吾生斯世也爲斯民也抑何爲而不樂顧不惟琴之是聽而以名吾軒哉雖然琴可聽也心不可豫

也軒可琴名也居不可使曠也如徒優游治平之世耽酒嗜音日以此軒爲樂地是又自棄於長吏賢侯非善聽夫琴者也客是予言予因記之

息亭記

徐永諒

夫息以言止也士君子當强勵不息吾亭何以息名蓋吾自少業儒術焚膏繼晷爲詩書不息壯馳王路奔走風塵爲功名不息晚登仕籍鞅掌王事爲簿書不息數十年間形疲神勞思一息肩而未得山林雲

樹之樂投閒置散之思徒作憂寐繾綣幾虛此生矣歲已未得邀明寵縱我西歸意者天欲息我以老乎天欲息而我不之息是拂天也吾因構是亭而以息名歌於斯飲於斯周旋啓處於斯舉一切世念都息之亭中惟知有今日之樂又曷計韶光易盡芳華不再也耶雖吾心之生機未息吾第不牿亡之已爾故老而不息惟衛武公之進德可師未老而願息若端木賜之倦學足戒息乎息乎惟予得而有之乎亭乎亭乎惟予得而息之乎嗟爾小子愼無忒焉是爲記

高明樓記

李占解

大崖山寺上人即空半神淡遠諳於名義諸名公登眺者咸詩之多其能釋且明儒行也構一樓寺西兀坐其間予叔幼泉公署其額曰高明樓乙亥春予讀書山中乘暇登焉見八牕洞開松篁掩映㪅然埃氛之表俄而太虛澄朗風日清麗環十有二峰於几榻之前收一山春色來貯襟袖目曠神怡若飛蓬壺而俯金臺玉闕也顧謂上人曰偉哉樓矣若知名樓之意乎天下最高明者惟心佛以空虛爲心以定慧爲覺歛之爲一介須彌放之入大千毫髮無非是心耳矣彼禪家者流談苦空競幻妄貪嗔痴愛日罹苦惱心罔與焉即居層樓重閣覽奇快勝而其中闇然卑且俗矣奚高明哉君帶名山之烟霞嚼禪門之秘訣與僧固別自玆益澄厥慮凝厥神忘形色相超然塵俗望層崖翠壁而思高焉坐風櫺月牖而思明焉飄然灑然不挂纖塵則心上有高明樓矣步斯樓也閒雲志定飛鳥機忘將不知樓之爲樓我之爲我也非所謂神仙可接風塵物外者耶上人起謝曰大矣哉

斯樓名也微先生孰與颺之願記以侯高明者覽焉

壺亭記

李沂

忠孝堂西有隙地半畝許構八合亭以象八荒扁曰壺亭客造而問焉亭以壺名何也清似玉壺冰乎引壺觴以自酌乎投壺矢聲錚錚然乎慕蓬壺員嶠爲方外遊乎玄洞子曰唯唯否否曾讀列仙傳乎汝南有翁懸壺藥肆市罷躍入壺中市人莫之見唯費長房於樓上見之異焉翁乃與費俱入壺中玉堂佳麗甘脆盈衍飲畢而出授以道術世不知翁爲誰氏第

稱之曰壺公云余市居者也茲亭高不越仞廣不踰丈若懸壺然日坐亭中雖無所謂佳麗甘脆也者香一柱茶一瓢酒一盃閲古圖書周易十餘徧默想天地開闢以來日月幾升沉古今幾更換賢哲幾顯晦頽然兀然忘爾汝齊得喪葢不知八荒之爲大茲亭之爲隘也處喧而境寂地偏而心遠實類壺公故以名吾亭客嗒然笑曰微長房焉知壺公微吾問焉知壺亭微子有仙風道骨又誰爲壺中人廼記

眞靜所記　李賓棠

吾大父崖翁成化中隱居大崖山中構書堂於梵宇之東偏嗣後吾伯石室復居取先翁所上學憲薛公書中語顏其楣爲眞靜所云吾伯坐一軒曰岑寂時先翁舊房漸墜廢矣嘉靖初山之住持清安偕淨能爰重新之歲甲寅予讀書其中能之徒道泰請予爲記而未暇今請益固予曰非靜無以成學吾儒之所以爲教至於傳佛語心有資於靜又汝之所知也余何言泰曰不然山以仙而名以靜而壽曩吾寺之始剏也塊然亦黯黮幽仄之崖耳天下孰知有此山也自翁養靜於此迨今七十餘祀鉅公貴卿奇人墨士有意探幽者聞名必一至焉俾吾精舍煒然其有耀者誰之賜耶故吾輩圖復舊跡壽諸不朽耳願爲我文之予聞其言而深有感焉夫人情重改作匪其甚不得已者孰肯出力以爲之且爲佛之教者其禮佛之宫講法之堂雖璇題金刹制擬王公亦法令不禁也顧於其急者反後而移其財汲汲吾學之典復如巳身事豈所謂墨名而儒行者耶語曰制宅名子足以觀士茲舉也可以風世矣予登山而入其室羨牆

不寐愧弗能趾美也然却有意求所謂靜者而宜會之藉使學襲見聞內無自得伏几兀坐苦閲寂如轀鎻然則茲所也不斸爲厲人之具巳乎非眞靜也泰曰請以是記眞靜所

遊大崖記　郭都賢號天門

清高鳴馬寒露炎人觸背闢開忽作振衣千仞之勢因與石溪師講曰大崖一塊積癖入我膏肓久矣惟王不留行可以立消且了登高一會石師壯之治兩兜子晨發時維九月之七日越隴度阡晴光蕩眼闌

看青林釀翠黃葉戀柯不知秋之爲何氣也抵麓約二十里委蛇南上一望糸橫繞路皆石罌似生公聚徒中多靈壁弟子灰頭土面鮮有知者項臂曲折而下經鐵磅亭亭跡消沉泉聲嗚咽欲向遊人作耳語者不暇細聽拱手即大崖寺焉寺爲本邑李大崖先生講學之所先生出白沙門重硏嶺表歸老於茲建鐵磅亭取海南四百三十六佳山吸縮於一亭羅浮蛺蝶應翛翛然來淸夢也獨惜寺基南向山脉直扞失却西來正面不知前輩眼光何在是夜宿寺之中

堂落月挂床占我鼻上石師起步回廊者數四余伏枕得詩一章霜鐘突吼純狐始奔未及假寐簷雀嘈嘈催起矣寺去山巔里許策杖露晞經樹再歇向孤雲菴小憇徐步登嶺撒手懸崖西北之野濛濛沔滋洞庭間南則山圻疊障不知幾千萬落也白雲在東拔地而起爲嘉邑少祖其環大崖諸培塿悉如神州小島忽斷忽連於杯海中頑頭山獅子山向來雄踞高坐者今可摩頂呼之也大宗熊世兄携茗具追來解衣磅礴於上移時不欲遽去回菴少頃走牛眼泉

石師掬而賞之茗香稱副不覺飽酣月上高山寒光浸袂推月出戶一枕黑甜而霜娥拖泣盈盈且數行下也晨起大聲如豹有破雨而來者稱李熙之學博熙之即大崖之玄孫而光祿之冢公也茶話永日約作石室洞遊擠看陰霽未可期耳兩公別去始了九日及牛眼泉作凌晨石師先起開門呌絕曰石室落吾手矣余急披衣喜出望外雨後青山曦微四映遙望點點青螺半粧眉額露光水氣白練橫拖步步曳湘波六幅裙也傳神寫照眞北苑得意之筆此昆受

饗不得不拜兩師膏沐之賜安在重陽風雨不堪寫入粉本哉辰刻大宗偕石師取徑北道余與熙之南走寺前指點山情向背直趨山眞徑造洞前與石師大宗會洞名遠近凡三獨此表裏咸澈南北互通逼眞海珠一星想當日五嶺初開十尺珊瑚與百丈瓊樓齊貢海風飄落爲君山夫人邀而居之至今挂在洞庭之東也凌風坐嘯便是銅柱珠崖爲問鐵橋先生何用起爐作灶耶下山過光祿公佳城足當鬱葱大觀昇至大宗書樓夕陽在山矣私念龍潭老人夜

不帖席次晨言旋始與石師告成事焉砦菴曰大崖爲南嘉祖龍鶴在雞群多骨少肉所由理學之士清直節義之臣生焉乃若洞壑幽奇當爲仙佛窟宅遊其地者欲如眺之青山白之爐峰邈不可得惟效披公乞靈於五老以爲他日再來作生客茲遊或庶幾云

白雲山記

後編　李世錫

戊申六月李子來嘉魚知邑之南十里許有山曰白雲洞亦名焉三閱月未暇往也八月之杪携弟及子

賓客數人曉出小西門登一葉舟解纜而南倏離塵地篙師曰北風也宜帆帆挂則前樹至至則過矣行將御長風淩秋水入白雲也行數里見紅葉紛披客曰天未霜紅何早予曰候衰落而變色衆草伍耳若木具利根册成獨早客曰善是時千山翠滴與遊人漸親側看巨流千里盡鷁危檣折而入東北者江也湖江水接黃碧中分水面螺峰山腰薺樹林間低覆者村也石邊蠕動者獲也自非巨靈手誰能具大幅若斯至岸舍舟而步出入田坂竹木間百折至山趾路崑難至高樹見山半多奇石玲瓏若碧可愛綴以薜蘿苔草下臨湖水萍藻浮動素鮹游泳予與客低徊不能去奈地皆榛莽無住所遂望長松而前爲蛇盤鳥道豁草深滑老樹根盤時成曲磴雙脚既疲賴有搖風長條時來左右得扳以度凡五憩達洞口予憊甚客亦吁吁矣再少休入洞登而折者三約六七丈地稍平可臥飛鼯野狐實據之穢不可留復下洞口洞氣蒸成白雲耶非耶白洞至巖廣隔里許予勉起僕夫扶予蟻附而登至天柱菴菴半頹垣覆茅作

屋予病矣卧於東偏一離諸苦便成極樂山僧具苦茗鹽豉以進衆客啖而甘之渴塵少滌移時出步山門四望蒼茫恍如置身天半江山繡錯如觀掌果而彈丸嘉魚爲雲巒煙樹所遮不復在睫底惟見白雲遠近舒卷山間耳予乃下至平坂觀弈觀射獵人藝獐漁人獲鯿悉付廚人飛觴共醉徵歌度曲客鼓掌而和正鐏罍告空而山後老農送瓦盆至矣僕稱快大醉僕夫牛飲促舟人理楫從容明暮靄中欸乃來歸歸來自稱曰白雲吏

重修六溪口丁公廟碑記　龍文鼎

公諱奉號承淵行十三仕吳爲左將軍與徐盛齊名永安患孫綝擅廢立主謀於張布布曰左將軍奉計畧過人能斷大事乃召問計公畫策因臘會陳陛兵誅綝吳社稷以安後没而爲神顯靈江上唐張公巡守睢陽夜使壯士砍子奇營張公在城上望見火光中一將策馬放彈殺賊無算心疑之巳而假寐夢前將來揖曰我吳將丁奉也家世江夏之西烏陵之東感君忠義故相助耳張公驚寤具陳其事於朝肅宗追

贈張公搜故表因于行所在封丁公爲龍虎將軍遣所在有司傳勑致祭新其廟宇卽此是也公神靈正直救人於厄或舟行遇颶風號公輒無恙以故歷代王侯將相經過是處者必親禱焉初廟中吳王居中坐公側席於左後謁禱者苦於擁擠乃請公登中坐而以幕隔吳王之前此於主臣禮有未安者是間紳士父老議於後堂別創一殿奉吳王居內基址已定遭闖兵之亂不克建今公廟材又將朽不惟後殿宜創卽茲殿亦當急修矣往時六溪饒富甲天下貴人大賈所上冠帶袍裳皆珠玉羅綺又盡四時所宜服玆時雖非昔比然諸君子車馬至止艨艦暫泊入公之廟覩公之容彷徨若有所思顧此榱題傾爾堂奥險如得無有懇懇於中者乎噫昔當烽烟四起屠城瘞塹之時京省爲治宮闕同墟且自吳及唐自唐及今其間不知經幾治亂經幾興衰而公以一宇臨江干巋然獨存亦公之威之靈實大有以悚乎人心人之敬公畏公咸出至誠樂於捐助則共襄厥事俾湫隘者倏而恢宏傾攲者轉而巍煥以共成此大觀非

偶也是不可以無記故勒諸石

靜寶寺牡丹牆苑記　陳基

自昔闕境靈區凡至人所居標奇炫采如闕里之檜孔明祠廟之栢令千載而下徘徊其地想像當年莫不慄然思肅然恐卽此不啻現身說法非可以尋常蠡測也嘉邑之有靜寶寺銀瀏激灔烟島微茫白水平鋪澱文千里故多笙鶴翩翩仙佛蒞止趙宋僧名寶月建立茲寺歷有奇蹤相傳一僧所坐石版忽生竹筍者三又有馬僧渡活甃裡諸如此類古碑湮没

莫攷迨元懶狗祖師修行其間師里人也俗姓張名紹忠涸跡和光借醫道以行其弘願休粮不食者數年出則乘白馬不加鞍勒一黑犬相隨終其生不暫捨於元至正六年入塔端坐而化犬馬亦隨仙去故明楚昭王以妃產難榜示諸醫忽一僧進藥以救世子自稱懶狗和尚住持南嘉靜寶妃吞丸即娩王德之欲毅見問道僧倏不見楚王愈驚異遣使至山延訪始知應化神通特命改修寶塔長丈餘鐫龍鳳梵經與黃鶴樓前威順王之墓式似以云報也以表異

也塔間南面尺許可窺祖蛻而凡夫肉眼往來雜遝不潔者多熏懷之交忽飛砂藏其眞體且以䝉感前邑侯王公幻住爲之閉竇凡此皆師卓卓奇蹤也最要者窣堵前白牡丹一本相傳來自西域點化作胭脂色暢茂至今閱千年矣每勢豪家劵取移種多方培溉不能活旣而悔懼復還本處則又再花其或氷雪淩剷奇旱烘蒸拱把桐梓摧損者不知其幾而此花亭亭獨秀以致傳諸遠邇舟車絡繹觀者罔不詫嘆焉歲常開數十朶多寡不等土人以其色卜歲豐

歉明乙酉春闖賊蹂躪中原祖師示兆西角獨放一朶凡西地避難者多獲保全此其尤著者也舊無欄檻相衛土人多不愛惜牧童樵子得據而有之自含苞以至盛開摘折無遺使仙犬仙馬有靈不知作幾鳴吠蹋蹴攖之者瘏損禍筴無益也予以鄰邑僦居數十年頻仰茲地皈依有日一行作吏此事都廢今者重來見荒穢日甚與家弟遠猷暨嘉邑文學王君孚中銘聞孔君先者鄧君素公王君闢只劉君式如及三韓羅君行修諸同事沈君隆吉石君長年陳君

昇如住持法舟商兌繚以周垣鳩衆僝工作永久計而名花可恃以無恐矣嗟乎當此鄉邦困匱之日世人護財如頭目心髓而首事者累黍積絲以成此舉似瑣屑不合時宜然平心論之沉香亭北姚黃魏紫照地輝天君王帶笑以看青蓮乘酣泚筆一轉聆聞作彩雲散去昔世尊說法四十九年天雨曼陀羅花以萬億計然廣長有間歇兩花亦斷續不常何若此花降生下土賢愚得以共覩祖師巍巍威德亦可槩見矣苑牆亟就差可解於屯蒙是宜有記以志貞珉

因括所聞以補邑志之不逮此役也一以護惜名藍免折傷以杜侮慢之愆一以見眞跡顯應不可思議以掃闢佛之妄一以大破慳貪變財施爲法施使茲土與內花王同沾慧日一舉而三善存矣抑猶有說焉成住壞空法塵影事骨佛不朽而土植易凋後之君子能及時補葺使薪續燈傳且旦如昔不佞可藉手以報維桑何快如之因踴躍稽首而爲記

新設義學碑記　張其維

從來人才不擇地而生而何以士之子恒爲士農之

子恒爲農豈富貴之家多成器而貧賤之族無良材乎亦視乎教之何如耳富者貴者選名師於其家幼而習焉長而安焉不見異物而遷焉是以其成才也易貧者賤者學之無所自師之無其人是以其成才也難爲宰者義學之設所以萃單寒之子弟而使之不終於淪胥也嘉邑人文淵藪縉紳世家人自爲學家自爲師父兄教先子弟率謹原無需乎義學而義學亦徒空有其名也予思有其名不可無其實以副之蓋學必有其地必有其師必有其養亦猶百工居肆之意也爲之建廣厦以處之擇名儒以主之買良田以育之凡屬邑人子弟願就學者無不嘉納焉庶乎名實相稱而後可永垂不朽也今余捐建正樓三間廂房各二以作學堂可謂有其地矣置田一石州地四十畝以資束修可謂有其養矣聘文行兼優之士司訓其中可謂有其師矣雖規模初立未爲美備然而有其始基後可徐爲理也迨至多士濟濟其基地前後寬厰尚可添造房屋二重益增膏腴以繼之此余之志也後之君子不能無厚望焉是爲記

創修泮池碑記　張其維

文廟之有泮池由來舊矣獨嘉邑戟門外有一土坎勺水無存莽茨叢生殊非古泮池義也予自壬子夏來蒞茲土矢志修理以補從前之未逮越明春奉委運秦軍糈秋歸而城垣爲霪雨傾圮數百丈方且捐資鳩工庀材迅爲補葺以爲民衛城甫成而江水泛漲田廬不能無慮長堤三千餘丈加厚增高登築雖藉民力而罅漏不無小補兼之　崇聖祠之疎漏
關帝廟之傾頹風雨飄搖犧牲莫展非所以妥侑神

靈也於是勉力次第興修恪供春秋禋祀且制祭器備音樂以光祀典修大堂建六房以資吏治一年之俸錢無幾一邑之待理甚夥是以先其所急五年之間拮据廨遑而泮池雖有志焉而未暇及也今以督運黔省麥種五千之後繼以糧米萬石連歷長江洞庭風波之險廻憶蘭州解鉛十萬崎嶇之艱因思升沉靡定遇合不常决砌斯池以償夙願旋即購磚石倩匠役擇紳衿之樸實者董其事三閱月而告成其池深而岸濶其地寬而砥平規模較前頗宏厰矣物

力雖出於予而經營則邑之士人也從此而泮水盈池芹藻生香文風丕振科甲蟬聯是予之厚望也夫因爲記

補遺

申理解人冤苦疏節略　吳廷舉

正德十四年四月內據湖廣武昌府蒲圻縣民李志信聶江告稱各人應當江夏縣金口壋河泊所正德九年分業甲徵完課鈔麻鐵八千一百一十九斤一十二兩乾魚八百五十斤完足赴布政司投文於正德十三年八月十六日以江夏縣同所業甲胡洳出名領批議令李志信戸丁李玉奇李珠奇李天孫聶希江戸丁聶永寧聶希濟聶永義六人領解各帶銀兩在身湊同嘉魚縣解戸曾學斌等戸丁九人前往省城草埠門熟識人蔣士貴僱船裝送去訖經今八个餘月人批俱無下落縣所屢拘家屬比較狀告分豁等因行間又嘉魚縣民曾玠告稱祖充本縣致思湖河泊所業甲徵收魚課有魚油翎鰾折收麻鐵等料共六千三百五十九斤以戸頭曾寧赴司府轉文

備辦料價併路費銀兩正德十三年八月十六日係父曾學斌戸丁曾智李濤三人領解湊同蒲圻縣解戸聶永寧李玉奇等九人同伴過江赴京經今八个餘月一行九人不見回家府縣監比批收有此苦情上訴等因臣案候訪察間隨據嘉魚縣廣賢里民周秀四赴臣口報正德十四年三月領解錢糧到京因而詢問曾學斌等人銀俱未到部回日沿途訪問至河南汝寧府眞陽縣唐家鋪當地住人說去年八月內被賊殺死數人骨屍現在等語臣就將牌差承差

許銓軍人王禮楊八兒押曾玠等前去眞陽縣坐委巡捕官同去唐家鋪地方拘集當地住人挨訪曾學斌等九人管解前項料價行至某處不見下落其正德十三年八月内唐家鋪有賊殺死九人是否即今身屍埋瘞現在何處如果是實就便公同到彼處地方巡訪緝拿殺人刼財兇犯嚴行鞫問賊狀明白具招申詳去後續據河南汝寧府眞陽縣申又據十四年九月初五日汝寧捕盗通判李章申准本府牒奉臣劄付前事備劄牌行本職將問過賊犯原發招由查

取去後今據申繳前來臣看得張子用與田名等一十七人捏稱正德十三年八月二十三日假充兵備道差百戸義勇在馬鄉店捉住過客九人帶到龍江寺將身自帶銀兩盡行搜出各分不等共三百八十八兩五錢仍押九人到火燒鋪殺死丢棄在彼地等情臣以日期計之曾學斌李奇玉聶永寧等九人於八月十七日在湖廣起程渡江登岸從漢陽上路經黄陂縣信陽州行至眞陽縣地方計程正該七日所稱殺死九人俱係嘉魚曾學斌曾仲智李清蒲圻李玉奇李珠奇李天孫聶永寧聶永義聶希濟九命無疑也臣伏睹大明律内一欵凡殺一家三人非死罪一人凌剮處死財産斷付死者之家妻子流三千里爲從者斬凡起運官物被盗刼奪事出不測而有損失者官司保勘覆實顯迹明白免罪不賠欽此臣叅詳照得張子用捏出田名等謀殺曾學斌等一家三人李玉奇一家三人聶永寧一家三人律該坐以殺一家非死罪一人各犯不肯招出實情通判李章問擬强盗得財斬罪照例梟首固未甚失但又叅看張子

用捏稱本年十二月廿四日同徐得志到西平縣十里鋪劉郾河將麂皮顔料價銀單裝盤纏銀共六百二十兩盡行刼去分散本日夜二更時分又將費世和的兄世春余興明余希梁余貴余興貴錢友剛錢景馬應受殺死幸世和解繩滾下河内藏避得命等情臣訪得解戸余興明興貴係同一家之人馬應受亦係錢友剛錢景同戸相應查明問以凌剮絶没家産方纔合律今照通判李章止將張子用問斬罪擬之律例不合該分守叅政王震分巡僉使王鎧兵備

僉使閻欽亦不𠫭駁俱於情法不通殊失守巡之體况解京錢糧非惟拖欠各部急用軍需抑且賠累解戶家屬監比人情甚爲不便如蒙伏勑都院查理一行河南巡按御史吊一干人卷到官再行問提明白將二次殺人刼財兇犯嚴令該道巡兵備上緊設法挨拿已故者定要將原籍家產變價完日差人起解各部抵補原解物料此外有餘銀兩解至湖廣布政司查給死者之家以供營葬以養妻子臣訪得各賊贓物果係千戶吳熊典史曹玉鏜併應捕兵快多尅

入已審勘是實依法施行一行巡撫湖廣都御史轉行布政司收原差解人胡淑李志信聶希江曾寧余興明馬應受錢友剛費世和等某人解某項料物若干某部若干某年若干各家自備路費銀若干備細開報河南巡按御史將現追在贓銀併追出各賊財產變賣價銀查照原行硃語另給備細公文批差在官人役管解赴各部交納取獲批單移文湖廣布政司完卷仍令湖廣布政司將原收胡淑批迴發回府縣查銷再不許拘擾解人家屬再照湖廣一省一十四府一十七州一百八縣起解北京錢糧物料大小解戶多從河南地方分路而行臣恐嗣後賊人得計如前所爲今年刼殺人銀一起明年刼殺人銀一番則國家錢糧何由而完足湖廣百姓何從而賠償所據地方失事掌印巡捕官員亦乞併行河南巡撫御史開提究問照例發落庶警將來一行河南鎮巡捕官員申明賊盜之案嚴謹詐冒之科重賞捕獲之功講求保互之政督令所屬着官舉行其湖廣所屬各府州縣節年應解送北京錢糧物料乞勑准題令各

部勘合轉下湖廣布政司移文各一十四府一十七州一百八縣俱令解收布政司貯庫聽候差官遞解京城庶使上之國課無虛下之民命有託且法令嚴明奸究潛服商旅通達而邦國治平矣

正德十四年二月奉旨這臣所奏上憂國體下憫民情有此良臣朕甚嘉之着各部知道仍勑河南巡按御史一一遵依這本內所奏條件舉行將貪贓一起依律拿問失事一起盡行革職其湖廣解京錢糧依奏准解湖廣地方官收貯差官遞解勿踵前轍

新築縣城記　方逢時

嘉魚武昌下邑也介在江徼雖倚天塹而四隅無崇
山複嶺爲阨塞上則洞庭下則彭蠡萑苻之徒操宄
鉅艘犀革往來剽遡如熛風縣無城郭當其鋒猶孤
注也平居偷安如寄有警則奐然鳥獸竄耳前撫臺
陳公瑞念之與巡臺趙公應元議曰楚民呰窳無積
聚易爲盜幸天子神靈稍靖倘彼爲復遙寧不憂我
父老勇夫重閉況國乎其城之詢於輿人人協厥謀
上於廟堂廟堂以俞乃因石於山因灰於石程土物

徇畚揭具餱糧論有司力取諸羨丁費取諸餘財民
若不知者會二公以擢去而撫臺王公之垣與巡臺
郭公思極朱公璉繼至日備豫不虞前人善也是之
不遵而又焉從事命分守鄭君明太守曹君愼丞張
君翼先尹吳君騤終其績焉諸君議以爲凡立城郭
必風氣所聚必道里所均必形勢所扼無是弗善也
躬爲景望正其基址財或不給則損贖鍰以佐縮溢
撙勞均事卒徒趨之如影響然城用告成是役也始
事於萬歷戊寅之秋卒業於己卯之冬算緡官錢若

干緡而城高若干丈方廣若干丈四旁各門焉風氣
聚道里均形勢扼屹屹其峙湯湯其流樓櫓翬飛粉
堞藻煥戈矛森然鈴柝是節昔日萑苻之徒心駭而
氣奪矣於是吳君以成功告而命文於余以爲記余
邑人也安辭余惟明興以來邑肇二百餘祀前後官
者不啻百人率踵故勿圖何謂焉夫城郭溝池王政
所急著於周官爲甚詳先王非耀觀也將以容衆而
保民勿是之圖悖矣此無他長吏兢兢持檢柙欲避
口否者意圖急效慮茲役大不能聿觀厥成耳急效

者失在喜事而避口者失在畏事畏心勝則難任於
其始喜心勝則難任於其終始之難任則或至於道
路若塞野塲若棄市牧不分弗顧也而曰吾姑以待
後人也終之難任則寧侈夫琳宮梵宇書館花榭與
夫不急之亭障以示有爲而已於所當務者則漫誘
之曰衆爲政也之二者爲厲民爲弛業咎均焉蓋天
下之若茲者衆矣泝厥本原豈惟吏之咎上不實責
下無實應其宜也今天子患其然悉令易轍而爲吏
者恪奉詔墨竭其才謂既不弛業又無厲民則知因

一城之建立而識聖政之精縱剏夫名都大郡與夫要害之徼乎志有之城以盛民也固塞旣樹晝偵宵邏蠻賊遠屏民有寧宇矣自今以始覆露生息革前數百年之因循貽後數百年之殷盛天子德也諸公烈也泯聖明盛德不載掩賢士大夫之烈不述則余邑人責焉敬爲之記當耋艾歌咏耳文云乎哉

重修嘉魚縣志卷之七

書

與姜按臺書　尹相

不佞僻處山林久企丰采未通問候爲罪忽聞漢陽撥縣之意無任驚憂及詢縣吏申文甚欠詳悉不得已以嘉魚事向門下白之縣治外江內湖百姓無恆產名雖一十二里實在人戶不滿四百計糧則六千餘石而田困於徵科矣計差則數十餘樣而丁困於力役矣此則大較也甚者於江路遞送之夫上對巴

陵下對江夏月無虛日民莫能支成化間濟之以崇通之錢而廢正德間濟之以府倉之折而又廢嘉靖來始移一二徭征於興國以示陰瘞乃若蒲圻協濟於今二十年祇成畫餅此苦蓋不敢再控者也又甚如軍戶之漕運者十有九破民與伍兩籍皆空如水夫之在遞運所者在三驛者弓兵之在兩巡司者其逃其絕弗問也一切取辦於見役之戶管糧之家苟且支持淪胥以敗而終莫之救自今大勢觀之辟則尫羸之人特奄奄一息耳安能更爲人役哉即使漢

誠得之亦不濟事且將盡毆吾民而亡實兩損也地方漢水連年百姓賣妻鬻子割骨肉以延旦夕顧其頗無所可戀獨纍纍坵墓是其悽悽依依者耳急之則亦不復顧矣苦狀如斯嘉魚亦漢陽也寧不動明公一視之念乎漢可恤嘉尤可恤並置於懷而兩全之仁斯溥矣吾民幸甚對楮無任祈懇之至

與劉撫臺書　尹相

嘉魚縣北舊有長堤一座自馬鞍山起直抵金口循江而下委曲約二百餘里堤之內所括江夏咸寧蒲

圻并本縣諸湖周圍亦四五里湖之畔四縣百姓衣食田產亦不下數千百頃此堤若完厚夏間水必由金口逆灌而上其勢迂緩及瀰漫必須半月即早稻皆收此堤若壞江水直從馬鞍山尾注入諸湖由上而下其勢順易不過二三日田禾皆沒一春生理悉作魚鋪百姓嗷嗷官府咋咋者六十年於今計此堤遺跡略存實於四縣皆利若按地計丈每縣各該堤若干各該錢糧若干仍委各縣賢能各率地方賴利之民四分修築則刻日可成功矣地方粒民之計莫切於此伏惟留意

致李太清書　楊起元復所

我丈眞烈﹅轟﹅偉丈夫哉立螭頭未浹月即封事批鱗甘受荼痛傷哉此一苦也遠邇播聞罔不酸心然而三老九卿百職疏二十餘上論救閉閣謝職事者累日自古諫臣受譴未有動善類扶翼如此之殷也豈非以關係國是甚鉅哉幸主上神聖溫留宰職社鼠媢狐旋離君側則我丈抗疏受苦挽回之力也聞受杖幾至虀粉肉泥脫萬死不獲一生雖凡夫百

身其何足贖乃今賴天地祖宗之靈呵護默庇堂堂忠義七尺軀不致煨沒湯火有生還期竊不可不感激君恩矣敬服高風未獲一面幸爲宗社生靈自愛

同前　袁黃了凡

綱常大義皎如日星靡﹅頹風孰爲擔荷自我丈一鳴見斥而直聲震天下矣社稷山河若增而重矣丙戌之榜不爲虛開矣我黨二三兄弟實藉有榮施矣聞既訊復杖備受酸辛人生有身終隕有肉終腐有血終枯我丈以憂幻易盡之軀而建忠義不朽之業

何樂如之雖然我丈今日以往之身擔荷綱常之身也多士多方引領而望之矚目而視之事事合理僉謂固然未足深異稍稍出格便不厭衆心矣曩也修之家而思壞之天子之廷今既修之廷而或弛於家是猶以萬金無瑕之璧而輕於擲也是猶以五色文章之錦而納之汚泥也是猶以旃檀無價之寶香而糞壤相汨也願益虛而心益愼而動無恃此舉之奇而忘前途之遠則善之善矣刑臺劉丈慷慨好義每談及我丈輒津津不置屢約相過竟以事奪咫尺難

會情緒闇然大業方隆願言自愛

與熊芝岡書　李燎

前承翰存草率勒報便開瑣瑣及諸書得毋令冗劇中生憎厭乎屢讀大疏何但澄陽再造長安書生高枕矣史蓮老推按楚不報想久亦無不下者弟有一言是係里中大利害事敢以奉聞乞借九鼎如何吾郡中江蒲咸嘉四縣爲犬牙地敝縣獨當長江洞庭之衝不必言矣縣治以北自馬鞍山至簰洲以及貴邑之金口計一百八十里皆平壙無山江水徑行之地自馬鞍山至下簰洲爲一百二十里舊有堤而庚申大水潰決僅存十一今當補築者也自簰洲至金口爲六十里宋元有堤百年崩卸入江今當另築者也戊申以前水由簰洲之下地名下沙袱而入先灌貴縣之山門湖玉盆湖魯湖後石湖等處凡湖之四岸皆田也水勢於貴縣爲横入貴縣諸湖滿而后及咸寧蒲圻嘉魚之境爲逆入其勢猶爲朔發旬至今於此內六十里接築一堤葢首捍貴邑之南境以庇及咸蒲嘉之東北者也戊申以後水一平江岸徑自

嘉魚之馬鞍山一帶建瓴先灌嘉魚之西梁湖老坑湖以及咸寧斧頭湖而總聚於貴邑之魯湖後石等處以出金口水勢殆爲朝發夕滿是馬鞍山以下舊堤之當補築葢在嘉魚功在蒲咸江夏之民者也若簰洲以下無堤則水灌腹而上馬鞍山次下無堤則水淋頭而下兩堤俱完止留金口一線洩水則長江東下豈有逆流而南百餘里者計費或者以爲二千金撫臺二公祖肯通融設處如往年江岸石其費豈止二千金哉江岸無益而衆見堤有功而人不見此

向來當事者所以不以堤工易江岸也且堤內四邑糧田萬頃所入豈止二千金無堤民貧賦逋又豈止二千金況楚藩有堤內田地數千頃豈宜驅勞民以代之役即傳語長吏司令出二千金或數百金亦其當自爲策非官府勸化其義助也敝邑先達吳尚書清惠公曾具一疏請修此堤利及百年疏存武昌府郡志可考清惠公即皇明通紀中所載寧藩移陸吏部書云吳廷舉切不可使之來即此老豈妄言之人哉貴縣蒲咸俱有賦役錄額派協濟第不修之費非

大築之費也一勞永逸待其人而行有張史二公在事仁兄又得言之倘戎馬倥傯之暇或一念及桑梓利病見如此事如此時惟仁兄留心若不詳悉則不明始末故不覺其言之蕪長也幸亮弟與趙魏諸丈俱面致蓮老仁兄書來能一　詳証之無量功德以及里中人他年勒石亦磯上又何減今日遼陽萬戶也留心留心

與魏肖生書　李懔

年來得帖末語即示葛侯答云無不可有銀便有堤弟深嘉之即馳復蓋弟意寧疲民受水害無堤不欲兩邑父母有異同開彤迹也道路宣傳貴邑人具詞當路翁兄有書弟正恐翁兄無書有書則語公平而不致寃人弟不知具詞者何以爲詞也敝邑人亦告狀止告宋元老堤縣估不彀并告飢求以募役爲賑救並不敢及新堤一字亦恃翁兄及張父母必不以嘉蒲異視也前帖中有嘉堤與蒲無干云云不言上鄉二十四里無相干而并下鄉八里亦無干豈昔日舟中所云事不關心餘不悉記亦奪於衆口證詛成

鸞耶蒲土之受下江水者障山畈直戶畢家畈神山卧虹橋馬史湖牛頭山馬頭山西梁嘴周明橋郭家潭以上屏下畈泉戶汀泗橋自障山東北抵汀泗橋計道路不下六七十里計稅銀當七八里何云無干今下鄉受水之民既有代築渠亦必云無干但前項地面山腰樹石之間水痕宛然其能欺乎弟居大崖山何以堤爲游長與之居江濱稻藪也成宦之日豈不能買山間數畝田亦何以堤爲蒲八里在水而不言水者何爲若嘉魚止一十二里其上鄉五里內有三

里受陸溪之江流若建瓴然難施隄防止二里山闌耳即大崖遞東諸山一帶也下鄉七里以堤爲命無堤是無六七里也天下豈有二里而可作一縣者皮去而毛將安附敝邑之所以合山水士庶無不以堤爲言者以此也且言堤之始末可乎自馬鞍山至獲口計八十里宋元故蹟名曰舊堤今告增修以募工爲賑濟者即其處也自獲口至金口以上之赤磯山計四十餘里宋元有堤先年崩卸入江遂議補築名曰新堤此四縣築而未成者此堤之大槩也其議築

新堤之始蓋敝邑數百年以來小民具告有司往往以爲條陳興革第一議至蔣蘭居翁父母始申議築未及行而陞任以去及馮慕岡公祖檄行查覈然力任無何以稅璫行二公皆錚錚人傑也豈無的見哉馬學道公祖爲大府問及此事弟以實告則有之後偶晤蓮撫臺談及弟亦力贊之然非二公問及弟亦何嘗言之乎若他處更有一字今不認當死墮截舌地獄馬公祖捐銀四千敝邑止是募工計土一圳發銀一錢合縣不知有堤役也銀者上司之銀也工役

者四方就食之工役也以上司之銀賑四外就食之工役爲一方百年之永賴弟縱不藉堤寧不爲四邑水濱貧民慶何必而不贊其成哉其先爲貴邑計者照此例銀幾百兩還他土幾千百圳止消一廉幹官管工一兩个月工夫於是畢矣何至派及里甲而又派及上鄉之里甲乎眞所謂無干之極其蒙冤亦不啻弟與游長輿也幸丞廉謹銀未盡領也今不更法而歸怨於人乎且計日之與計圳相去不啻天淵矣里之夫計日運土固是一日坐臥閒遊亦是一日人誰

不坐臥閒遊而運土乎募工之夫計圳也計圳則早了一圳得一錢之利又圖一圳夫妻朝暮惟恐不了需以旬日無堤可做矣且此堤之關四邑遠則有正統年舊令莫公誌可考近則正德年間吳撫臺題疏見存府誌後來派條銀便派協濟豈無據而然哉貴邑卻則江次之咸又次之將令濱江垂死之民永斷天日之路此亦不必言但將堤始末及弟二人蹤跡爲翁兄白之事長不覺其言之冗也張父母洞然否翁兄爲弟言之弟自一言也乞示望望

奉武昌孫四府書　李[illegible]

仁風載道懷想日切許時未及一字奉起居蓋不敢以寒溫之語仰勤裁答亦深山乞骨之人自揣分義宜然非敢自疏絕特在老公祖臺慈煩原而宥之耳山中忽聞台旌有勘堤之行江干之民老幼奔走問耗曰孫使君來吾屬生矣生居大崖山中距堤頗遙然一方大利害千萬人之情不忍不爲一言以備採擇具在別幅仰惟台慈垂察并恕僭瀆之罪臨緘悚仄謹啟敝邑十二里上鄉如敝居一帶不須堤者二里

長江不可堤者三里邑治之東北江堤設焉七里之民所託命也亦咸寧蒲圻江夏之民所共爲命也其堤有二自縣北馬鞍山至簰洲獲口十里名曰老堤此宋元故物也自獲口至江夏之赤磯山六十餘里名曰新堤國初後崩卸入江即今馬老公祖捐二千金所修築處也蓋無新堤則水平江岸時江水從老堤盡處以六十里爲口而灌入湖內即有老堤不能盡保也二堤並修則水從金口一線而上百餘里勢難逆流矣此二堤之始末與其利害大較也台旌倘從陸路至山陂驛西指羣峯如八分山斧頭山等處下有巨浸曰後石湖山門湖玉盆湖斧頭湖其湖濱皆江夏糧田也再南則賀勝橋黃石橋官埠橋西河渡馬橋等數十處其橋之下流皆咸寧糧田也江夏咸寧原無爭撓者不必深言矣若蒲圻則在汀泗橋從陸而南蒲圻六十餘里寸土皆膏腴何水患之有第自汀泗橋從舟而西則爲泉口爲屏下爲西江畈爲郭家潭爲烏石湖爲周明橋爲西梁大湖爲馬頭山牛頭山爲神山董塘湖爲汀家渡大橋湖之南爲

直口爲畢家橋西爲障山畈皆蒲圻之糧田也計其道路不下六七十里不知其糧若干當亦七八里耳以上諸水總會於西梁湖其湖之西北則嘉魚也大抵兩邑夾湖而田蒲在內而嘉居外耳今蒲人言無水而田固在水中水即退而水痕固在何謂蒲無堤分乎賦役冊中協濟銀兩豈無據而公派耶宋元迄今數百年不言而今日言之異同之起蓋亦有因陳縣丞不行雇募派及里甲上鄉二十二里無干之里甲蒲士紳安得不譁即今救弊之政惟有免派上鄉

止矣奈遂并下鄉八里而欲令嘉代之甚者遂并堤議而欲抹撥之毋乃過乎不但無堤是無嘉魚也彼下鄉八里獨非百姓乎不過嘉魚與江近蒲去江遠可以信口呶呶使嘉魚受其勞蒲享其利耳但履其地則有水無水確然在目悠悠之口永塞矣且堤之役以嘉代蒲則難如嘉蒲協心則非難也役蒲之民則難發原銀而委官募工則非難也派蒲上鄉之民則難給銀與蒲下鄉水濱之民聽其自築自募則非難也此其事在老公祖片言可決旬月可成不損蒲

一毛而可以造福四邑恐蒲人終欲堅執於大義亦難從矣嘉魚咸寧功成已久江夏前雖悞於戴簿然今有賢令焉其了此局不難俱不必贅也此新堤之築括也至於老堤不知先年何以稍低雖有三邑協濟不過每年三四十金小小補塞未能加高壬子之秋卒致爲大水所乘抹入而東每一缺口衝流數十丈其下遂作深潭矣台臺一勘了了目中或仍求濟於上司募而成之惟命或以官民補缺口以敝邑原額定里甲各地面量給銀米而令其各補低狹也亦惟命頻年大澇民苦入骨欲堤之願萬口一心特未知耳西梁湖中不憚風濤第舟小路迂倘遇風雨不無勞頓然不惜數日之勤而可造四縣千萬命之福垂一方千百年不朽之事是在老公祖台裁堤之成否在此一舉調衆情之同異以共成厥美台裁自有妙用區區之愚聊爲井里代控不自知僭瀆之罪也臨緘惶悚

與林紫濤直指書　　尹民興

嘉魚北絹里役斂銀付機戶機戶自造自解不再干

里役者也前因戶房機戶表裏爲奸崇禎元二三四五年盡行侵沒六七八年又以濫惡駁回罪非獨在機戶也觀其寃單元二三四五六年戶房侵扣已一千七百餘兩七八九年可例推矣今應戶房機房均爲賠造不過以逼邑之原銀完累年之逋解何本縣再比里役敲箠竟日至肉血飛庭慘號寃呼上徹霄漢牢戶充滿妻孥竄亡而侵盜國用者竟不之罪而轉横需里役以金錢之多少爲賠補之重輕腹高於胷面氣盈溢可謂白日中昏國法墮地也夫以數月

之民而欲水旱交侵之苦邑重賠四十餘金此即破骨裂肢萬萬不得之數矣惟老公祖行提戶房機戶及累年里役嚴訊此項銀兩果已完納在公收帖可據則諸胥與機戶皆爲應追之賍而亦有必得之罪不然朝廷之御用明飽此輩之私囊窮戶之精膏獨供胥人之疊嚼老公祖洞惻民艱自爲酸鼻而皇皇明旨屢戒侵漁倘一上聞何能不爲震疊也伏惟嚴究一干通邑幸甚朝廷幸甚

奉林玉礎撫臺書　尹民興

嘉魚一十二里編銀六千餘兩今巨浸稽天正項尚求未減不意突派草束三十萬每束費銀一分已輸本年正項之半自嘉魚運至澧州水腳解費每束一錢約計三萬兩是一年之軍需竟費六年之正供矣且武郡所屬大則江夏興國蒲圻中則大冶通城咸寧崇陽最小則嘉魚逼山今以蒲圻之大計里三十計米一萬七千餘石止派草束四十八萬嘉魚六千石之米止該派草一十六萬有零何較蒲圻反多一十四萬也若論水次近遠嘉魚至武昌較蒲圻縣差近五十里而居民多住山中若清洪里石塘里邰林里土連蒲壤其遠近同而左湖一里南抵臨湘較蒲更遠六十里至蒲圻至澧州較嘉魚又近二百里論米論水次不知何以該三十萬束也總由軍需一到各行料理料理到者借名減少無料理者多方困之嘉魚最貧而拙自有軍需以來較米較里派倍他邑往案可查也每上臺詰問則以水次近遠爲解不知水次近者水災亦大嘉魚之水二年矣今不恤浸没之災肥瘠之數反以水次論便則所解草束實錢糧也銀

交而草委如泥矣即崇朝可達豈能以一年之澤國而出正供六倍之金錢乎檄甫下縣有投河先死者有鬻賣妻孥者有遠投遐方捐棄室廬者泣血叫號上徹蒼旻仁人聞之當亦鼻酸而心楚也即不得已亦當照縣米之多寡爲派數之均衡庶胥掾不得高下其手而嘉民垂焦之肉頓游恩波之中矣

與梁邑侯書　尹民興

長堤爲縣右臂國賦民命恆於斯此吳清惠李光祿先太常後先經營其間者如請修築錢糧不待再計

矣鄉賢一事他縣或失之濫而敝邑自先太常以後不無遺珠之歎司馬方公諱逢時即馬市一事歲全中國生靈數萬計此其功烈迥出裂腳斷鉄之上矣先外祖李公諱沂抗書擊瑺廷杖歸里義聲正氣遠溢蠻方光祿寺卿李公諱憭行宦二十年家居僅閉風雨至修長堤一事嘉民賴之三公者以不得與於俎豆之榮遍邑久爲扼腕三人並舉恐涉於濫欲爲簡擇則此數公並路揚鑣抑一不可故持論者祇求是與非不在多少之數也或千里一賢或比肩數賢

苟其永當則一日而祀三公安在其不可也此寧獨光先寵即後進相勉爲忠直而恥於詭隨豈不由此也夫

與邑長某書

尹民興

邑如黑子值今農事方作日發千人以障龍津之水灌魚嶽之足民怨如河誠可痛也敝邑諸先紳功勳爛於史冊三懸腰玉楚國所希今之君子又欲跨越先階穿鑿土壤福未至而禍恐隨焉古人云生一事不如省一事又云不愆不忘率由舊章惟斯二則幸留三思

按舊志天啟丁卯邑令王公來儀將查軍家所置民田罄沒入官闔邑大恐公親控撫臺姚公罷之崇禎戊辰積猾某假充勾軍一時擾亂公親控巡臺蔣公罷之邑重監地隘且濕繫者多斃崇禎巳巳公捐五十金拓其地搆寬居邑倉獄昔僅壞屋一所里役繫者每大雨臥泥中公捐四十金增廣數間巳卯辛巳邑中大凶公捐二百餘金施米施粥全活甚衆順治巳丑邑令王公應虹報殷丁充馬戶鄉井繹騷公致書王令罷之夫頭卸役里甲日爲兵丁鎖項箠楚里役之費數倍夫頭公致書巡臺李公轉致督臺祖公始令里甲出費夫頭復戶焉湖南用兵軍需纍重順治甲午公致書郡尊減四萬束草丙申派草三十萬束又致書撫臺林公藩司黃公減十四萬束復致書按臺上官公李公撫臺張公陳邑凋敝力請優恤諸書不縷載

序

送李朝宗之金谿序

禮部 王英

今之論治者謂郡得賢守縣得賢令則政善民安民安則治功成矣此固然也而予則以郡縣教官苟得有學行者以教其人俾之習詩書循禮義修身勵行則其才有成公卿大夫皆由是出其功豈下於令守哉而近世之人多不知重此惟欲高位有聲勢雖守令亦以爲次其視教官秩卑不足爲也有爲之者又往往易其職問學不講行誼不修規矩不肅士無所

取法其才何由而成哉聖天子嗣登大寶簡任賢能以圖至治而尤重於學校之官擇貢士之優於文行者以分教天下郡縣學武昌李滄朝宗以湖廣鄉試第一人積學於胄監久矣今年試南宮中右榜授金谿縣學教諭朝宗端謹有學行名望夙著爲教官實屈其才然亦上所選擇而任之者也朝宗其何愧乎余金谿人也叨祿於朝凡三十餘年衰老無分寸之能以效報稱唯重念教官爲學者之師非郡縣庶官可比而又以吾邑昔多賢俊典教者亦皆可稱比年

來擁臯比者外貌甚偉而内行不臧者蓋有其人此何足以爲師範宜乎士之少成也今得朝宗焉吾黨之善士豈不樂而相從以敦乎仁義講乎詩書循乎禮節哉吾知邑之士其才有成出而爲用以卲其聲光者復自朝宗而振之矣吾之嗣子祐備員訓導學識未充惟朝宗與之琢磨他幼穉者居與學宮爲鄰孝親敬兄持身立本之道當朝夕訓之掌教百里凡有不率者當勉勵之惟朝宗信能任此故於其行書之以爲贈且致予之私云

送別李世卿序

陳獻章

君子以道交者也同明相照同類相求雲從龍風從虎聖人作而萬物睹已不遵道而好與人交惡在其能交也孔子曰爲仁由已而由人乎哉蔣晃州杜門謝客開舍中三徑二仲靡然從之游彼賢而隱者也挂廉納汙以治車爲業非詡之賢烏能屈致之乎四十年取友於天下所得有道德文章有節氣有勳業其賢而在下位者果無其人乎羅一峰張兼素不可復作乃若所居之旁伍雲鍾淑林暕此其人皆可與遊

而今亡矣賢而存者或隱或顯未易概舉其間一出一入嚮道無誠朝而燕暮而越者吾亦未如之何也已夫交豈易言哉李世卿最後識四五年間兩過白沙每見益親世卿多才兄弟登甲科而官京師輝映前後世卿卜居黄公山與山雲水月爲伍若將終身焉世卿今别江門而歸予乃脫藤蓑贈之蓋世卿之飲必期於醉醉則賦詩或世卿倡而予和之或予倡而世卿和之積凡百餘篇其言皆本於性情之眞非有意於世俗之贊毁至是世卿以太夫人在堂辭去

留不可爲古詩十三首別之諸友相繼有言世卿歸以所聞於予者質諸伯氏茂卿登大崖山吟弄赤壁之風月予所未言者世卿終當自得之或出或處顯晦用舍則係於所遇非予所能知也予老且病行將採藥於羅浮四百三十二峰以畢吾願世卿能復索我於飛雲之上否耶序以送之

杏壇行李序　　李承芳

杏壇在魚嶽山之首先輩想像孔子之跡居孔子鼓琴其間地殊峻絕也學宮居其左大江環其右皆在

嶽麓嶽之腹建大成殿凡衣冠士謁先聖即止望杏壇多不能升中界垣門曰遠塵關常閉之不易啟雖顯者至亦無得而闖焉吾師舞陽郭先生蒲歸余乃率弟子闢關登杏壇而餞之蓋重之也夫先輩重其地故處以先聖嚴其禁不輕假之人地以聖益尊人以尊而忌尊則仰忌則懼進道者之機也先輩之意固有在也予於是安敢輕犯其禁也哉吾先生之道傳之聖而教淑多人門戶同也而況本諸誠達諸用非徒恃言語文字之末聲音笑貌而爲之者所謂可以質之聖者矣贈言聖之遺也諸弟子爲之詩承芳作之序

按舊志大成殿宋淳熙戊申巳遷龍潭山之陽此序出自成弘間乃云在魚嶽山麓似屬謬誤不可曉

李太淸忠諫稿序　　熊開元

邑前輩李先生太淸嘗爲諫官斥大璫忤顯皇帝旨得罪還直聲震天下然既往矣不可得見疏亦不傳事踰五十年厥仲子宙奇搜得遺草暨一時論救慰勞書以示予予讀之竟而嘆當時之長治非偶也高

祖制中官不預政不御外臣冠服終洪武之世中外謐如尚矣厥後觀兵奉使聖子神孫漸不無少借亦時遣時撤日月載更人皆佩見惟提督京營東廠暨特赴刑曹審錄三大政不審何故相沿爲令行不改而東廠一差伺閒郤以達至尊尤宮府關鍵所托自非賢如呂彊馬孝諒其人罕不因緣作奸媒孽之加也匪緊庶工雖心膂股肱左右君側且猶虞不免況夫批鱗蹈尾言出禍隨誰無性命憂其身誠不測也萬曆間厰閹張鯨居權播虐覬臺省諫下法司而仍

許其自效嗚呼難言之矣先生纔入垣義不忍迷國斥鯨虎狼兼采途人言入告請以身執其辜顯皇帝不懌付先生詔獄榜掠既備且有旨朴於廷杖甫下雲愁風黯颷所傳藥紙上負靑天宰輔百職爭相顧曰人諾諾耳百其身贖此君諤諤不得卯旦夕封事葢數十上上意未卽解而忠詐之誅列眉矣不旬日先生創未平而鯨已遣戍非一時上下克和心德鯨必不去後之爲鯨者將益繁承平五十年始終不渝可謂王道易易哉君子謂此一事備三善焉先生之

忠也同朝之義也主上之轉圜如不及也希世而一遭者也然非先生精誠不避椹質感通不至此則是刻之成也先生非特至今存雖百世不死矣

任濬公文稿序　金聲

得道應須慧業文人以深心故其心深也其俯仰出入縱橫曲折之處皆若别有徑路杳不與世人相涉世人畢竟莫能入其中也莫入其中故乃獨處其中以自適自塞自晦自明而因以靜觀百物之通塞晦明以自愉也夫物之不齊由來久矣吾獨有心而獨有眼而或佛我而或魔我而或牛馬我吾皆不應而獨以吾之去向人皆莫知爲吾學問之得力故以行事則多顛倒不可解以爲文章則多漫滅不可讀夫宇宙間自有不可讀之文章患無能爲之者造物旣生此一人爲之豈終不復生一人讀之吾不患此蒼天之下黃壤之上終無能讀吾文者吾患吾文出而天下卽有能讀者吾慚實甚吾文出而天下卽無能讀而終不克有一能讀者吾憾焉旣生瑜又生亮故國士曰無雙奇人曰不偶孔子游歷天下訪師問友

意索奇士見天下竟無其匹而後安心歸也吾此語未敢以告人也吾以告吾濬公濬公文近固有唾罵者有尸祝者有居於唾罵尸祝之間以爲無用如此者有立於唾罵尸祝之外以爲高矣美矣遇合則難者總其大意知者謂深不知謂晦悲哉夫不過奈何爲濬公憂丈夫以氣奪人畏而奉我與愛而收我者自不必同日語不問知不知政恐自茲以往知濬公者且濫觴也大梅云剛被世人知住處又移茅舍入深居濬公從此又遠矣深心奉塵刹願共勉旃外此

人本不足語此

任僊孟文稿序　金　聲

僊孟一味好奇吾見僊孟垂髫時時巳如墮地虎子氣堪食牛數年來讀書日益多所爲文日益富好奇日益不巳嘗謂吾此生志願若俯仰天地中間有一事爲人心力所能到而吾不知則竊赧愧覩其根性殆古所謂狂者也昔人謂楊子雲以艱深之辭文其淺近之意此謂失言歷覩古今文章苟有奇意非奇字奇句則終莫之見也人有奇心非見奇字奇句亦終

莫之發也深入而淺出之使天下後世淺人卽以此語之意如是而止而終莫肯精思費解以獲其意之所存亦非仁人君子之用心也夫奇字奇句造物之所吝惜而不輕以入人心孔出人筆舌者其大者如日其次如月其散漫者如列星其恍恍忽忽者亦如電如虹必欲輕雲淺霧以自保目光之不奪豈不過哉夫所謂奇字奇句亦皆人所識認尋常字耳但所用之處人不經見則共怪之見謝東山於草澤揖四皓於朝堂遇蘓子卿於氊雪穹廬之中豈可不深求

其意而漫以爲不當强以爲無謂攢簇成文一字一句動煩思索奉之爲經則訓註連篇命之爲題則敷衍累牘因此思近世之文非無佳者亦何其太煞明白不煩點讀與註傳也人之智慧有如大海有若浮漚什伯千萬烏足云澹公父子奇奇相継今僊孟弟才十餘歲又咄咄逼人其來未巳卽澹公之與僊孟其胸中奇怪尚未有底也國君聖而文人聚其在斯時歟

李雨公文稿序　金　聲

雨公丙子幾高魁當事以太奇抑之今春雨公省其尊人於繁昌道經黃山出其卷示余余歎息而不能言也余歎當事者尚未能盡雨公胸中之奇千百分一二而遂以此爲大奇刀益剉益加利弓矢久力愈勁雨公自多刼以來所積光怪咄咄應以今生逼迫吐發殆盡亦時節因緣非偶然也方來者未易量今姑發其過去所爲文少許使天下見之雨公與余生同年其天分其積學其堅筆銳思皆百倍余而余顧先雨公十餘年幸得科名以去然實余不幸使余不

以戊辰困頓於長安三年得歸而南盡意師友竭才叅學有口如刼何得蹉足岐路遲誤我十年歲月雖終身不第豈以彼易此哉惟我兩公具大福慧兩公歸其以此語并告我魚山

賦

玉壺氷賦　　李沂

惟玉之精天地所秘瘞影而崑岫含輝韜光而荆璞自媚如虹之氣上貫於天抵鵲之珉烏知其瑞懷琳瑯而未聲眡瓦礫以何異乃有良匠目晰珉瑌顧之

色動剖之神殊獻之玉府襲之華襦規踰徑尺價倍三都界之玉工斵而為壺內圓而朗外潔而孤初視之若羅浮道士之丰骨細翫之似姑射神人之肌膚匪貯醽醁匪酌醍醐玉露天漿不足當其受瓊樓玉宇乃可奉為娛時維玄冬寒氷清冽挹注玉壺虛室生白其傾瀉也低落九天之銀河其清空也斜照三秋之皓月其澄徹也如臨不波之淵而洞乎心胸其明瑩也如開照膽之鏡而鑑乎肴膍比之天上晃玉鏡之流光置之人間覺珠乘之無色若夫雪樓倚空風軒當夕玉笋霞飛金鐏夜集浮光流瓊淨影沉碧舃履交加光采相射當斯時也王衍之談辨未見其為清衛玠之姿容難乎其為潔至若積霞朗戶清光滿筵董生下帷楊雲草玄沉思邃古寄想雲煙一塵不挂萬慮凝然當斯時也啟鮫人之室何足方其朗映解洛濵之珮亦難儷其鮮姸嗟乎枚皋之筆止於繪藻鄒衍之舌僅能談天誰寫氷壺之清趣用續鮑照之新篇幸玉堂之多暇鏡芳躅於前賢惟清白之道粹故永世其可傳厥惟叔度恢雅量於千頃亦有

伯起砥清節於四知偉文正絕俗之標郤珠玉而不御高清獻出塵之韵以琴鶴而自隨想希文襟抱之洒然恒先憂以明志挹君實器宇之凝定惟對人以不欺數公心跡煒煒熒熒如玉之潔如氷之清虛而能受滿而不盈掩二羅之景爍飈千古之榮名吾將騁聲光於靈府豈徒擢華藻於蓬瀛

真赤壁賦　　李占解

秋江月下客有歌蘇子兩賦而過祭風臺下者飄飄然自以為欲仙漁父聞之曰嘻賦則美矣景則非焉

蕪子其亦未審中原形勝南北之分乎夫圖中原者在河北不在江南然不控江南無以控河北天下之重險有九赤壁蓋東南西北之衝也據夏口上游俯矙吳會西爲隴蜀之咽喉南爲滇黔之門戶左睇則豫晉青幽右顧則楊粵甌閩悉在盼望中阿瞞當日據漢鼎而窺神州意在扼荆州下金陵舳艫百萬艘駐師烏林以奪赤壁赤壁奪則上無隴蜀下無吳越而左睇右顧盡在彈指間是赤壁之存亡天下之存亡也諸葛公瑾籌之審矣黃蓋策行繯舟連絡雖以

阿瞞之智之黠不覺墮神人之算中東風一炬全師灰燼神哉神哉固天之助漢乎抑亦人謀乎長江天塹界限南北赤壁蓋天下之赤壁也而以黃州之赤嶂當之可乎赤壁之在江北爲死地孰如赤壁在江南前有可攻後有可守赤嶂卑小不當一土阜孰如赤壁之岸然江上巉巖嶒嶒砰磕鏗鍧白日無風而自波飛鳶跕跕而自墮瞿塘灔澦三峽擣而來洞庭彭蠡七澤撼而去使以吳越之習水戰者陣此雖車騎之剽悍何如飛檣犀甲之便利也使以漢武之簡

[illegible]者練此雖洱海之鬼卒何如與濟俱沒與濟俱出之爲神幻也使以伏波樓船據此重險雖九溪百洞不足當樓船之一衝也千載而下英雄過此不勝感慨曰天下大矣如赤壁者曾何足多函谷可以丸泥封若何而委去劍閣可以一夫守若何而拱授蕪子之賦何不及此獨取江上之清風山間之明月乎乃若火戰之奇更有可賦者遐想其時烈焰彌天出其不意迅帆如駛莫我敢遏蚩尤揚旂回祿曜威照天爍地走石飛砂倏兮忽兮誰爲爲之孫吳之雞

乎八公之鶴唳也田單之牛乎雪夜之鵝聲也阿瞞膽落黑夜倉皇不暇顧帳中之美人百萬之輜重單騎獨走僅以身免自此不敢南顧都許偏安夫非赤壁之一炬有以灰其心哉至今石猶赤也字如新也浪淘不滅折戟猶存夫非炎漢之德燼而復然爲弔古者流連所不能已已乎客乃爽然自失曰吾今始知眞赤壁矣漁父胡不賦焉漁父曰吾之所辨者魚也焉知賦竊嘗聞諸父老試爲子歌之曰烏林蕭蕭兮日暮黃蓬夜雨兮無渡萬水西流兮界石相擊魚

嶺東峙兮白雲屹立軍營連絡兮野火燒江干遙想
兮鐵人聛今之桑麻兮昔之戰塲奚往不復兮誰樂
不傷六溪以陸遜而名兮古鎮風華呂門以呂蒙而
傳兮江岸蘆花君不見古跡可憑兮蜀山蜀水子敬
建閫兮西艮之沚嘉魚舊屬閭雋兮統名沙羨割三
邑以設鎮兮宋始沙陽嗟陵谷之變遷兮東海田桑
大江東去兮滔滔汩汩其何常客曰是則然矣雖然
地險非險也長江一也在諸葛公瑾則爲鉄壁銅山
厥後鐵鎖練江不能當司馬之一炬又何爲者漁父

乃笑曰千秋興亡之事喜亦不足喜悲亦不足悲吾
且烹魚煮酒爲子歌子且和之客乃歌漢高大風一
曲但見山石迸裂江濤怒飛烽煙之色慘雲霾拼蕩
之聲撼天地恍如當年之征戰焉藉令吳蜀終始同
心戮力以奬王室將金湯如故也三分云乎哉噫

重修黃鶴樓賦

後編　程珏

緊江漢之將滙兮界兩峰而並峙惟黃鵠之嵯峨兮
跨鄂城而秀起仙客來雲以遨遊兮舞鶴蹁躚而至
止遂聲起自江干兮梅花紛落叶宮徵爰構層樓於
茲兮瞰三湘而吞七澤呼吸直通霄漢兮儼星辰之
可摘極目千里兮清高百尺崔詩在上兮絶唱傾倒
夫太白遡芳洲其宛在兮留正平之傲骨大江東去
兮恍蛟龍之出没晴川入我襟袖兮檻外雲烟其未
歇以茲壯麗兮綿歷江山之歲月况復奇踪勝概盡
染霜毫如瓜赤棗映石青桃仙翁睡熟辛酒酕醄躍
龍之池未圯湧月之勢何豪爾廼新易簷楹重施丹
艧慘淡經营兮較前規而式廓彩煥松雲兮壓岳陽
而小滕閣倚朱檻兮落月低俯雕甍兮晩潮泊爰有

天涯遷客海内騷人詩分柏梁之體會約蘭亭之賓
彈棋載酒選勝尋真至於鉅卿碩輔耆舊薦紳簿書
之暇讌會之辰二難斯集四美具存或乘庾公之月
或觴北海之樽筵開玳瑁人擬璵璠珠履三千兮朝
常滿金釵十二兮夕承恩閑中識今古醉裏放乾坤
風月堪爲主形骸安足論若夫繁華公子遊佚少年
嘶玉驄於階下落金弾於花前燕歌在側趙舞當筵
由斯樓之堪賞時登眺而爭先更有華陰上士盖嶽
逃仙守丹竈而不減鍊金鼎而方堅驂鸞上漢跨鶴

騰天長遊萬里暫憩斯焉是以一拳古蹟剝且淪天
有客必賦有賦必妍加之宇內昇平兮拭目俟南巡
三楚歡呼兮勝地之重新屹頒鳳藻於層巒兮允萬
禩之長春紛膏雨之不遺澤國兮吳山楚水一望勻
黃鶴重來兮羽翛翛其清塵登樓北眺望幸云多一
遊一豫共沐恩波援琴命操作招鶴之歌歌曰鶴南
飛兮楚江清巍樓接天兮承金莖千門萬戶兮仰聖
明

鳳凰山賦

程珏

鳳居羽族之長山壯宇內之觀何年集鳳胡名茲山
粵稽鼎分漢祚吳徙鄂州惟黃龍之初載出丹穴而
來遊翔千仞之岡而忽下戢九苞之翼於斯㕍詎顯
聖王之瑞抑徵太平之休爰有史臣爲之載筆揚盛
德於簡編紀嘉祥於举律國乘記鳳凰之名形勝據
江夏之一若夫千巖競秀萬壑爭流上臨黃鶴之佳
景下撼鸚鵡之芳洲仙翁之棗遍植辛氏之酒堪觴
加以比屋連甍民居稠密畫棟雕牆甲第雲矗陶然
烟火萬家兌矣崇墉百室至於貝闕珠宮窮幽極[illegible]

逈出重霄直接天際怪石作供奇花盈砌不惜[illegible]
之嬰姍蒔據城隈而睥睨載徵下邑又紀蒪川比芙
蓉之秀麗埒深宵之荊泉南嘉亦留其蹟淦水之名
金傳由鳳鳥之至不數故屬邑之志同鐫昔聞巢於
阿閣兮覽德輝而下之既乃儀於虞廷兮聽簫韶而
神怡亦越周文長鳴岐山兮開八百之昌期若彼東
吳實屬偏安胡爲乎作枳棘之棲息竟同決起槍榆
之凡翰蓋荊楚名區鄂爲首望襟江帶湖層巒疊嶂
無靈禽兮以表異羌山原奚誇其雄壯屬當割據建
業倏爾來遷武昌幸鵷鶵之至止發大地之幽光是
以山不在高有鳳則靈地因物顯物藉人稱陶庾皆
鎮荊而觴咏藕黃時入楚而豪吟廼西門之柳巳種
南樓之月可乘西山題松風之閣羊腸記九曲之亭
何不登斯山而作賦豈遊蹤之未曾經至若孟萬年
之帽落龍山元次山之亭開廣燕北海讀書鍾臺陽
氷怡亭作篆皆於斯山而罕題或待後人之記傳自
昔青蓮懷古金陵以鳳名臺建章作宮長安以鳳名
闕況際清晏之時益顯山靈之赫爰染霜毫用當右

碣信千秋萬禩之常存繼咸五登三之大業

雜體

弔鑄鐘文　秦　觀少遊

嘉魚縣南十里太平湖中比歲大旱水皆就涸而
夜常有光怪赫然燭天士人識其處而掘之得鑄
鐘焉其形有兩欒如合兩瓦面左右九乳總三十
六牙鼓鉦舞銿衡旋斡之類考之不與合者無幾
縣令施君謀獻之太常未果乃輸之武昌庫中會
其守解秩佐攝事見而惡之曰郡得背時器畜之

不祥亟命投於兵器之冶嗚呼物之不祥有如是
耶昔九江吏盜忠肅之碑材眞其所逝歐陽詹聞
而弔之以詞予悲夫鑄鐘鼓樂之器先王所以被
功德而和神人審音之士至有振東鐸於空地而
求之者非若九江碑材因人而貴也而辱於泥塗
無所自效遇其非鑒以觸廢毀好古之士焉得嘿
黙而已乎乃作文以弔之辭曰
嗚呼泉方之生謬形殊器更首迭尾雌雄相廢朝爲
夫姬夕爲憔悴或奇偶之相續或九升而一躓淸餓

夭焉荆王貴生賤兮或得或折辟固所遇之參差
莽循環於一氣傳曰黃鐘毁棄瓦缶雷鳴余初以爲
不然今始信之矣嗚呼鑄鐘何世所爲質不呈剛形
不違柔協律中度渾如天質擠抑雖久不見瑕疵爰
有兩欒三十六乳厥音項然大小隨叩曷所挺之環
鐘而偶沉於幽陋辱泥塗之汚漫厥鱗鬣之腥臭嗟
鐵鏟之一辭遠月弦之幾發幸陽慾而水涸天日悦
其復覩謂廷貢之是宜奈效鳴於金奏何夜光之璠
投莫按劍而莫售夫赤刀大訓天球河圖秦璽漢劍趙

璧隋珠捷爲之磬汾陽之鼎曲阜之履大澤之弧歷
世相傳以華國都下至威斗錯刀羯鼓之棬破鏡缺
符遺簪墮珥信無益於經綸猶見收於好事是鐘也
郊廟所薦樂之綱紀統和元氣舞獸儀鳳令大河而
更濤使左角而不芒變化風俗返乎羲皇而乃廢於
深淵出而遇毁殆藥鑑之不如矧牛鐸之敢企此義
夫志士所爲疾心而切齒也然子聞之陰精之純榮
氣之奇雖從火革其質不變一聯一明昔者既然後
當後起可無畢乎於乎鐘乎今焉在乎豈復爲激旹

流狝以觸其故乎將遷化而遷改易制以周於用乎豈爲錢爲鏄爲銍爲斧以供耕穡之職將爲鼎彝以效烹飪之功乎豈爲浮屠老子之像巍然瞻仰於緇素乎將爲麟趾褭蹄之形翕然玩弄於邦國乎豈如于越之劍氣如虹霓掃除妖氛於指顧之間乎將如百鍊之鏡湛如止水別妍醜於高堂之上乎新故相代春始云畢紛然殊塗必有一出焉不泯沒草木未卒嗚乎鑄鐘又將奚卹

李後椓行狀跋

宋　訥學士

余嘗讀宋史考其世道之盛衰夐夏之消長而三百餘年彊宇幅員之廣雖不及漢唐而禮樂刑政歸然三代之遺風其賢哲之輩出民物之殷富則非唐漢所可跂也自宋盛時輔相侍從三館之臣與夫方伯牧守庶僚胥子之章奏書疏載諸史册者往往多正大忠厚之言不獨可行於一時而皆足以垂法於後逮乎南渡雖播遷艱難之際而志士仁人奮其材猷竭其忠憤危言讜論極陳時弊而無所顧忌者多活國之良劑惜乎聽而不能從悦而不能改於是乎浸漬未制而淪胥以亡使言之者蹀足扼腕以流涕於當時而後之覽者亦撫膺太息而不能自已不亦悲夫竊嘗慨嘆於是而未有發余之言者及觀宜祕閣嘉魚李公行狀公由進士第兩領郡符三持使節當淳祐開轉對一疏首言爲善不可有疑心去惡不可有悔心當今之政進善未能無疑者三去惡未能無悔者三穆陵異其言首肯再四名卿賢大夫翕然韙之誠所謂活國之良劑而卒不能用公雖位不稱其學而鴻聲駿望忠言嘉謨所以光前耀後者固足以

不朽而表見於將來矣其曾孫庸乃能寶藏斯文於二百年之後益求宗儒聞士論著而顯揚之雖公之德厚流光而後人之襲訓濟美亦可見矣庸字德庸敦篤周慎恢其家學有時譽方以頌古訓爲職他日躋清貴蓋有待云

光祿寺卿李公墓誌銘

李騰芳湘潭人

公諱憭字景穎號幼泉其先世蓋祖唐吳王恪恪以太宗皇帝第五子封國於吳其後皆有爵位入梁始夫之更五代兵革之際子孫散處四方南唐時有名

晉者居嘉魚其弟琠居江夏珩居臨湘楚由是有三
李氏三李各有其裔而嘉魚最著璠爲之始祖以其
譜考之益王之十四世孫也數傳至宋慶曆間有宗
儀宗儒者創義學於嘉魚之湖西以教鄉里子弟及
買田千畝合江夏臨湘之族貧者食之今五百餘歲
矣其田尚在宗儒之後代有聞人本朝以勳位顯者
莫如御史大夫田太保司馬承勛以理學顯者莫如
東崙先生承芳大崖先生承箕太保父御史大夫而
友于二先生二先生之父曰阜則御史大夫同產也

大夫之父曰昚舉孝廉爲珙縣教諭以大夫父子故
贈如其官而阜亦以東崙先生贈大理評事東崙先
生舉進士筮仕大理旋棄之大崖先生亦棄其孝廉
隱於東崙大崖兩山間相與講聖人之學而大崖最
後三度入江門師白沙先生江門之學者以大崖爲
嫡胤大崖公之曾祖也大崖生虔虔生寶嘗爲公父
贈承德郎主客司初配程氏繼配吳氏生公贈安人
承德公舉於鄉早絶意公車靜坐凝慮學江門之學
公年十五六時即能味其說而有契焉榜其室曰求

放心終日對之儼若思邑令漳平蔣公向讀大崖之
書悅之於是求李公子弟得公奇其文過公門草屋
數椽舊書數十卷而已與言舉不愧屋漏四字對令
自是引爲嚴友而東考公生平由始學至白首無日
不以四字自警故在官委蛇平進致位九卿及卒之
日士大夫皆知其貧各出衣衾以殮而天子亦命司
空子葬宗伯予祭海內之士識公者皆咨嗟涕洟有
善人云亡之歎益言信行敬不愧屋漏者之效也然
而學道者多退讓公之深心亦有人不及知者始第

進士司刑衢州平反郡獄摘伏奸吏莫不服其能而
蔣公又在吏部入以爲諫官御史可拾而有也然但
遷南曹以行其在南銓也與奉新蔡公上饒楊公考
虔庚政咨求人才莫不器其識其後蔡公爲太宰楊
公爲少宰而公終吳安人憂自里中來但補一客部
而已更丞光祿遷少卿轉太僕少卿又還爲光祿卿
首尾在職一十三年宮中蠹耗之事言蔑不切府中
剔濯之事爲蔑不力瘠躬愁心雖北風嚴寒御一布
衣早夜與中官厨胥細人戛戛不休而已不覺其適

矣當是時朝廷老臣舊人甚稀公之望日峻年資亦益高固宜在要位仔肩一世之務以利乎無垠而太宰鄭公又誠知公然則坐而待陟可也竟勤一職死嗚呼其可惜也已公生有至性居父母喪毀踊踰節二兄死必自京師走歸哭之與人交至誠洞達遇鄉人童子亦無貌言鄉人有利病若已有之與江夏熊侍御共建長堤一百五十里以捍四邑之江水尤其便者也予與公同舉於武陵陳先生之門公初與予言江門之學余不解後連過蔣公反覆不厭不愧之

旨乃心躍然蔣蓋曾爲湘潭令而以童子畜我者也自是余敬公爲精沉而公亦狎予爲夷爽比年在京師余每提孔子用行舍藏之説諗公兼以自卜而公舉安定莫安排語以復余旣得禍而公亦岌岌矣余勸公自決公笑曰我昔以莫安排告子今自背以擇利乎其後以書語予曰人心在利害中如波滚沙反以自渾必無所欣畏無所倚靠無所迴避而後此心之精明强越者有以自得白沙先生所謂雖無古聖賢爲之依歸我亦住不得者此也若只揀一完行名

色未免改頭換面陪奉世界試看風急天寒夜誰是當門定脚人也其後又書曰大崖先生有屋一區在南嶽今荒久矣余將解組歸葺之與子同起居數年究所謂心之精神强越者悲哉今書在而公不可作矣公卒於萬曆丙辰得年五十有六某月日奮等將葬公於某山之原而以狀來泣且拜曰請爲父銘無以辭予亦泣曰非予孰銘之銘曰衆啜啜兮子吶吶也衆聶聶兮子孑孑也往不可掣兮而止不可拙也嶄不愧夫爾室兮不嶄夫弔也水之潔也山之截也

日月之光恒且烈也皆子心之精明强越者誰知之而與白兮覩吾銘之晰也

讀熊魚山修聖廟序文　徐自新

子輿氏云孔子之道不著人將相食士君子匡扶世宙惟揭聖道於中天朝以致君野以牖民此其修廢舉墜之志可揭以告人而覺世礪俗之功有未可名狀者新潦倒丘壑昏昧無聞適接給諫魚山熊公修聖廟序讀一過躍然興曰何幸髦年睹此盛舉新爲諸生時每與知己言他滌祠無論即三朝忠欵濯濯

[illegible]儀嘗聖人之一[illegible]莊繪廟貌爭葺理焉吾儒誦聖經博巍科膺膴仕家溫食厚荷先師之寵澤何神何佛可擬其萬一詎供一炷香而動念於聖廟之圮頹者夫昌明聖道轉移世風全惟鄉先達是賴乃循故事委之有司有司復委之有司坐令雍容俎豆之區鞠爲茂草風雨不蔽神將焉依且捐襆滿之藏麗飾乎浮屠老子之宮而一倡百和彈丸下邑周遭五里許不數年而私建庵觀十餘所異端充塞聖道榛蕪子訐其父弟殺其兄

夫妻相棄友朋相讒人心之蟊賊不啻榱題之蟲蟻也綱常之夷壞不啻棟梁之垂絕也名分之倒置不啻石礎之傾欹也率獸以食人不啻牛馬之蹂躪也憂時君子目擊愴然隱隱痛哭流涕而嗟滔滔之莫挽有不忍以告人者砥柱中流惟明道以正人心反經以興庶民此聖賢家法喫緊工夫將家喻而戶曉耳提而面命直於根宗處振刷揚厲日月麗天汝闇悉耀夫光明先正云個個人心有仲尼一番提醒一番新耳目改觀而心志移易凡有血氣者顧瞻宗廟之輝煌孰不瞿然易慮切仰止聖人之思夫崇聖教以息異端視梁公之奏毀淫祠韓公之廬其居作用不同而其挽回世道之功同是七篇後之一人也新持給諫文以語鄉人而首肯者十不獲一嗟彼褦襶子何足當知言已而思之不且有詩書起家而守錢若命者乎又何怪目不能識丁者也因不憖老耄而婆舌以告同志

赤壁辨

尹民聕

嘉魚赤壁之名尚矣有言在漢陽漢川者有言在黃

州江夏者其言在漢陽漢川江夏皆無據若黃州本名赤鼻非赤壁或者以蘇子瞻之賦爲信不觀子瞻賦云此非曹孟德之困於周郎者乎乃疑似之言非定論也方操之未下也劉備在樊口周瑜於此會備進兵迎操樊口正對黃州何以言進兵迎耶瑜言於權曰請得精兵數萬進往夏口爲將軍破之夏口居黃州上流二百里若以赤壁在黃州豈得云進往夏口耶操既敗走華容北歸之路黃州直通汝潁最爲經捷安得復經華容也由是而觀赤壁非黃州明矣

蓋赤壁初戰操軍不利敗於烏林今烏林磯在嘉魚北岸赤壁屬嘉魚豈不信哉

周國俊傳略　　後編　李寶約

邑有隱君子周國俊者名朝英才志士也其先營道元公裔傳數世始徙嘉魚值元末鼎沸君遭陳友諒之掠幾不免能以智自全我太祖平鄂州聞其勇略拔置幕府時方國珍拒命隨大將湯和往征鄉人程樞軒作序祖其行已而刻期掃定厥功居多朝廷行賞將不次予官辭不受避居橫山之陽自號青山樵叟

抑何其勇退也觀君之言曰吾不得之於身必得之於子孫今後人代襲衣冠其裔孫夔遂以甲科宰巖邑與君言若合符節由前而論非所謂功高者不賞由後而論非所謂有德者必昌耶噫斯人而在吾願執鞭故述其梗槩而爲之傳

熊魚山傳略　　任喬年

魚山先生名開元玄年其字天啟乙丑進士令吳江六年有善政舉卓守省垣以前任征輸不足謫外久之補行人副晉吏科給事中崇禎十五年十一月請獨對上名入德政殿復請屏閣臣周延儒求退上不許公所奏卽延儒也次日補牘上震怒下鎮撫獄都御史劉宗周請釋公及姜垓上愈怒落宗周籍杖公仍詔獄至十七年始出尋遁跡緇流

尹辰諸傳略　　高自遠

公諱奇逢字辰諸生而姿貌奇偉閎覽博學每試輒傾其曹由拔貢中副榜崇正庚午登鄉薦辛未成進士授江西德化令丁內艱服除補廣東茂名政事稱第一陞南戶部主事以督餉奏卓擢知山東濟南府

所轄三十州縣卓爲繁劇公綜核精明爬梳積弊剔蠹釐奸東人大悅尋陞山東兵備道未幾去職公事繼母克孝待諸弟有恩田產祖宅一切分給不留自昇居嘉蒲之界營菟裘爲終老計

國朝當事者力薦提督兩廣軍門未赴任

長堤詳文　　張其維

查看得嘉魚縣馬鞍山起至江夏縣赤磯山止一百二十里長堤一道乃江嘉咸蒲四縣之命脈也其所關利害堤志詳矣卑職無庸多贅姑就所親歷者言

之自雍正五年大水而後此埂略存形迹是年十二
月內奉
旨揀發臯職同傅百揆等候選十員來楚辦理水利事
務雍正六年正月到省奉委督修咸寧蒲圻二縣堤
歷六七兩年始得成功此二年江水未經上岸堤內
外二麥大收五穀豐登此時尚未見堤之有益也迨
至八九十十一二五年江水泛漲堤外二麥顆粒無
存堤內獨得無恙麥秋後一望汪洋外江內湖中存
長堤一線秋苗淹沒房屋傾頹居民僑遷其上五載
之間相繼如是至雍正十年水與六七兩年同夏秋
俱登民受其利本年水大有夏無秋民得免飢是四
縣之湖民一年之計止在二麥而二麥之有成實賴
此堤於是始歎此堤之不可少也彼時惟蒲邑百家
口水衝過甚臯職建一月堤長二千四十餘丈筋疲
力竭心血耗盡今一旦議廢前功盡棄數萬生靈俱
為波臣且棠
皇恩發帑尤不可私自議去也茲奉
憲飭議詳合將目前情形據實詳請

憲臺電核轉詳并將里民所呈堤志一本并呈
憲鑒

重修嘉魚縣志卷之八

五言古詩

赤壁　　明　林鴻

曹瞞窺漢統東西朝諸侯鼎足猶未分屯蒙迷九州
桓桓長沙裔欻起揮干矛兩雄不並立周知定相謀
朔風吹旆旌飛霜肅貔貅飲馬洞天塹投鞭塡山邱
建業旣震蕩羽檄如星流衆議徒瑣瑣獨斷誠嘉猷
拔劍斫玉案揚旗走輕舟周郎揮白羽談笑有良籌
馮夷鼓駭浪天吳扇雄飇烈燄蕩萬壘飛灰喪千艘

論功已顯赫返駕誠包羞再光東都業一洗瘡痍瘳
往事旣漫滅山川尚綢繆昔聞龍虎爭今見麋鹿遊
峭壁掛海月洪濤漲江秋訪古弔陳蹟開罇發冥搜
醉來臥烟霧天地如蜉蝣

仰高亭　　行人　羅如墉

綠源渡柳徑尋幽入松扃郤步龍潭山遂登仰高亭
後有新亭建八面開窗欞前有百尺臺花木多芳馨
宛如蓬萊島絶俗通仙靈是時日向暮山雲陰滿庭
淸風颯然至松聲自泠泠主人甚愛客坐倒雙玉瓶
夜深氣肅肅秉燭光熒熒飲罷出江上碧空爛明星
別後屢回首惟見山青青

前題　　莫震

名山號龍潭玉立何崔嵬上有仰高亭文光燭上台
公餘登試覽徃與眞悠哉況值重陽節滿徑黃花開
偃息坐亭上淸風颯然來旋采黃菊英滿酌鸚鵡杯
酒酣發長嘯浩氣充九垓遠樹日將息飛鳥投林回
此樂復何有賦詠慚非才

前題　　韓陽

殿宇旣侖奐崇岡架斯亭下瞰大江水瀰漫復洄濴
聚木供近翠諸峰獻遙青宣聖道高妙何有聲與形
優優塞天地萬古恆不停斯人重懷仰日日新湯銘
始功顏氏子言動與視聽天驥脫塵鞅一舉凌高冥

湖西義學　　刑部主事　姜麟

先民敦義學原田隔家塋青衿奮勵孝戶屨不可數
里閭絃誦聲授受閱年數時異勢亦殊興廢幾今古
鐘簴旣已移頹然尚遺堵孫子多象賢人物邁全楚
中丞秉清直流風到民部東嶠邁大崖人龍更交虎

容亭回百年歷歷皆可評義方匯開先羅祇諱接武
滂濞洞庭西倘許尋墜緒

湧月臺　游士任

登臺一長嘯鶴驚雲欲徙極目盡太虛太虛正如洗
光浮石骨寒沫噴金沙起蕭然見短碣錐畫逼籀史
蒼蘚食斷紋古香從荒圮依稀聞鐵笛梅花落其裏
泚下鈐古洞可有青泥髓

嘉魚口　謝邦柱

羣山枕江灣烟雨洗姿顏忽然屏扆立我愛嘉魚山

迴谿瀺而泚山上生蘭芷入江化洪濤我愛嘉魚水
愛山思結廬愛水思釣魚懷哉千古人清淚落衣裾
扁舟宿江驛山寒水容碧欲和甘棠篇勒彼溪上石

雨中看鳳凰山　任弘震

山趣自翩翩光彩日夕變驟雨雲晴怒斯須積蒼靄
厥殘混沌先無處問芭絢風力不肯靜彌空作瞋眩
披雲離合之首翼倏忽轉雲繚山顛沓連蜷不能明
倪標未可緣青冥眼莫薦暢哉一雨過瀺出當軒面

贈西湖雲隱李德良　以下酬贈　錢習禮

微波浩平湖浮雲翳修渚凫鷺相翱翔漁歌起前漵
中有隱者廬芳菲襲蘭杜茅屋晝氛氳依微見疏樹
高臥此窻涼荷衣夏無暑攜琴欲遠尋遙疑不知處

節婦吟　任氏　李滄

閨裏抱孤兒夜深泣蒙砧冰霜至白首鐵石同冊心
紫泥旌節婦爲繼柏舟吟萱花一夕瘁慈烏託北林
母子無親者何異獸與禽我歌發潛德庶以爲俗箴

又

風俗日以衰朝寡暮謀姻何如李氏婦不愧泉下人

紅顏守空幃白髮良艱辛奈遭親戚薄厭此煢嫠貧
大節愈光耀完玉同其貞願將和血淚風裏揚輕塵

又

碧梧有孤鳳哀鳴引其雛豈不同鳳穴託身奉老姑
口訓燈下書手辟閨中纑自持風霜苦何負黃泉夫
白璧誠如月團圓一輪孤百年明皎後長爲照嘉魚

擬遊白雲洞不果　後編　李元震

邑南有林巒棲跡頗幽邃峭蒨莫能名白雲以從類
巖潭可恣遊來者盡登踐我欲假天風向往未能至

詎敢忽名區實亦愁短轡饑疲望壺飡扶傷泚淸淚
訟庭露槐根書牘供胥吏只此愧杖藜焉能友荷蕢
子厚仕柳州窮歷淒寒地子瞻討公餘疏鑿搜奇異
何時異塵土名賢附佳致終從白雲遊山靈免貽刺

七言古詩

赤壁　元　許有壬

孽瞞髠水劇趙女漢火餘光能幾許蜀方傳薪噓未
然吳隅束縕成一炬萬艘枯葦沃以膏空江女耩長
風鼓九淵鼎沸羹魚龍連雲熾炭燔鼉虎雄圖南紀

成畫餅匹馬華容作窮鼠坡翁乘興賦赤壁熳爛天
機湧毫楮偶從雪裏寫芭蕉又似驪黃不毛舉考圖
求古此其地事去千年若躬覩江山蕭條歲華晚輿
廢入問幾今古買魚沽酒弔阿瞞醉和漁歌短蓑舞

前題樂府　楊維楨

喬家壻貞奇才紫旗青蓋潮頭來南風一箭火鵶發
鼙鼓震天怒如雷焦兵爛馬連營倒老奸失脚華容
道當時兵忌蹶上將弩末何能穿魯縞伏龍料敵非
空談瞞首合貯江東函賫軍一歸何太遽左右都督

心二三巴西健兒解追賊徑取夔陵奇特千金無
令購瞞首走馬窮途安可得三軍飲酒氣如虹南山
作豆江作鍾子布子表兩幗婦周公曾公雙劍雄斫
案龍刀第一功

前題　後編　李元震

嘉魚縣南石頭口一片蒼崖勢迴紐題名云是古赤
壁摩崖欲崩字不朽當年軍壘已消亡折戟沉沙空
歲久壇宇猶傳丞相風江流未洗曹瞞醜卻笑蘇公
後勝遊漫向黃州酹尊酒橫江化鶴夢何如良夜吹

簫客誰某三國英雄歎逝波二賦光芒射牛斗何妨
兩地自千秋江山詎必論眞否愧我天涯遊子情欲
將陳蹟誇陵阜往事淒涼究莫尋惟見荒烟蔽川藪
渚月應難蔽舳艫蘆風欲起吹魚笱吟嘯誰知戰血
腥史案與亡一回首

百疋山爲某翁壽以下酬贈　元　程從龍

熟湖周遭山歷歷諸山神秀讓石壁石壁山上賢人
隱石壁山下蛟龍蟄乾坤巧置山臨湖要使湖光照
山色月來影浸玻瓈寒日出烟凝蒼翠濕雲氣吞吐

六宜冥巖阿花草春深深浮嵐晴助翠勢壯飛泉
續崖猿鳴穎川逸翁遊憩處呼吸山谷養神氣芝田
烟煖稻疇豐扃戶不就蒲輪致翁居日與羣仙伍手
植松柏翠環堵節操松柏符堅貞壽齡金石同今古

寄題東湖書院　明 王鏊

東湖烟水空復空乃在武昌之西嘉魚之東氣吞長
江卷七澤聞有至人昔年隱居垂釣於其中邇來一
百四十載九疑連綿竟誰在豈知蒼梧萬里雲山中
亦有東湖儼相待涔江灘江左右流落霞孤鶩良悠

悠竭登大雲嶺霜露蔚蔚愁松楸主人自是身許國
到此詎敢忘肴邱此亦一東湖彼亦一東湖乾坤萬
里雲飛孤願君慷慨終許國致吾君於堯舜始作范
蠡扁舟圖

白雲山紫霞觀同給諫姪沂　李寶全

君不見龍門太史文何奇曾探禹穴登會稽又不見
青蓮居士氣何逸朝遊金陵暮采石天生才俊世無
雙飛馳八極晴空雲冒蟠蛟龍吐風雨眼高海嶽如
螻蟻吾家長公嗜奇羨飆輪同拜紫霞觀神草瑤花
莫辨名遠峯近岑皆覆甑沆寥獨與天為隣半日俱
為天上人北斗低徊為斟酌醉裏襟懷如初春嗟哉
醯雞不出甕浮雲過眼知何用誰將洗筆紀名山喚
起乾坤一大夢請君聽我歌沖霄摩漢興如何腰間
新有雙龍劍斬斷華衛光不磨

江亭送遠　後編 劉士臣

望裏長江碧到天送君晚上洞庭船南湖九月秋色
好但逢山水即流連知君原自有奇懷卻憶黃花到
嶺開黃花無語低似醉一片清香為君來隔水石翁

呼釣叟常醉清江引眾囂闐道官亭飲如虹趧山欲
渡石欲吼行行且自問秋水澧有蘭兮沅有芷料得
清嘯有知音巨鱗簇浪湘妃起

五言律詩

石頭口水驛　唐 戴叔倫

旅館誰相問寒燈獨可親一年將盡夜萬里未歸人
寥落悲前事支離笑此身愁顏與衰鬢明日又逢春

嘉魚口　宋 張商英

泊嘉魚口移舟過近郭黃茅連上岳毛竹入東皋

漲水迷牽嶼環村應百需摘山非利柄萬旅逆川途

前題　王懋德

堪羨嘉魚邑江山類幛幛俗淳民訟簡地僻使星稀
僧寺臨清瀨人家住翠微市橋通遠近時見一帆歸

前題　明 管時敏

桃花江上驛春水買新魚滿尺銀堪比千鱗錦不如
因歌悲楚客每食感王餘江海親朋少誰傳一紙書

簰洲

武昌歸已近今日過簰洲沙泊春回雁江喧晚浴鷗

白花梅欲盡青葉柳生柔鶴駕來天上新晴慰遠愁

赤壁

曹公兵敗處今識在嘉魚赤壁三分後烏林百戰餘
橋浮春渡潤舟泊夜江虛千古英雄事悲涼太史書

前題　李整

歸艤黃州棹來登赤壁山一拳英俊百三國利名關
揖遜窮今古生靈等草菅陶然一杯酒擊楫放歌還

雙洲　元 程從龍

雙洲新歲月五夜故園心地狹茅廬小雪消塗潦深
情翻手探酒意向梅斟世事有同異春風無古

至分司喜晴　明 韓陽

憲節駐南嘉天晴景物華喬松擎翠蓋老桂吐黃花
田父添欣喜途人少歎嗟公庭民訟簡詩思浩無涯

楚雲臺爲李世卿立　陳獻章

太極分天地東南有一臺水窮滄海濶雲度楚山來
屢見乘桴去終期采藥回逍遙千丈木斟酌萬年杯

黃公山釣臺　吳廷舉

蓑笠全生計謳歌贊化工餘生甘草莽長揖謝王公

酒國情懷到名場影迹空楚騷閒可續漁父最高風

西湖雲隱　鄭楷

結屋水雲鄉藏修興趣長八窗晨氣爽一榻午風涼
渾似居蓬島還疑泛野航因思林處士梅隱在錢塘

六溪口　本府判 鄧秀

我亦乘時暇聊爲陸口遊荒蘆依古岸落日抱孤洲
許國心空壯傷時志未酬英雄已蕪沒霸氣未全收

梅瀨湖泛舟夜歸　方逢時

別業在東城扁舟來去輕湖秋氣沉徹山晚勢崢嶸

天遠帆如鳥林跡燈似星滄洲吾道在洗耳棹歌聲

楊汊湖

湖上風光好中流獨放船浪花生桂楫雲意弄梅天
蘭芷香風度鳧鷖清影妍雅懷吟不盡長嘯起龍眠

南山擁翠 白石八景

靄靄浮空碧亭亭入望幽龍歸新雨歇鳥過斷雲收
色借瀟湘暝寒生衡霍秋閒來勤拄笏卯復問蓬邱

東港拖藍

平野微茫外清流屈曲通色深春雨後光溢曉烟中

淋灕衣堪染舟青畫未工飛花如有意數點墮烟紅

黃岡魚鳥

閒來湖上坐觀物興悠悠在藻魚知樂遷喬鳥自求
飛飛雲影淡潑潑浪花柔蒙莊并海叟此意與同否

芡塘隱泉

勝境標靈跡奇峯列畫屏龍宮開紫極蛟室湊青冥
永夜星河炯晴空風雨暝蒼生霖望久莫惜在山中

赤壁烟霞

嵯峨赤石壁遥對鳥林洲寂寞雄圖盡蒼茫勝跡留
紅烟横浦口返照掛峯頭無限登臨意寒江萬古

金雞牧唱

自是無憂者行行叩角歌湖春青草滿山曉白雲多
烟際頻呼犢月中時荷蓑天倪成獨和具爽不須過

銅磬漁歌

烟艇衝寒理風絲帶雨收潭空魚可數歲晚鶴應愁
得酒時還醉無人日自謳乾坤同泛梗高韻薄王侯

大豪遺跡

有美幽棲處無人虛翠岑湖天來悵望風物憶登臨

花發古時色鳥鳴空谷音寥寥千載意搔首一長吟

大崖山寺 李寶約

漱石入何處眠雲室未扃藤蘿深洞口烟月寄山靈
隙照懸孤白晴巒漾遠青芳塵風已淨聊爾襲餘馨

前題 魏樸如

寂寞空王宇經過上客蹤雲生洞壑佛日照林墟
僧定鳴鐘後詩成卓錫餘不須遊五嶽此地好藏書

前題 陳紀

世路風塵客清宵到梵宮壯心春夢短孤枕雨聲

幽草吟邊綠曇花世外香美人何處覓此意寄瀟湘

石室洞　李憭

徙倚孤雲際悠然有洞天乾坤一甕在日月兩燈懸
滴乳吹晴雪垂蘿掛暮烟閒心趺坐處了了見虛圓

楊葉洞

石磴危千尺翛然一勝遊清泉騰白雉卅井臥青牛
楊葉寒流急梅花古洞幽遙看烏外霜老萬山秋

淨保寺

疋馬投孤寺春深寫色新寒鴉高樹息野水亂雲屯
客問無爲法僧留不壞身浮生空大夢解脫更何人

雨過崖麓　任喬年

邑里崖猶卓攀尋勝未開底因寒岫雨直滑石梁苔
聞望聲何遠登臨事可猜姤他嵩極院七十四回來

訪祭風臺舊址

更欲龍爭起呼天爲反風如何吳舊壘空付楚遺弓
會獵聲猶壯占烏事靡同老僧憑一咳回指大江東

六溪口　後編　李元震

六溪繁盛處誰使莽榛蕪社樹移焦土樵村失遠湖
堵垣難集雁篝火欲鳴狐何計謀生聚來蘇慰苦荼

望六溪景色口占誌喜　張其維

此地憂凋敝前賢意惘然遺民三户識比屋萬家烟
絃誦揚墟里魚鹽滿市廛爲官慙撫字生聚在堯天

望雲亭

四望雲天合登臨興有餘澄江環淨練高鳥過空虛
眼曠皆圖畫官忙總簿書何當清絕處滿志得躊躇

新鑿泮池落成

自闢鴻濛境愈增芹藻香文瀾新壯濶聖澤本汪洋

躍鯉門非峻潛龍勢易翔勗哉諸士子三級在宮牆

和前題　王士璥

聖澤源流遠賢侯位置倫依然珩半壁不用役三旬
小大從公易鸞旗載道新會當風雨際屹立起潛龍

大崖山　王之輝

此地稱名勝南嘉第一峯清幽無俗染靜窞有雲封
石室藏書古鐵橋流水溶先型今未遠理學啟儒宗

送李生喬齡兼示勉以下酬贈　許少華督學

闕士吾將遍尋師爾獨勤遠求摩史秘早見鳳毛文

草樹凉風進星河曙色分三年下帷意珍重莫求聞

送蕭震岑之任松陽　習孔教

相國簪纓舊儒林藻采聞一經能裕後六世更傳君泮水連芳樹鱣臺起洞雲年來絃誦地應不愧河汾

七言律詩

赤壁　唐崔塗

漢室山河鼎勢分勤王誰肯顧元勳不知戰伐由天子惟許英雄共使君江上戰餘陵是谷渡頭春在草連雲分明勝敗無尋處空聽漁歌到夕曛

前題　元程元龍

長江天塹繫安危江上帆檣曳夕暉繞樹月明烏未宿横江夢覺鶴初飛北兵夜潰三分定西水秋涵一帶微乘興登臨增感慨山川如故世人非

前題　明李承箕

一聲歌動白雲秋何處官舟並釣舟老我不曾關世事離人眞得與天遊頭無白髮三千丈腹有黃精一兩甌終古興亡誰記省聊將吟弄此悠悠

前題　都御史徐恪

僧看折戟委空壕割據常懷戰伐勞南國帆懸湘水濶北江烟漲楚天高隆中籌策終存漢許下衣冠愧屬曹試問石頭磯伴月幾經烏鵲散林皐

前題　姜溥

愛此江波愛此秋江波江月更宜舟烟蓑釣客呼魚買南國高人帶月遊赤壁山前雙短棹水晶宮裏一浮漚孫曹勝負今何在衰木淒涼夜夜愁

前題　廖道南

五百年來續此遊水光依舊與天浮徘徊此夜東山

月彷彿當年壬戌秋有客得魚臨赤壁無人載酒到黃州詩成一嘯千山靜孤鶴横江掠小舟

前題　方逢時

危磯巘嶼倚清江人道曹劉舊戰場往事已隨寒浪滅遺踪惟有暮山長雲霞尚帶當年赤蘆荻空餘落日黃欲弔英雄千古恨漁歌聲裏又斜陽

龍潭山　元黃溍

二月清江照眼明避風舟楫過洄汀斷雲挾雨時時黑密葉藏花樹樹青習隱未成陶令賦行歌聊共邑

原醒碧潭光景無消息坐看魚兒點翠萍

前題　明　方逢時

千仞高峯倚翠微天風吹步上冊梯九江波浪兼天湧七澤烟雲入望迷碧殿松陰風瑟瑟石壇花影日凄凄人閒久巳思霖雨潭底神龍尚溷泥

百足山　元　程從龍

百足連綿萬古看世情翻掌此山安斷崖水落樹形槁峭壁猿吟月色寒巨鎭倚天江勢轉遊雲歸岫雨痕乾登臨舉目山河異長嘯一聲天地寬

前題　明　莫震

名山登處勢凌空石徑盤盤翠幾重極浦漁舟歸落照深林樵斧響東風蒼茫城郭登臨外遠近人家罨畫中對景未窮天際眼捫蘿直上最高峯

望夫山　李淪

步履雲根上碧峯望夫歸去思千重趾跟石上巳留跡心體人間何所從春鳥啼烟添永恨林花泣露想愁容於今素節關風化躋足端宜繼好踪

白面晴雲　孔儒

城南巨鎭勢岩嶤日出扶桑見瑞歘非霧非烟時隱現爲霖爲雨歲豐饒神光射斗龍還卧霽色浮空雪巳消幾度倚欄吟眺處無邊清致絶塵囂

梅山

曾陟危巔望泰華山南山北總梅花晴香度竹春風早疎影懸崖夜月斜可惜浩然尋未得若教和靖見尤誇有時玩賞家嫌遠欲傍東崖別起家

大崖山寺　姜溥

何處天風不肯休剛來吹我大崖遊烟光簇簇薰人

醉江水茫茫覺地浮事到圓時機自活林當深處鳥頻謳而今心跡何曾着朝市山林只自幽

前題　馬炳然

看破南華第一篇此心端合大乘禪亂雲引我入山寺瘦竹扶人下坂泉的的青山聊作供涓涓寒溜不知年千秋此地如相待靜結浮生半日緣

前題　孔儒

投身林下日悠悠登眺名山又一秋石徑裏苔粘屐齒林花過雨眩凝眸詩賡舊韻重題壁酒得豐年滿

泛鷗醉笑老僧頭已白老僧翻笑相公頭

前題　李承箕

藤蘿之外是諸天寂靜中間息萬緣千古江山眞有
待十年蹤跡晁堪憐狻猊呈瑞來西極鳳鳥忘機別
醴泉會到去來無物我便教糞壤亦芝田

前題　李承勛

一別青山三十年重來風景尚依然蕭蕭木葉全迷
逕滾滾溪聲直到筵松影婆娑教鶴地菊花爛熳欲
霜天同遊更遇同年契綠酒更深困老拳

又

僧逃空谷杳無鄰蠍屐聲傳駭麄麞寒月影篩窗外
竹清風雁度嶺頭雲石泉舊洗高人耳粉壁猶聞醉
墨芬倦鳥知還還未得汗顏燈下讀移文

前題　吳廷舉

平生愛讀遠遊篇也愛尋眞也問禪小艇一宵衝駭
浪大崖千尺踏飛泉斯文會合堪今日前輩歌吟記
往年準擬掛冠滄海外東遊西泛了殘緣

前題　李　鑒

日下環合水雲中一逕無塵路曲通李愿固知盤谷
好麗公還愛鹿門重仙騎羊去惟存右鐵鑄橋成不
考工多少世人尋不到風塵驅染白頭翁

前題　方　亨

十年契濶崖山路瘦馬今春又復來石髮連雲迷曲
徑花陰滿地印蒼苔嶺雲潑墨催詩思庭樹分青入
酒杯風景漸于人世異好教啼鳥莫頻催

前題　李　敎

殷勤燒竹夜煎茶風味人間莫此佳我輩求閒眞得

所何人到此便思家不曾夜臥三更鼓每見燈開幾
度花糟粕滿前推不去乾坤無奈這交加

前題　莫如忠

春光杳靄遍郊原半嶺雲蘿古殿存遺跡偶尋高士
隱淨緣得共比丘論階前忍草承山屐筵際空花墮
酒罇郤笑獨遊千里客還來此地避煩喧

前題　方逢時

野人家住雲中麓五十來遊愧此身衹樹影深金界
淨曇花香滿石林春尊前人物思千古覺後形骸等

一塵暫假蒲團凊客憂莫敎門外碾雙輪

前題　　李寶蒙

水雲三載滯尋眞燕懶鶯慵笑此身有酒可邀憐碧草無詩那忍負青春一迴豈識西方聖幾見曾揚東海塵卧起龍吟風雨夜扶桑引領看垂綸

前題　　任文定

何人卓錫大崖峯殿閣嵯峩寶氣重石室春深翔玉蝠鐵橋波靜隱驪龍振衣雲散諸天月欹枕僧鳴下界鐘輿擬廬山應不淺凊齋蓮社任從容

前題粤歸來遊　　尹奇逢

堪念勞人車未停名山靜對滌塵氛潺湲澗水鳴空谷縹緲峯巒帶夕曛仙子半簾別是月老僧一榻豈非雲此中佳處知何限捷徑終南未可云

前題　　任喬年

入望名山五十年每因牽率到巖巔憂回曲曲肥册藥聽說深深漾石泉塵動不驚生植杖百靈無語坐縈絃向來陵谷頻搔首即此登臨易惘然

灌磯山　　分守道雷　賀

雲霧魚山春事幽碭來攜酒共登樓波澄萬頃江如綠雲帶孤峯草似秋漁浦風帆來野況茅廬水國起新愁百年登眺今須醉笑折梅花當酒籌

前題　　方逢時

危峯突兀倚江干拄杖穿雲到石壇南國千年鳫不返中原萬里雁飛難册楓葉落淪洲暮青桂花疏白露寒對酒不妨歸去晚天涯岐路正漫漫

城豪山

湖上春風散積陰尋幽遙上碧山岑倚雲試放天邊

眼對景眞成物外心千古人豪留勝蹟百年登眺有知音醉來危坐峯頭石閒看歸禽遶暮林

又

疎狂敢自謂人豪聊向山靈賦解嘲懶性已甘雲作伴閒身欲借樹爲巢連空暮靄橫千嶂漾日春流漲一篙漁父不來山寂寂東風開遍水邊桃

簰洲　　僉事韓　陽

年去年來不少休纔過金口又簰洲明蟾東上團團夕大火西流耿耿秋楚澤茫洋驚歲月稽山遼遠憶

松楸半生跋涉成何事親德君恩兩未酬

西保湖　李滄

十里湖光潑眼明漁舟來往鏡中行輕風半捲桃花煖微雨初收柳葉青浴日淡濃圖翡翠凝霞瀲灩醉鴛鴦吾家結屋經年久欲攬餘光入戶庭

黃岡湖　鄧秀

山行戒僕披蓬蒿天風吹露沾征袍夜如何其月皎皎道之云遠心忉忉波寒不戢黿鼉怒夜靜猒聞豺虎嘷荒村息駕屏燭坐俗吏簿書徒爾勞

大成殿　程立中

自識書生禮數寬妙香一瓣束琅玕冊青殿古蒼苔合科斗書香夜月寒一統山河新社稷千年儀範舊衣冠巍巍獨立乾坤表萬古龍潭萬古看

前題　劉池藴

鑿山塡澗勢寬平臺閣凌空一大成繞含江光秋月白浣心靈籟夜天清聖賢事業須吾黨燈火弦歌有後生天道不違斯道泰奎星分影光文明

仰高亭　武昌郡守秦夔

仰高亭上一躋攀風物都歸歷覽間千古衣冠尊聖毅百年臺榭壯賢關雲邊山色看無際樹裏江流去不還五馬獨來因問俗愧無才術濟時艱

前題　長沙郡守陸相

仰高亭上似登瀛白面諸峯翠入城潭有龍蟠時變化巖如魚躍道分明平湖烟草連天色古殿松風萬壑聲不是知心能欸念窮途寧有此間行

前題　石淵之

蒼靄濛濛晝始分獨披榛莽躡雲根江無盜艦民初樂山有黌宮勢益尊紅襯錦茵花滿地翠翻晴浪麥

連村撫時一點憂時淚安得龔黃與細論

和前題韻　妻溥

百尺長松夾路分青雲為關石為門草茅一巷誰堪陋富貴千門也自尊落落風光隨老興盈盈月色掛東村憑誰喚起周夫子尋樂齋中與細論

前題　童以明

危亭卜築位高陽幾度登臨逸興長漠漠生烟人境遠煌煌題字墨痕香道同天地一來往妙在心傳無

渺茫到此不知身世在悠悠雲影與天光

前題　楊暉

仰高亭上翠嵐浮亭外長江日夜流簾捲龍潭山月曉窗涵魚躍石臺秋光陰有限嗟人老道體無爲貴自修吟遍夕陽天未晚白鷗飛傍釣魚舟

前題　方逢時

仰高亭枕北山阿暇日來登試一過開創漫懷賢令蹟考槃堪咏碩人薖窮碑蘚蝕殘科斗石竇泉深鎖薜蘿對酒不妨歸去晚壯遊湖海幾蹉跎

博約亭　李爲臣

千仞層峯載小亭登臨萬慮一時平幽階晝永饒春色虛牖風閒碎鳥聲目極澄江銀練遍道高遙漢玉蟾明沉潛博約涵濡久今古乾坤仰令名

摘星亭　姜溥

獨上龍潭第一邱飄飄八極與神遊星辰水底光相狎歲月人間去似流萬古未應長是夜一杯聊此可宜秋而今撒手騎箕尾笑展乾坤一兩籌

晚泊亭　李滄

摘星亭下枕長流鱗次舟車接勝遊春日賞[illegible][illegible][illegible]徑漁家笛響白鷗洲錦鋪魚嶽山花媚綠幕龍潭水氣浮對景可憐臺榭廢經營須是待賢侯

竹軒　莫震

半林蒼玉絕塵埃常記當年手自栽勁節不隨霜雪改虛心應待鳳凰來輕風滿座清音度皓月當窗翠影閒莫羨渭川千畝好一竿纔有便悠哉

又

挺挺新梢間舊叢影搖蒼翠淡兼濃鐘龍化去雲連海彩鳳飛來月滿空勁直不殊君子節清虛無忝古人風七賢林下成陳蹟獨倚闌干想舊踪

又

翠浥晴窗絕點塵公餘相對獨相親娟娟秀色餐無厭濯濯丰姿畫不眞春色媚時偏冷淡霜威嚴處越精神卻憐輕薄閒桃李強倚風前也效顰

又

種得琅玕傍小軒春來生意浩無邊迸泥頭角爭高下拂漢兒孫列後先嘯咏只容袁粲入栽培獨許子

猷憐莫言相對空相愛要學冰霜晚節堅

九日登白雲山　方逢時

江鄉節物驚重九海宇奇觀此二三一棹遠絕青草
岸四人共醉白雲菴琪花冷艷開慈蒨高樹濃陰覆
蔚藍登眺未須愁日暮長風吹月上東南

紫微亭

不向金門冐曉寒早從神武掛塵冠一區小作鷦鷯
計千仞遙同鳳鳥搏吟罷倚闌雲乍起飲餘扶杖雪
初乾春風秋月頻來往俯仰人間一大觀

文廟古松魚城八景載五首　王彥卿

仰高亭上陣雲開鬱鬱禽松未易材細葉迎風搖碧
浪孤標映日覆蒼苔氷霜歲晚無陵競風雨年深任
挫摧羨此一圍幽冷節祖龍曾未受封來

法華暮鐘

晚烟湖上月初明古寺疎鐘偕覺清遠逐潮音千戶
警輕隨佛號百靈驚嚴城禁鼓隨終始隔岸寒砧變
重輕惱殺暮鴉棲不定飛來飛去不勝情

龍潭秋月

[illegible]龍潭夜正幽溶溶皓魄一輪秋雲開碧落三[illegible]
畫入泛空明幾葉舟神女波前珠正弄馮夷宮裏璧
誰投清光此地不常有絕勝當年坐庾樓

平湖春柳

託根常在水雲空窈窈春來兩岸濃繫住潭心千里
月掃清湖面萬條風頻樓宿鳥斜陽盡半送孤帆細
雨中幾向城南高處望綠衣影裏鏡花容

白雲雪浪

飄飄兩岸綠楊風萬頃湖波勢拍空半撼孤城來滾

滾輕浮落日去溶溶更無蒸米能沉累已盡桃花不
泛紅惟有一天晴雪影遊人收入畫圖中

咸嘉社學　詹瑩

雲山疊翠抱清流一鑑天光萬頃秋千里湖湘長自
在百年文獻又從頭乾坤何處非眞樂廟廊而今屬
非獸白鹿嵩陽應未遠喜鳴吾道繼前修

前題　劉大夏

全楚蒼梧一脈通青山綠水趣攸同臺臣久注東湖
念社學今存故國風後樂亦忘諸景在高情常付[illegible]

吟中獨憐老我曾經地把筆題詩思不窮

淨保寺牡丹　吳延舉

牡丹燦爛梵王居惜此春光共賞之冷雨凄風來寺
路晴天皎日看花時幽深西洛先天數敏捷東吳百
詠辭最好酒天人不醉大都救點太平基

前題　李承勛

不到禪林十八年石藏金像故依然經無貝葉傳空
偈砌有名花識妙緣幻跡人皆驚懶狗眞機誰解繫
靈猿浮生尚覺迷途遠欲借毫光照大千

白湖寺　李寶全

勝槩都收萬頃湖晴光倒影白雲孤也知清絕人間
少自覺豪華眼底無參破玄關開曉鏡滿斟白水壽
皇圖揮毫驚焰三千丈誰道溪南日已晡

熟湖寺　李爲臣

兩鬢蕭蕭雪幾莖歸來應得恣遊行漫將月下梅邊
趣遍寫胸中物外情自笥飛霜閒舊手蒼松巢鶴定
新盟壁間且得留詩句不管山僧話廢興

紫霞觀　李沂

白雲深處啟玄關曾住眞人鍊大還萬里江山聊縱
目百年天地幾開顏重重綠蔭烟中樹點點青來雨
後山欲向紫霞高結屋清平應許外臣閒

正氣樓

正氣樓開海嶽收字驚華袞耀千秋生逢明盛毫無
補身處江湖更有憂請劍不聞天上語飛雲空見日
邊浮何人共遣登臨興高覩雄談險九州

鳳凰山演武亭　游士任

八門江上陣雲開畫棟高凌舊日臺赤壁鯨波清幾
帶彤弓雕影落閒杯憑欄不話登壇事投筆應需記

室才最喜楚天刁斗靜笑頻一曲鳳凰來

赤壁　任弼震

周郎英發擁旄初漢賊書來會獵餘炎火寧私岡上
石連環空說釜中魚南飛烏鵲詩成讖北走陽山計
莫摅我探遺蹤發孤嘯銅臺歌吹復何如

醉鶴　雷士傾

放鶴亭前鶴不回江樓猶自傍江開霜鐘夜點寒如
笛岸柳新聲瑟似梅雲白不迷仙子去山青何野

入來臨風欲試蹁躚舞先貰辛家酒一盃

白雲山　李占解

青雲高隱楚天宮湘水衡山一望中渺渺孤帆浮遠樹冥冥雙眼送飛鴻氣吞天地名何用景寫江湖句自工不與紫微談北極誰知李白有仙風

贈西湖雲隱李德良以下酧贈　蕭時中狀元

見說幽居不在山棲遲偏愛水雲間柴門有徑人稀到世事無心身自閑夜靜窓明漁火集晚來簾濕雨龍還何時得過湘南路飛佩尋君一叩關

前題　左布政周文褒

西湖湖畔卜幽居湖上閒雲自在飛微影到窓秋淡淡晴光落戶晝霏霏未從賢佐爲霖雨且伴漁翁坐釣磯料得高人甘淡泊此身誰道厭輕肥

前題　張敬

青衫白髮老西湖與世無心任卷舒槽滴眞珠延客酒架藏羣玉課兒書朱簾捲雨收歸鶴畫舫迎風罷釣魚幾度放舟江上過無因移棹問幽居

前題　張璧

車馬無煩使節過湖光天影共娑娑高峯南北雲[illegible]屐短棹東西水一窩掃石靜彈鳴鳳曲倚床閒和牛歌開樽坐飲幾忘俗如此幽情奈爾何

奉答李茂卿世卿兼以爲餞　邵寶二泉

穎濱才思似東坡十載交情此見過議論久知驚郡守姓名今喜壯賢科何年塵海鳴舟鳳到處春風長綠莎我有古琴常掛壁欲將短曲和君歌

送茂卿大理還嘉魚　趙寬

囊中若乏買山資何事飄然去不疑萍世功名兼寵辱野人腸胃耐寒饑簿書脫手紅塵息湖海藏身白

日遲覓得漁竿堪送老市朝那見有還期

奉寄李世卿　姜麟

古來南學得精華况復南遊佳海涯羅阜山深藏赤豹楚雲亭煖醉春花堯夫心事無名借遷史文章大作家衡嶽烟霞洞庭月秋風定擬買江艖

與世卿仲子嚴　陳獻章

野鶴將雛到海還楚雲秋夢幾鄉山羹糯見我三洲外歲月遲君五嶺間杏苑不禁春意闌美人爭[illegible]

簾看長安莫買乖巖屋泰華常留驪老搏

同選會分得朝字韻　尹相

江山雄勝上皇朝王氣輝騰逼九霄人物風流周棫
樸將軍聲望漢嫖姚袞龍懸仰重華見池鳳爭看異
彩飄愧我班連諸彥後漫隨登眺醉扶搖

翔鳳樓爲方司馬賦　雷賀 都御史

鳳凰山上鳳凰遊鳳去山空草樹幽萬里風烟春色
淨一樓雲水暮光浮不辭華紱披簪薜雅愛清樽俯
碧流羨爾祥鸞棲枳棘喜今揚翮鳳池頭

和前　方逢時

漸老無心賦壯遊興來還此共登樓清江草郭留殘
照木落山椒見遠洲身世休教悲枳鳳襟期應喜傍
沙鷗紅蘭翠竹看愈好醉裏狂歌任白頭

大隱樓和方司馬韻　李寶約

三朝經濟羨通儒歸隱樓成榜大書地厰江湖明畫
錦簾開沙鳥賦春渠韜藏龍虎閒揮翰客有羊求喜
到吾况荷主恩深注念江城氣色百年無

餞別李鶴齡之任慶元　吳廷舉

綱常職任新君寵鄉黨衣冠舊世家藝苑有才曾倚
馬文場無運幾團沙能餐仙李千年實可少潘桃一
縣花獨念我來君又去歲寒誰與共蒹葭

贈李作楫陞楚東安掾　潼川守黃坤

東滙青衫仰泰山艨艟又去大川間傳經共喜源流
遠遊宦常憐直道難秋雨廣文甘苜蓿春陽安定集
金蘭長安風雅多才調簪笏還隨鵷立班

讀李後林集　江西解元黎讓

讜言直諫顯當時丹赤那知宋祚移翰墨已歸雷侍

制廟堂終識鄭清之百年忠鯁人猶羨一代文章我
獨推回首穆陵無限恨爲君惆悵寫新詩

偕江龍門遊魚嶽山值雨　尹奇逢

皇華萬里勸君駕起乘長風正此時怪雨翻盆雲擁
笠長江崩浪水臨岐茭蘆鷗泛漁人渡洲渚鳥栖晚
照遲父老牽衣歌有客高燒銀燭丐題詩

五日威鳳亭閱民兵以下後編　李世錫

晴光如拭麗中天載酒横戈威鳳前野渡鼓鉦連五
日江城組甲壯三千雄風自昔傳西楚兵法當時寓

卄田湘漢無波乎似綈歡呼童叟是今年

同郭江雨師南城觀漲　李宙復

睥睨遥遥作障隄湖潺江岸一天迷怪松幾樹撩雲立比屋千鱗貼水低孤艇遠浮烟雨外明霞高結海門西行來峻嶺攀星極謝眺驚人句已攜

又

橫江崩浪嚙金隄泛宅浮家路已迷嫋嫋危橋人影斷蕭蕭遥隴雁行低射潮無復天山北塡海難回若木西來有仁侯勤乳哺嬰孩歲歲得提攜

威鳳亭遠眺　李元震

傑構臨江踞鳳岡蒹葭縹緲絮如霜寒侵豫㓲民穤短海晏還虞戍騎忙目送征帆歸鄂渚驚聞孤雁落衡陽天南冀北縈懷切雲樹蒼蒼引睇長

城隍祠中側葉柏大可數圍碑志唐時所植物也愛其盤曲離奇蒼翠欲滴詩以紀之

何年古柏挺霜姿森爽靈奇風展時根轉百盤玉局語黛凝千尺錦官祠幸無封號蓋秦碣宜有巫陽眞楚辭嘉蔭累朝光邑乘豈同社櫟擁支離

灌磯山夜集賦得一天星斗煥文章分章字韻

龍文鼎

豈學鴻詞赴選場更闌猶自倬天章文分蝌蚪堪成卷字探珠璣儼在囊碧落有碑凌五嶽冊書留篆印三湘早朝太史驚相謁奎壁年來見楚疆

赤壁　袁奐

孫吳此地走雄師誤落黃州千古疑石出巖隵屯虎豹天空草樹失旌旗運留孟德歸猶幸才妬周郎死亦奇蜀日西沉龍去遠荒臺望斷立江湄

前題　方海

烏林隔岸對臺荒上下征帆指戰場應是武侯忠漢室非關孟德困周郎三分鼎裂同灰燼兩字山高共水長弔古不須頻悵望由來成敗略相當

前題　羅元傑

字古臺荒不計秋青山疊疊水悠悠波沉劍戟應難沒巖鎖烽烟似未收興廢幾人談往事乾坤到處憶同遊相看萬古磯頭月擊楫還來一泛舟

前題　胡自炳

石壁嶙峋千古赤烏林一望水悠々不因孤鶴驚予
夢也載寒簫共客遊烟火已經灰羽艦蘆風空自漾
瀨舟英雄事業今何在兩字冊文射斗牛

魚嶽山　尹士郭

湖光江色混長天阜湧波迴界碧泉豹虎參差巖勢
險鼓鐘鏜鞳水聲濺潭龍躍後疑薗鎮天馬行來欲
卸韉眼底一岑看不盡幾時還上白雲巔

白雲洞　孫襄

借屐東山覓勝遊烟埋古洞耐人搜斜開風竅輕塵

起深鎖雲根積翠流當戶垂簾疎樹掛向空返照夕
陽投璟溪我欲移家住那得青蚨買一邱

初夏同友人雨中泛湖　程珏

湖光瀲灎接天浮一棹輕舟古渡頭笑指暮雲歸遠
岫喜看時雨足先疇故人漫索吳江句有客欣爲楚
水遊麥浪松濤都入畫可知得似輞川不

晚步雨山觀麥

野外堪憐綠未齊平疇秀色望中迷寒烟萬井都懸
釜積雨千村只斷虀南阮長飢猶自忍東方覓飽向

誰啼阿婁未解今年苦漫說青黃漸可攜

大崖曉望　王士璥

曉烟籠樹樹籠岡一片霏微入渺茫寺古尚封殘臘
雪崖高還帶早春霜重重雲嶺南盤密滚滚江流北
去忙欲訪前賢遺跡杳鐵橋橫翠但蒼々

望雲亭　李懋洄

幽尋處處憶曾經俯仰乾坤只此亭平遠不遮千里
碧長空直合四圍青參差睥睨因山險突兀岡巒枕
地形便好憑虛招鶴下九皋清唳會重聽

又

秋老芙蓉獨自開一聲長嘯又登臺人如旅雁匆匆
過恨與江流汩汩來三峽波濤從古險九疑面目至
今猜天高地迥情難盡怕聽城頭畫角催

淨保寺牡丹　章以溱

花王自昔占仙胎未許塵埃倚砌栽鵝紫姚黃難比
擬瓊林祗樹可重陪枝枝東向梵宮指瓣々西從佛
國來妙悟不將開落問拈時微笑個中裁

時雨頌　李正朝

綠滿郊原瑞滿天窮簷共戴邑侯賢皇子夜憂先
切穰穰農工意欲翻禾黍崇朝浩化雨棠陰千載洛
甘泉採風應入循良傳下里歌謡續簡編

五七言排律

石頭口水驛　唐　張九齡

山檻憑高望閩途渺北流遙林天翠合前浦日華浮
萬里緣津濟千艘咽渡頭漁商多末事耕稼少良疇
自守陳蕃榻常登王粲樓徒然騁目處豈是獲心遊
向跡雖愚谷求名亦盗丘息陰芳木所空復越鄉憂

柳山湖　明　方逢時

夜泊柳山湖秋蓬客思孤候蟲吟露嶼宿鳥集霜菰
石竇天光炯沙汀漁火疎風香生杜若星彩散蘼蕪
樹影時高下歌聲乍有無壯懷增感慨逸興轉縈紆
何日辭簪紱常年伴鶴鳧放歌天地外浪跡水雲區
自信天隨子誰知楚大夫叩舷長嘯起河漢倚天隅

文廟古松　以下後編　王士璈

仰止高山在瞻依喬木存枝盤龍屈曲葉動鳳飛騫
翠色虛難寫寒光靜不翻未須觀禮器已覺峻藩垣
密蔭儒冠富高標道範尊自甘樗散質瓠落在卯園

城隍廟古柏　李懋泗

古柏何年種千尋鐵骨奇濃陰凝黛色側葉罥霜皮
勁直神靈護榮枯運數知參天增氣象匝地壯威儀
新甫原同榦夔州舊有祠降香聞拂拂孕子見纍纍
冰雪無今古青蒼自歲時直應齊廟祀登拜仰依庇

赤壁懷古　李正意

清時尚憶漢江天赤壁雖存事枉然諸葛旣能綿漢
祚阿瞞何用獵孫權三分鼎峙非人定一炬兵灰巳

算堅寂匕草荒銅雀杳潺潺水湧祭風旋攜魚有客
忙收釣載酒何人不掛錢幸有烏林長作証誤將蘇
子賦雙傳

五言絶句

嘉魚口　宋　王十朋

船過嘉魚口買魚入道無青山不堪煮彈鋏笑同符

秦鐘寺　明　方逢時

古寺空山裏林深客到稀欲尋僧定處遙聽暮鐘微

讀李茂卿文　以下酬贈　陳獻章

名論必無同乾坤孰此客人扶周孔教用世且無功

又

不薄論交意因書稍稍知還將天下眼照破老人痴

龍潭吟爲縣尉吳公　李承芳

龍潭大江側風雨噴龍涎吳君飲此水餘爽是貪泉

威鳳亭較射以下後編　李世錫

氷潤魚爭躍山高鳳有威太平宜偃武弧矢月中歸

洞庭波　李元震

九疑青不盡澧浦綠如何共作烟波色相邀帝子過

文廟古松　甘又旦

百尺虬龍榦低枝拂廟堂莫驚鱗甲厚直爲飽氷霜

龍潭夜月

晚晴星斗見碧落柳烟齊彷彿驪珠動澄鮮一色低

七言絶句

赤壁　唐李白

二龍爭戰決雌雄赤壁樓船掃地空烈火燒天照雲海周瑜於此破曹公

前題　杜牧之

折戟沉沙鐵半消自將磨洗認前朝東風不與周郎便銅雀春深鎖二喬

前題　王周

帳前斫案決大議赤壁火船燒戰旗若使曹瞞忠漢室周郎焉敢破王師

前題　胡曾

烈火西焚魏帝旗周郎開國虎爭時交兵不假揮長劍已破英雄百萬師

前題　宋李璧

赤壁危磯幾度過沙黃江上鬱嵯峨今人誤信黃州是猶賴水經能証訛

前題　陳翀南

征事何須問阿瞞到頭吞不去江山自從羽艦隨烟盡惟有漁舟竟日閑

前題　明龍仁夫

踞呂推袁虎視眈阿瞞氣勢展江南磯頭一霎東風轉天下江山自此三

嘉魚口　元程鉅夫

黄茅爲屋荻爲籬水滿新堤碧四圍路入嘉魚腸已斷更堪山鳥勸人歸

前題　明　方亨

江村聽雨幾宵眠烟水茫茫別是天雙目隔雲飛雁斷好風何日送行船

魚嶽山　莫震

野繞青青狹路斜隔林烟火有人家數聲啼鳥午風靜開遍滿山桃李花

大崖山　姚梧

鐵橋低度通幽徑石室閒開倚碧霄月色一溪眞我在松聲萬壑俗緣消

梅瀨湖　莫震

嘉魚縣前湖水平湖邊蘆葦曲青青居民曠絶人踪少時聽棹歌三兩聲

西保湖　龍潛

曾合杭州飲酒徒嘉魚誰信有西湖水光雲影相涵處何必人間看畫圖

采芳亭　倪彬

新構香亭氣鬱葱水光山色古今同采芳亭畔香花草到此應知造化工

竹軒　莫震

公家種竹似貧家不許人稱縣令衙爲愛年年氷雪裏數竿長伴紫薇花

又

昔泊黄陵古廟西詩成冒雨節閒題今年擬向梯邊過人道曾同彩鳳棲

鐵橋亭　陳獻章

長髯遺我一囊山鐵橋流水非人間我今決策山中去踏斷鐵橋無路還

和前題韻　姜溥

鐵橋深在大崖山誰作橋頭屋半間留住人間成小歇春來秋去不知還

前題　李整

大崖山亦是羅浮投老尋盟鷺與鷗采得雲根鐺裏煮鐵橋亭下汲清流

淨保寺　本府判　尹覺

懶雲臥處覺忘年還是維摩病裏禪獨有牡丹花和
老年年二月放南蓮

萬壽寺　方亨

山寺來遊正及秋友朋相聚酒盈甌先生形跡渾無
定懶向山僧詰所由

新塘書屋 西保八景載四首　李承芳

新塘洒水探書源聲向晴飈竹裏掀綠野詒謀何所
燕長留道脈鎖青軒 李朝宗書室

蓮坵阜筆 李堅白水菲親地脈神得此

蓮花坵裏筆如峯蜿蜒名山盡術從道是神謀人不
解隴頭看取白雲封

蜀岡隱叟 李德良與程椽軒講學于此

蜀岡洗硯與如何岫裏雲深護薜蘿漫記先生山共
水就中留得好風多

透脫雲烟 岳武穆追楊么么逃脫處

縱是驚魚脫釣磯依然八日紀軍威溪邊巳洗天河
甲惟有烟雲貼水飛

送李世卿還楚 以下酬贈　陳獻章

黃公亭子李家山水國初歸作夢看愛殺在家兄弟
好一壺春酒對承顏

前題　吳廷舉

文章伯仲歐陽子道德平交李老君歸去大崖了何
事坐分江月看山雲

寄懷李世卿　陳紀

君借大崖養高節大崖借君馳遠名大崖依舊君何
在孤鶴一聲秋月明

前題　吳廷舉

楚蜀交情兩載違封緘但託寒鴻飛這回真見春風
面剔盡寒燈坐不歸

送李茂卿得告南還　吳寬

秋風高興說歸與不爲滄思丙穴魚歸到湖西開義
學好修白鹿洞中書

憶弟大崖　李承芳

搖搖天外劇心旌鴻雁南飛又北征五嶺三湘春草
綠東風疑有杜鵑聲

送李端夔端行昆弟還嘉魚　王鏊

二李高風挽不回巫山衡嶽勢崔嵬憑將一掬懷人淚灑向黄公舊釣臺

憶黄公釣臺　李承勛

兄住湖西弟澥西平分風月作詩題黄公臺下春如舊人去山空鳥自啼

追輓嘉魚縣孫大尹倫　吳廷舉

山峰飛去宰官家曉枕何來又報衙二月洞庭湖上水百年遺恨在南嘉

寄李茂卿

我屋黄公咫尺分漁歌風送隔波聞明朝欲謝閒來往走共先生釣白雲

大江烟雨憶周郎　句出宋荔裳先生時遊赤壁因借爲起句賦四章以下後編　李元震

大江烟雨憶周郎結契恩深拜母堂子翼遠來良自苦君臣骨肉總難忘

大江烟雨憶周郎名士風流幕府張沙捲浪濤千尺雪武昌夏口鬱相望

大江烟雨憶周郎南國佳人姓字香雀鎖臺空漳水潤鳥飛樹繞楚天長

大江烟雨憶周郎如飲醇醪入醉鄉生亮生瑜何足較英雄意見各相當

赤壁怨　次郭天門韻　龍文鼎

颯颯秋風拂古岩凄凄寒浪洗蒼苔夜來猿鳥啼情事只道蘇公兩賦乖

拜風臺　孫襄

先生羽扇獨從容百萬魔消一劍風欲識英雄眞手段杯中白水望溶溶

赤壁補編　明　楚昭王

赤壁之山上摩空三江之波浩無窮峭壁窮峙江流東當年鏖戰乘天風百萬兆走無曹公鼎立已成烟焰中大書石上芬苔封千年不泯周郎功我今送客放舟去江山如舊懷英雄

大崖古洞　孫襄

峥嶸遠接白雲巔曲澗紆迴繞洞邊幽似大行招隱客勝如白鹿遁高賢輕雲暮結千峯霧細雨朝看滿樹烟莫訝桃源無處覓昔人名已借斯傳

遊獅子菴　李儒大

出郭探名勝來雲鎖薜蘿地凉三伏少僧定一身多竹月窺簾入松風與磬和陶然清淨處山鳥隔牆歌

魚嶽山

四維皆水繞魚山一柱中流萬派環想是蓬萊仙島地三山直立海隅間

外志第十

二氏之法流傳二千餘年辨之固不勝辨外志云者非徒外之無可紀故存其略耳嘉魚邑少名山既乏卓錐之地人多艱食兼無託鉢之門即一二古剎存者漸圮象教之不光其由來也久矣至於星壇法院尤所稀聞豈人雖佞佛獨不羨白雲鄉乎抑二氏之興替本無關政俗之臧否也倘有心外之必有不能外者矣

寺觀

法華寺在縣南城外宋建隆二年立至正壬辰兵燬洪武元年僧法壽重建二十三年災二十七年僧法慧復建成化元年僧信逼重修嘉靖丁卯災隆慶六年僧懶窓重建萬歷間創法華會館邑紳李沂協修前明先達皆讀書其中今前後兩殿皆圮現任知縣張其維捐貲偕衆鼎修尚未落成

淨保寺一云靜寶寺在淨居里致思湖左宋紹熙初僧寶月建元僧紹忠重建以後無考至康熙

六十年建立山門雍正元年重修八角亭及拜
殿
太平寺在西安里創始無考僧性錦重建
白湖寺在白湖南唐建弘治中僧覺性重修
熟湖寺在縣東宋開寶間建洪武元年僧宗暉重
建
蜀山寺在蜀山頭
太崖寺在太崖山本大崖觀今改寺以下修建俱無考
夏田寺在廣賢里

萬壽寺在豐義里
觀音寺在石塘里
泰鐘寺在郃陵里
寶相寺在左湖里
順濟寺在六溪口
沙陽寺在縣之東北今爲三忠祠
石嶺寺在縣西宋時立今廢址存
會眞觀在城東今廢爲城隍廟
五嶽觀在灌磯山上今廢爲社稷壇

紫霞觀在大崖山今改寺
眞武觀在北門外今毀
觀音堂在大牛山
普安堂在左湖里
獅子菴在縣東門外一里許
大士菴在六溪市鎭萬歷初年僧如文募建崇正
時鄕紳熊開元金聲重修扁曰三摩地

釋老

懶狗祖師名紹忠俗姓張本土人元時出家於淨

保寺能守戒律修持數年不食烟火嘗乘白馬出
入無鞍轡一黑犬爲之前導或趺坐犬卽臥其側
後入塔端坐而逝今肉形尚存寺有紅牡丹一株
相傳爲師手植至今蕃盛如故移置他所卽萎土
人每以花之多少卜歲之豐歉云
天如和尚不知何許人萬歷壬寅始至嘉魚行止
詭異若儒若僧給諫熊公開元未遇時師偶見其
文卽批紙尾云此掀天揭地男子特於彈丸中寄
跡耳邑中老宿多出其門獨與熊公厚善似有風

緣所得佈施即散與乞丐隨手而盡或經旬不食無德色言禍福奇中然亦於事後驗之來叩者多不答嘗於衆中大言曰世事可知若輩能從吾遊乎市人皆笑以爲狂明末於六溪口乞一屠沽之子爲行童飄然而去住鄂城靜修寺每五更沿街呼曰大難將至盍早爲計崇正癸未元旦忽不見六月闖省及於難

覺來和尚早歲習舉子業補邑庠博通內典隨感悟棄諸生結草廬區外負米自炊不受人間絲粟放生戒殺持呪禮經久之心臆洞然了無滯礙坐化之日感應異常邑中先達皆其門下士今所建塔表在白湖淨土菴之前

無相禪師名如堂一云號有相南陽人始師有歐欬之疾住岳陽深山中持蓮華經二十年夜夢金臂入飲以玉露疾遂瘳掛錫出泥菴三年忽一日謂主人曰本以十月行因修懺事展留一月旦日酉時予逝矣及旦禮十方佛入龕趺坐久之奮聲呼曰去衆請曰師何去曰竟往佛國俄而火光鏘

鏘化作金蓮花而上今其塔尚存

現菴和尚臨濟三十三世大覺國師之孫先住持蕁川草堂縣治南牛首山之麓里人周士講結屋其間倣鹿門遺事縣令李世錫偶遊其地歎曰別一洞天宜梵刹宜羽宫惜乎其獨少此士講即捨宅爲安禪地令嘉之乃專簡請師至日與之遊問爲政何先師曰勤恤民隱以報君恩令善其語隨改拓周居爲牛山南院公餘即造焉師道律精嚴兼通儒術與人言悉以忠孝爲綱領其語錄著作俱有刊本行世

縣志八卷終

跋

史有三長志亦宜然非戔戔小才所得濫竽於其閒也嘉邑有志不知始自何代今所見者家大崖先生原本事文簡古典而未核方少保金湖公踵之諸體悉備質有其文盡美矣而位置稍未安最後則前令李公畏堂刋本實監兩賢而爲之者宜其斟酌盡善而闕漏反甚於前蓋操觚若此其難也今　茂宰張侯視事之五年冬庶務聿修百廢具舉慨然念前志之弗完欲捐貲重鋟之纂修則委諸紳士與素有志於此者時歲已將闌各辭不赴惟　泗　與王生士璥齒近邁而學殖晁荒固以辭邑侯固以命不獲已乃共取三志而參攷之說有異同事多訛舛句櫛字梳條分縷析閱句餘僅得其要領雪屋風燈吮毫呵凍指幾瘃焉逮歲暮　攜歸家人紛紛營歲事　泗　仍手披牘記不少輟大約以綱領事以目從綱紛糾者務歸於畫一舛錯者必求其貫通可信不敢不存可疑不敢不慎凡三易藁前數條始得就緒是歲春偕王生復至旅邸取所輯詩文次第排纂告成事焉王生蹙然語　泗　曰是役誠勞然重任也操短綆以汲深淵不羸其缾者幾希且夫言之不文行之不遠將重爲後人觀笑可若何　泗　謂不知而作罪我固宜顧此書非作以前志爲之藍本也數十年之後有博雅才傑者出焉復以此書爲藍本則功罪相半也矧向者以固陋辭辭而不獲罪亦逭矣其又奚恧焉王生囅然笑曰果若是子誠樂爲子分謗豈特步後塵耶謹持謝邑侯并以塞邦人士之責因識數語於卷尾

時
乾隆丁巳歲清和月穀旦
邑後學李士懋泗謹跋

續增

江嘉會詳四縣公修陶家馬頭堤塍文

主稿張其維

會看得嘉民劉學洪等呈控江民楊天德等滅古制等事一案緣自江夏赤磯山起上至嘉魚馬鞍山底長堤一道綿亘百有餘里保障四邑田地自宋迄今歷係江咸嘉蒲四邑分修去歲江邑士民楊天德等以無益有害具控
前院憲以江邑改築新堤夫役繁多將江邑分修陶

家馬頭以上至夏田寺止三千一百三十三丈五尺批歸嘉邑修理嘉邑士民劉學洪等不出遵依上控
撫憲奉批　藩憲查議詳報由
憲轉飭卑職等會議事關堤塍重大卑職等敢不悉心妥議以為永久之計按堤内受水田地四邑有多寡之不同是以分堤丈尺亦有多寡之不同今以江堤丈數獨多改撥嘉修易地視之嘉堤不又多乎卑職等檢閲通志熊游二官碑文知此堤有則四邑均受其利無則四邑均受其害利害相均勞逸亦宜均

也今查江邑改築新堤計長五千一百六十七丈合之三千一百三十三丈五尺共計八千有奇較舊實多視三邑加倍平心而論合將此段堤塍分派四邑公修庶可永杜爭端其修葺費用不問之士民即於各縣派定堤費內節省修理江嘉各三十兩咸蒲各二十兩解貯
憲庫每年九月興工時於四邑佐雜各官輪流委修如有盈餘留備後用倘或不足再議加增則官修而民不擾民亦不得有辭以藉口矣緣奉批飭查議事理謬陳愚見是否有當伏祈
憲臺核議轉詳批示遵行旋於乾隆三年正月初八日奉
湖廣武昌府正堂加二級紀錄四次吳　爲滅古制沒
皇恩朦
憲劄卸陳案泣審劈宼事乾隆二年十二月二十六日奉
布政司安　憲牌本年十二月二十日奉

督部院宗室德　批本司呈詳查得江邑金口長堤前據江邑士民楊天德等呈請罷修蒙
前憲批司查議當經吳署司會同武守道議將陶家馬頭起至夏田寺止一帶堤塍改歸嘉邑修築緣由詳蒙
前憲批允飭遵在案復據嘉邑士民劉學洪等赴
撫憲呈控陶家馬頭堤塍地屬嘉魚修應江夏請仍照舊例承修並據江邑士民楊天德等呈訴先後奉
撫憲批司議報當經檄飭武昌府妥議詳轉去後茲至夏田寺止歷係江邑承修一旦改卸嘉邑寧肯隱躍樂從今據武昌府行據江咸嘉蒲四縣酌中定議請嗣後每年四邑出資幫築江嘉二邑各出銀三十兩咸蒲二邑各出銀二十兩共銀一百兩統於派定堤費內節省捐出每年於九月中解府委員領銀催夫修築等語洵爲平允且衆議僉同應如所請飭令遵照實力奉行其本年應需銀兩催令各該縣照數解府委員赶築至所稱陶家馬頭以上三千餘丈非江水頂衝之處老堤原屬穩固每年派費一百兩儘

計增築一千六百五十七丈仍照往例亦應通融分
任江嘉二縣所議公帮堤費似爲妥協復行咸蒲二
縣公同查議俱各允服無異嗣後陶家馬頭至夏田
寺一帶長堤令江夏嘉魚二縣各出銀三十兩咸寧
蒲圻二縣各出銀二十兩共一百兩統於派定堤費
內節省捐出除本年已屆殘冬立待修築外每年於
九月中解府委員領銀僱夫修築核實報銷其餘堤
工仍照分定界址承修保固等情前來本司覆查
長堤之興廢四邑利害相均除分修外惟陶家馬頭

至夏田寺止歷係江邑承修一旦改卸嘉邑寧肯踴
躍樂從今據武昌府行據江咸嘉蒲四縣酌中定議
請嗣後每年四邑出資帮築江嘉二邑各出銀三十
兩咸蒲二邑各出銀二十兩共銀一百兩統於派定
堤費內節省捐出每年於九月中解府委員領銀僱
夫修築等語洵爲平允且衆議僉同應如所請飭令
遵照實力奉行其本年應需銀兩催令各該縣照數
解府委員赶築至所稱陶家馬頭以上三千餘丈非
一水頂衝之處老堤原屬穩固每年派費一百兩儘

敷修築等語亦應如府詳將江嘉二縣所請倘有不
足再議加增之處毋庸置議可也理合具文詳請依
允
本部院俯賜查閱批示飭遵等因奉批仰候
撫部院批示繳奉此又奉
撫部院張 批如詳飭遵仍候
督部院批示繳碑摹抄案存奉此合就檄行備牌行
府查照牌內奉
院批事理即便轉飭各該縣遵照將每年出資帮築

銀兩務即照數依時解赴該府交收聽候委修仍即
遵照此案詳允緣由會同另立碑摹示爲章程併取
具各該縣日後不至推卸違悞遵依同碑摹一併賫
司以憑轉呈
院憲備查均毋故違干咎速速奉此合就轉行爲此
仰縣官吏即便遵照將每年出資帮築銀兩務即照
數依時解府交收聽候委修仍即遵照此案詳允緣
由會同另立碑摹示爲章程並取日後不敢推卸遵
具遵依同碑摹各五紙賫府彙轉備查迄將上年終

修工費節日解府給委赴脩均毋故違切速須牌

詳請派費募夫脩堤文　張其維

湖廣武昌府嘉魚縣爲循例派費募夫築堤恩從民便事乾隆三年五月初一日據卑縣六里士民李仕大劉如川周崑泚汪若梁羅三及李再清甘聯輝余殷聲李彝柱劉近黎章公廉孔際會潘識顏鄧遂成魯惟可周憲章劉名可李岱宗程義傳張美玉等呈前事呈稱竊惟長堤一道江咸嘉蒲四邑照界分脩歷今八百餘載其承脩之法不一咸蒲派費募築江

嘉照糧役夫上年江夏亦倣咸蒲之例派費修築現蒙

仁憲批示遵行夫築堤原以保護田廬百姓安敢辭勞但舊例九月興工二月報竣嘉邑堤當險要工程浩大春耕一刻千金應役必妨農務況三邑既屬派費嘉魚亦可倣照茲六里民人公籲不設堤長不役民力出費募脩其費銀按米均攤查六里堤米止有二千二百八十一石三斗九升酌工定議每年夫役及護堤松椿蘆柴所費不貲每石正米派銀三錢五分共銀七百九十八兩四錢八分六厘五毫另設木櫃隨糧按數自封完納市戥無耗倘有改築月堤之處百姓仍自出力挑築不在歲脩之内仕等再四思維每年出力脩築實不如出銀募夫之甚便茲幸臺前視民如傷地方凡有益於民生之事罔不舉行況堤關四邑賦命自必一視同仁伏乞據詞詳請

仁憲　恩准民便勒石定案永爲章程魚山綠蔭蓋昔甘棠六里子孫世代焚頂等情據此該卑職查得嘉邑分脩長堤自馬鞍山起至石家墩止共三千一

百四十三丈一尺係下鄉六里士民按照堤内田糧多寡分堤丈尺自行出夫脩築已多歷年所矣今據六里士民李仕大等環庭籲請循照江咸蒲三邑之例每石糧米派費三錢五分照依市戥隨糧自封投櫃俾在官募夫修築均皆稱便等語似應俯順輿情聽其封納官爲經理募夫脩築一切夫工護堤物料不役里民一人不取里民一物一歲之内堤塍有益農務無損且一堤四縣畫一辦理亦無甘苦不均之嘆至有補築月堤仍照六里士民自議出夫自行

案方爲妥便第堤工關係重大事屬更變成例是否
可行卑職未敢擅便理合詳請
憲臺俯賜核奪轉詳批示遵行等因詳奉
本府正堂加二級紀錄四次吳　批仰候核轉繳旋
於乾隆三年七月初九日奉
湖廣武昌府正堂加二級紀錄四次吳　爲循例派
費募夫築堤恩從民便事乾隆三年六月二十八日
奉
布政司牌開本年六月二十四日奉

督部院宗室德　批本司道等呈詳會查得金口長
堤一道歷係江咸嘉蒲四邑分段承脩其脩築之法
有不同咸蒲係派費官脩江嘉係照糧役夫此四
邑從前脩堤之例也後因江邑照糧役夫民多苦累
於無益有害等事案內請照咸蒲二邑之例派費
修詳蒙批允飭遵現在遵行在案止有嘉邑堤塍仍
照舊例役夫民脩未經更易今據武昌府詳據該縣
詳稱查得嘉邑承脩長堤自馬鞍山至石家墩共三
千一百四十三丈一尺係下鄉六里士民按照堤內

田糧多寡分堤丈尺自行出夫脩築今士民李仕友
等環庭籲請循照江咸蒲三邑之例每石糧米派費
三錢五分照依市戥隨糧自封投櫃官募脩築均皆
稱便似應俯順輿情聽其封納官爲經理一切夫工
護堤物料不取於民其派費銀七百九十餘兩容俟
今冬先試一年一切夫工雜費按日登記工竣造冊
賫查如有盈餘留爲下年充用至另有應築月堤之
處仍令里民自出工力不在歲脩之內等情由府核
轉前來本司道等覆查江咸嘉蒲四邑承脩長堤原

屬一轍今江咸蒲三縣均係照糧徵費官修已有成
效而嘉邑士民籲請照例循行似應俯如所請一律
照糧派費官爲董理所需一切夫工護堤物料概不
許取之於民其所徵費銀市戥無耗飭令該縣另設
一櫃徵收或銀或錢聽民自封投納每年歲修亦應
嚴飭承脩之員實心辦理務使絲毫悉歸實用不得
於中侵扣有干察究仍於興工之時將各處堤身某
段單薄低矮應行加脩若干需夫若干某段坍塌挫
裂應行培築若干需夫若干共需銀兩若干逐一確

實造具清冊賫查俟工竣之日將實用過夫工銀數
有無餘剩若干備造細冊申賫核銷其看守防護事
宜均照江咸蒲三邑事宜辦理倘有應築月堤令民
另出夫工脩築可也是否允洽理合會詳呈請伏乞
本部院俯賜查閲批示飭遵等因奉批既據士民情
願循例照糧徵費顴請官脩均如詳飭遵仍候
署撫部院批示繳奉此又奉
署撫部院批如詳飭遵仍候
督部院批示繳奉此合就檄行脩牌行府查照牌內
院批事理即便轉飭遵照循例照糧派費募夫官脩
仍嚴飭承脩之員務實心辦理毋得絲毫侵蝕擾
累有干查究未便無違等因奉此合行轉飭爲此仰
縣官吏查照牌内
司檄
院批事理即便遵照循例照糧派費募夫脩築務期
實心辦理毋得絲毫侵蝕擾累有干查究未便無違
須牌

續增

江嘉會詳四縣公脩陶家馬頭堤塍文

詳請派費募夫脩堤文

荆楚文库

〔乾隆五十五年〕嘉魚縣志

〔清〕汪雲銘 修
〔清〕方承保 張宗軾 纂

《荆楚文庫·方志編》編纂組

前言

《〔乾隆五十五年〕嘉魚縣志》八卷首一卷，清汪雲銘修，清方承保、張宗軾纂，清乾隆五十五年（一七九〇）刻本。

汪雲銘，浙江仁和人，舉人，乾隆五十四年至五十五年（一七八九—一七九〇）任於嘉魚。方承保，字從夒，號相（柏）亭，嘉魚人，乾隆壬申（一七五二）科舉人。張宗軾，字柳溪，嘉魚人，乾隆癸卯（一七八三）科舉人，著有《嘉禾集》。

嘉魚志明有正統十四年（一四四九）莫震所修，入清康熙十年（一六七一）李元震、乾隆二年（一七三七）張其維皆曾有修。此志距張志僅五十餘年，與張志相比，無志末續增一卷。此志體例、内容除賦役『遵新例』，對『秩官』『選舉』二條的誤闕有所改正外，其餘所增可謂寥寥。

目録列封域志（星野、形勢、疆界、都里、山川、古蹟、沿革）、營建志（城池、廨署、廟祠、壇壝、津梁、坊表、闤市、亭榭）、賦役志（户口、貢賦、積儲）、學校志（廟祀、禮樂、學規、學田、生徒、載籍、書院、賓興、鄉飲酒）、風土志（風俗、土産）、秩官志（官師、宦蹟）、選舉志（科第、貢監、貤封、恩廕、辟舉、雜例）、人物志（賢達、孝義、逸士、列女）、藝文志（疏、記、書、序、賦、雜體、詩）、外志（寺觀、釋老）。

卷一 36、37 葉有缺字現象。中科院圖書館、甘肅省圖書館所藏及《中國地方志集成·善本方志輯》所影印同版嘉魚志皆未見此二葉。《稀見中國地方志匯刊》本有此二葉，爲同版，但版心葉碼爲 34、35，因涉改版故未補配。《稀見中國地方志匯刊》前言註稱：『卷一三十六葉、三十七葉分别插入第三十一葉、第三十二葉後，文字順序正確。』湖北省圖書館藏本 32 葉至 37 葉，《稀見中國地方志匯刊》版心葉碼分别爲：36、32、37、33、34、35，與其註言相對可知，其書原裝訂順序看内容正確，然影印出版時以版心葉碼爲准調整順序。湖北省圖書館藏本應爲後印，更改版心葉碼序號爲正確葉碼。

此志《中國地方志聯合目録》載科學、故宮、一史館、黨校、甘肅、台灣、湖北皆有收藏。《中國地方志集成・善本方志輯》（第二編）、《稀見中國地方志匯刊》已影印出版。茲據湖北省圖書館藏本影印，卷二賦役7B、10B、卷二學校50B、卷三選舉26B、卷四人物7、8B、9B、12B、17B、22B、23A、24B、28A、30、31A、32B、33A、43B、46A、卷五17B、18A、33A、34B、卷六1B、3B、5B、8B、21B、30、31、卷七雜體26、卷八48B以中國科學院圖書館藏本補配替換。湖北省圖書館藏本、中國科學院圖書館藏本、甘肅省圖書館藏本、《稀見中國地方志匯刊》本、《中國地方志集成・善本方志輯》本均無卷八第四十五葉，或爲原缺。（宋澤宇）

目録

嘉魚縣圖

嘉魚縣

漢陽界
汪家洲
薪汙洲
小洲
趙家橋塘
馬鞍山
下牌洲
下田寺塘
花口塘
江夏界
淨保寺
文廟
城守營
岳公樓
縣治
武廟
學宮
三忠祠
城隍廟
先農壇
東門塘
東岳廟
獅子菴
茶亭
石井鋪
咸寧界
蜀湖寺
牛首山
官橋
受灘嘴
白雲山
白湖
六嶺鋪
蒲圻界
秦鍾山
白湖寺
舒橋鋪
秦鍾寺

屬全圖

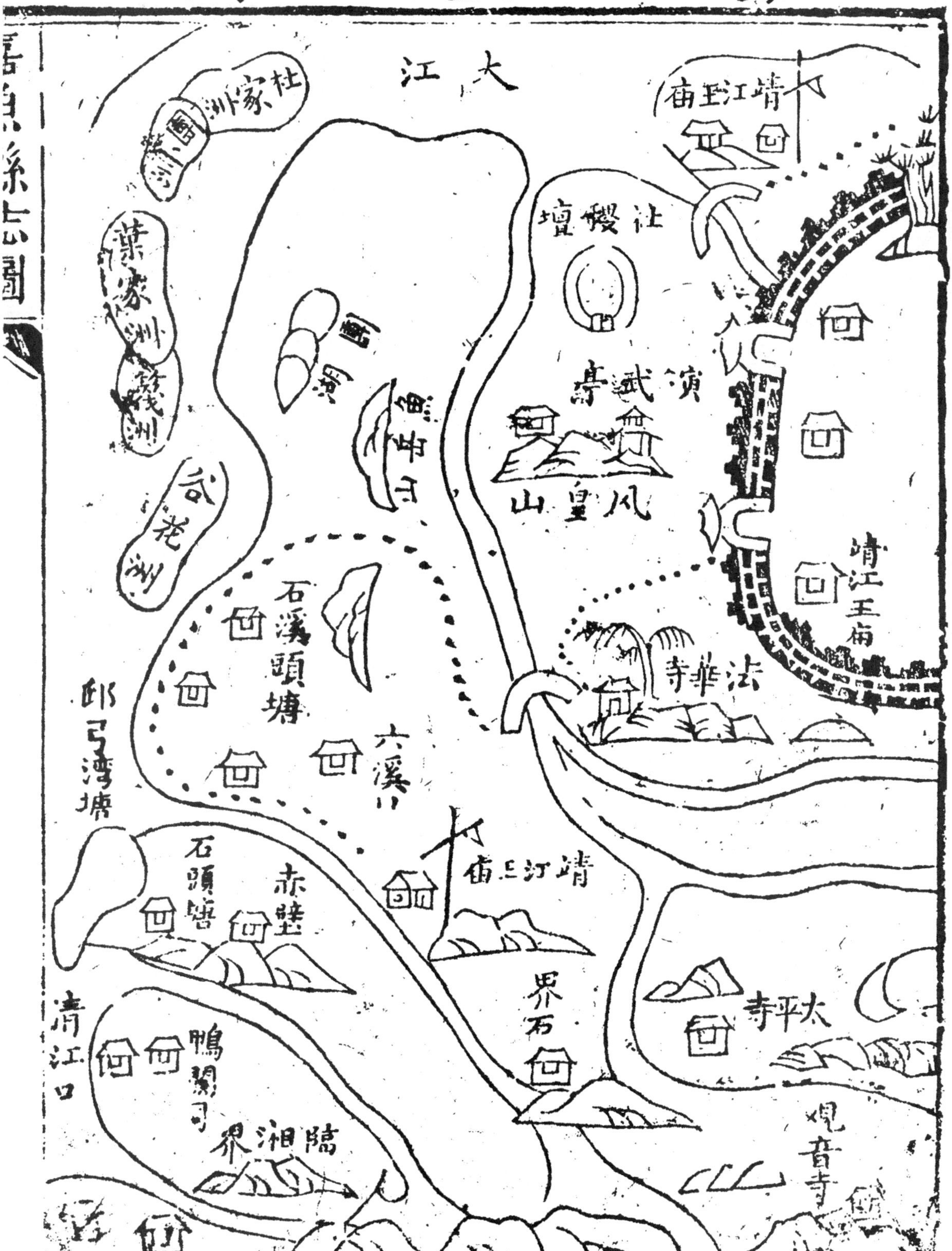
大江
杜家洲
葉家洲
谷花洲
靖江王廟
社稷壇
演武亭
凤皇山
靖江王廟
石溪頭塘
六溪口
法華寺
赤壁
界石
太平寺
清江口
鴨闌司
隔湘界
觀音寺

嘉魚縣志

簡

原序

嚴江李元震撰

邑之有志所以記山川之靈秀風俗之貞淳人物之端良文章之精尚沿革廢興忠義節孝之典俱於是乎載也予承

簡命秉篆南嘉風雅蹺之勤政求賢採風問俗庶務必親百度漸舉緣值奇荒履畝躬省極之窮山僻壤得諸目擊因知嘉魚良稱醇邑山川都麗風俗渾樸人物文章風秉先型彬彬字咸者士君子之縉焉而治革興廢忠義節孝之事自古迄今未易殫舉但按邑之志書自正統己巳歲爲前宰莫霆威先生所手識此後幾三百

年脩葺之舉寂然無聞且今止餘繼寫一冊予深恐日久廢弛並此冊或又爲蠹魚侵蝕無徵不信將何考訂遠代以來豈盡乏人何無懷根本之慮而聽一邑大典竟湮沒不傳遂使記載者無從紀據陳詩者尚有遺議嘉邑文獻名區重梓之役烏容已也雖然蒐囊太濫則考核難精推畧益遠則瑕瑜失實予實不敏予何以膺茲重寄惟是風典是程斟酌問而增補未備訂所未確是刻也或得題名捫字於斷碣殘碑之上或選諸著述採傳於先民耆彥之中既不敢專執己見恐爲師心妄作之譏尤

不敢瞻顧猶人恐有築室道旁之譏既不敢固訛傳謬恐有魯魚亥豕之疵尤不敢汎攬博收恐有汗牛充棟之累毋縟毋遺適於至當力圖告竣以繫茲一邑之鉅綱云爾然予於是重有念矣予蒞任三月以來人情習尚地方良楛洞然心胸但見闢洲鎮之鄭亭衝億有事勤劬六溪口之羽雁酸辛徐圖生聚宣化十二里之水旱頻仍饑饉洊至籌時者催科何術撫字維艱盱衡補救慘淡經營然則當今之時較昔之志時代未遠韻蹟猶存頓覺有勞逸盈虛豐歉之異予何以使勞者

還逸虛者還盈歉者還豐俾吾民熙之皞之共遊於太和宇宙間是予之願也夫是予之責也夫

重脩嘉魚縣志序

自古循良之吏不以脩稱為能而以風教為先一方之風教載在志書者顯無不深切而著明也由一邑推之一郡由一郡推之九州以至薄海內外隸版章服政教同倫同軌無不可作一邑觀是一邑者天下之積也則一邑之志顧不重哉無如前人守缺遺文多在散失之餘後來積薪

當事不無表章之責此邑志一書一脩再修之不容已也嘉魚夙稱望邑余自承乏茲土覽其山川按其人物見夫故家遺俗之流傳名賢鉅公之偉績烺烺炳炳照耀寰區稽之舊志多有未備且自康熙十年而底自此以後六十餘載深沐

聖朝之德化涵濡薰陶其間端人正士節義流芳諒自不

乏若不早為采輯久將湮沒無聞良可慨也第鹿鹿從吏日事簿書未敢親操鉛槧致嘆遺珠邑人李子魯高余乙酉同年士其同學王生雲音亦庠中耆宿

也乃折柬招致之委以纂輯凡分卷者八提綱者十其條析而以類從者視舊志增十之六書成授之梓仍以蕪辭弁之蓋聞古者太史陳詩市納賈以觀民

之好惡今倣其意而彙之於志則民俗之淳漓吏治之得失通邑之廢興利害悉於是乎稽故考封域而知設險之重覩營建而思經始之難是國是民賦役

之科條宜慎也上庠下庠學校之培養宜先也順風上所以植民生謹秩官所以司民命選舉昌風雲之路廣矣人物盛川嶽之氣靈矣藝文富金石之音播

矣至於釋老者流亦附見
以備觀覽雖僅彈丸紀載
之編而採風問俗者或資
之則今日之志庶可待作
者於無窮也是為序
皇清乾隆二年丁巳歲仲夏月

上淀之吉
勅封文林郎知嘉魚縣事加一
級紀錄一次河東張其維
撰

原跋

史有三長志亦宜然非戔戔小才
所得濫竽於其間也嘉邑有志不
知始自何代今所見者家大崖先
生原本事文簡古典而未核方少
保金湖公踵之諸體悉備質有其

文蓋美矣而位置稍未安最後則
前令李公畏堂刊本實監兩賢而
爲之者宜其斟酌盡善而闕漏反
甚於前蓋操觚若此其難也今茂
宰張侯視事之五年冬庶務聿修
百廢具舉慨然念前志之弗完尤

捐貲重鋟之纂修則委諸紳士與素有志於此者時歲已將闌各辭不赴惟泗與王生士瑊齒近邁而學殖最荒固以辭已侯固以命不獲已乃共取三志而參攷之說有異同事多訛戾句櫛字梳條分縷

析閱旬餘僅得其要頓雪屋風燈吮毫呵凍指幾突焉逮歲暮攜歸泗仍手披牘記不少輟大約以綱領事以目從綱紛糾者務歸於畫一舛錯者必求其貫通可信不敢不存可疑不敢不慎凡三易藁葥

數條始得就緒是歲春偕王生復至旅邸取所輯詩文次第排纂告成事焉王生蹙然語泗曰是役誠勞然重任也操短綆以汲深淵不羸其餅者幾希且夫言之不文行之不遠將重爲後人觀笑可若何

泗謂不知而作罪我固宜顧此書非作以前志爲之藍本也數十年之後有博雅才傑者出焉復以此書爲藍本則功罪相半也矧向者以固陋辭辭而不獲罪亦逭矣其又奚恧焉王生囅然笑曰果若是

予誠樂爲子分謗豈特步後塵耶
謹持謝邑侯并以塞邦人士之責
因識數語於卷尾
時
乾隆丁巳歲清和月穀旦
邑後學李懋泗謹跋

嘉邑之有志也纂修凡數閱矣其間
山川名物風化土宜仕宦政行之燦
陳學術詞章之丕著以及孝義節烈
隱逸之搜羅彬彬乎質有其文焉今
際我
國家德教覃敷久道化成之時余忝膺
簡命試用楚省巳酉秋篆隸茲土奉
檄修輯邑乘竊舊志鐫自乾隆二年
版牘寖蝕而且人才間出事蹟紛呈
允宜綴以近編於是會同兩學謀及
紳士得邑人原任贛州府方柏亭先
生孝廉張柳溪爰具束致之付以纂
輯胥欣然樂就以成余之志赴局治
事閱月脱稿携以復余余公務之暇

悉心裁閲其於失次者序之遺載者補之疑似者闕之繁冗者删之彙付雖叚原本一皆務簡潔而崇體要黜浮華而重實行書成授之剞劂固以見沙陽爲徵文考獻之地更藉此有美必彰有善必録者而益底於士習端方民風醇固以仰副

皇上同軌同文之盛是則予倡率之責也夫

乾隆五十五年庚戌歲孟夏月

文林郎署嘉魚縣事試用知縣

仁和汪雲銘譔

序

跋

巳酉秋邑侯汪公以重輯邑乘事遣使召予予惟邑乘史法也後人之模範寓於斯自問才識學素無所得且屢沐

皇恩由貢士出宰陝西知玉環事守贛郡護道篆蒙

旨允歸里十八年魚魚鹿鹿蓋薄植而老風塵久矣今邑侯爲浙名下士學師吾楚文宗邑之紳士椽筆如林豈敢率爾操觚於是詣公庭以實款敬辭邑侯曰此事謹奉

上諭恭逢我

皇上八旬萬壽臨御五十餘年海宇乂寧文教光昌亘古未有之會遵

憲檄會兩學師謀諸邑紳士而屬於先生先生文章報

國之時也邑乘中自直書舊蹟外其政事學文忠孝節烈逸行隱德堪光史册者甚夥舊簡就蝕續編刻不可緩而嘉邑之修誌也先爲魯膏峯

先生又嘗爲李公大崖又先爲令祖金湖公皆曠代名宿成式可考至剞劂鉛槧則有司事者存夫文章紀述類皆出於時與事之不可已非詩文售世博傳頌云爾也先生勉之毋忘先達毋忘乃祖之志予肅領斯義雖故固陋安敢固辭迺取舊本及諸公所搜輯者讀之日夕不輟因與贊勷厥事閱月而成請釐正於邑侯焉竊承先啓後夫何敢言後之賢達有志纂輯采故實以史筆成大文垂於不朽俾立身者得所適從焉是所望也夫

乾隆五十五年庚戌孟夏之吉

南嘉後學方承保謹跋

修志姓名

總脩

文林郎署嘉魚縣事試用知縣仁和汪雲銘

校閱

嘉魚縣儒學教諭加一級蔣方營

嘉魚縣儒學訓導加一級李澤張

纂修

原任江西贛州府知府方承保

揀選知縣癸卯科舉人張宗軾

叅訂

歲貢生李明行

魏華東

採輯

歲貢生鄭世濂

恩貢生龍海躍

廩貢生杜國懋

生員尹志鴻

國學生　方增圻
　　　　金攀孝
庠生　　黄綬安

梓人　李六書　董岡

重修嘉魚縣志目次

目次終

凡例

一志書與諸書異必鑑古乃可知今惟博通始能兼總嘉魚志有四一止於前明宏治一止於嘉靖一止於

本朝康熙辛亥至乾隆丁巳纂脩前志幾詳然字句間有違碍特加勘正自丁巳以後事實搜採詳慎分續凡例中仍以舊志為藍本

一志書兼載廢興雖陳蹟久湮者必錄一以著創始之勞一以寓興復之望用意良深所當體認

如營建一條自前明嘉靖至今已二百餘年中間興廢之由反有莫得而稽者詳於前而畧於後亦一憾也其現存者悉載原委亦難深考

一學校所關甚大前志闕畧尤多今採鄰邑通行及

本朝頒定者輯為一編稍覺完備葢同文之治始於學宮不得謂之勦襲也

一賦役應遵新例以前則類繁多且非畫一之制故不載

一秩官選舉二條名字官爵錯誤闕遺者頗多但經指明必爲改正增補其未經指明與世代先後無考者仍從舊本傳訛之失所不任受

一縣風氣視人文爲轉移嘉邑士習醇謹民俗敦龎凡有善行在所必録所以示勸至節義多屬公舉經　學牒　縣批允入志詳畧寛嚴悉採輿論間有遺漏限於見聞亦非意爲去取

一各傳出自舊志秉筆原非一人稱名稱公體製參差有所受之不可易也其在

本朝者則註後編二字以别之

一歷任縣尹有最可紀者據事直書舊志所謂繭絲保障各視其才惟澤及當時聲施後世者爲足述耳公道在人不以私狥

一前朝先達人各有集奏疏書記悉關桑梓利害建置源流即長篇短咏亦因一邑山川名勝而傳至於吟風弄月之篇摘艷薰香之句無關邑乘槪不敢登

一志與史異綱目畧同綱有總論皆出鄙見目亦

如之間採舊志必爲註明不敢掩前人已有也

一事有傳訛猝難改易如秦鐘寺本名尋鐘寺取詩聞鐘尋古寺之義魚嶽山本名魚躍山聚山形如魚之躍且山嶽二字不應重疊又頭陀港一名透脱港楊葉洞一名楊藥洞净保詩一名靜實寺此類極多前人未經改定姑從舊可也

重脩嘉魚縣志卷之一

封域志第一

書曰申畫郊圻周禮地官云制其地域而溝封之蓋自九州奠壤九野分形前王乃量地以制邑度地以居民雖順其自然固勢當區別也嘉魚西壯濵江山澤各居其半高深隱現互相縈帶阡陌繡錯於其間即非饒區沃野考其建置因革邦則舊矣守土者因其勢而撫馭之亦美錦易製也故以封域志居先

星野

九州封域各有分星以觀妖祥職在保章然則設救政訪叙事風雨之所會陰陽之所和不可不察也志星野舊志

禹貢荊州之域當天文軫翼之度鶉尾之次也今湖廣所隷府屬惟襄陽在荊豫之間而施州衛居荊梁之界餘悉為荊楚地分之分次其占候應與府同

西漢志翼軫楚之分野今之南郡江夏桂陽零陵及漢中汝南皆楚分

晉書翼軫楚荊州南陽入翼六度南郡入翼十度江夏入翼十二度零陵入軫十一度桂陽入軫十二度武陵入軫十度長沙入軫十六度

按翼軫皆臨楚分度不同占但星野之相鄰即天光之共曜故涉楚境者備錄之不必為一邑也

形勢

嘉魚形勢以蒲圻章冠山為遠脈本邑梅山為近脉由此至秦鐘山越舒橋菉嶺棗園高家山直趋

石井舖五里牌蜿蟺而來遂泝江流迴旋蟠鬱東南則牛首白雲環相拱衛馬鞍峙其壯魚嶽浮其西龍潭山為後障隆隆隱隱縣治適處其中得五星之正位三楚屬邑之勝斯邑亦其選矣此外山川各異另有紀載故不泛及

疆界

言封域則疆界可知矣然封域内錯所統者全疆界外拒所守者約王者有分土無分民畫疆而理亦以便民也志疆界

東西袤二百一十五里　南北廣七十里
至　京師水路四千八百三十里陸路二千八百
二十里
至本省水路二百四十里陸路一百八十里

四至

東至咸寧縣界八十里
南至蒲圻縣茗山五十五里
西至臨湘縣界新店一百三十五里
北至漢陽縣界潦水夾一百里

八到

東到咸寧縣治一百四十里
南到蒲圻縣治七十五里
西到沔陽州治二百五十里
北到漢陽縣治二百四十里
東南到咸寧縣治二百四十里
東北到江夏縣治二百四十里
西南到臨湘縣治一百六十里
西北到沔陽州治三百里

塘房

穀花洲塘十里至篾洲塘十五里至清江口塘十五里至土磯頭塘十五里至石頭口塘十五里至六溪口塘十五里至江安塘十五里至石磯頭塘十五里至江口塘十五里至新淤洲塘十五里至冬乾滄塘十五里至夏田寺塘十五里至東嶺塘十五里至下簰洲塘十五里至黑坡塘十五里至牛角尖塘十五里至王家港塘十五里至江夏界
以上一十七塘在江南岸

烏沙洲塘十五里至龍口塘十五里至汪家洲塘十五里至田家口塘十五里至漢陽界
以上四塘在江北岸

鋪遞

縣前鋪十里至石井鋪十里至菉嶺鋪二十里至舒橋鋪十里至洪水鋪十五里至蒲圻界

都里

周禮令六鄉之民各為比閭族鄰使之相保相愛相賙相救後世散而為都析而為里皆其遺意也

因其意而變通之厚民生而成民俗悉視諸此矣

志都里

舊有三鄉廣賢鄉管都之二四豐義鄉管都之一三五七八九懷仁鄉管都之六之十六後罷鄉置都分都管里都凡十有一里凡二十有二正統七年都仍其舊里并為十二一都曰宣化曰永豐二都曰廣賢曰淨保三都曰居仁曰熟湖四都曰清洪曰德潤五都曰受灘曰西保六都曰豐義曰太平七都曰邵陵曰親仁八都曰西安曰欽教九都

曰石塘曰崇義十都曰懷仁曰介石十一都曰左湖曰清江以永豐歸宣化熟湖歸居仁德潤歸清洪西保歸受灘太平歸豐義親仁歸邵陵欽教歸西安崇義歸石塘介石歸懷仁清江歸左湖至

國朝康熙四年分圖均米合居淨兩里為一分懷仁一里為二仍十二里云載後

宣化里　廣賢里　淨居里　清洪里　受灘里

豐義里　邵陵里　西安里　石塘里　上懷仁里　又懷仁里　左湖里

九洲

上洲　中洲　上截　下截　小洲　付助洲

傍還洲　還餘洲　護歸洲

九屯

上屯　中屯　傳屯　田屯　東屯　牛屯

小屯　白屯　大屯

保

何家保在縣北陳家保在縣北安樂保在縣西南

淨保在縣東

鎮

石頭鎮在縣西南六十里六溪鎮在縣西南四十五里

簰洲鎮在縣北一百里

山川

宇宙肇判九土攸分高山大川以峙以流而邛陵墳衍原隰之名物所以辨區寓阜民人而利財用也志山川舊志

北境之山曰龍潭山在縣治後相傳有龍潛焉故

名　青山

百足山又名馬鞍山勢蜿蜒如飛練沂江而西故名

河泊磯危石聳立甚奇

黄公山邑人李承箕築室其上諭德王鏊有記

大小蜀山先主與吳會拒曹操駐蹕於此故名

浮石山

東境之山曰牛頭山　石壁山　戴家山　陸家山　陰山　仙師山

仙跡山山頂石上有足跡甚巨相傳葛仙翁飛昇處

望夫山石上有婦人足跡

西保山羣峯羅列西湖之上不可以一峯名故總稱西保山

青林山山勢聯絡若青林

連洲山其山與前湖諸峯相連故名

南境之山曰白面山奇峯卓立勢如展旗按宋史韓世忠傳招撫劉忠叛有衆數萬據白面山營柵相望世忠伏精兵大破之斬忠湖南遂平即此山也山石多白前志乃云世傳有人禱於此山生三子皆白面死而為神誤矣

白雲山在白面山之西相連有石洞可容數十人上有白雲菴舊志謂之穿石山即此山也

梅山山多梅下有洞名楊欒洞一名楊葉洞

大牛山　石官山　九隴山　横山　臨江山

秦鐘山本名尋鐘又訛陳鐘　東海山

唐帽山樹木蔥蔚望之如唐帽故名

石泉山　石崙山　霞山

楊家山在霞山北山勢相連

百合山在大崖山東北

鵜鴣山在梅山北一名皮閣山

西梅山在梅山西北

大石屋山其中空洞可容百人

大崖山有南嘉第一峯五字在山之陰名人題咏甚多

蒲圻山按蒲圻志有蒲圻山近西良湖此未詳

西境之山曰灌磯山一名鳳凰山上有五嶽觀

魚嶽山水經注云在大江中楊子洲南一名江皐山江流淤嚙洲已不存今山去江一里許

唐公山

月山形如半月有三山拱其前如心字水繞前後四時不涸

官山一名大觀山

桐山　引馬山　左經山

界石山有石如龜在河中逆流而上

柳山　雨壇山在赤壁之東南

石頭山方輿勝覽云在嘉魚隋志云蒲圻有石頭山蓋隋并嘉魚入蒲圻故云山在蒲圻

赤壁山即周瑜破曹操處

團山在郭公湖北岸　鉄山俱近赤壁

大名山　柘山　金瀨山　城豪山俱近黃岡湖

禹貢岷山導江過九江今之洞庭至于東陵今之巴陵東迤北會為滙今之彭蠡

嘉魚口即魚山驛江口也其一大港水首受崖山

西南來過霞山范家橋至鶺鴒山梅山洞諸水自東南注之滙於蜜泉自馬徑至橫山又東北至白雲山西南為三汊潭過大通橋經魚嶽山之尾紅硃港之水自東滙之東北至魚山驛入於江其一陸水至界石東北分流由螺螄港至石屋山又東北分流至唐帽山龜湖諸水自南注之為楊家涇白小港經石磯頭之東南自櫟木橋入於大港其一自官橋西流至牛頭山北會白湖梅灘之水為魯港至三汊潭入於大港六溪口在縣西南即古

陸口三國時吳以此為控地按舊志魯肅自江陵下屯六口肅卒呂蒙代之後呂岱又領潘璋士卒屯於此按水經註陸水經呂蒙城西又經蒲磯山北入大江謂之刀環口又謂之蒲磯口即此口也

石頭口在赤壁山下水有二其一自新店來為白石長河會清江黃岡滄湖諸水遶鉄山至麻壕為一自蒲圻小梅山歷朗橋蕁湖滙柳山湖諸水遶鉄山之東南至麻壕之櫟木涇二水合流注赤壁入於江

清江口土名灌口江水春漲則灌入黃岡湖至石頭口入江秋冬時則斷流矣
夾口在縣北簰洲盛夏則通舟楫秋冬則涸土人有上下夾之稱一名潦水夾
鷰部口在縣東北
三港口在縣東
六灌口在縣東北

湖

太平湖在縣南十里相傳水涸時夜有光怪土

識而掘之得鎛鐘秦少游有弔鎛鐘文見藝文志
梅澥湖　楊汊湖　李漊湖　烏土湖　洄湖
龜湖　小龜湖　江池湖　大澥湖即大雅湖　小蘆湖
後湖　窯泉湖　湯家寨　以上諸湖在縣南
大篰湖　蔡家湖　蚌蛤湖　致思湖　蘆洲湖
西保湖邑人李德良隱居處　破鼓湖　方家湖
楊港湖　雁湖　栢株湖　李成湖　楪李湖
大名湖　赤城湖　陶陵湖　以上諸湖在縣北

黃岡湖　滄湖　大小左湖　滕毋梅湖
沙池湖　源潭湖　韓家坑湖　鯉魚湖
金澥湖　李漊湖　蘆城湖　白石長湖
清江寨　郭公湖　以上諸湖在縣西南

港

南圻涇港　東陂閘港俱在縣南
紅硃港在縣北舊有橋名通江一名宣化嘉靖間知縣吳瀚填塞橋口引紅硃之水西流入江別建龍津橋云

大港在縣西大通橋跨其上
白水港在石磯頭之南　魯港在梅澥湖　長港
舒濟港　東港俱在縣南
李洣港在縣西南　大青泥港在縣西北
車濟港　鷄子港　頭陀港一名透脫港即今顛陀湖　西港　宋家港　高家港　青泥港俱在縣東北

澥

金鷄澥　孟家澥　炭窰澥　鐵爐澥俱在縣西南

郭家澥　陰山澥俱在縣東
白楊澥　陳油澥俱在縣北
潭
三汊潭在白雲山下　龍潭在縣治北
浮石潭在縣東　楊家潭在新堤
胭脂潭有二一在縣東北一在縣西滄湖之濱
石頭潭在縣南　烏龜潭在縣東北
泉
窨泉即八眼泉水甘泉在湖中

石泉在石泉山之下
溫泉一名楊坑在石頭口之東南
牛眼泉　洗耳泉俱在大崖山
池
落星池在
大成殿前詳見亭榭
上放生池　下放生池俱在縣治東久廢
丁家池在縣治西
陂

上陂　下陂俱在受澥里　舒橋陂　柏葉陂俱
在西安里
塘
東籬塘在縣治前　石塘在石塘里　龍塘在受
澥里　鵞塘在淨保　胭脂塘在部陵里　譚家
塘在縣西
續志云正統間一十二里計塘二百四十五歲
久開塞不一故不具載今稍存一二以備考焉
嶺

大琛嶺　韓婁嶺　菉嶺俱在縣東
洪山嶺　古豪嶺俱在縣南
洞
梅山洞在梅山　白雲洞在白雲山　石室洞在
大崖山　觀瀾洞在魚嶽山之背　石泉洞在塘
帽山下
畈
平市畈　安樂畈　木黎畈俱在縣西南　舒橋
畈在縣南　藤埜畈　龍塘畈　古城畈　南[illegible]

畈俱在縣東北　三九畈　黃港畈俱在縣東

洲

白面洲在縣南白面山下

楊子洲在魚躍山外金梁洲舊志載水經註江經魚嶽山下得金梁洲今崩塌已盡意護縣等洲即其地也

連洲在西保湖中

馬洲在縣東南

龍穴洲在縣東北按水經宋景帝迎文帝於江陵有龍躍負文帝舟左右失色帝謂長史王曇首曰此夏禹所以受天命也我何德以堪之哉一名鴐鄒口

雙洲在縣東

堤

通江堤在縣東北有橋名宣化又名通江嘉靖十九年知縣李璣衡更築龍津堤以便行旅久而橋圮二十四年知縣吳瀚塞通江橋更移橋於龍潭之西名曰龍津橋邑人方逢時有記

長堤宋皇慶元年知縣成宣築上自馬鞍山下至石家磯嘉魚分脩三千一百四十三丈一尺以障下六里之田歷元明迄今無改雍正五年春夏水漲堤盡沖塌本年　督憲傅捐米一千石給堤內居民是年十月奉

旨給帑銀三千一百七十一兩六錢委員監發堤民脩築堤旁植柳雍正十二年江岸崩塌堤近大河知縣張其維改築月堤一道長八百丈並將全堤加高五尺寬五尺堅厚結實多栽柳樹遂得穩固

新堤在縣東五里宋政和間知縣唐鈞築以捍江水靖康兵興堤圮乾道知縣陳景福改舊堤三百步闕兩山相距楊家潭上横亘為堤江湖不通水患始息

附録

石磯　白鷺磯俱在縣東

鄭家磯　頡臺俱在縣南

山陂峽在馬鞍山下

官壋在縣東北

麻壕　邱公灣　北壟　馬牙墻俱在縣西南
王世名溝在石磯頭之西　獅子山在縣西南
張家蕩　犂轅段　長堤坎　鯉魚汊俱在縣東

古蹟

周鼓秦碑在當時亦耳目前物俯仰之間皆爲陳迹後之視今猶視昔安知不代積而成古耶考古實以証今也志古蹟

縣治在魚嶽山東南唐保大十三年因羅兵亂遂徙治白面山下即今白雲山宋平江南復還舊治

今廢址尚存

沙陽城在縣東北一里許今無考

吕蒙城在縣西六十里石頭口孫權征長沙時築今無考

岳公城在縣東北四十里岳飛征楊么城此今無考

赤壁在縣西南六十里與烏林相對即周瑜破曹操處巉石峭立上有赤壁二字乃周瑜所題名人詩咏甚多見藝文志

祭風臺與赤壁山相連山頂有臺諸葛亮祭風於此

三皇廟在縣北半里許今無考

拄杖孔在縣東陰山之頂世傳葛仙翁常陟其巔杖立石間即成石窟水清不溢居民爭取以療疾男女混雜水遂絶

望夫石在縣東境山頂有一石上有足跡宛如婦人趾世傳其夫役於外婦登此望焉故名

宋汾疑沔字陽郭君墓在龍潭山之原正統十三年八月有掘其墓者得墓誌一通仍爲瘞於塚畔

誌云君諱一新字德彰舊諱彌遠復州玉沙縣滄浪鄉清化里人其先來自興國曾祖考琦曾祖妣聶氏祖考勉祖妣蔡氏考知常妣王氏淳熙壬寅二月十九日生嘉熙己亥清野南徙鄂之嘉魚明年八月二十四日卒十一月初四日辛酉旅櫬縣治北龍潭山之原娶同邑趙氏諱媛夫魏王位什王宮親宅保平軍院珂州宗位女父承信郎彥澎母張氏淳熙丁未十月十二日生慶歷乙酉出適淳佑癸卯七月初二日終甲辰九月初八日丙午

祔一男淫一女適寓邑李伯龍君家世聞於時義恤聞於鄉州縣賦政於民多所委任沔陽僑治條書裨贊力尤多守臣將擬補奏辭以疾弗能強其寓居也卜蓮荷塘之上面大江以西志鄉闕之在目也嗚呼天限南北不獲還先人之隴有此遺憾缺文不可無歲月缺文石内諸缺文

詳此君人品非碌碌者應在寓賢之列但壙記多缺誤又不載作誌姓名初擬削去今依舊誌存之

杏壇在魚躍之背邑人李承芳有記載藝文誌

廟古松元主簿狄忠手植明初尚百餘株歷為風雨摧折僅存三十餘株崇正間熊公開元復植數十本今存者甚蒼秀

古柏一株在城隍廟不知植自何代今約十餘圍矣明季枝葉盡凋歲餘復生青蔥如故

沿革

嘉魚古荆州屬地至漢入沙羨俱未晰其名至晉太康元年始名為沙陽縣梁升為沙州隋廢入蒲圻為鮎漬鎮並沙羨為鄂州五季南唐改鎮為場昇元元年陞場為縣保大十一年始改嘉魚縣以其地有魚嶽山取南有嘉魚之義也元大德五年改鄂州為武昌路明復改路為府嘉魚為府屬邑至

聖朝廓清海宇江漢綏寧而武昌府屬悉仍舊焉

營建志第二

司空列職於冬官所以掌邦土居四民也雖宗廟廐庫居室先後攸分然邑有大興作皆以為民民或未之知焉既用其財復用其力於是大事未舉怨讟旋生古者因事立法與民宜之占營室以審天時正方位以合地理節勞逸以順人心急所當務罔有紛更不待邑中之黔執朴以扶而畚挶輿規模具矣後之君子覽建置之由其可忽節慎之義乎

城池

重關百二表裏金湯言地利者靡不資之矧方城漢水楚稱重鎮邑雖小亦有實墉實壑之制觀堂圍所司知設備不可不豫也志城池

舊志云嘉魚縣治東南阻山西北距江居民鮮少舊無城池前明正統時僅土垣木柵正德間羣盜大起知縣陸槐因故址拓築女墻上覆以瓦周圍二百雉厚六尺高倍之四門曰東望曰南薰曰西成曰北鑰歲久傾圮萬歷戊寅知縣吳駿聞之兩院守巡撫都御史陳公瑞疏請改築易以磚石周圍四里東西廣里餘南北袤二里城高一丈九尺厚一丈三尺上設女墻門建一樓曰寅暘曰迎薰曰迎江曰定奎又為一小門西出曰水西門西北有便糧門今閉提學副使張邦奇邑人方逢時俱有碑記以後修築未詳雍正十年大雨傾毀三百丈知縣張其維捐俸脩葺堅完居民永賴

池以水為險縣城南距湖西北距江亦若漢水以為池也惟東為驛路車馬往來之區盡負郭居民

塲圃村落耳

廨署

官署非蘧廬比也所以謹內外肅觀瞻崇卑大小其制各殊皆有堂廉之義焉可僅視為傳舍歟志廨署

縣治在龍潭山前元至正甲辰知縣李夔建大堂儀門縣門六房及典史衙舍明洪武初知縣姚以德建後堂正統六年知縣莫震重脩成化中知縣馬炳然續修外設鼓樓三間則知縣姜溥所建也以後修建無考至康熙乙亥大堂全傾前令李蘂鼎修乾隆元年張其維依式脩葺并添設擔蓬及牌坊皆改觀焉

今制縣門一座　儀門三間　大堂三間

穿堂三間（額曰見心）　後堂三間（額曰主敬）　架閣三間

東西司房各五間　住宅在主敬堂之後

花廳一所額曰大寧堂乾隆癸卯縣令嚴廷燦建

申明旌善二亭在縣門西今廢

按察分司在縣治北知縣姚以德建今廢

布政分司在按察分司之右知縣黃開建今廢
寅賓館在縣門內東偏正統七年建
土地祠頭門內東偏
監倉在西三房後今移東
典史廳在縣治東偏
佐理廳三間宅在後康熙丁酉年典史戴士鵬重
修乾隆四十四年典史朱源重修
簰洲巡檢司署在縣北七十里洪武元年巡檢李
顏建

石頭口巡檢司署在縣西六十里洪武元年巡檢
謝希顏建
魚山水驛署在縣北五里洪武元年驛丞鄧宗文
建今裁
石頭口水驛署在縣北六十里洪武元年驛丞鄧
思賢建今裁
簰洲水驛署在縣北八十里洪武元年驛丞瞿福
受建今裁
太平湖河泊所署在縣西一里所官湯旺建今裁

黃岡湖河泊所署在縣西南八十里所官鄭　建
今裁
頭陀港河泊所署在縣東北三十里所官羅學賢建今裁
致思湖河泊所署在縣東北六十里所官完者帖
木兒建今裁
惠民局在縣治前洪武七年訓科童祥建今廢
養濟院在縣東一里洪武八年知縣吳啟文建今廢
廟祠
安神有廟祈報有時禮也祀典所載皆有功德

於人忠臣烈士出其靈爽福佑斯民亦所謂暗
理王綱者各以類書之志廟祠 續志
城隍廟舊在縣西燬於兵洪武三年知縣王孔昭
遷於縣東南會真觀之基天順三年知縣劉循
修宏治間知縣馬炳然重建中為正廟東西兩
廊為左右司前有拜廳儀門後有過亭寢廟正
統九年重修至
國朝廟圯順治八年再修雍正元年知縣湯星南捐
貲買廟後基地建立後殿又買廟左餘地丈餘

契存監修人甘健也龍揮千熊世理將執乾隆廿三年知縣黃通理重修

張王廟在縣東北一里許洪武十五年知縣吳啟文始建以祀張睢陽也宏治間知縣姜溥改建並祀關壯繆岳武穆故稱三忠正統十三年重修嘉靖己亥以廟基為儒學而移其祠於東山之麓仍稱三忠祠乾隆三十六年知縣冉世珍重修

吳王廟在縣西南石頭口赤壁山右三國時孫權

保此民懷其惠立廟祀之洪武十六年知縣劉秉政重修

梅山龍王廟在楊藥洞口創始無考歲旱入洞取水祈雨有應歲久圮廢正統十四年重建

龍王廟在縣南六溪口元時建洪武十六年里民吳總祖重修

許真君廟在大崖山創始無考今橫山有真君山其廟亦祀真君相傳有仙跡舊志不載

靖江王廟有五一在六溪口廟在江干威靈赫濯能分風上下官商往來必親禱致祭無揚帆竟過者創建自唐詳見藝文志碑文雍正九年六年督憲邁前後捐金四百兩暨官民貲助廟宇昂新知縣張其維復修前殿及廟門又甃石以固江岸乾隆十五年於廟之左建大士閣乾隆三十五年復修砌岸（僧會司禪慕化）續一在縣西城外江口一在縣城水西門內邑人歲時奉祀有禱必應一在灌磯山之麓丁家池之上一在小龜嘴靖江王有廟自此始今廟祀徧四境惟此俗稱

祖廟云

文昌祠有三一在

文廟大成門之東一在儒學儀門外之東明知縣程可登建左有作人㙜祠額文昌書院春秋致祭一在法華寺山門之西為文昌會館今廢

吳王行祠在縣西南地名界石明洪武八年里民徐福建

東嶽行祠在縣東宋時舊址元建而復廢洪武二十一年里民陶得成重建明季邑人遷於縣治

東郊外二里許
西嶽行祠明時在西郊長堤之外今遷於龍津橋
内龍潭山之麓廟基空地係方鐸置捐
闗聖廟舊在縣東地址湫隘永樂三年縣令冉通遷
置東嶺之上康熙丁未歲縣令來鑑遷建分司
舊址在縣治北雍正乙巳年奉
旨追封三代公爵
曾祖光昭公
祖裕昌公
父成忠公雍正癸丑知縣張其維捐貲重修廟宇
二賢祠在大成殿之西今廢
葛公中選生祠在河泊磯山頂今廢
壇壝
天施地生其蕃無方與出雲氣行風雨者咸秩
諸祀典理陰答陽禮莫大焉厲雖非正祀聖人
所以澤無告有其舉之莫敢廢也志壇壝
風雲雷雨山川壇舊在城隍廟前共一壇牌位凡
三一曰風雲雷雨之神一曰嘉魚境内山川之

神一曰嘉魚縣城隍之神俱南向今三壇移祀
於城東棗林嘴如社稷壇之制
東壇祝文
惟神贊襄天澤福佑蒼黎佐靈化以流形生成
永賴乘氣機而鼓盪温肅攸宜磅礴高深長保
安貞之吉憑依鞏固實資捍禦之功幸民俗之
殷盈仰神明之庇護恭逢歲祀正值良辰敬潔
豆籩祗承牲幣
社稷壇在縣西灌磯山頂壇制東西二丈五尺南
北二丈五尺四出陛各三尺壇下前九尺五寸
東西南各五丈繚以牆垣四門紅油由北門入
壇主石主一丈二尺五寸方一尺埋於壇南正
中去壇二尺五寸止露圓尖餘埋土中神牌二
以木為之朱地青字高二尺五寸書縣社之神
縣稷之神臨祭設於壇上祭畢藏之神廚宰牲
房神庫各三間今俱廢雍正壬子前令王邦彥
依舊址重建圍以磚牆壇高三尺上立石碑為
神座

西壇祝文

惟神奠安九土粒食萬邦分五色以表封圻育
三農而蕃稼穡恭承守土肅展明禋時仲春秋敬
修祀典庶兆芃芃松栢鞏磐石於無疆翼翼黍苗
佐神倉於不匱

先農壇雍正丁未年知縣王邦鴟奉
旨建在縣東門外官道旁殿三間中立牌位圍墻一座
壇在殿前其縱橫高下尺寸悉遵　部式
耤田四畝九分在壇前賣契存庫

津梁

廣谷大川凡行旅之經過其地者非舟梁莫濟
況邑當水次利涉為先興葺宜修廢者亦不容
泯存其名以勸好義者志津梁

大渡橋在縣東南二十五里
岑家渡在縣東三里
丁家渡在縣東三十五里
頭陀港渡在縣東四十里
三港渡在縣東六里

[illegible]渡在縣北九十里
小洲渡在縣北十五里
夏田寺渡在縣北七十五里
田家口渡在縣北三里
汪家洲渡在縣北十五里
龍口渡在縣西北三十里生員鄒國正募設有節婦鄧阿甘施田三石課
入錢作渡子工食名曰義渡事載碑記
六溪口渡在縣西南四十五里
石頭口渡在縣西南六十里

穀花洲渡在縣西南百三十里
龍津橋在大西門外明縣尹吳翰黃孟經重修邑
人王少湖捐貲佐理
國朝邑民甘伯宋李玉子熊聖楚募化重修乾隆三
十六年闔邑士民重修
大通橋在小西門外嘉靖初知縣李璣衡始為木
橋以石為墩而施巨板於其上順治初典史陳
文奎重修康熙庚子市人周儒宗捐貲鳩與
修

宣化橋在縣東北紅硃港宏治庚戌知縣姜濬建
梅灘橋在縣南門外順治初闔邑士民重修
董公橋在縣城東七里邑人李珩重建
硃砂橋在縣東二十里邑人李滋建一名東橋陳
白沙詩誰知萬里東橋月夢破羅浮亦有詩蓋
謂此也
淨保橋在淨保寺前元統間僧紹忠建
熟湖橋在熟湖寺東邑人李天申建
官橋在縣東十五里知縣李夔建

清溪橋在縣東二十里宏治庚戌邑人周賓建
大橋在縣東南二十五里
舒橋在縣南四十里知縣李夔建
大渡橋在縣東南二十里
新設浮橋在縣西城外魚躍山前乾隆四十六年
士民程桂標李學熙張士超修

坊表

坊門闕宣教化表賢達所以置坊昔之坊多矣
今無一存者即廢址亦不可考然藉以表[illegible]
迹興起後來是亦存名之效也志坊表 續志
承流坊在縣門東 宣化坊在縣門西
興賢坊在學宮左 成賢坊在學宮右
育賢坊 崇賢坊俱在學宮前
太平坊在左湖街 迎恩坊在東嶺上
進士坊有七在儒學門南者為程鑑立在學宮左
者為宋興文立在豐義街者為李英立在廣賢
街者為李田立在通江閘者為李承恩立總承
恩者為李承芳立在官巷者為李承勳立

經魁坊為李璣立
晝錦坊在豐義街為參議陳宜立
解元坊在分司左為李滄立
科第坊在岳公樓為舉人李田立
折桂坊在晝錦坊東為舉人古信立
攀桂坊在居仁巷為舉人孔儒立
青雲坊在廣賢街為舉人徐汞聰立
繼芳坊為舉人程涵立
世科坊為舉人李為臣立

登科坊為舉人李承恩立
騰蛟坊為舉人魯儒立
起鳳坊為舉人徐玹立　以上五坊俱在廣賢街
雲梯坊為舉人童以明立
雲程接武坊為以明之子珪立　二坊在豐義街
凌雲坊在豐樂巷為舉人龍淵立
青雲得路坊為舉人杜福立
三桂坊為舉人李承顏立
文奎坊為舉人任岳立

鵬程萬里坊為舉人杜循序立
步武聯芳坊為舉人李為義立
大司空坊為尚書吳廷舉立
青宮太保坊為尚書李承勳立
司馬亞卿坊節制三邊坊太柱國坊四世恩光坊
俱為尚書方逢時立
父子進士坊在承流坊右為李承勳立
都憲坊在官巷為都御史李田立
繡衣坊在廣賢街為御史孔儒立

後賢師儉坊為知縣劉士觀立

關市

東關曰東嶺西關曰務門南關曰左湖北關曰通江西北曰豐盈邑舊無城故有關及城設而關廢矣

豐義街在縣右

懷仁街在縣左

岳公樓在縣中央為四街通衢

廣賢街自岳公樓至龍潭山南

左湖街在懷仁街南通僧會司

古桂巷在豐義街南通山川壇

居仁巷自岳公樓西北至栞東書院

官巷在縣治西南通都憲坊

豐樂巷在豐樂坊通社稷壇

此成化前志所載以後俱不著名今存之

亭榭

邑有亭榭以資遊觀是稱別構雖時有興廢然前人選勝而成佳麗後人觸景而增嘯歌所以感懷其致一也志亭榭

遠觀亭在龍潭山頂宋嘉泰間知縣柴景望建今廢

節文亭亦在龍潭山頂今廢

後樂亭在平易堂後知縣馬炳然建

仰高亭在龍潭山頂正統己卯知縣莫震建

博約亭在仰高亭後典史倪彬建

觀德亭在射圃知縣吳啟文建

閱武亭在灌磯山知縣馬炳然建

摘星亭在

大成殿東傍有墜石名落星知縣馬炳然易今[illegible]

按摘星亭在殿東落星池在櫺星門前相距[illegible]遠續志云正統間知縣莫震建落星亭後[illegible]可登弁石置博約亭址將建升星亭以覆之[illegible]果而池塞順治十六年知縣郭植復開落星[illegible]移石舊所豈摘星亭即落星亭馬尹特易其[illegible]耶至學博劉士臣作落星辨且改落星為[illegible]尤為迂謬可笑即升星摘星亦紛紜多事[illegible]

按摘星亭載宏治時志不可曉

采蘭亭在摘星亭之右典史倪彬建

竹軒在縣廳之西知縣莫震建

晚泊亭在魚山驛宋淳熙三年晁令建嘉泰四年知縣柴景望重修江岸傾圮後令朱錤遷之[illegible]

詩諳呼閲使星之句易名閲星亭
葛仙亭在仙蹟山
紫微亭在大隱樓前
鐵橋亭在大崖山下有洗耳泉
威鳳亭在灌磯山明李演武舊址康熙己酉知縣
李世錫建
望雲亭在縣署後山頂康熙戊辰知縣龐額[illegible]
改名清音非是前任知縣張其維重加[illegible]
改望雲亭後知縣薛元統又加修葺[illegible]

嘉魚縣志　卷一　營建　三七

亭
寶花臺在縣東受灘里
躋春臺在縣治之北隅知縣李元震建
西湖雲隱在西保湖邑人李德良讀書處
石室　真靜所在大崖山俱邑人李承箕讀書處
大隱樓在縣治北
竹西書屋俱邑人方逢時建
翔鳳樓在灌磯山嘉靖間建今俱廢

重修嘉魚縣志卷之二

賦役志第三

九貢九式財賦所自出絲粟悉取具田間損上則用絀瘠下則民困國家酌中正之經而令甲懸之有司守成法而已嘉邑濱江帶湖地近沮洳田多磽脱屢苦於潦户不踰二萬丁然而惟正之供輸將恐後者經制定而賦歛平涵濡德澤者深也

户口

大司徒掌人民之數以稽夫家以頒職事保息安養之政所以行也志户口舊志

嘉魚縣志　卷二　賦役　一

户二千七百六十九户
口一萬七千零六十七口
周官司寇獻民數於王王拜受之登於太府其重如此世經更易户口之登耗莫考
聖朝混一區宇休養生息生齒自日益繁今歲自康熙十年始以俟歲增云續志
户官軍民匠雜役等五萬一千三百九十五户
口男婦大小共三十五萬零五百六十一丁口

貢賦

任土作貢則壤成賦經國裕民王政之大者布縷粟米力役之征後世之法也志貢賦舊志正雜餉實征數

原額田地山塘堰共四千二百六十三頃三十九畝九分九釐一毫

額科秋糧米六千二百九十六石零九升三合四勺

又雍正七年并十二年新增開墾田地四頃六十

八畝一分二釐一毛四絲九微四塵六渺

新增秋糧米三石六斗五升六合九抄七圭五粒七粟

額徵條遼優免銀九千零四兩四分三釐七毫八絲三忽五微六塵三纖四渺五沙

原額人丁四千三百一十二丁除免運夫故丁十八丁丁外實在人丁四千二百三十四丁

一康熙十一年審增人丁一十丁

一康熙四十五年審增人丁二丁

一康熙五十年審增人丁一丁

額徵丁糧一千二百五十五兩三錢二分八釐五毫六絲二忽二微五塵三渺於雍正七年奉文丁隨糧派加增丁銀八十三兩五錢五分二釐五絲六忽六塵五渺二漠三茫七沙

二共實徵丁銀一千三百三十八兩八錢八分六釐一絲五忽三微一塵八渺二漠三茫七沙

内除屯派銀一百七十一兩五錢一分四釐九絲三忽五微五塵四纖四渺二漠二茫實糧派

銀一千一百六十七兩三錢六分六釐五毫二絲一忽七微五塵六纖四渺一漠一茫七沙

帶徵均攤坍塌班匠銀一百兩零九分五釐七毫二忽三微二塵九纖

應隨丁銀一十二兩九錢七分七釐三毫八絲九塵四纖五渺四漠五茫五沙

以上一十二里實徵地丁銀一萬零二百八十四兩四錢八分三釐三毛八絲七忽七微[illegible]三纖三渺五漠七茫七沙

一原額更名成熟地七百二十八頃七十四畝一
分一釐七毫九絲六忽五微
康熙四十年續墾更名地一頃三十一畝八分四
釐三毫九絲三忽六微七塵三纖
二共更名成熟地七百七十頃五畝九分六塵
一毫九絲一微七塵三纖
額徵租餉銀一千二百五十六兩零八分九釐二
毫九絲三忽八微一塵九纖九渺二漠二茫
額徵茶菓餉銀五十六兩六錢一分四釐四毫六

絲八忽四微六塵五纖一渺七漠二茫
班匠一十七名匠價銀一十兩二錢
以上更名租餉并班役匠價共銀一千三百二
十二兩九錢零三釐六毫六絲二忽二微八塵
五纖四渺九漠四茫於雍正七年奉　文丁隨
糧派該隨丁銀一百七十一兩五錢一分四釐
九絲三忽五微五塵四纖四渺一漠二茫
以上更名租餉并班役匠價及隨糧派徵丁銀
共一千四百九十四兩四錢一分七釐七[illegible]

絲五忽八微三塵九纖九渺六茫內除
高堤屯坍塌更名地六十五頃八十七畝二分九
釐九毫
坍塌租餉銀一百二十五兩二錢四分五釐七毫
六絲一忽三微又除
班役匠銀一十兩二錢又除
本糧應隨丁銀二十四兩四錢五分四毫六忽五
微五塵七纖三共除銀一百五十九兩八錢九
分六釐一毫六絲七忽八微五塵七纖均攤入

里屯茶菓蘆課麻鐵府鈔各項帶徵
一各湖課
兩京乾魚正幀銀一百一十四兩六錢七分七釐
八毫九絲五忽
本府魚課鈔銀九十二兩一錢八分八釐八毫二
絲四忽五微遇閏加銀七兩二錢二分七釐一
毫二頃帶派均攤銀二兩二錢七分七釐八毫
五絲八忽六微二塵四纖三渺八漠九茫
三共實徵銀二百零九兩一錢四分四釐五[illegible]

七絲八忽一微二塵四纖三渺八漠九茫
學田租穀折價充餉銀一十兩
蘇鐵銀四百七十七兩一錢零六毫五忽五微遇
閏加銀三十三兩五錢六分三釐一毫五忽
帶泒均攤銀五兩二錢五分三釐六毫五絲二忽
二微七塵八纖三渺七漠七茫
二共實徵銀四百八十二兩三錢五分四釐二
毫五絲七忽七微七塵八纖三渺七漠七茫
牙茶稅餉銀二十九兩五錢

雍正九年新增開墾更名地一頃二十畝
新增租餉銀一兩九錢五分八釐二毫一絲六忽
六微一塵九漠八茫
乾隆十七年新增開墾更名地一頃八十畝
新增餉銀二兩九錢三分七厘三毛二絲四忽九
微一塵五纖一渺四漠六茫
原舊蘆課銀一千八百三十二兩八厘一毫五絲
七忽八微六塵七纖
七兩一錢八分五厘一絲八忽六微二塵

纖二渺四漠七茫七沙九灰
新額蘆課實征銀二千一百三十一兩九錢四分
三釐八毫五絲四忽四微
内稀蘆地三百一十七頃十九畝八分四毫四絲
三忽五微五塵訣銀六百九十七兩八錢三分
六釐七毫九絲五忽
葫荻地一百八十六頃六十八畝九分四釐四毫
六絲三忽訣銀三百三十六兩零四分一厘三
毛

中則地二百七十頃八十三畝四分五厘五毫訣
銀四百八十七兩五錢零二厘
下則地一百五十四頃八十五畝六分八厘七毫
訣銀二百零一兩三錢一分三厘九毫
草塌地四百零八頃二十六畝七分八厘七毫三
絲訣銀二百四十四兩九錢六分七毫
草壋地五百四十七頃六十三畝六厘四毫訣銀
一百六十四兩二錢八分九厘一毫
更名原額實征銀一千二百二十六兩三錢三分

九厘

茶稞銀七十五兩五錢三分二厘

以上合縣額徵正項并雜欵共銀一萬四千四百四十九兩二錢八分七厘零七絲八忽四塵六纖一渺二漠三范七沙

起解存留實數

一解　布政司項下

戶禮工三部并光禄寺地丁餉銀班匠優免新墾泒丁灘洲茶菓及撥歸均祭餘剩隨漕重丁充

餉共正銀九千二百八十七兩五錢三分五厘遇閏加增銀四十兩七錢九分內除豁免運夫丁銀一十四兩一錢九分六厘又崩卸更名無征銀一百兩零九錢二分又減樵課無征銀二十兩零六錢七分六厘外該正銀九千一百五十一兩七錢四分內除敬獻蒭蕘等事案內奉部行令撥歸存留補給縣學膳夫故丁銀四分八厘實征地丁銀九千一百五十一兩六錢九分二厘遇閏加增銀四十兩七錢九分

一隨漕項下

原數隨漕淺舡并新增陞科銀五百七十四兩五錢六分九厘內除豁免運夫丁銀一錢一分三厘該征銀五百七十四兩四錢五分六厘內除雍正七年陞墾隨漕抵算漢陽等縣重丁銀二錢二分赴　道庫領回凑入起運項下充餉實征銀五百七十四兩二錢三分六厘

撥存驛站銀六百七十二兩八錢內除豁免運夫丁銀二兩六錢二分五厘實征銀六百七十兩

一錢七分五厘

兵部江濟水夫銀五百八十四兩九錢零一厘

二共銀一千二百五十五兩零七分六厘

一撥運科舉半復銀七兩七錢三分五厘七毫二忽九塵八渺八漠九范

一存留支給項下

存留俸工祭祀樵支並撥運解費等款內除均祭餘剩銀三兩五錢九分撥歸起運充餉外共銀一千二百二十七兩零六分七厘內除豁免運

夫丁銀四兩四錢一分二厘實征銀一千二百二十二兩六錢五分五厘又加起運撥給廩糧銀四十八兩又起運撥歸三祭

關帝征銀三十五兩七錢四分六厘又動支起運撥給縣學膳夫故丁銀四分八厘實征銀一千三百零六兩四錢四分九厘

漕糧實徵數

兑軍正漕米一千六百一十七石二斗

四耗米六百四十六石八斗八升

二耗米三百二十三石四斗四升

雍正七年新增正耗漕米一石零八升七合二勺三抄三撮一圭五粒六粟

雍正十二年新增正耗漕米四斗一升五合三勺一抄八撮八圭七粒八粟

以上正耗米共二千五百八十九石零二升二合五勺五抄二撮三粒四粟

徵科之法隨時屢更應從新例舊志不録

明司馬邑人方逢時論曰下之供上謂之貢上之取下謂之賦貢無定時而賦有常則古之道也嘉魚邑小民貧貢賦之則在昔莫考國朝洪武而後二百餘年中間更制易度不知凡幾是以近時之征派與舊志所載迥不相侔文案毀壞無可考証隨事任意取辦目前無復恒度小民俯首輸納不知其由兹查總會文冊所載秋糧夏税里甲均徭驛傳公費有十年一審編者有五年一審編者有一年一審編者名色多端條貫靡一有司苦於稽查小民困於追呼而墨

吏得以夤緣浚削於其間萬歷十年言者始議為條編之法削去煩瑣之名通為均平之制亦云善矣誠使會計不爽於原額徵科無溢於額外比較有期出納有籍轉輸無扣减之私支給草那移之弊上不違於公程下不妨於農時而民焉有不樂從者乎今閭閻之下訩訩紛紛言不便者非不便於法也而行法者不施便於民也語曰有治人無治法此之謂矣

積儲

積粟以備賑貸轉漕以裕軍國二者皆急務也
慎乃葢藏謹其出入擇善地而置之則外府亦
如內府矣志積儲

漕糧倉在城西北便糧門內正廳一頭門一班房
一東西兩廊皆一十二里糧倉各屋房六間後
為兵燬今漕糧皆貯儀門外西偏糧房共六間

積穀倉一名預備倉在儀門內之西

盈置厫在縣治西今廢

預備倉有四今廢

東倉在淨保里

南倉在西安里

西倉在懷仁里

北倉在宣化里俱廢其現存者載後

常平倉一十八間在縣署頭門內西偏

社倉在各里者一十二在城市者三隨便貯穀雍
正十二三年士民共捐穀九百五十石
守憲朱濬捐穀一十石
府憲後陞湖南驛鹽道馬靈阿捐穀一百石
知縣張其維捐穀二百石
以上官民共捐穀一千二百六十石

新額

常平倉正額穀二萬九千石
附額穀二百九十一石二斗六升四合

常平倉厫間數

計十五座共三十八間

明司馬邑人方逢時論曰便民倉即古常平之
遺法也嘉邑五倉正統間各有儲穀多者千石

少者四百餘昔之人所以厚下而慮遠者何如
也當時議者或以為不便噫非倉之不便抑亦
行之者之過與夫苟非其人則不便於民者豈
特一倉而已今盈豐預備皆併入便民而四鄉
者則傾廢無餘天災流行民將奚賴惜哉

風土志第五

觀風而知治化任土而作貢賦政典也風有淳漓隨地變易土有沃瘠藉人滋培則兩者相因矣嘉魚禮教之邦士敦而民愨俗稱易治物產不饒於他邑苟非難得之貨所在皆能取給莅斯土者修其教不易其俗齊其政不易其宜因勢導利有不納斯民於醇古歟

風俗

吳越奢華唐魏儉嗇風氣使然轉移在人耳古者齊八政以防淫一道德以同俗風俗之成其教化之行乎

氣無勁悍習尚溫柔土瘠而服食無華訟簡而賓性近懦 通志

士恥貪饕農鮮蓄聚家以魚稻為業人敦詩禮之好

冠婚喪祭遵禮教者十而七八貨財懋遷行商賈者百無一人仕進以富及田閭為恥老大以不見官府為榮

嘉魚古稱勁直俠烈後變為樸素淳雅居民不遠行商火耕水耨以務本力農為業士皆知讀書明理學出以有用為榮迨入

聖朝涵濡德化俗愈淳良惟喪祭多用浮屠豈楚辭序所謂信鬼而好巫猶為荊楚之遺風歟 續志

土產

五土生物各有所宜辨厥土會以教萬民貴賤良楛惟其所有悉以待用或備考焉則物產在所當知也志土產 舊志

穀之品

稻　秔　糯　麥有大小二種　豆有紅黃黑綠扁豆諸種　粟　蕎有春秋二種　黍　粱　芋

貨之品

絲　綿花　茶　油　蔴　蜜　炭　石灰

木之品

松　檜　楸　柏　桑　柘　桐　梓　櫧　櫟　槐　櫰　杉　榆　檀　樸　椿　樟　楓　檖　柳　石檀　黃楊　白楊　烏桕　冬青　皂角

棕櫚

竹之品

南竹　筀竹　水竹　苦竹　筋竹　班竹

紫竹　白竹　叢竹　實竹

花之品

牡丹　芍藥　水仙　蜀葵　郁李　山茶

薔薇　荼蘼　鷄冠　鹿葱　金錢　海棠

長春　紫荆　玉蘭　芙蓉　鳳仙　朱槿

山丹　紫薇　幽蘭　菊　白木槿　剪春羅

菓之品

梅　桃　李　栗　棗　柿　梨　橙　柑

蓮　藕　枇杷　櫻桃　木瓜　石榴　菱

草之品

蒲　芹　藍　蒿　艾　蓼　蘋　蘩　芭蕉

蔬之品

葱　蒜　薤　茄　莧　白菜　芥菜　萵苣

苦蕒　蘿蔔　王瓜　東瓜　匏　藠　葫蘆

甜瓜　南瓜　絲瓜　芫荽

禽之品

鴿　鵲　鳩　鷹　鶚　鴉　鶴　鵰　雀　雉

鷄　燕　烏　鷗　鸜鵒　鷺鷥　杜鵑　鶯

白頭翁　鳧　伯勞　鵪鶉　鷓鴣　竹鷄

畫眉　布穀　黄頭　啄木　翠鳥

獸之品

虎　鹿　麂　麞　麝　獺　狐　兎　獾猪

鱗之品

鯉　鯽　鱤　鰍　鰱　鯇　鱅　鮎　鯾　鰓

鯖　鮊　鰉　鱧　鰌　鱔　鰻　鰕

介之品

龜　鼈　黿　蠏　穿山甲

蟲之品

蜂　蝶　蠶　蛇　石龍子　蜈蚣　螳螂

蜻蜓　蜥蜴　刺蝟　螟蛉　蟀蟋　蜾蠃

絡緯　蝦蟇　水蛭　蚯蚓　蜘蛛

畜之品

牛　馬　驢　騾　羊　豕　犬　猫　鷄　鴨

鵝

物產續志不載謂其與諸邑同竊謂布帛菽粟何處不同然天下之至寶也齊紈蜀錦海錯山珍詭非邑之所有物雖異烏得而寶之以其同為可置諸邑胡乃屑屑耶茲從舊志以備一則或者謂買菜求益殆非也

學校志第四

古者鄉三物之教由庠序而行考其與廢稽其盛衰作人之化可知矣聖人澤垂萬世宜享其報故牆數仞陛九尺俎豆兩楹致肅而展虔通於宇內一邑豈有加焉惟茲典禮舊章諸生所講習於其間者一有弗飭均非所以光文治興教化雖欲譽髦斯士不可得也故學校之制宜詳

廟祀

學以宣聖教廟以妥聖靈一事而兩舉其究不殊也入焉而生敬則化民成俗之原在是矣志廟祀

按各屬

文廟皆前廟後學嘉魚獨分兩處亦各據形勢之勝舊志學在縣南大成殿在縣北宋淳熙戊申知縣姜偃以學地湫隘始遷廟於龍潭山之陽還學於縣治之東迨元知縣成文煒蘇靖主簿狄忠先後脩理未有改遷至明洪武已卯知縣吳啓文以廟學隔越非宜乃卿廟左山麓為學正統間知縣

處復爲修理嘉靖戊子學遷於北門之内己亥復遷於三忠祠之基仍分兩址即今處也萬歷丙戌知縣蔣時馨加脩殿宇至崇正癸酉甲戌間知縣程可登邑紳熊開元拓闢舊址確詳位次殿廡戟門名宦鄉賢暨明倫堂兩齋改造重新規模稱備惟欞星門外東西義路禮門二坊廢矣

崇聖祠一座在仰高亭下年久圮壞前任知縣張其維捐貲修理

叔梁紇進公而王自宋大中祥符始稱啓聖公自

元始宋時顏曾子思配享堂上顏路曾晳伯魚從祀兩廡洪邁姚燧以爲崇子抑父熊禾謂宜别設一室祀叔梁紇而以三子配程敏政主其説嘉靖九年遂專祀遍天下尋陞激公宜與三子爲四配亞

國朝雍正十年奉
旨追封孔子五世王爵
詒聖王防叔公
裕聖王祈父公
肇聖王金木父公
昌聖王伯夏公
啓聖王叔梁公各立牌位合祀一宫而四配從之至周程張朱蔡五賢之父仍從祀四配分兩廡列焉

四配姓字考

顏無繇字季路淵之父　曾點字晳參之父
孔鯉字伯魚子思之父　孟公激公宜或曰字公宜輒之父

從配祀姓字考

周輔成敦頤之父　程珦顥頤之父

朱松熹之父　張廸載之父
蔡元定沈之父

大成殿一座在崇聖祠前

至聖先師歷代異稱漢平帝稱宣尼公和帝封褒尊侯北魏孝文帝稱文聖宣父後周宣帝封鄒國公隋文帝稱先師尼父唐高宗贈太師武后封道隆公元宗謚文宣王宋真宗謚元聖元武宗號大成至聖文宣王明嘉靖九年禮部議曰人以聖人爲至聖以孔子爲宗宋真宗稱孔子爲至聖其義概

備今宜去王號并大成文宣之稱廟不稱殿其四配稱復聖顏子宗聖曾子述聖子思亞聖孟子十哲以下及門弟子皆稱先賢其子左邱明以下皆稱先儒其子凡一切公侯伯不宜復稱以混成周封爵之制又易像為主居中東西則四配十哲以次上下列焉今從之

四配姓字考

顏回字子顏魯人　曾參字子輿魯人
孔伋字子思鯉之子　孟軻字子車或曰字子輿鄒人

十哲姓字考

閔損字子騫魯人　冉耕字伯牛魯人
冉雍字仲弓魯人　宰予字子我魯人
端木賜字子貢衛人　冉求字子有魯人
仲由字子路卞人　言偃字子游吳人
卜商字子夏衛人　顓孫師字子張陽城人

康熙年間奉
旨褒崇改入十哲後
有若字子有魯人　朱熹字元晦婺源人

東廡五間
西廡五間

東廡先賢姓字考

蘧瑗字伯玉衛人　澹臺滅明字子羽武城人
原憲字子思　南宮适字子容魯人
商瞿　漆雕開字子若蔡人
司馬耕字伯牛宋人　巫馬施字巫馬期陳人
顏辛字子柳魯人　曹卹字子循蔡人
公孫龍家語作寵蔡人　秦商字丕茲魯人

顏高字子驕魯人　穰駟赤字子從秦人
石作蜀字子蜀秦人　公夏守字子乘魯人
后處字里之齊人　奚容蒧字子楷魯人
顏祖字子襄魯人　句井疆一作井彊衛人
秦祖字子男魯人　縣成字子期魯人
公祖句茲　燕伋字子思秦人
樂欬家語作欣魯人　狄黑一作墨字晳之衛人
孔忠字子蔑史記作孔子兄孟皮之子　公西蒧字子商魯人
顏之僕字子叔魯人　施之常字子常魯人

申棖字子周
秦冉
公都子
張載字子厚郿人
公羊高齊人
左邱
牧皮
公孫丑
程頤字正叔洛陽人

西廡先賢姓字考

林放魯人
公冶長字子長魯人
高柴字子羔衛人
宓不齊字子賤魯人
公晢哀字季沉齊人
樊須字子遲魯人

商澤字子秀魯人
冉孺字子魚魯人
冉季字子産魯人
漆雕哆字子斂魯人
任不齊字子選齊人
公肩定字子仲魯人
罕父黑家語作宰父墨字子索一字子黑
左人郢字子行魯人
原亢字子抗魯人
梁鱣字叔魚魯人
伯虔字子楷魯人
漆雕徒父字子文魯人
公西赤字子華魯人
公良孺字子正齊人
鄡單家語作縣亶字子
榮旂字子旂魯人
鄭國家語作薛邦字子徒魯人
廉潔字子庸魯人

叔仲會字子期晋人
邽巽字子斂家語作邦選
步叔乘字子車齊人
顔噲字子聲魯人
顔何
公西輿如字子上魯人
陳亢字子禽魯人
秦非字之子魯人
琴張一作牢字子張魯人
縣亶一云即鄡單
樂正克
董仲舒廣川人
程灝字伯淳洛陽人
萬章
周敦頤字茂叔營道人
邵雍字堯夫范陽人

東廡先儒姓字考

孔安國字子國孔子十一世孫
高堂生字伯魯人
諸葛亮字孔明
司馬光字君實夏縣人
胡安國字康侯崇安人
呂祖謙字伯恭婺州人
陸九淵字子靜金谿人
魏了翁字鶴山
許衡字仲平河內人
毛萇大毛公亨之子趙人
鄭康成名元高密人
王通字仲淹龍門人
歐陽修字永叔廬陵人
尹焞字彦明洛陽人
蔡沈字仲默建陽人
陳淳字安卿龍谿人
王柏字魯齋
許謙字白雲金華人

王守仁字伯安餘姚人

羅欽順

西廡先儒姓字考

穀梁赤字元始魯人

后蒼字近君東海郯人

杜子春河間人

韓愈字退之修武人

胡瑗字翼之泰州人

羅從彥字仲素延平人

薛瑄字德溫河津人

陸隴其字稼書平湖人

伏勝字子賤鄒平人

董仲舒廣川人

范寗

范仲淹字希文吳縣人

楊時字中立將樂人

李侗字愿中劍浦人

張栻字敬夫綿竹人

真德秀字景元浦城人

趙復

陳澔

胡居仁字叔心餘干人

名宦祠在大成門之東

元

縣尹成公宣

明

黃榦字直卿

何基字北山

金履祥字仁山

陳獻章字公輔新會人

蔡清字介夫福建人

縣尹馬公炳然

縣尹莫公宸

縣尹吳公啓文

縣尹孫公倫

縣尹姚公以德

縣尹吳公騤

縣尹姜公溥

縣尹蔣公時馨

縣尹龐公一德

儒學訓導石公磐

國朝

縣尹

皇清誥授光祿大夫加太子少傅總督湖廣部院贈少保諡清端楊公宗仁

原任總督湖廣等處地方兼理糧餉兵部右侍郎兼都察院右副都御史世襲拖沙喇哈番紀錄一次署理西安將軍額公倫特

鄉賢祠在大成門之西

明

都御史李公田

大理寺評事李公承芳

鄉進士李公承箕

兵部尚書李公承勛

大理寺少卿尹公相

工部尚書吳公廷舉

兵部尚書方公逢時

吏科給事李公沂

翰林院修撰僉公聲

大成門一座

櫺星門一座

神廚神庫宰牲房各三間今廢

敬一亭在廟後明尹陸槐建今廢

文昌祠

忠孝節義祠各一間在廟左右雍正元年奉

旨新建

泮池在櫺星門之內久廢乾隆丁巳知縣張其維

捐貲因舊址開鑿砌以[illegible][illegible]石工竣完好有碑記

柏二株在大成門外古松數十株在山之上下

儒學在山之左宏治乙卯知縣吳啓文遷

明倫堂五間成化庚子知縣孫倫建

東西二齋儀門正門各三間堂之北為饌堂齋之

西為號房俱知縣馬炳然建其餘為兩齋住宅射

圃在學之右圃中有觀德亭學前有牌坊一座今

俱廢

禮樂

禮樂與天地為昭經綸萬端宰制人事斯須所不去也先王以吉禮事鬼神廟中尤為至重乘際
文教誕敷典禮詳備
欽定文廟樂譜煌煌乎簫韶九成溥海內外同節同和猗歟盛矣志禮樂

凡祭前一日執事者設香案於牲房外獻官常服詣省牲所省牲宰牲盛血毛少許於盤是日觀樂習儀齋宿及期質明鼓三嚴通贊唱樂舞生就位

執事者各司其事次唱陪祭官就位分獻官獻官以次就位贊引引獻官至拜位通贊唱瘞毛血執事者以毛血瘞於坎退贊唱迎神舞生執羽籥麾生舉麾擊柷樂奏咸平之曲奏畢獻官陪祭官仝四拜訖樂盡工偃麾櫟敔樂止通贊唱奠帛行初獻禮捧帛者各捧帛執爵者各執虛爵贊引至獻官前唱詣盥洗所盥畢詣酒尊所司尊酌酒執事者各以次執虛爵受酒同捧帛者各以次在獻官前分兩行由中門入序於神案之側朝上立贊引導獻官由左門入詣
至聖前麾生舉麾擊柷樂奏寧平之曲跪奠帛獻爵俯伏興平身詣讀祝位位設於殿中香案之前麾生偃麾樂暫止衆官跪讀祝文讀畢俯伏興平身讀祝者仍將祝文跪置於香案上麾生舉麾舞生接舞仍奏先未終之樂詣顏子前跪奠帛獻爵獻畢俯伏興平身詣曾子子思孟子前俱如前儀獻畢行分獻禮各獻官詣盥洗所盥畢詣酒樽所酌酒詣東西哲東西廡神位前俱跪奠帛献爵献畢俱俯伏興平身復位樂盡麾生偃

麾櫟敔樂止行亞献禮如初献禮但亞献奏秩平三献奏叙平無迎神以下諸事故禮止三献樂止跪飲福受胙畢俯伏興平身復位鞠躬拜凡二興各官拜訖通贊唱徹饌麾生舉麾擊柷樂奏懿平之曲執事者稍動籩豆司節引舞生序立樂盡麾生偃麾櫟敔樂止通贊唱送神麾生舉麾擊柷樂奏德平之曲鞠躬拜凡四興平身各官拜訖樂盡麾生偃麾櫟敔樂止讀祝者捧祝進帛者捧帛各詣瘞所望瘞麾生舉麾擊柷樂奏德平之曲捧祝

帛者詣望瘞位獻官分獻官陪祭官至瘞所視一
帛從一段數至九段焚訖衆官三揖樂畫麾生偃
麾樂止禮畢
先師祝文　維年月日某官敢昭告於
至聖先師孔子曰維
先師德隆千聖道冠百王揭日月以常行自生民所未
有屬
文教昌明之會正禮和樂節之時辟雍鐘鼓咸恪薦於
馨香泮水膠庠益致嚴於籩豆玆當春秋仲祇率彝

章肅展微忱聿將祀典以
復聖顏子
宗聖曾子
述聖子思子
亞聖孟子配
崇聖祠祝文
維
公奕葉鍾祥光開聖瑞毓德之後積久彌昌凡聲教
所覃敷率循源而遡本宜肅明禋之典用申守土

之忱玆届仲春秋聿脩祀事以
先賢顏氏
先賢曾氏
先賢孔氏
先賢孟氏配
樂章
大哉孔子聖道尊崇維持王化斯民是宗典祀有
常精純并隆神其來格於昭聖容迎神
自生民來誰底其盛維師神明度越前聖粢帛具

陳禮容斯稱黍稷非馨惟神之聽奠帛初獻
大哉先師實天生德作樂以崇一作崇功時祀無斁清
酤維馨嘉牲孔碩薦羞神明庶幾昭格亞獻
百王宗師生民物軌瞻之洋洋神其寧止酌彼金
罍維清且旨登獻維三於嘻成禮終獻
犧牲在前籩豆在列以享以獻既芬既潔禮成樂
備人和神悅祭則受福率遵無越徹饌
有嚴學宮四方來宗恪恭祀事威儀雝雝歆茲維
馨神馭還復明禋斯畢咸膺百福送神奠瘞同

御製補笙詩樂譜

正月太簇商立宮 倍無射變宮調

笙引

笙譜 合字調

變宮六 凡羽 變宮六 變徵尺 角上 商乙

變宮六 凡羽 變宮六 變宮六

凡羽 變宮六 商乙 變宮六 凡羽 變徵尺

凡羽 變宮六 凡羽 變徵尺 變徵尺

凡羽 變宮六 凡羽 變徵尺 角上 商乙 變宮合

變宮合 商乙 商乙 變宮合 商乙

商乙 角上 變徵尺 凡羽 變徵尺 角上 變徵尺

凡羽 變宮六 凡羽 變宮六 商乙 商乙

變宮六 凡羽 變宮六 變宮六

工歌南陔三章 二章章六句 一章八句

簫譜 尺字調

我（變宮尺）逝（商凡）南（角合）陔（變徵四）言（變宮尺）陟（角合）其（商凡）岵（變徵四）

昔（羽上）我（變徵四）行（變徵四）役（羽上）瞻（變徵四）望（變宮尺）有（變徵四）父（羽上）

欲（羽上）養（變宮尺）無（變徵四）由（變徵四）風（變宮尺）木（羽上）何（變徵四）補（角合）

我（變宮尺）逝（變宮八）南（變徵四）陔（變宮尺）言（變徵四）陟（變宮尺）其（角合）岵（商凡）

今（商凡）我（變宮尺）行（變徵四）役（角合）瞻（羽上）望（變宮尺）有（變徵四）母（角合）

母（變宮尺）也（羽上）倚（變宮尺）廬（變徵四）歸（變宮尺）則（羽上）寧（變徵五）止（角六）

南（變徵四）陔（羽上）有（商凡）筍（變宮尺）籜（變徵四）實（羽上）勹（角合）之（商凡）

孱（變宮尺）孱（變宮尺）孩（變徵四）提（變徵四）孰（變徵四）噢（變宮尺）咻（羽上）之（羽上）

慎（變宮尺）爾（變徵四）溫（羽上）凊（變宮尺）潔（羽上）爾（變徵四）旨（變宮尺）肴（商凡）

今（變宮尺）爾（變徵四）不（羽上）養（變宮尺）日（變徵四）月（角合）其（商凡）慆（變宮尺）

笙歌

笙譜

我（變宮合）逝（商乙）南（角上）陔（變徵尺）言（變徵尺）陟（羽凡）其（變徵尺）岵（變宮六）

昔（變徵尺）我（上角 變徵尺）行（羽凡）役（羽凡）瞻（羽凡）望（變宮六）有（變徵尺）父（羽凡）

欲（羽凡）養（變宮六）無（變徵尺）由（變徵尺）風（變宮六）木（凡羽 變宮六）何（商乙）補（商乙）

我（變宮六）逝（變宮六）南（變徵尺）陔（羽凡）言（羽凡）陟（變宮六）其（變徵尺）岵（角上）

今（商乙）我（變宮合）行（變徵尺）役（羽凡）瞻（羽凡）望（變宮合）有（角上）母（商乙）

母（變徵尺）也（乙商 變徵尺）倚（羽凡）廬（羽凡）歸（變宮合）則（凡羽 變宮六）寧（商乙）止（商乙）

南（變徵尺）陔（商凡）有（變徵尺）筍（變宮合）籜（變徵尺）實（商凡）勹（變徵尺）之（角上）

孱（變宮合）孱（變宮合）孩（變徵尺）提（變徵尺）孰（變徵尺）噢（變宮合）咻（羽凡）之（羽凡）

慎（變宮合）爾（變徵尺）溫（羽凡）凊（變宮合）潔（角上）爾（商乙）旨（變徵尺）肴（角上）

令(商乙)爾(變宮六)不(羽凡)養(變宮六)日(變徵尺)月(商角乙上)其(商乙)惱(變宮合)

工歌白華四章章六句

簫譜

有(變宮尺)白(商凡)者(角合)華(變徵四)不(變徵四)汚(變宮尺)纖(變徵四)塵(角合)

浴(羽上)爾(變徵四)士(變宮尺)兮(羽上)宜(變徵四)修(變宮尺)其(羽上)身(變徵四)

不(變宮尺)修(羽上)其(變徵四)身(羽上)

乃(商凡)貽(變宮尺)羞(變角合)于(商凡)二(變宮尺)人(羽上)

有(商凡)白(變宮尺)者(商凡)華(角合)婉(商凡)兹(變宮尺)靜(變宮尺)好(羽上)

浴(商凡)爾(變宮尺)女(羽上)兮(商凡)宜(變徵五)修(變徵五)婦(變宮尺)道(變宮尺)

不(羽上)修(變徵五)婦(變宮尺)道(變宮尺)

乃(商凡)貽(變徵五)羞(商凡)于(變宮尺)二(變宮尺)老(羽上)

白(變徵四)華(變徵四)匪(羽上)玉(變宮尺)湼(變宮尺)而(變宮尺)不(變宮尺)緇(羽上)

白(變徵四)華(變徵四)匪(商凡)蘭(變宮尺)芬(變宮尺)乃(羽上)勝(變宮尺)之(羽上)

我(變宮尺)擷(商凡)白(變徵四)華(羽上)載(變宮尺)咏(變徵五)載(變宮尺)思(羽上)

白(商凡)華(角六)匪(變徵四)玉(角合)質(羽上)玉(變徵四)之(羽上)令(變宮尺)

白(商凡)華(角合)匪(變徵四)蘭(角合)臭(變宮尺)蘭(變徵五)之(羽上)淨(變宮尺)

我(變宮尺)擷(角合)白(商凡)華(角合)載(變徵四)思(角合)載(商凡)咏(變宮尺)

笙歌

笙譜

有(變宮合)白(商乙)者(角上)華(變徵尺)不(羽凡)汚(變宮合)纖(變徵尺)塵([illegible])

浴(羽凡)爾(變徵尺)士(變宮合)兮(商乙)宜(變徵尺)修(羽凡)其(變徵尺)身(羽凡)

不(變宮合)脩(羽凡)其(變徵尺)身(角上)

乃(商乙)貽(角上)羞(羽凡)于(變徵尺)二(變宮合)人(羽凡)

有(變徵尺)白(羽凡)者(商乙)華(角上)婉(商乙)兹(變宮六)靜(變宮六)好(羽凡)

浴(變徵尺)爾(角上)女(變徵尺)兮(羽凡)宜(變宮六)修(變宮六)婦(商乙)道(商乙)

不(羽凡)修(羽凡)婦(變宮合)道(羽凡)

乃(商乙)貽(角上)羞(商乙)于(變宮合)二(變宮合)老(羽凡)

白(變徵尺)華(羽凡)匪(商乙)玉(角上)湼(變宮合)而(變宮合)不(商乙)緇(商乙)

白(變徵尺)華(變徵尺)匪(變宮六)蘭(羽凡)芬(角上)乃(商乙)勝(變徵尺)之(角上)

我(變徵尺)擷(羽凡)白(變徵尺)華(羽凡)載(變宮合)咏(羽凡)載(變徵尺)思(角上)

白(變宮六)華(變宮六)匪(商乙)玉(變商變徵六乙)質(變宮六)玉(變宮羽六凡)之(商乙)令(商乙)

白(變徵尺)華(羽凡)匪(變徵尺)蘭(角上)臭(變宮合)蘭(變徵尺)之(羽凡)淨(變宮合)

我(變徵尺)擷(羽凡)白(變徵尺)華(變徵羽尺凡)載(變徵尺)思(角變徵上尺)載(商乙)咏(變宮合)

工歌華黍三章二章章四句一章五句

簫譜

聽(變宮尺)彼(商凡)阪(角合)田(變徵四)厥(羽上)黍(變徵四)始(變徵四)華(羽上)

胝(變宮尺)足(羽上)胼(商凡)手(角合)
嗟(羽上)嗟(羽上)我(角合)農(商凡)夫(角合)
瞻(羽上)彼(變徵四)阪(變宮尺)田(羽上)黍(變徵四)華(羽上)以(變徵四)秀(變宮尺)
胼(商凡)手(角合)胝(變徵四)足(角合)
惟(變徵四)勤(變徵四)斯(角合)殖(商凡)茂(角合)
華(變徵四)有(羽上)不(變宮尺)秀(商凡)矣(羽上)
秀(變宮尺)有(羽上)不(角合)實(商凡)矣(角合)
其(變徵四)雨(羽上)其(變徵四)雨(變宮尺)矣(羽上)
杲(角合)杲(角合)日(商凡)出(變徵四)矣(角合)

惄(變宮尺)予(羽上)愁(變徵四)之(角合)恤(商凡)矣(變宮尺)

笙歌

笙譜

瞻(變宮合)彼(商乙)阪(角上)田(變徵尺)厥(羽凡)黍(變徵尺)始(變徵尺)華(羽凡)
胝(變宮合)足(羽凡)胼(商乙)手(角上)
嗟(羽凡)嗟(羽凡)我(變徵尺)農(變宮六)夫(羽凡)
瞻(羽凡)彼(變徵乙)阪(變宮合)田(羽凡)黍(變徵尺)華(羽凡)以(商乙)秀(角上)
胼(變宮六)手(羽凡)胝(商乙)足(商乙)
惟(變徵尺)勤(變徵尺)斯(角上)殖(商乙)茂(角上)

華(變徵尺)有(羽凡)不(變宮六)秀(商乙)矣(羽凡)
秀(變宮六)有(羽凡)不(角上)實(商乙)矣(角上)
其(變宮六)雨(商乙)其(變宮六)雨(羽凡)矣(商乙)
杲(角上)杲(角上)日(商乙)出(變徵尺)矣(角上)
惄(變宮六)予(羽凡)愁(變徵尺)之(角上 變徵尺)恤(商乙)矣(變宮合)

工歌由庚四章　章四句

簫譜

王(變宮尺)庚(商凡)便(角合)便(變徵四)東(變宮尺)西(羽上)朔(變宮尺)南(變徵四)
六(商凡)符(角合)調(變徵四)變(羽上)八(變宮尺)風(羽上)節(變徵四)宣(角合)

王(變徵四)庚(羽上)容(商凡)容(角合)朔(羽上)南(變徵四)西(變宮尺)東(羽上)
惟(變徵四)敬(羽上)與(商凡)勤(角合)百(羽上)王(變徵四)道(變宮尺)同(變徵四)
王(商凡)庚(角合)廓(變徵四)廓(角合)東(變宮尺)西(羽上)南(變徵四)朔(羽上)
先(變宮尺)憂(羽上)而(變徵四)憂(羽上)後(變宮尺)樂(變徵四)而(商凡)樂(角合)
王(商凡)庚(角合)恢(變徵四)恢(角合)南(變徵四)朔(羽上)東(變宮尺)西(羽上)
皇(商凡)極(角合)孰(變徵四)建(羽上)惟(變徵四)德(角合)之(商凡)依(變宮尺)

笙歌

笙譜

王(變宮合)庚(商乙)便(角上)便(商乙)東(變宮六)西(羽凡)朔(變宮六)南(變徵尺)

六(商乙)符(角上)調(變徵尺)燮(羽凡)八(變宮六)風(羽凡)節(角上)宣(商乙)
王(變徵尺)庚(羽凡)容(變宮六)容(羽凡)朔(角上)南(商乙)西(變徵尺)東(角上)
惟(變宮[illegible])敵(羽凡 變宮六)與(商乙)勸(商乙)百(羽凡)王(變徵尺)道(變宮六)同(羽凡)
[illegible](變徵尺)庚(羽凡)鄘(變宮六)鄘(羽凡)東(變徵尺)西(變徵尺)南(商乙)朔(角上)
先(變宮六)憂(羽凡)而(角上 變徵尺)憂(羽凡)後(角上)樂(商乙 變宮六)而(羽凡)樂(羽凡)
王(變徵尺)痍(羽凡)恢(變宮六)恢(羽凡)南(商乙)朔(角上)東(變徵尺)西(角上)
皇(變徵尺)極(羽凡)孰(變徵尺)建(變宮六)惟(變徵尺)德(角上 變徵尺)之(商乙)依(變宮合)

工歌崇丘三章　章六句

簫譜

澗(變宮尺)松(商凡)童(角合)童(變徵四)蛙(羽上)黽(變徵四)隣(變宮尺)兮(羽上)
丘(羽上)草(變徵四)萋(變宮尺)萋(羽上)蕩(變宮尺)青(羽上)雲(商凡)兮(角合)
凡(變徵四)百(羽上)君(變宮尺)子(羽上)
愼(變宮尺)乃(變徵四)託(羽上)身(變宮尺)兮(羽上)
澗(商凡)松(變宮尺)童(變徵四)童(角合)澗(變宮尺)則(羽上)早(變徵四)兮(羽上)
丘(角合)草(商凡)萋(變徵四)萋(角合)丘(變宮尺)則(羽上)崎(變宮尺)兮(變徵四)
凡(商凡)百(角合)君(變徵四)子(角合)
審(變徵四)乃(羽上)所(變徵四)依(變宮尺)兮(羽上)
有(商凡)崇(角合)者(變徵四)丘(角合)物(變徵四)無(變徵四)不(羽上)遂(變宮尺)

有(商凡)卓(角合)者(變徵四)道(羽上)愚(變徵四)無(變徵四)不(角合)智(變徵四)
資(變宮尺)生(羽上)育(變徵四)德(羽上)求(變徵四)植(角合)無(商凡)替(變宮尺)

笙歌

笙譜

澗(變宮六)松(商乙)童(角上)童(變徵尺)蛙(羽凡)黽(變徵尺)鄰(變宮六)兮(羽凡)
丘(變徵尺)草(角上 變徵尺)萋(羽凡)萋(羽凡)蕩(角上)青(商乙 變宮六)雲(羽凡)兮(羽凡)
凡(變徵尺)百(羽凡)君(變宮六)子(羽凡)
愼(變宮六)乃(變徵尺)託(羽凡)身(變宮六)兮(羽凡)
澗(商乙)松(變宮六)童(變徵尺)童(羽凡)澗(角上)則(商乙 變宮六)早(羽凡)兮(羽凡)

丘(羽凡)草(變徵尺)萋(變宮六)萋(羽凡)丘(變宮六)則(羽凡)崎(變徵尺)兮(羽凡)
凡(商乙)百(角上)君(變徵尺)子(角上)
審(變徵尺)乃(羽凡)所(變徵尺)依(變宮六)兮(羽凡)
有(角上)崇(商乙)者(角上)丘(變徵尺)物(變徵尺)無(變徵尺)不(羽凡)遂(變宮六)
有(變徵尺)卓(羽凡)者(變徵尺)道(羽凡)愚(變宮六)無(羽凡)不(羽凡 變宮六)智(商乙)
資(商乙)生(商乙)育(變宮六)德(變宮六 商乙)求(變徵尺)植(角上 變徵尺)無(商乙)替(變宮合)

工歌由儀四章　二章章四句　二章章二句

簫譜

在(變宮尺)上(商凡)曰(角合)天(變徵四)在(變宮尺)下(羽上)曰(變徵四)地(羽上)

君(變徵 四)君(角 合)臣(商 凡)臣(角 合)父(變宮 尺)父(羽 上)子(角 合)子(變徵 四)
在(商 凡)下(變宮 尺)曰(羽 上)地(變宮 尺)在(變宮 尺)上(羽 上)曰(商 凡)天(角 合)
父(變宮 尺)父(羽 上)子(商 凡)子(角 合)君(變宮 尺)君(羽 上)臣(角 合)臣(變徵 四)
由(變宮 尺)其(羽 上)儀(變徵 四)矣(羽 上)物(商 凡)則(角 合)熙(變徵 四)矣(角 合)
儀(變徵 四)其(羽 上)由(變宮 尺)矣(羽 上)物(變徵 四)則(角 合)休(商 凡)矣(變宮 尺)

笙歌

笙譜

在(變宮 六)上(商 乙)曰(角 上)天(變徵 尺)在(變宮 六)下(羽 凡)曰(變徵 尺)地(羽 凡)
君(變徵 尺)君(變徵 尺)臣(商 乙)臣(角 上)父(角 上)父(商變宮 乙六)子(羽 凡)子(羽 凡)

在(變宮 六)下(羽 凡)曰(變徵 尺)地(羽 凡)在(角 上)上(商 乙)曰(羽 凡)天(商 乙)
父(變宮 六)父(羽 凡)子(商 乙)子(角 上)君(變宮 六)君(羽 凡)臣(變徵 尺)臣(商 乙)
由(變徵 尺)其(羽 凡)儀(變宮 六)矣(羽 凡)物(羽 凡)則(羽 凡)熙(商 乙)矣(商 乙)
儀(變宮 六)其(羽 凡)由(變宮 六)矣(變商 六合乙)物(變徵 尺)則(角變徵 上尺)休(商 乙)矣(變宮 合)

笙戚

笙譜

變宮(六)　羽(凡)　變宮(六)　商(乙)　變宮(六)　羽(凡)　變徵(尺)
羽(凡)　變宮(六)　羽(凡)　變徵(尺)　變徵(尺)
羽(凡)　變宮(六)　羽(凡)　變徵(尺)　角(上)　商(乙)　變宮(合)

變宮(合)　商(乙)　商(乙)　變宮(合)　商(乙)
商(乙)　角(上)　變徵(尺)　羽(凡)　變徵(尺)　角(上)　變徵(尺)
羽(凡)　變宮(六)　羽(凡)　變宮(六)　商(乙)　商(乙)
變宮(六)　羽(凡)　變宮(六)　變宮(六)

十月應鐘清羽立宮　林鐘清變徵主調

笙引

簫譜伬字調

清變徵(伬)　清角(仩)　清變徵(伬)　清宮(伍)　清變宮(伏)　清羽(仉)
清變徵(伬)　清角(仩)　清變徵(伬)　清變徵(侶)

清角(仩)　清變徵(伬)　清羽(仉)　清變徵(伬)　清角(仩)　清宮(俉)
清角(仩)　清變徵(伬)　清角(仩)　清宮(伍)　清宮(俉)
清角(仩)　清變徵(伬)　清角(仩)　清宮(伍)　清變宮(仩)　清羽(仉)　清變徵(伬)
清變徵(伬)　清羽(仉)　清羽(仉)　清變徵(伬)　清羽(仉)
清羽(仉)　清變宮(伏)　清宮(伍)　清角(仩)　清宮(伍)　清變宮(伏)　清宮(伍)
清角(仩)　清變徵(伬)　清角(仩)　清變徵(伬)　清羽(仉)　清羽(侶)
清變徵(伬)　清角(仩)　清變徵(伬)　清變徵(侶)

工歌南陔三章(二章章六句　一章八句)

簫譜伵字調

我逝南陔言陟其岵
昔我行役瞻望有父
欲養無由風木何補
我逝南陔言陟其屺
今我行役瞻望有母
母也倚廬歸則寧止
南陔有筍犨實勹之
孱孱孩提執喚咻之
慎爾溫清潔爾旨肴

今爾不養日月其慆

笙歌

笙譜　伬字調

我逝南陔言陟其岵
昔我行役瞻望有父
欲養無由風木何補
我逝南陔言陟其屺
今我行役瞻望有母
母也倚廬歸則寧止

南陔有筍犨實勹之
孱孱孩提執喚咻之
慎爾溫清潔爾旨肴
今爾不養日月其慆

工歌白華四章　章六句

簫譜

有白者華不汙纖塵
洛爾士兮宜修其身
不修其身

乃貽羞于二人
有白者華婉茲靜好
洛爾女兮宜修婦道
不修婦道
乃貽羞于二姓
白華匪玉涅而不緇
白華匪蘭芬乃勝之
我擷白華載咏載思
白華匪玉質玉之令

白清羽仩華[illegible]仩匪[illegible]伬蘭[illegible]伵臭清變徵伵蘭清宮仩之清角佮淨[illegible]伵
我清變徵伬擷[illegible]伬白清羽仩華清變宮伬載清宮仜思清變宮伬載清羽仩咏清變徵伵

笙歌

笙譜

有清變徵伬白清羽仮者清變宮伏華清宮伍不清角仩汚清變徵伬纖清宮伍塵清變宮伏
洛清角仩爾清宮伍士清變徵伬兮清羽仮宜清宮伍修清角仩其清宮伍躬清角仩
不清變徵伬修清角仩其清宮伍身清變宮伏
乃清羽仮貽清變宮伏羞清角仩于清宮伍二清變徵伬人清角仩
有清宮伵白清角仩者清羽仮華清變宮伏婉清羽仮茲清變徵伬靜清變徵伬好清角仩

洽[illegible]伍女清清宮變宮伏伍兮清角仩宜清變徵伬修清清角變徵仩伬婦清羽仮道清羽仮
不[illegible]仩婦清變徵伬道清角仩
乃清羽仮[illegible]伏羞清羽仮于清變徵伬二清變徵伬老清角仩
白清宮伍華清角仩匪清羽仮玉清變宮伏涅清變徵伬而清清角變徵仩伬不清羽仮緇清羽仮
白清宮伍華清宮伍匪清變徵伬蘭清角仩芬清變宮伏乃清羽仮勝清宮伍之清變宮伏
我清宮伍擷清角仩白清宮伍華清角仩載清變徵伬咏清角仩載清宮伍思清變宮伏
白清變徵仮華清變徵伬匪清羽仮玉清清變羽徵仮伬質清變徵伬玉清清角變徵仩伬之清羽仮令清羽仮
白清宮伍華清角仩匪清宮伍蘭清變宮伏臭[illegible]伬蘭清宮伍之清角[illegible]清變徵伬
我清宮伍擷清角仩白清宮伍華清清宮角伍仩載清宮伍思清清變宮宮伏伍載清羽仮咏清變徵伬

工歌華黍三章 二章章四句 一章五句

簫譜

瞻清變徵伵彼清羽仩阪清變宮伬田清宮仜厥清角佮黍清宮仜始清宮仜華清角佮
胝清變徵伵足清角佮胼清羽仩手清變宮伬
嗟清角佮嗟清角佮我清變徵伵農清羽仩夫清變宮伬
瞻清角佮彼清宮仜阪清變徵伵田清角佮黍清宮仜華清角佮以清宮仜秀清變徵伵
胼清羽仩手清變宮伬胝清宮仜足清變宮伬
惟清宮仜勤清宮仜斯清變宮伬殖清羽仩茂清變宮伬
華清宮仜有清角佮不清變徵伵秀清羽仩矣清角佮

秀清變徵伵有清角佮不清變宮伬實清羽仩矣清變宮伬
其清宮仜雨清角佮其清宮仜雨清變徵伵矣清角佮
[illegible]日清羽仩出清宮仜矣清變宮伬
[illegible]之清變宮伬恤清羽仩矣清變宮伬

笙歌

笙譜

瞻清變徵伬彼清羽仮阪清變宮伏田清宮伍厥清角仩黍清宮伍始清宮伍華清角仩
胝清變徵伬足清角仩胼清宮伍手清變宮伏
嗟清角仩嗟清角仩我清宮伍農清變徵伬夫清角仩

瞻清角仩 彼清宮伍 阪清變徵伬 田清角仩 黍清宮伍 華清角仩 以清羽仉 秀清變徵伬
胼清變徵伬 手清清變徵伬伍 胝清羽仉 足清羽仉
惟清宮伍 勤清宮伍 斯清變宮仕 殖清羽仉 茂清變宮仕
華清宮伍 有清角仩 不清變徵伬 秀清羽仉 矣清角仩
秀清變徵伬 有清角仩 不清變宮仕 實清羽仉 矣清變宮仕
其清變徵伬 雨清羽仉 其清變徵伬 雨清角仩 矣清羽仉
杲清變宮仕 杲清變宮仕 日清羽仉 出清宮伍 矣清變宮仕
惄清變徵伬 子清角仩 愁清宮伍 之清清變宮宮六伍 恤清羽仉 矣清變徵伬

工歌由庚四章章四句

簫譜

王清變徵伵 庚清羽仜 便清變宮伬 便清宮仜 東清變徵伵 西清角佮 朔清變徵伵 南清宮仜
六清羽仩 符清變宮伬 調清宮仜 燮清角佮 八清宮仜 風清宮仜 節清變宮伬 宣清宮仜
王清宮仜 庚清角佮 容清羽仩 容清變宮伬 朔清角佮 南清宮仜 西清變徵伵 東清角佮
惟清宮仜 敬清角佮 與清羽仩 勤清變宮伬 百清角佮 王清宮仜 道清變徵伵 同清宮仜
王清羽仩 庚清變宮伬 廓清宮仜 廓清變宮伬 東清變徵伵 西清角佮 南清宮仜 朔清角佮
先清變徵伵 憂清角佮 而清宮仜 憂清角佮 後清變徵伵 樂清宮仜 而清羽仩 樂清變宮伬
王清羽仩 庚清變宮伬 恢清宮仜 恢清變宮伬 南清宮仜 朔清角佮 東清變徵伵 西清角佮
皇清羽仩 極清變宮伬 孰清宮仜 建清角佮 惟清宮仜 德清變徵伬 之清羽仩 依清變徵伵

笙歌

笙譜

王清變徵伬 庚清羽仉 便清變宮仕 便清羽仉 東清變徵伬 西清角仩 朔清變徵伬 南清宮伍
六清羽仉 符清變宮仕 調清宮伍 燮清角仩 八清變徵伬 風清角仩 節清變宮仕 宣清羽仉
王清宮伍 庚清角仩 容清變徵伬 容清角仩 朔清變宮仕 南清羽仉 西清宮伍 東清變宮仕
惟清變徵伬 敬清清變角徵仩伬 與清羽仉 勤清羽仉 百清角仩 王清宮伍 道清變徵伬 同清角仩
王清宮伍 庚清角仩 廓清變徵伬 廓清角仩 東清宮伍 西清宮伍 南清羽仉 朔清變宮仕
先清變徵伬 憂清角仩 而清清變宮宮六伍 憂清角仩 後清變宮仕 樂清清羽變徵仉伬 而清角仩 樂清角仩
王清宮伍 庚清角仩 恢清變徵伬 恢清角仩 南清羽仉 朔清變宮仕 東清宮伍 西清變宮仕

皇清宮伍 極清角仩 孰清宮伍 建清變徵伬 惟清宮伍 德清清變宮宮六伍 之清羽仉 依清變徵伬

工歌崇丘三章章六句

簫譜

澗清變徵伵 松清羽仩 童清變宮伬 童清宮仜 蛙清角佮 黽清宮仜 隣清變徵伵 兮清角佮
丘清角佮 草清宮仜 萋清變徵伵 萋清角佮 蕩清變徵伵 青清角佮 雲清羽仩 兮清變宮伬
凡清宮仜 百清角佮 君清變徵伵 子清角佮
愼清變徵伵 乃清宮仜 託清角佮 身清變徵伵 兮清角佮
澗清羽仩 松清變徵伵 童清宮仜 童清變宮伬 澗清變徵伵 則清角佮 畢清宮仜 兮清角佮
丘清變宮伬 草清羽仩 萋清宮仜 萋清變宮伬 丘清變徵伵 則清角佮 崎清變徵伵 兮清宮仜

凡百君子
審乃所依兮
有崇者丘物無不遂
有卓者道愚無不智
資生育德永植無替

笙歌

笙譜

澗松童童蛙黽隣兮
丘草萋萋蕩青雲兮

凡百君子
慎乃託身兮
澗松童童澗則畢兮
丘草萋萋丘則崎兮
凡百君子
審乃所依兮
有崇者丘物無不遂
有卓者道愚無不智
資生育德永植無替

工歌由儀四章 二章章四句 二章章二句

簫譜

在上曰天在下曰地
君君臣臣父父子子
在下曰地在上曰天
父父子子君君臣臣
由其儀矣物則熙矣
儀其由矣物則休矣

笙歌

笙譜

在上曰天在下曰地
君君臣臣父父子子
在下曰地在上曰天
父父子子君君臣臣
由其儀矣物則熙矣
儀其由矣物則休矣

笙成

笙譜

清變徵 伬　清角 仩　清變徵 伬　清羽 仈　清變徵 伬　清角 仩　清宮 伍

清角 仩　清變徵 仈　清角 仩　清宮 伍　清宮 伍

清角 仩　清變徵 伬　清角 仩　清宮 伍　清變宮 伏　清羽 仈　清變徵 伬

清變徵 伬　清羽 仈　清羽 仈　清變徵 伬　清羽 仈

清羽 仈　清變宮 伏　清宮 伍　清角 仩　清宮 伍　清變宮 伏　清宮 伍

清角 仩　清變徵 伬　清角 仩　清變徵 伬　清羽 仈　清羽 佀

清變徵 伬　清角 仩　清變徵 伬　清變徵 佀

欽定文廟樂譜

春夾鍾清商立宮　倍應鍾清變宮主調

迎神昭平

簫譜　壎篪排簫同

大清變宮伬　哉清商仈　孔清角伏　子清變徵伍　先清變宮伬　覺清羽仩　先清變徵伍　知清角伏

與清商仈　天清角伏　地清羽仩　參清變徵伍　萬清變宮伬　世清羽仩　之清變徵伍　師清變徵伍

祥清變徵伍　徵清羽仩　麟清商仈　紱清角伏　韻清商仈　答清羽仩　金清變宮伬　絲清羽仩

日清商仈　月清角伏　既清變宮伬　揭清變徵伍　乾清商仈　坤清角六　清清商仈　夷清變宮伬

奠帛初獻宣平

予清變宮伬　懷清商仈　明清角伏　德清變徵伍　玉清羽仩　振清商仈　金清變宮伬　聲清羽仩

生清角伏　民清商仈　未清羽仩　有清變徵伍　展清商仈　也清角伏　大清變徵伍　成清角伏

俎清變徵伍　豆清羽仩　千清變宮伬　古清變徵伍　春清角伏　秋清角伏　上清變徵伍　丁清角伏

清清變宮伬　酒清羽仩　既清商仈　載清變宮伬　其清商仈　香清角伏　始清商仈　升清變宮伬

亞獻秩平

式清變宮伬　禮清商仈　莫清角伏　愆清變徵伍　升清羽仩　堂清變徵伍　再清商仈　獻清變宮伬

響清羽仩　協清變徵伍　鼗清商仈　鏞清角伏　誠清變徵伍　孚清羽仩　罍清變徵伍　甗清變宮伬

肅清變徵伍　肅清變徵伍　雍清角伏　雍清角伏　譽清商仈　髦清變宮伬　斯清羽仩　彥清變宮伬

禮清羽仩　陶清變徵伍　樂清商仈　淑清角伏　相清變徵伍　觀清角伏　而清商仈　善清變宮伬

終獻敘平

自清變宮伬 古清商仉 在清變徵伍 昔清角伕 先清羽仕 民清變徵伍 有清商仉 作清角伕
皮清變徵伍 弁清羽仕 粢清商仉 菜清變宮伬 於清羽仕 論清變徵伍 思清角伕 樂清商仉
惟清變徵伍 天清羽仕 牖清變宮伬 民清變徵伍 惟清商仉 聖清羽仕 時清商仉 若清角伕
彝清變徵伍 倫清變徵伍 攸清羽仕 敘清變宮伬 至清羽仕 令清變徵伍 木清商仉 鐸清變宮伬

徹饌懿平

先清變宮伬 師清商仉 有清角伕 言清變徵伍 粢清變宮伬 則清羽伬 受清變宮伬 福清變徵伍
四清商仉 海清變宮伬 饗清變徵伍 宮清羽仕 疇清商仉 敢清角伕 不清商仉 肅清變宮伬
禮清變徵伍 成清羽仕 告清變宮伬 徹清變徵伍 毋清商仉 疏清角伕 毋清商仉 瀆清變宮伬

樂清變徵伍 所清羽仕 自清商仉 生清變宮伬 中清變徵伍 原清角伕 有清商仉 敉清變宮伬

送神德平

皃清變宮伬 繹清商仉 莪清角伕 莪清變徵伍 洙清羽仕 泗清變宮伬 洋清商仉 洋清角伕
景清羽仕 行清變徵伍 行清變徵伍 止清羽仕 流清商仉 澤清角伕 無清變徵伍 疆清角伕
聿清變徵伍 昭清羽仕 祀清商仉 事清變宮伬 祀清變宮伬 事清羽仕 孔清商仉 明清角伕
化清變宮伬 我清變徵伍 烝清變宮伬 民清羽仕 育清商仉 我清角伕 膠清商仉 庠清變宮伬

笛譜　笙同

大清變宮伕 哉清商亿 孔清角仕 子清變徵伬 先清變宮伕 覺清羽仉 先清變徵伬 知清角仕
與清商亿 天清角仕 地清羽仉 參清變徵伬 萬清變宮伕 世清羽仉 之清變徵伬 師清變徵

祥清變徵伬 徵清羽仉 麟清商亿 紱清角仕 韶清商亿 答清羽仉 金清變宮伕 絲清羽仉
日清商亿 月清角仕 既清變宮伕 揭清變徵伬 乾清商亿 坤清角仕 清清商亿 夷清變宮伕

笛譜

子清變宮伕 懷清商亿 明清角仕 德清變徵伬 玉清羽仉 振清商亿 金清變宮伕 聲清羽仉
生清角仕 民清商亿 未清羽仉 有清變徵伬 展清商亿 也清角仕 大清變徵伬 成清角仕
俎清變徵伬 豆清羽仉 千清變宮伕 古清變徵伬 春清角仕 秋清角仕 上清變徵伬 丁清角仕
清清變宮伕 酒清羽仉 既清商亿 載清變宮伕 其清商亿 香清角仕 始清商亿 升清變宮伕

笛譜

式清變宮伕 禮清商亿 莫清角仕 愆清變徵伬 升清羽仉 堂清變徵伬 再清商亿 獻清變宮伕

響清羽仉 協清變徵伬 鼓清商亿 鏞清角仕 誠清變徵伬 孚清羽仉 罍清變徵伬 甗清變宮伕
肅清變徵伬 肅清變徵伬 雍清角仕 雍清角仕 譽清商亿 髦清變宮伕 斯清羽仉 彥清變宮伕
禮清羽仉 陶清變徵伬 樂清商亿 淑清角仕 相清變徵伬 觀清角仕 而清商亿 善清變宮伕

笛譜

自清變宮伕 古清商亿 在清變徵伬 昔清角仕 先清羽仉 民清變徵伬 有清商亿 作清角仕
皮清變徵伬 弁清羽仉 粢清商亿 菜清變宮伕 於清羽仉 論清變徵伬 思清角仕 樂清商亿
惟清變徵伬 天清羽仉 牖清變宮伕 民清變徵伬 惟清商亿 聖清羽仉 時清商亿 若清角仕
彝清變徵伬 倫清變徵伬 攸清羽仉 敘清變宮伕 至清羽仉 令清變徵伬 木清商亿 鐸清變宮伕

笛譜

先清變宮伏 師清商亿 有清角仩 言清變徵伬　祭清變宮伏 則清羽仉 受清變宮伏 福清變徵伬
四清商亿 海清變宮伏 黌清變徵伬 宮清羽仉　疇清商亿 敢清角仩 不清商亿 肅清變宮伏
禮清變徵伬 成清羽仉 告清變宮伏 徹清變徵伬　毋清商亿 疏清角仩 毋清商亿 瀆清變宮伏
樂清變徵伬 所清羽仉 自清商亿 生清變宮伏　中清變徵伬 原清角仩 有清商亿 菽清變宮伏

笛譜

皂清變宮伏 繹清商亿 峩清角仩 峩清變徵伬　洙清羽仉 泗清變宮伏 洋清商亿 洋清角仩
景清羽仉 行清變徵伬 行清變徵伬 止清羽仉　流清商亿 澤清角仩 無清變徵伬 疆清角仩
聿清變徵伬 昭清羽仉 祀清商亿 事清變宮伏　祀清變宮伏 事清羽仉 孔清商亿 明清角仩
化清變宮伏 我清變宮伬 烝清變宮伏 民清羽仉　育清商亿 我清角仩 膠清商亿 庠清變宮伏

秋南呂清徵立宮　仲呂清角主調

迎神昭平

簫譜　壎篪排簫同

大清角伏 哉清徵亿 孔清羽仩 子清變宮伬　先清角伏 覺清商仉 先清變宮伬 知清羽仩
與清徵亿 天清羽仩 地清商仉 參清變宮伬　萬清角伏 世清商仉 之清變宮伬 師清變宮伬
祥清變宮伬 徵清商仉 麟清徵亿 紱清羽仩　韻清徵亿 答清商仉 金清角伏 絲清商仉
日清徵亿 月清羽仩 既清角伏 朅清變宮伬　乾清徵亿 坤清羽仩 清清徵亿 夷清角伏

奠帛初獻宣平

予清角伏 懷清徵亿 明清羽仩 德清變宮伬　玉清商仉 振清徵亿 金清角伏 聲清商伬

生清羽仩 民清徵亿 未清商仉 有清變宮伬　展清徵亿 也清羽仩 大清變宮伬 成清羽仩
俎清變宮伬 豆清商仉 千清角伏 古清變宮伬　春清羽仩 秋清羽仩 上清變宮伬 丁清羽仩
清清角伏 酒清商仉 既清徵亿 載清角伏　其清徵亿 香清羽仩 始清徵亿 升清角伏

亞獻秩平

式清角伏 禮清徵亿 莫清羽仩 愆清變宮伬　升清商仉 堂清變宮伬 再清徵亿 獻清角伏
響清商仉 協清變宮伬 鼓清徵亿 鏞清羽仩　誠清變宮伬 孚清商仉 罍清變宮伬 甒清角伏
肅清變宮伬 肅清變宮伬 雍清羽仩 雍清羽仩　髦清徵亿 髦清角伏 斯清商仉 彥清角伏
禮清商仉 陶清變宮伬 樂清徵亿 淑清羽仩　相清變宮伬 觀清羽仩 而清徵亿 善清角伏

終獻叙平

自清角伏 古清徵亿 在清變宮伬 昔清羽仩　先清商仉 民清變宮伬 有清徵亿 作清羽仩
皮清變宮伬 弁清商仉 祭清徵亿 菜清角伏　於清商仉 論清變宮伬 思清羽仩 樂清徵
惟清變宮伬 天清商仉 牖清角伏 民清變宮伬　惟清徵 聖清商仉 時清徵亿 若清羽仩
彝清變宮伬 倫清變宮伬 攸清商仉 敘清角伏　至清商 今清變宮伬 木清徵亿 鐸清角伏

徹饌懿平

先清角伏 師清徵亿 有清羽仩 言清變宮伬　祭清角伏 則清商仉 受清角伏 福清變宮伬
四清徵亿 海清角伏 黌清變宮伬 宮清商仉　疇清徵亿 敢清羽仩 不清徵亿 肅清角伏
禮清變宮伬 成清商仉 告清角伏 徹清變宮伬　毋清徵亿 疏清羽仩 毋清徵亿 瀆清角伏
樂清變宮伬 所清商仉 自清徵亿 生清角伏　中清變宮伬 原清羽仩 有清徵亿 菽清角伏

送神德平

鳧清角伏 繹清徵亿 峩清羽仩 峩清变宫伬 洙清商伬 泗清角伏 洋清徵亿 洋清羽仩

景清商伬 行清变宫伬 行清变宫伬 止清商伬 流清徵亿 澤清羽仩 無清变宫伬 疆清羽仩

聿清变宫伬 昭清商伬 祀清徵亿 事清角伏 祀清角伏 事清商伬 孔清徵亿 明清羽仩

化清角伏 峩清变宫伬 蒸清角伏 民清商伬 育清徵亿 我清羽仩 膠清徵亿 庠清角伏

笛譜 笙同

大清角仩 哉清徵仜 孔清羽伬 子清变宫伏 先清角仩 覺清商亿 先清变宫伏 知清羽伬

與清徵仜 天清羽伬 地清商亿 參清变宫伏 萬清角仩 世清商亿 之清变宫伏 師清变宫伏

祥清变宫伏 徵清商亿 麟清徵仜 紱清羽伬 韻清徵仜 答清商亿 金清角仩 絲清商亿

日清徵仜 月清羽伬 既清角仩 揭清变宫伏 乾清徵仜 坤清羽伬 清清徵仜 夷清角仩

笛譜

予清角仩 懷清徵仜 明清羽伬 德清变宫伏 玉清商亿 振清徵仜 金清角仩 聲清商亿

生清羽伬 民清徵仜 未清商亿 有清变宫伏 展清徵仜 也清羽伬 大清变宫伏 成清羽伬

俎清变宫伏 豆清商亿 千清角仩 古清变宫伏 春清羽伬 秋清羽伬 上清变宫伏 丁清羽伬

清清角仩 酒清商亿 既清徵仜 載清角仩 其清徵仜 香清羽伬 始清徵仜 升清角仩

笛譜

式清角仩 禮清徵仜 莫清羽伬 愆清变宫伏 升清商亿 堂清变宫伏 再清徵仜 獻清角仩

響清商亿 協清变宫伏 鼖清徵仜 鏞清羽伬 誠清变宫伏 孚清商亿 罍清变宫伏 甒清角仩

肅清变宫伏 肅清变宫伏 雍清羽伬 雍清羽伬 譽清徵仜 髦清角仩 斯清商亿 彥清角仩

禮清商亿 陶清变宫伏 樂清徵仜 淑清羽伬 相清变宫伏 觀清羽伬 而清徵仜 善清角仩

笛譜

自清角仩 古清徵仜 在清变宫伏 昔清羽伬 先清商亿 民清变宫伏 有清徵仜 作清羽伬

皮清变宫伏 弁清商亿 祭清徵仜 菜清角仩 於清商亿 論清变宫伏 思清羽伬 樂清徵仜

惟清变宫伏 天清商亿 牖清角仩 民清变宫伏 惟清徵仜 聖清商亿 時清徵仜 若清羽伬

彝清变宫伏 倫清变宫伏 攸清商亿 敘清角仩 至清商亿 今清变宫伏 木清徵仜 鐸清角仩

笛譜 —

先清角仩 師清徵仜 有清羽伬 言清变宫伏 祭清角仩 則清商亿 受清角仩 福清变宫伏

四清徵仜 海清角仩 黌清变宫伏 宮清商亿 疇清徵仜 敢清羽伬 不清徵仜 肅清角仩

禮清变宫伏 成清商亿 告清角仩 徹清变宫伏 毋清徵仜 疏清羽伬 毋清徵仜 瀆清角仩

樂清变宫伏 所清商亿 自清徵仜 生清角仩 中清变宫伏 原清羽伬 有清徵仜 菽清角仩

笛譜

鳧清角仩 繹清徵仜 峩清羽伬 峩清变宫伏 洙清商亿 泗清角仩 洋清徵仜 洋清羽伬

景清商亿 行清变宫伏 行清变宫伏 止清商亿 流清徵仜 澤清羽伬 無清变宫伏 疆清羽伬

聿清变宫伏 昭清商亿 祀清徵仜 事清角仩 祀清角仩 事清商亿 孔清徵仜 明清羽伬

化清角仩 我清变宫伏 蒸清角仩 民清商亿 育清徵仜 我清羽伬 膠清徵仜 庠清角仩

樂舞

起奏樂生舉麾升龍見止奏偃麾降龍見
迎神樂奏昭平之曲用大哉孔子八句無舞
奠帛行初獻禮樂奏宣平之曲樂舞俱全用予懷
明德八句自行禮奏起至讀祝止
初獻樂奏宣平之曲樂舞俱全用予懷明德八句
自讀祝畢接奏起至獻終止
亞獻樂奏秩平之曲樂舞俱全樂用式禮莫愆八
句舞用予懷明德八句自行禮起自終獻止
終獻樂奏叙平之曲樂舞俱全樂同上用自古在

昔八句舞用予懷明德八句自行禮起至獻終止
徹饌樂奏懿平之曲用先師有言八句無舞
送神樂奏德平之曲用鳧繹峩峩八句無舞望瘞
奏樂無舞與送神同
樂器乾隆元年知縣張其維捐置
鼉鼓一　楹鼓一　鼗鼓一　應鼓二
搏拊鼓三　特鐘一　編鐘八　編磬八
琴二　瑟二　笙二　龍笛四　鳳簫二
洞簫四　壎二　篪二　柷一　敔一　管四

麾旛二　節旛二　籥翟八　鐘鼓磬琴瑟架
一十六　硃緣大鬚八　琴臺二
祭器
犀樽一　象樽一　鉶盒二　簠二十二
簋二十二　籩豆共一百二十二　方棹三
長條棹五
至聖位陳設一案　禮神制帛一　白磁爵一
牛一　羊一　豕一　登一　鉶二　簠簋各二
籩豆各二　酒樽一

四配位陳設各一案　禮神制帛一
白磁爵三　羊一　豕一　鉶一　簠簋各二
籩豆各八　酒樽一
十哲陳設每位各一案朱子一案　禮神制帛一
白磁爵各一　豕一　鉶各一　簠簋各一
籩豆各四　豕首一
兩廡陳設同　禮神制帛一　銅爵各一
豕三　每案簠簋各一　籩豆各四
崇聖祠陳設各一案　每位禮神制帛一　白磁爵三

羊一　豕一　鉶一　簠簋各二　籩豆各六

酒樽一

配位陳設各一案　禮神制帛二　每位銅爵三

豕首一　簠簋各二　籩豆各四

從配祀陳設各一案　禮神制帛一

每位銅爵三　簠簋各一　籩豆各四　豕肉一

學規

師儒造士身教為先言教為後其頒在學宮者皆言教也然令甲森然賢愚共凛則勵世磨鈍之法

存馬志學規

宋大觀元年詔布周官八行八刑之法於學宮令所在鐫刻淳熙六年御書白鹿洞教條頒天下學立石洪武二年令學者專治一經以禮樂射御書數分科設教三年定學校射儀十五年頒禁約於天下學勒石明倫堂謂之卧碑成化三年令督學官躬歷各學督率教官化導諸生仍置簿考驗其德行優文藝贍治事長者列上等簿或有德行而劣於經義或有經義而劣於治事者列二等簿或有經義優治事長而德行缺者列三等簿若平日獨訐公事搜造歌謠興滅辭訟及敗倫傷化過惡彰著者不必品其文藝即行革退嘉靖五年世宗親撰敬一箴幷著宋儒程氏視聽言動四箴於天下學校立碑以肅生徒

國朝順治九年禮部　題奉

欽依條約八欵頒刻學宮謂之新卧碑載後

一生員之家父母賢智者子當受教父母愚魯或有非為者子既讀書明理當再三懇告使父母

不陷於危亡

一生員立志當學為忠臣清官書記所載忠清事蹟務須互相講究凡利國愛民之事更須留心

一生員居心忠厚正直讀書方有實用出仕必作良吏若心術邪刻讀書必無成就為官必取禍患行害人之事往往自殺其身常當思省

一生員不可干求官長交結勢要希圖進身若心善德全上天知之必加以福

一生員當愛身忍性凡有司衙門不可輕入即有

切已之事止許家人代告不許干預他人辭訟他人亦不許牽連生員作證

一為學當尊敬先生若講說皆須誠心聽受如有未明從容再問毋妄行辨難為師者亦當盡心教訓勿致怠惰

一軍民一切利弊不許生員上書陳言如有一言建白以違制論黜革治罪

一生員不許糾黨多人立盟結社把持官府武斷鄉曲所作文字不許妄行刊刻違者聽提調官治罪

學田

西門外繒埠二處　鐵寶盆地稞五錢

北城外草稞二錢　東城內基地

北城內基地并箭廠

學門前後基地三處共稞三兩

生徒

廩膳生員二十名

增廣生員二十名

歲貢生每二年輪次一名拔貢每十二年一名

文生員歲科考各取入一十五名府學量撥

武生員歲取入一十五名府學量撥

載籍

聖諭廣訓二本

御纂周易折中二部　計二十本

書經三部　計七十二本

詩經三部　計七十二本

春秋三部　計七十二本

性理三部　計十五本　朋黨論一本

上諭二部　計三十四本

大清會典文武官員儀註　計一本

欽定四書文選　計二十二本

上諭一本文武和衷

欽頒學政全書二本又一部　計八本

勅修明史一部　計一百一十二本

名教罪人詩　計二本

欽定通鑑綱目一部　計四本

欽定三禮二十四函
欽定周易述義一部　計六本
欽定詩義折中一部　計八本
欽定春秋直解　計六本
御製詩初集二集　計七十本
文集　計十六本
御製重修
文廟碑記詩篇一函
御製全韻詩　共一部計二本

御製擬白鹿洞新樂府
御製平定兩金川告成太平碑文一函　計一本
聖廟樂章一本
御製補笙詩八則
御論一本
上諭一本
上諭四本

書院

義學書院在西保湖宋慶歷間邑人李宗儒宗

建燬於建炎之亂慶元六年裔孫李栻復建舊址學有二閣左曰漣漪右曰輝華詳見藝文志
琴東書院在縣治北知縣姜溥建
乾山書院在受澥里知縣馬炳然建
咸嘉社學在縣東清洪里正德戊寅都御史吳廷舉建以教二縣子弟知縣趙選記　以上義學俱廢
舊設書院在小西門城內知縣張其維建
現今鳳鳴書院在東城後街折桂坊舊址前縣尹謝穎元捐俸置買邑庠士易朝仕房屋基地後

縣尹黃通理重建又縣尹史湛復加修葺
成名洲地四十畝清洪里袁家坡田四斗一升知縣張其維捐置
清洪里圻壋田三斗廩膳生員章以溱捐助
六屯灘粑塘田四十地二段監生陳知遇捐助今廢
螺屯洲地三百八畝稞三十三兩現今義學收取
邑鄉宦尹佩捐助
補乾洲地一所計五百八十畝稞四十五兩現今義學收取以供俸膏之資

賓興

凡生員就鄉試者舊例有盤費若干兩係奉裁但遇大比縣官於七月初旬擇吉開宴鼓樂導送祖餞捐貲給舟車之費中式者官為樹旗送扁禮其魁其會試公車銀兩隨時增減不一皆從禮司給發舉人親領故不具載

鄉飲酒

明制府州縣每於正月十五日十月初一日於明倫堂行禮以正官為主位東南以禮致仕官員為

大賓位西北擇三人或三人為僎賓位東北以次長為介賓位西南以賓之次者為三賓位於賓主介僎之後以教官為司正以老成生員贊禮前一日陳設坐次司正率執事習禮次日黎明宰牲具饌主人率僚屬司正先至遣人速客客至出迎於庠門外三揖三讓升堂拜跪訖就位司正至堂中北面立賓主皆立皆揖執事者酌酒於觶以授司正司正舉酒曰恭惟

朝廷率由舊章敦崇禮教舉行鄉飲非為飲食凡我長幼各相勸勉為臣盡忠為子盡孝長幼有序兄友弟恭內睦宗親外和鄉里無或廢墜以忝所生讀畢司正飲酒畢以觶授執事者舉律令於案堂中賓主皆拱立讀者詣案北面讀曰大誥鄉飲酒禮序長幼論賢良別姦頑異罪人其坐席間高年有德者居於上高年淳篤者并之以次序齒而列其有曾違條犯法之人不許干與善良之席主者若不分別致有貴賤混淆察知或發覺罪以違制姦頑紊亂正席者全家移出化外讀畢復位執事

者舉饌案至客前主人獻賓薦脯醢設折俎賓酢主人如之獻僎介僎介酬亦如之訖工入升歌鼓瑟歌鹿鳴飲酒供湯工歌四牡飲酒供湯工歌皇皇者華飲酒供湯笙入笙奏南陔又奏白華又奏華黍詩歌魚麗笙奏由庚歌南有嘉魚奏崇邱歌南山有臺奏由儀於是合樂奏關雎鵲巢又奏葛覃采蘩又奏卷耳采蘋每詩止歌首章飲訖乃徹饌賓主兩拜訖又賓僎介賓衆賓拜訖送賓三揖出庠門而退

重修嘉魚縣志卷之三

秩官志第六

親民之官莫如令長上應列宿出宰百里一方之民命繫焉嘉雖彈丸邑蒞斯土者不知幾何人矣夫抵繭絲保障各視其才不能一二數惟澤及當時聲施後世者足述耳師儒體别而道尊薰陶涵育端士習以為四民倡職綦重矣宜次令令以下均佐令為治者各以次書之遵舊例也

嘉魚縣知縣一員

吏書一十二名　攢典六名　庫書一名

倉書一名　巡隸八名　馬快八名

皂隸一十六名　庫子四名　禁卒八名

斗給四名　門子二名　轎傘扇夫七名

新設壯丁二十六名

儒學教諭一員訓導一員

書辦一名　攢典一名　門斗五名

齋夫一名　膳夫二名

典史一員

書辦一名　攢典一名　皂隸四名

門子一名　馬夫一名

巡檢司二員裁

書辦二名　攢典二名　皂隸四名

允充弓兵三十七名裁

縣丞主簿裁

驛丞三員裁

河泊所四員裁

防守武職一員

醫學　陰陽學　僧會司　道會司

知縣

宋

施　犨得鑄鐘

唐　鈞宋政和間始築新堤以蘇民患

陳景福乾道間修堤有功

姜　偃淳熙戊辰遷文廟於龍潭山之陽

晁　名缺淳熙間改晚泊亭於魚山驛

柴景望嘉泰甲子重修晚泊亭

蔡　積　河南上蔡人嘉泰間由進士來任入籍嘉魚住大琛嶺脇坎

朱　鍾　改晚泊亭為聯星亭

蕭　洞　新喻人由秘書省校書郎來任

元

達魯花赤　按元制州縣設達魯花赤各一員乃官名非姓名也前志失考

成　宣　皇慶間任築堤有功祀名宦

成文煒　延祐甲寅重修學校政務農桑

童春穀　至治壬戌任躬巡民間以察疾苦

蘇　靖　元統間曾修學

虞　槃　集之弟

李　夔　至正甲辰開設縣治修建橋梁

明

姚以德　洪武戊申任祀名宦有傳

王孔昭　洪武庚戌任有政聲

吳啟文　洪武乙卯任還建山川等壇

劉秉政　洪武壬戌任建吳主廟於赤壁山

邊　整　洪武庚午任秩滿去人多懷之

湯　濟　洪武癸酉任福建崇安人由明經

冉　通　洪武丁丑任四川萬安人由進士政平訟理民有遺思

陳伯達　洪武辛巳任

李　伸　永樂乙酉任

王　本　永樂己丑任直隸望江人

曹　順　永樂壬辰任直隸南皮人

武　韶　永樂丙申任

董　珪　永樂己亥任直隸元城人由監生

黃　開　永樂甲辰任浙江建德人由監生

莫　震　正統辛酉任由進士祀名宦有傳

劉　循　景泰壬申任江西南城人

羅　純　天順辛巳任四川榮昌人由舉人惆幅無華喜怒不形建博約亭在任十有二年名完身潔

高　舉　成化辛卯任鳳陽人

孫　倫　成化戊戌任四川瀘州人由舉人祀名宦有傳

馬炳然　成化壬寅任四川內江人由進士祀名宦有傳

姜　溥　宏治己酉任江南廣德州人由進士祀名宦有傳

張　輪　宏治甲寅任直隸泗州人由監生

吳　琛　宏治癸亥任江西永豐人由舉人

陳治定 宏治癸亥任廣西蒼梧人由舉人陞泗州判

朱振 正德己巳任直隸人由監生

折衡 正德辛未任陝西神木人由監生

陸槐 正德甲戌任江南宣城人由舉人築城捕盜民甚賴之歷陞太僕寺丞

陳文煒 正德庚辰任廣西潯州人由監生

虞守愚 嘉靖癸未任浙江義烏人由進士有傳

陳一言 嘉靖乙酉任廣西馬平人由舉人

吳鯤 嘉靖壬辰任江南宣城人由舉人

石淵之 嘉靖丙申任浙江上虞人由舉人有傳

李璣衡 嘉靖己亥任浙江錢塘人由舉人

姚梧 嘉靖壬寅任浙江慈谿人由進士為政有紀吏民畏服

甘文翰 嘉靖乙巳任江西奉新人由舉人

黃茂 嘉靖丙午任四川合州人由舉人節用愛人民有遺思陞荆州府通判

陶悅 嘉靖己酉任廣西桂林人由舉人

章桂 嘉靖庚戌任江南貴池人由貢生

吳翰 嘉靖癸丑任浙江臨海人由舉人陞知州

符大賓 嘉靖丁巳來任廣東合浦人由貢生建蘢津橋

張符 嘉靖庚申任四川涪州人由貢生

越民樂 嘉靖壬戌任貴州籍江南丹徒人由舉人政有綱紀民多惠愛

熊尹臣 嘉靖乙丑任江西新昌人由舉人

王天任 隆慶戊辰任江西安福人由舉人才學兼優未幾罷去

劉元相 隆慶己巳任廣西全州人由舉人修築長堤有功于民

陽光宇 萬歷癸酉任廣西臨桂人由舉人

吳騤 萬歷丙子任江南宜興人由貢生改邑土城易磚石規制有法至今賴之祀名宦

經仁謙 萬歷辛巳任廣西全州人由舉人外僕內明以不長對答而去

黃孟經 萬歷甲申任廣東龍川人由進士

蔣時馨 萬歷丙戌任福建漳平人由進士端肅廉平所立法悉著為令而興學校培士風尤為知務以內陞去祀名宦邑人立二賢祠并李承箕祀之

蔣守浩 萬歷己丑任廣西全州人由舉人以明敏見稱陞潼川知州

郭維翰 萬歷壬辰任江南丹徒人由貢生

酈一德 萬歷己亥任廣東南海人由舉人學優德擧業拔士子多所成就刻題名碑後續祀二賢改為三賢祠

文邦儒 萬歷壬寅任由舉人續修城建排柵

蔡用吉

王堯臣 以上三令舊志不載今從續志録入出身鄉貫俱未詳

葛中選 萬歷庚戌任雲南河西舉人修長堤保障黃湖口建岳公樓修拜風臺等處祀名宦

唐國士　萬歷丙辰任江南上海人由舉人復築長堤建古治陞福州府通判

張銘　天啓壬戌任山東招遠人由貢生

王來儀　天啓乙丑任雲南昆明人由舉人才識明敏尤工書法

陳定　崇禎庚午任雲南楚雄人由舉人

梁宏建　崇禎辛未任由舉人

程可登　崇禎甲戌任廣東高明人由舉人政靜學優嫺於禮節修文廟學宮建彌高亭文昌書院日親督率凡所營立堅緻有法尤加意城垣譙門明季兵寇居民藉以守禦始知公慮事之遠

王良鑑　崇禎己卯任由貢生癸未六月獻賊入楚閣城堅守城陥見執罵賊死之

劉士琨　崇禎甲申任江南常州人由貢生時闖寇猖獗郡屬多鎮兵民未苦寇先苦兵公多方調護村市賴以保全已而賊入城陥不知所終

國朝

陳一道　順治乙酉任江夏人由舉人後登順治丁亥進士

王應虹　順治丁亥任山東人由舉人清操雅化有古者風

鄧林尹　順治庚寅任政尚和平以憂去後陞岳州府同知

李焯然　順治辛卯任山西翼城人由進士端肅清正在任三年鄉里中無一胥之擾至今士民懷之

郭植　順治甲午任北直邯鄲人政治嚴明捐貲修

大成殿戟門學宮改築長堤然頗傷苛刻在任十二年以憂去

來鑑　康熙丁未任陝西三原人

李世錫　康熙戊申任山東膠州人由進士建威鳳亭於濯磯山

李元震　康熙辛亥任浙江嚴州人由進士

白受輝　康熙甲寅任正紅旗人

李長齡　康熙丁巳任鑲藍旗人

呼應臚　康熙戊午任

年昌齡　康熙己未任鑲白旗人政平訟簡案牘肅然貳經旬閑閣有臥治之風

荆振日　康熙乙丑任江南丹徒人由舉人後以憂去

龎顥　康熙丁卯任廣西梧州人由舉人有傳

李[illegible]　康熙己巳任直隸灤州人由拔貢

蔣[illegible]　康熙戊寅任直隸蠡縣人由進士歷陞寧波府知府

靳樹喬　康熙癸未任鑲藍旗人有傳

李昺徵　康熙乙酉任福建晋江人由舉人有傳

陳法乾　康熙庚寅任廣東南海人由貢生

湯星南　康熙乙未任江南宜興人由監生

崔溢　雍正甲辰任順天霸州人由進士居官廉潔存心忠恕卒以催科見黜

張璿　雍正丁未任四川閬中人由拔貢

王邦雋　雍正丁未任江南高郵州人由舉人修築長堤捐置義冢緝盜嚴聽訟決陞武岡州知州後任靖州

張其維　雍正壬子任山西蒲縣人由舉人在任築長堤葺城垣修文廟崇聖名宦鄉賢祠置祭器樂器砌石泮池創義學置義田修大堂加捲棚建牌坊修關帝廟施義冢捐社穀俱出已貲詳載各條有記

戴元亨　乾隆辛酉任浙江嘉興府嘉興縣人由進士

張曾穀　乾隆甲子任江南蘇州府吳縣人由副榜

謝穎元　乾隆戊辰任江蘇松江府華亭縣人由進士

安依仁　乾隆庚午任貴州思南府安化縣人由進士

辰　俊　乾隆壬申任滿州鑲黃旗福桂五領下人由筆帖式揀選同知

王　況　乾隆壬申任四川嘉興府樂山縣人由舉人

陳　譜　乾隆甲戌任山西直隸代縣人由貢生

黃通理　乾隆丙子任福建興化府仙遊縣人由舉人

吳躍龍　乾隆庚辰任江西登州府高安縣人由進士

徐　浤　乾隆甲申任順天府大興縣人由舉人

程　壎　乾隆乙酉任安徽徽州府歙縣人由進士

李龍翔　乾隆丙戌任江西建昌府廣昌縣人由舉人

龔士楷　乾隆丙戌任四川順慶府營山人由進士

陳居廣　乾隆丁亥任鑲藍旗漢軍尚維邦佐領下人由舉人

素布棟阿　乾隆己丑任鑲黃旗滿州清泰佐領下人由貢生

梅雲官　乾隆庚寅任江西建昌府南城縣人由舉人

冉世珍　乾隆壬辰任四川直隸瀘州人由舉人

黃堯淳　乾隆癸巳任江蘇吳縣人由貢生

王　宸　乾隆甲午任江西吉安府廬陵縣人由舉人

史　湛　乾隆甲午任浙江紹興府餘姚縣人由貢生

薛元統　乾隆戊戌任山西直隸霍州人由拔貢

胡林模　乾隆戊戌任安徽寧國府涇縣人由貢生

孫曰秉　乾隆己亥任奉天承德縣人由進士

楊朝欐　乾隆庚子任山西直隸絳州聞喜縣人由監生

陳士俊　乾隆辛丑任安徽池州府石埭縣人由貢生

葛桂芳　乾隆壬寅任安徽廬州府巢縣人由舉人

嚴廷燦　乾隆壬寅任江蘇蘇州府吳縣人乾隆庚寅舉人

王大復　乾隆甲辰任浙江杭州府錢塘縣人乾隆庚寅舉人

黃復泰　乾隆戊申年任江西袁州府分宜縣乾隆丙子舉人

汪雲銘　乾隆己酉任浙江杭州府仁和縣人原籍江南徽州府休寧縣辛卯科舉人

王遇彩　乾隆庚戌任山西萬泉縣人乾隆癸酉科拔貢丙子科舉人

教諭

明

蕭士衡 衡州府人　莫 鏞 浙江武康人

楊曜宗 福建人　熊 禎 江西南昌人舊志熊作能

古 鑑 四川雅州名山人永樂間由進士來任陞楚府教授後入籍嘉魚

陳 昇 福建人　劉池蘊 江西人有傳

孫允恭 滁州人校正邑志　歐陽憲 江西泰和舉人

朱 珙 江南華亭監生　張 經 四川成都監生

林 琚 福建晉江舉人　李大韶 四川成都舉人

朱加爵 貴州監生　李士文 福建連江舉人有傳

覃 煦 廣西平南舉人　鄔 憲 浙江餘姚監生有傳

何鍾秀 南平人　蕭 珏 廣西宣化監生

龔欽之 福建晉江選貢　何 愈 廣西付州舉人

臧 寵 金華人　孫日培 虹縣人

魏 麓 景陵人今天門縣　向王道 江南江浦舉人

馬載道 安陸人　梅 文 光澤人

楊文會 四川南充舉人　滕養志 江南溧陽舉人

朱光前 江西南昌人續志作朱光賢　張二和 巴陵人

楊希賢 本學訓導陞　龍會淵 貴州人

李大晉 光山人恩選　裴允元 江西南昌舉人

周希[illegible] 湘潭人歲貢　楊長春 安陸人舉人

張維新 舉人陞知縣　朱永思 山東人

王命宣　張國宗 金谿人舉人

楊士起 江西湖口人

國朝

吳 琮 陞河間縣尹　張效葵 舉人陞鹽亭縣尹

李春明 郴州人舉人復移落星於池之舊址

馮 [illegible] 人長壽真誠課士有方陞九溪衛教

劉士臣 沔陽人舉人　郭更名 麻城人舉人

李桂林　范文叔

鄒 參 天門人舉人　張世勳 江陵人舉人有傳

李前芳 巴東人舉人　金祖謙 漢川人歲貢

王佺昌 漢川人歲貢　王業宏 漢川人歲貢

郭 林 麻城人舉人由江西泰和知縣雍正壬子改署來任

萬縉祖 黃州府黃岡縣人舉人　冷 蔚 漢陽府黃陂縣人舉人

蔡必朝 黃州府黃岡縣舉人　謝恩焯 漢陽府漢陽縣人舉人

夏曾浴 黃州府黃梅縣人 乾隆壬申科舉人
蔣方營 黃州府黃梅縣人 乾隆己卯科舉人

訓導

明

王藻 河南人
張堅 江南當塗人
郭維 河南人
袁訓 江西豐城人 訓或作海
朱良 應天人
劉濟 江西湖口人
范謨 江西豐城人
李珪 巴東人
黃貞 江西南昌人
楊輝 江西新喻人
石盤 仁和人舉人 有傳
溫端 寧都人

郭孔恕 河南舞陽人 監生
陳謙山 福建莆田人舉人
曹綸 江南宿松人 監生
陳質 廣東永淳人舉人
盧廷柏 江南清江人 監生
陳雄 福建晉江人舉人
董嘉謨 雲南人
劉德宏 江南旌德人監生
尹如倖 四川人監生
顧頎 東安人監生有傳
戴瑤 江西德化人 監生
闞泰 浙江臨海人監生 泰一作管
高遷 雲南人監生
劉朝 四川人
劉廷章 江西人
檀瑋 江南江浦人監生
周有恒 江西人
梁尚義 廣東人貢生

宋聚星 北直人貢生
杜容 四川人貢生
李芷榮 四川人
蔣永泰 蓬州人
蔡震 福建漳浦人
郭宗儀 歸善人貢生
伍喻 湖口人貢生
璩鎬 宜山人
楊文炳 四川人
蔣材 江南山陽人
盛德 華亭人
黃宗轍 浙江義烏人
聶宛 江西永豐人
夏誥 雲南人
王松 黃岡人
李堯勳 遂州衛人
李繼東
晏承恩 大昌人

楊希賢 江西贛縣人
楊熙 石門人
朱紱 四川達州人
艾淑久 沅州人
唐之賓 桃源人
鄭應夔 常德人
李三畏 臨潼人恩貢
宋元時 丹稜人
謝廷瑚 休寧人
王元敬
袁程庭
鄒孟儒
楊宗孟 遠安人陞東安縣尹

國朝

韓再奇 江陵人 知縣 陞合浦
田之玉

羅似錦　李嘉彥安陸人前甬道指揮修學
詹士朗黃岡人　鍾應遂黃安人
歐陽迤漢川人　高淳江陵人
鄒岜麻城人　袁嶷光化人有傳
劉澤民潛江人　袁若安襄陽人
趙士騄鄖縣人　鄧廷岱沔陽州人
王欽天宣城人　葉雯沔陽州人
黃義超江陵人乾隆辛卯科舉人庚子恩科進士　張超英麻城人
陶廷起廣濟人乾隆丁酉科拔貢　李澤張荊門州人廩貢

縣丞
明
李成　張子敬
藺成　樂直
高鉉　李才亨
湯仲濟　郭儀
胥葩　李文興永樂間裁
主簿
元
狄忠至正間重修兩廡植松夾道
明
梁興　闕仕中
崔守敬　李威
周恒　鍾處雲
王清正統間裁　老大順金州衛人係河泊所吏奉裁補
典史
明
王繼祖　吳祐

陳景輝　尤恭
王　侯觀
陳以常　薛玉
盧受　馬進
張榮　錢象
朱元讓　陳玉
倪彬建博能詩約亭　王儹
張瑀　童武昌
劉銓　吳普

梁鑑　李循
王填　劉經
劉廷用　牛經
葉天祿　王思貴
楊琴　黃明高
郭正朝　黃光偉
鄢斌　李朝暘
姚用夫　郘子亢
黃文明　夏實

翟義安　林稟秀
張朝貴　朱琮
祝尭仁　曹大章
張大經　劉穆
周振　翁木
陳可德　羅坤
李自達　江正濂
喻士登　龔在泰
國朝

陳文奎　李傳芳
趙邦祥　池芳邳州人
許宗耀　呂大韶
沈鍮　馬俊明河橋人
曹尚志鄆城人　戴士鵬大興人
程舜心懷來人　高維達北直茂山衛人
趙泰吉大興人　金文俊北直永清人
陸廷宰宛平人　曹修元池州府人
謝宸浙江紹興府山陰縣人　張寶三順天府大興縣人

蔣從龍直隸宣化府宣化縣人　羅丕麟順天府宛平縣人
朱源浙江紹興府上虞縣人　沈敏超浙江紹興府蕭山縣人
石頭口巡檢司
國朝以前縣志不載今無考
潘瀾山東堂邑人　王心淵北直永清人
包其韜順天宛平人　朱標宣化人
李學源大興人　趙登銓梁城所人
崔天樞順天宛平人　徐文彬順天宛平人
李念昔浙江嘉興府桐鄉縣人　郭光國山西平陽府浮山縣人

連[illegible]浙江紹興府山陰縣人

簰洲巡檢司

國朝

白　琳富平人

李世明北直南河人

李樓鳳寧武所人

周　齊大興人

趙志仁大興人

金廷鉞武清人

吳繼鄴涇縣人

童　焜桐城人

李　適江南通州人

倪　標吳縣人

宋　潮大興人

單　成三河人

程　綦江南揚州府泰縣人

朱　縉江南江寧府上元縣人

修時崇山東登州府安陽縣人

翁建基江蘇蘇州府常熟人

范章茂江西廣信府鉛山縣人

任繼美順天府大興縣人

吉　人江蘇常州府武進縣人

譚祖諄順天府大興縣人

溫　棠廣東嘉應州長樂縣人

管汛自康熙十一年起以前無考

李得貴開封人

王國佐直隸人

麻重慶麻陽人

馬　學江夏人

陳有功江夏人

高鳴皋江夏人

張　勇江夏人

張世華江夏人

王文元襄陽人以上俱行伍

陳　蓀閬中人武舉

張景清

徐之英

曾輝暄

王廷魁

涂之勝乾隆丙申任江夏人由行伍

宦蹟

居官無赫赫名去後令人思愈久而不忘循良傳所由作也後之觀者曰某也廉能某也子惠而以下無譏焉亦可知所自處矣志宦蹟

明

姚以德不知其家世洪武戊申自建平縣丞擢為縣尹勝國之季邑當敵衝民不勝苦流亡幾盡以德開草萊訓耕耨數年之間民蘇物盛民甚宜之陞濱州知州民思為謡曰南有嘉魚樂賢

之區姚侯來止以扶以鋤昔也干戈今也袴襦蔚蔚桑麻雨露所濡樹德方滋征車在途永懷去思没世弗渝

莫震字廷威吳江人以進士來任為人修潔春秋嚴於祀事牲帛醴羞皆戒於三月前滌池汲水亦極深潔官舍有木偶像人甚畏之震投之江每秋冬親行郊野相土宜修陂池與民興利疆埸整飭封域肅然日與賓客登山臨水飲酒賦詩為樂有古循吏風陞福建延平府同知

孫倫字維叙四川瀘州人天順壬午鄉試成化戊戌來任內外一誠以禮自飭見利如仇人不堪其清苦修舉學校冠婚喪祭之禮去浮屠老子舍毁其像人皆遵其教親藩之旗尉恃勢强取居民邱基之木倫從容使諭之不聽乃嚴刑而遣之王大怒以欺侮奏衆為之危倫曰事苟公平雖死何悔法司勘以非罪豁釋之倫精勤吏事圖為久遠常以邑户口寖消差役益繁縣當水陸之衝民力不堪欲移鄰封之半以增里

蹟成未及上而倫没矣没之日邑人哭之失聲曰清官死誰復能字我者後其子不能歸里遂入籍嘉魚

馬炳然字思遠成都內江人由成化辛丑進士來任有為人作狀牒者召其人訊之曰汝民當安分畏法奈何為人造訟乎對曰貧無以養寫一狀可活吾家數人炳自責曰不富烏能教厚其資使立本自是公門遊食者悉遁去炳然為政明察而不煩苛服則巡行村落洞悉民隱[illegible]

多寡程力賦事胥徒不能為奸三年大治流民復業乃新治事之堂扁曰崇富教退居之堂曰絜矩二十三年夏秋湖湘旱饑炳然申賑貸未報輙開倉救之明年大饑朝廷出内帑錢以佐民府守意令縣文散放而實欲轉輸府庫也炳然曰天子憂荒為政者之罪也即放散之守怒炳然弗恤也踰年徵拜監察御史累遷至湖廣都御史道遇賊刼之不從遂殺之謚毅愍

姜溥字希廣南直廣徳人由進士宏治己酉任為

人才高氣邁涖縣時值制度簡略蠹獘滋深溥爬剔綜理條為規畫巨細畢舉又因邑治瀕江水數為患乃自百疋山修長堤至三角鋪二百餘里以捍漲溢地方頼之又修學養士文教聿興民歌其徳考滿卒於家

盧守愚字維明浙江義烏人由進士嘉靖三年任時邑數澇民飢守愚下車加意拊循事務休息凡政令之疵催科之獘必力爭而必討之不以勢沮不以微忽先是嘉魚糧少差繁每擬輸之

之糧以為朋吾民之貧者首當其苦而鄰之富者坐乘其逸守愚廉知其害請於當道移差以就糧民受其惠暇則引諸生講論多所啟廸未幾以優調萬安吾民至今懷之

石淵之字本深浙江上虞人由舉人嘉靖十五年任為人敦厚淳謹不事表暴政尚和平留心撫字親行勸課詩文古雅可觀然性頗骯髒多忤上以年衰遂請休致巡撫東喬顧公批其狀曰石淵之意古而不宜於今累陳休致益見晚節

眞得其為人之實矣有省耕勸農詩

國朝

酈頵字右魯廣西梧州人由舉人來任刑清訟理不激訐以為名尤加意學校諸生受其賞鑑者必厚餼之試童子面定甲乙决入彀早暮若操左券康熙戊辰五月武昌裁兵亂十屬皆震邑當兵衝人無固志公多方捍禦晝夜巡緝奸宄不行會提鎮徐公治都奉

命勦賊駐師金口公親往請兵護城已而賊潰江漢甯

清邑獲安堵皆公保障力也時公二親在粤戀
墓切至乃構亭署後扁曰望雲以志屺岵之思
卒歸終養士民懷之後編詳查誌内先載卒以
憂去今乾隆乙丑之歲 題准入祀名宦始知
告歸終養故釐正之

李鼎徵原名光墩字訒齋福建安溪人大學士李
公光地之胞弟由舉人來任謙恭禮讓政尚慈
祥不事擊斷時歲頻豐稔民既樂輸諸事不甚
掣肘公賦斂有方遂書上考乃買地於邑東門

外給為義塚於小西門内買屋建為育嬰堂又
精堪輿培植縣脈多所改更由是文武兩科先
後稍得吐氣人以此首功之然善政不盡是也

靳樹喬字子遷鑲藍旗人來任時年甚少發奸擿
伏老吏不如也性不苟取正餉耗羡過三三分
者必還之納戶勤於聽斷不畱獄欲署廚廳事
前令訟者自為炊爨隨到隨質不入歇家未幾
以疾卒不果行舊例故官之柩無入城時公[illegible]

柩至武昌沒於舟次柩抵河下士民兩泣擁其
柩直入内署朝夕哭奠者日數千百人妻高氏
温惠貞淑先是已病甚聞公卒遂不欲生喪至
撫棺一慟而卒公以死勤官高以死殉夫皆僅
事也

張其維字德隅山西蒲縣舉人雍正壬子任先務
為急葺城垣築長堤捍衛民生者既豫於是修
文廟修
關帝廟修大堂置祭器樂器次第就理而且砌石泮

池設學置田皆為之記自謂五年之間拮据靡
遑是公捐俸以舉廢墜吏治維勤愛士惠下有
古循良之風焉

戴元亨浙江嘉興縣進士乾隆辛酉任存心寬厚
平易近人與士子講學論文多所開導為政尚
簡要事不勞而民治亦足見治行之優矣

謝頴元字錦湖浙江華亭舉人乾隆己未進士清
慎明察釐弊殆盡邑向有義學在縣署後頗湫
隘侯捐俸百餘金置易官接買房屋一所即今

義學也以循卓陞雲南霑益州知州

張曾穀江蘇吳縣人副貢持身氷潔治民平恕以卓異陞　兵部職方司

陳譜山西代州人貢生政尚簡靜務與民休息先是江嘉接壤處有公堤一段江民委卸不修訟經數載始定案公修江民旋復翻控傒力詳頂士民德之

黃通理福建仙遊縣人雍正壬子科舉人公平亷介決獄務得其情修義學規模尤極宏整在任

四載士民至今不忘

陳居廣漢軍舉人決訟公平操守亷潔重修大堂後丁艱去

薛兗統山西人援貢慈和坦易雅重庠序崇義學月有課程嘗建武廟後丁艱去旋卒於武昌省垣官署時論悼之

史湛字德凝號澹園浙江餘姚人貢生宅心仁愛才幹精敏諸獘悉絕尤以

文廟廢圮倡率紳士捐建嘗新月課諸生親定甲乙

勞有差曾舟泊簰洲見有坟塚水嚙骸露滿野心爲傷之置買高地給瘞後調任鍾祥黃岡漢沔各邑俱有賢聲陞襄陽府同知署秩武昌郡守

王大復字心梅浙江錢塘舉人乾隆甲辰年署任嚴峻清介苞苴無聞委辦荆州堤工以勞疾卒宦槖蕭然士民悼之爭致賻恐後可以想其遺愛矣

儒學

明

劉池蘊江西吉水人正統間教諭善於誘掖因人而施每說書解文有未達其意者必多方譬喻通曉而後已幼稚者抱置膝指陳口授亹亹不倦性忠厚人即忤之無怒意

石磐字鴻漸浙江仁和人成化乙酉鄉舉任訓導門人貧乏者歲時賙給之爲人恬退於世無所嗜好邑人李田爲浙江叅政時磐將之京師資以官舟不受其故人爲卿相每召相見竟不詣

謝穎元字錦湖浙江華亭舉人乾隆巳未進士濟
慎明察釐弊殆盡邑向有義學在縣署後頗湫隘
侯捐俸百餘金置易官接買房屋一所即今義學
也以循卓陞雲南霑益州知州
張曾敭江蘇吳縣人副貢持身氷潔治民平恕以
卓異陞　兵部職方司
陳華山西代州人貢生政尚簡靜務與民休息先
是江嘉接壤處有公堤一段江民委卸不脩訟經
數載始定案公脩江民旋復翻控侯力詳項士民

德之
黃通理福建仙遊縣人雍正壬子科舉人公平廉
介決獄務得其情修義學規模尤極宏整在任四
載士民至今不忘
陳居廣漢軍舉人決訟公平操守廉潔重新大堂
後丁艱去
薛元統山西人拔貢慈和坦易雅重庠序崇義學
月有課程鼎建武廟後丁艱去旋卒於武昌省垣
官署時論悼之

史湛字德凝號澹園浙江餘姚人貢生宅心仁愛
才幹精敏諸弊悉絕尤以
文廟廢圮倡率紳士捐建嗣新月課諸生親定甲乙獎
勞有差曾舟泊簰洲見有坟塚水嚙骴露滿野心
焉傷之置買高地給瘞後調任鍾祥黃岡漢沔各
邑俱有賢聲陞襄陽府同知晋秩武昌郡守
王大復字心梅浙江錢塘舉人乾隆甲辰年署任
嚴峻清介苞苴無闌委辦荊州堤工以勞疾卒宦
橐蕭然士民悼之争致賻恐後可以想其遺愛矣

教職
萬縉祖黃岡丙辰舉人任教諭勤止有法接諸生
以禮尤工書法任滿陞湖南岳州府教授
黃義超字北海江陵廩貢任訓導舊時正副學署
並一處黃以歲久材朽捐金置民房為副堂而舊
址遂廢
夏曾浴字沂泉黃梅人壬申科舉人文品兼醇不
愧師表致仕時合邑紳士攀戀江干謳思不置

選舉志第七

南金竹箭楚寶生之以擬人才則非倫才者取精於造化毓秀於山川砥以家脩貢之王國必能建立事功書竹帛而勒鐘鼎才斯稱焉科貢特出身嚆矢餘可知矣然釋此則拜獻無資故士之紆青曳紫施及後先者必由之泝往哲而奮興其能無厚望也乎

科第

士之瑰異特達者不必盡以科目顯而科目得

人為最盛歷溯先型其勳業文章彪炳史冊班班可考繼其軌者宜何如淬厲俾文運日盛日新也

文科

宋

李熙顏　紹熙戊午解元

李脩己　登寧宗朝進士授中順大夫

李恕己　擢本常進士

李義山　嘉定十三年進士

李伯殊　嘉熙戊戌中太學上舍

程一飛　寶祐癸丑四舉登第

魯登龍　寶祐乙卯中太學上舍

李伯嘉　解元任錢塘知縣

李桂　進士由貢

李格　解元周禮中式

李瀛　登咸淳進士授通直郎

李大同　咸淳戊辰魁南省見人物志

李大元　咸淳戊辰中太學上舍

李演　登景炎進士授承直郎除授川軍事

李大珪　任玉沙知縣

熊道則　登德祐進士仕至御史

元

李杲　登延祐進士除福建提刑陞朝請大夫

蔡昇　順帝至正二年壬午科舉人丙戌進士初任安慶府懷寧縣尹終戶部郎中

明

李璣　洪武庚午科第二名舉人天長教諭歷成都府學及泗州宿州皆有成績詳見孝子傳

陳　宜 洪武己卯科舉人任至工部員外郎

殷　宏 洪武己卯科舉人任河南遂平知縣

宋興文 洪武壬午科舉人登甲申曾棨榜進士任山西太原知縣

李　真 永樂乙酉科舉人

雷　晏 永樂乙酉科舉人任四川灌縣知縣歷南城新興二縣

胡文昺 永樂辛卯科舉人任祁門訓導

史　讓 永樂辛卯科舉人任江西德興訓導

周　緦 永樂辛卯科舉人任四川岳池知縣

黃思信 永樂辛卯科舉人

程　鑑 永樂甲午科舉人登乙未陳循榜進士有傳

李　英 永樂甲午科舉人登戊戌李騏榜進士任州判

岑必通 永樂甲午科舉人任四川雲陽教諭

程存誠 永樂甲午科舉人任江西湖口教諭

程　鵬 永樂甲午科舉人任廣西河池知縣

張友文 永樂丁酉科舉人任廣州通判

張　本 永樂丁酉科舉人

李　華 永樂丁酉科舉人廣平千戶所吏目

李　瑠 永樂庚子科中蒲圻縣第三名舉人任九江府訓導

雷　豫 永樂庚子科舉人

李　善 永樂庚子科舉人任四川珙縣教諭

薛思敬 永樂庚子科舉人任廣東陽春縣知縣

李　滄 宣德己酉科解元有傳

岑　玫 宣德壬子科舉人

古　信 宣德乙卯科舉人任江南沛縣知縣

徐永聰 正統甲子科舉人任周府紀善

程　涵 正統丁卯科舉人任汝陽訓導

童以明 正統甲子科舉人任廣西遷江知縣有傳

孔　儒 景泰庚午科舉人天順丁丑欽賜進士任監察御史

雷九成 景泰庚午科舉人

李　田 景泰庚午科舉人登甲戌孫賢榜進士有傳

龍　淵 景泰癸酉科舉人歷陞重慶府知府

李爲臣 成化戊子科舉人有傳

杜　福 成化戊子科舉人任浙江德清知縣

李承恩 成化庚子科舉人登甲辰李旻榜進士任戶部郎中

吳廷舉 成化庚子科廣西舉人登丁未費宏榜進士有傳

李承箕 成化丙午科舉人

李為義 成化丙午科舉人任江西彭澤縣尹
童　珪 成化丙午科舉人任鎮平教諭
陸　賢 成化丙午科舉人任崇慶州學正
李承芳 成化丙午科舉人登宏治庚戌錢福榜進士仕至大理寺
徐　玹 宏治己酉科舉人任饒州府訓導
魯　儒 宏治己酉科舉人任順慶同知陞知府後官至両浙御史
杜循序 宏治壬子科舉人任江南貴池知縣
李承勛 宏治壬子科舉人登癸丑毛澄榜進士有傳
任　岳 宏治乙卯科舉人

李承頤 宏治乙卯科舉人
李　蟠 正德庚午科舉人
呂　端 正德庚午科舉人
周　夔 正德癸酉科舉人登庚辰楊維聰榜進士任富順知縣
呂調羹 嘉靖乙酉山東舉人登己丑羅洪先榜進士仕止知縣
尹　相 嘉靖戊子科舉人登壬辰林大欽榜進士有傳
李寶聯 嘉靖戊子科舉人
李喬齡 嘉靖戊子科舉人
方逢時 嘉靖庚子科舉人登辛丑沈坤榜進士有傳

李　冬 嘉靖庚子科四川舉人任青州府訓導
雷上儒 嘉靖己酉科舉人登癸丑陳謹榜進士仕至贛州府知府
程一夔 嘉靖壬子科舉人仕至饒州府通判
李寶蒙 嘉靖壬子科舉人
李寶全 嘉靖乙卯科舉人
李寶約 嘉靖戊午科舉人仕至南户部郎中
任邦實 嘉靖辛酉科舉人仕至常州府通判
周廷詔 嘉靖甲子科舉人仕至常州府通判
李　沂 萬歷癸酉科舉人登丙戌唐文獻榜進士有傳

李　愫 萬歷戊子科舉人登丙戌　榜進士有傳
鄧揚楚 由選貢入順天監中萬歷丁酉科舉人
游士任 萬歷丙午科舉人登庚戌韓敬榜進士有傳
熊開元 萬歷戊午科舉人登天啟乙丑余煌榜進士有傳
金　聲 由選貢中天啟甲子科第三名舉人登崇禎戊辰劉若宰榜進士有傳
尹民興 天啟甲子科舉人戊辰科進士有傳
任宏震 崇禎庚午科舉人登庚辰魏藻德榜進士有傳
尹奇逢 崇禎庚午科舉人登辛未陳于泰榜進士仕至山東兵備道有傳
任喬年 崇禎庚午科舉人庚辰欽賜進士

方貞通崇禎庚午科舉人
雷士順崇禎丙子科第四名舉人
李占解崇禎壬午科第三名舉人
高日遠崇禎壬午科舉人任江南建平知縣
國朝
劉均運康熙己酉科舉人
孫襄康熙乙酉科舉人
李懋泗康熙乙酉科舉人任衡陽教諭
尹健康熙乙酉科副榜戊子科舉人

陳新謨康熙甲午科第五名舉人
房逢年康熙庚子科舉人乾隆己未科進士有傳
劉仁濟雍正癸卯恩科舉人
程汝魯雍正己酉科舉人任荆州府監利縣教諭有傳
程珏雍正壬子科第五名舉人登癸丑陳倓榜進士改授黃陂縣教諭
尹侃雍正壬子科舉人乾隆壬戌科進士任直隸沙河肅寧交河遷深州知州陞保定府又調雲南鶴慶麗江沅江等府有傳
張大照乾隆甲子科舉人

尹貴彪乾隆丁卯科舉人任竹山教諭陞[illegible]定縣
游正文乾隆庚午科舉人
方承保乾隆壬申科舉人任陝西三水縣調涇陽遷浙江玉環同知陞江西贛州府
方黑菴乾隆壬申科舉人任竹山教諭
尹一聲乾隆癸酉拔貢己卯科舉人任竹山長陽教諭
汪鵬翥乾隆乙酉科舉人
李先翔乾隆辛卯科舉人借補黃梅訓導
劉高越乾隆己亥恩科舉人

陳安裔乾隆癸卯科經魁
張宗軾乾隆癸卯科舉人
副榜
方[illegible]鼎由歲貢中崇禎庚午科副榜任長沙縣訓導陞漢陽縣教諭
胡鎔康熙甲午科
李傳大康熙庚子科
余允元乾隆辛卯科
明武科
方日中武探花

方壯猷丙子科舉人

王德勳壬午科舉人

國朝

劉鎮定順治辛卯科舉人授淮安守備陞山同宣府都司致仕

毛楚翰順治甲午科舉人

楊象德康熙己酉科舉人

易昆康熙乙酉科舉人壬辰進士選授侍衛陞任涼州靈州衛守備

方開國康熙乙酉科舉人

黃鍮康熙戊子科第三名舉人

周玫康熙癸巳恩科舉人

周琢康熙甲午科第五名舉人

鄭士瀚康熙甲午科舉人任南漕押運千總代賠旗丁運糧隨奉戶部尘糧廳賜匾功堪裕國總漕題陞衛守備以疾卒

吳鼎勳康熙甲午科舉人

易最康熙庚子科舉人

涂璉雍正癸卯

恩科舉人授山東濟寧衛千總值曲阜重修文廟監修運瓦如期續因東省水旱勘災有功制臺保題賢能陞江南長淮衛

張襄雍正丙午科舉人

蔡思瀚雍正壬子科舉人

黃從賢雍正壬子科舉人

李之龍乾隆庚辰恩科舉人

周言斌乾隆辛卯科舉人任隨州城守千總

周言昇乾隆甲午科舉人任湖南岳州水師營千總

葉泰清乾隆己亥恩科舉人候選千總

貢監

明

徐興權桃源知縣

朱文昺都督府斷事

游良能射　教諭

宋文顯修武教諭

涂方賓嘉定州判

徐興道

王志如皋典史

劉景文刑部主事

夏珪

李暹蒲城主簿

舒文煥歲退照磨　李忠臨桂縣丞
來如賓廣東千戶吏目　崔萬鴻臚寺序班
游體加　王思誠廣寧屯經歷
危安　王禮
姚思俊　李紹源濟寧知縣
龍必昇渭南知縣　李瑁江山知縣
李鼎懷寧主簿　劉紳貴州布政司知事
張以善桐廬縣知縣後歷府判　蔡簡澄新喻高苑縣尹
黃淮縣丞　李顯海州訓導

周溥處州府經歷　李震
石玉成　周忻確山教諭
杜楨雲南檢校　李仁源
孔選　江源通判
雷震北直衛經歷陞五軍都督指揮　魯頌貢
游廷昌營山知縣　李汝淮主簿
李源銅梁知縣　李汝謨經歷
王焜　孫璣
李虎　鄧祿交城知縣

張澄江油知縣　徐永諒韓府審理正進階奉政大夫
朱俊嚴州府訓導　許諒
江灝經歷　周文廣東知事
羅錦　丁貴騰中衛經歷
舒聰新繁訓導　程正臨潁訓導
徐珪內江訓導　李熙
徐璋雲南知事　任升
李承亨儀真訓導　蔡琛浮山知縣
王邦　程貫蒲江知縣

周憤灌縣訓導　李春蒼溪教諭
來綬永寧教諭　雷華湖州府訓導
程賢　李鶴齡慶元訓導
任萬全真定訓導　雷震春汝寧府訓導
徐墉襄府教授　徐綬襄府教授
杜璘　李鎔遼府教授
李珩　蔡崇政泗州學政
蔡崇文南充知縣　周如孟
古完珍　李堯民

徐　堂高郵訓導
李萬齡梁山教諭
杜循古
王彥卿萬縣知縣
萬　新巢縣教諭
游繼恩
孔　述白水教諭
古　述
李　整

雷孟春句容訓導
蔡崇嶽錢塘訓導
李九齡太學上舍
蕭　璽嘉興訓導
李　棨代州訓導
李承清
李承問舒城訓導
鄧廷爵滄州知州
鄭　寰

李　似吏目
李　森天長知縣
李　褒主簿
古宗儒淄陽教諭
魯孟詹
蕭輔充襄城教諭
劉光國澧州同知
程　坪宜陽訓導
陳時叙

任民恳
李　曒教諭
蔡　偲衡府教授
杜廷元寧國訓導
雷　岱宜黃教諭
蔡　佃潼川訓導
尹　梅長沙府訓導
杜廷升
雷敏中儀真縣丞

程鵬搏臨城知縣
古　梗處州府訓導
李　慄饒州府教授
李作楫東安教授
尹以謁荊州府訓導
李　快常州府教授
徐繼治桂陽州學正
李宙憲衡陽訓導
周昭文

黃　袍
李寶全上高教諭
尹汝揚通道教諭
尹以談枝江教諭
湯　訓宜都訓導
黃文炳通山教諭
古學禮漢昌教諭
李宙奕黃州府教授
尹以諭

任完璧乙酉副榜
方　接
徐自新永州府教授
游士達潛山訓導
游士俠祁門知縣
雷　驤
李宙遴麻城訓導
李宙裘
雷[illegible]

方宏運沔陽訓導
毛　序
陳嘉謀
尹以謦慈利訓導
蕭頤吉福州通判
方日隆由歲貢授德安府學訓導陞大冶教諭復陞鄖陽府教授
李占典沔陽訓導
呂纘明

趙應康　黄應祥
胡希亮　涂顯元
金　簡　尹夫知
李宙喬崇陽訓導　湯有光
鄧人龍　李　黄

國朝
李宙皋上海縣丞　李開廣沔陽州學正
游明羽　尹奇蕃

余　芳　熊合元太冶訓導
鄧允星天門訓導　方宏鼎漢陽教諭
方宏勳　趙希仲河南考城縣知縣
金敦溥江華教諭　高其昇
蔡用予選通判去任　杜麟昌
尹民昭　謝廷聘
周于岸　來諭國
李占星　方宏祖
任昌應青田縣丞陞錢塘縣尹　童心開

龍文鼎天柱司訓　趙鳳池
李宙奇　李宙都
蕭為備　游明燦應城訓導
尹士大棗陽訓導　李正慈
周應時拔貢　任祺年
周士穀任恩貢　唐　冀
孫宏章　王敷極
方　海　張　愷
　　　　明時習

恩貢　李遇榮
朱世溥　尹士郭
恩貢　程孟言
朱世法歲貢　周應脩
周斯韡拔鑲藍旗教習　明時翼
李儒大　任汝楫
耿應賜　張　昭
尹柱世　鄧　濤
李詩大　吳之江拔貢

吳尚勳
恩貢
劉士觀拔貢初任崑山縣丞陞彭澤縣
尹章世
萬錦
尹任世
尹世焯
萬鋐
尹貴伯
尹安世
萬鎰
鄭世會
賀楷傑
劉奕勳
來入聖
萬世清
周世淳
金忠益

杜榮
尹貴震
羅瀚
蕭玄旦
來作屏
葉天鐸
古柏宜陽訓導
孫明訓導
周士鐙
劉本衷
陳知遇
尹貴叔佐
陳鋂
杜國傑
張淳太和縣知縣
龍潛
羅歐儒
劉商榜

游正文
汪鵬舉
甘球
胡自炳
龍海躍
孫之傑舉鄉飲大賓
孫素德
甘敏修
鄭世愷
尹一麟
張宗嶧任應山教諭以上拔貢
甘德修正黃旗官學教習
方光亨
孫世徽以上恩貢候選教諭
李浣修
孫容江
孫三平
邵志聖

黃之桐
林國藩
劉士玉
耿宗熹
尹均位
張瑜
魏天槐
尹均雯廩貢任漢陽府訓導
鄭世濂
童宏緒
劉士高
尹貴高任監利訓導
雷繼緒
尹貴儀任棗陽黃安訓導
李基生
呂桂堂入監肄業奉文驗看候補訓導
李明行
孫之銘

魏華東　李銘建
趙對揚　李文彬
蕭協忠以上歲貢　杜國懋廩貢
方增遐增貢　尹均亮優貢
張持漢　方增能
陳俊元監貢　尹貴季
張揮道字孔言廣里人　張　聆字廷旭
方增圻字安舒石里人　張揮行
劉　榮　周達德

嘉魚縣志　卷三　選舉　十九

杜　珩　張　琴
尹貴表　尹貴鹽
朱廷元　汪宗連
張於文　張揮大
金攀孝　金士標
方增泰字峯間　耿舉霖
杜國玉　沈起萬
陳安世　張昌明
陳　鴻　金汝賢

涂登甲　李　德
駱大任　張宗耀
何方宣　陳安商
朱廷昌　李溥光
劉本素　方樹忠
羅世茂　李之誥
趙士廷　趙　對
孔衍洙　鍔大惺
蔡宗泗　熊恕光

嘉魚縣志　卷三　選舉　二十

朱時發　朱習煥
尹寧世　張揮文
涂廷魁　張宗渭
龍成甲　劉翰明
孫志脩　鄭昌斌
劉鳴岡　余前崐
錢　俊麻塘團　曾之楷
黃大品　方劭忠
陳景舜　陳景賢

彭應宗　陳愷
尹光漢　劉承脩
尹光森　趙舉科
蔡爾葱　丁鵬
蔡宗洙　金相
劉禮冨　張金元
程振作　危道泰
劉義元　尹均倧
戴廷弼　余宏緒

楊宗賢　涂廷道
金志瀛　陳會彪
王裕文　雷榮亨
陳榮龍　涂階
陳會均　萬標
周邦林　蔡尚元
涂增藻　李孟光
熊開文　王顯林
羅洞照　邵會

來大忠　來大時
王宏祖拿貢　張士茂
陳會試　張熙履原籍江夏入籍嘉魚
涂陵　涂應元
蔡思洸　左作梁
呂榮陞　謝祖傑
王必英　李慶英原籍武寧入籍嘉魚
劉羲純　張大伍
尹均倥　熊豪光

屈祖昌　蕭勤忠
張金榜　孫聰書
來作懋　李明廸
呂先㭊　吳德瀌
汪宗起

貤封

宋

李希說 義山祖誥贈朝請大夫黃氏贈宜人

李脩已 義山父誥封紫金光祿大夫虞氏封永寧郡夫人繼蔣氏安康郡夫人

明

陳　 宜父誥封工部員外郎　氏宜人

徐方通 永諒父誥封奉政大夫左氏宜人

程自新 鑑父誥封工部郎中李氏宜人

雷本聰 震父誥封都督府經歷蕭氏安人

孔仲宣 儒父敕封浙江道御史張氏恭人

李善 田父誥封都御史又以孫承勛貴加贈光祿大夫童氏封淑人又加贈一品夫人

吳源富 廷舉祖誥贈光祿大夫工部尚書皋氏加贈一品夫人

吳貴宗 廷舉父誥封光祿大夫工部尚書陳氏加贈一品夫人

李奐 承勛曾祖誥贈光祿大夫太子太保兵部尚書熊氏加贈一品夫人

李田 承勛父誥封光祿大夫太子太保兵部尚書畢氏加贈一品夫人承勛妻龔氏繼袁氏俱封一品夫人

李阜 承芳父敕封大理寺評事鄧氏孺人

方寀 以輸粟賑飢授義官後平劇賊有功照本府檢校

尹德彰 相父敕封南京刑科給事中孔氏孺人

方孟錠 逢時曾祖加贈光祿大夫太子大保兵部尚書李氏加贈一品夫人

方寵 逢時祖加贈光祿大夫太子太保兵部尚書李氏加贈一品夫人

方亨 逢時父誥封光祿大夫太子太保兵部尚書孔氏封一品夫人逢時妻周氏繼余氏俱封一品夫人

雷敬 上儒父誥封戶部郎中游氏安人

李寶蒙 憭父誥封光祿寺丞　氏安人

游讓 士任交誥封廣西道監察御史明氏　人

熊俱 開元父敕封文林郎　氏孺人

金文耀 郭父誥封山東道監察御史吳氏　人聲妻鮑氏恭人

尹以晉 民興父敕封文林郎李氏孺人民興妻來氏孺人

尹文華 奇逢父誥封中憲大夫李氏繼朱氏俱封恭人奇逢妻王氏恭人

國朝

易興周 昆父誥封中憲大夫杜氏封恭人昆妻杜氏封恭人

尹奇玉 侃祖父貤封朝議大夫妻涂氏繼吳氏俱封恭人

尹世德 侃父封朝議大夫妻雷氏封恭人

劉日泰 士觀祖誥封文林郎妻徐氏留氏誥封孺人

劉世祿 士觀父誥封文林郎妻談氏誥封孺人

方　潮　承保祖宁凌篤貤封朝議大夫妻謝氏[illegible]封恭人

方天閑　承保父宁適也例贈朝議大夫妻豐氏例贈恭人

尹濟世　貴彪父宇綬蒼廪生貤封修職郎妻劉氏貤封孺人

尹　儒　一聲父貤贈修職郎妻孫氏貤贈孺人

方天椽　異光父例贈文林郎妻龔氏贈孺人

恩廕

宋

李立己　希顏之子知縣

元

李　懔　譯史

李　英　義山孫平寇有功恩加奉議大夫

李　端　杲之子知縣

李　瑞　英之孫經歷

李　鑨　琦之孫南充縣尹

李承階　田之子鴻臚寺序班

李　敉　承勛子右軍都督府經歷益府長史加四品服色

方日中　逢時長子錦衣衛右所正千户丁丑武探花實授指揮同知南鎮撫司僉書

方日明　逢時次子右軍都督府都事陞四川東川軍民府、

方日興逢時三子，通政司經歷，陞雲南順寧府通判，南京都督參軍

方日接逢時四子，廕監生

方宏緒日中長子，廕錦衣衛

方宏謨日興次子，鴻臚寺序班

方宏瓚日中二子，崇禎庚午科武舉，廕錦衣衛正千戶，陞鎮國將軍

方鎮宏瓚子，廕錦衣衛正千戶，武德將軍

尹汝學相之子，鴻臚寺序班

辟舉按此條大崖志列之貢舉，方志列之辟舉，續志又列之選廕，紛紛不一。細查方志近是，今從之。然亦止於成化乙巳，以後仍無所考矣。

元

李俊傑至正間由薦舉官至翰林學士

明

陳道宏以薦舉任綦江訓導

蔡昭以貢舉薦授翰林院五品職官，又賜蒲圻縣鋒令綸養克明，其字舊志訛，今正之

李德庸名公宏，以字行，明經授國子監助教，陞經筵日講。以下俱以明經舉

程衡任本學訓導

雷士膺本學訓導

萬欽靖江王府紀善

李愷固始教諭

魯權鳳陽教授

李惟黄岡教諭

孫汝傑以人才任新安主簿。以下俱以人才舉

李奐四川巡檢

雷獻章績溪稅課使

程正保舉濟源縣丞

雷伯璣以選舉授江西湖口知縣

陳繼榮任永新富寨巡檢

童祥以明醫任訓科

童偉

童以顯俱訓科

方謙汶寧倉大使

舒其海康典史

余彬以生員任閿鄉典史

龍光

胡裕

古柏

童仲

崔王以明術任陰陽學訓術。下以明術舉

李琦訓術

古晃訓術

吳藩吉安州判

吳廷諤梧州千户

李坤齡義官

趙廷玉義官

雷覲簰洲巡檢，入籍嘉魚

古文訓術

程立中縣丞

李為仁儒官

李啟衷

李乾齡訓科

明

雜例

程公溥 [illegible]
雷本聰 休寧主簿
許子文 武城典史
熊以恭 樂安縣丞
羅 琮 經歷
吳 鼎 縣丞
胡守由 宜春典史
鄭朝賜 縣丞
凃守賴 典史

魯勝宗 巡檢
李 玉 如林典史
王仲文 吉水縣丞
來 柱 袁州經歷
鄧 鸞 縣丞
劉國文 吏目
方養才 主簿
皮一麟 經歷

嘉魚縣志　卷三　選舉　二十九

王思堯 典史
呂廣榮 經歷
謝士醇 鹽大使
李方品 遊擊

國朝

雷開藩 華昌照磨
周志仁 河南項城縣典史
朱文焕 捐授州同

雷大作 巡檢
鄒望楚 四川經歷
凃可敎 經歷陞崇善知縣
周 庶 紀署
周永禎 連城北團寨巡檢
李世敏 原籍休寧捐授縣丞
孔興裕 [illegible]

武職

國朝

李名眷 由行伍授廣州守備
王尚隆 由行伍授興國州千總陞雲州守備
王良柱 以生員揀選勇健營隨征西路候推千總
孫明夏 捐授千總

嘉魚縣志　卷三　選舉　三十

重脩嘉魚縣志卷之四

人物志第八

善人國之紀文士國之華若夫間氣所鍾必有磊落奇偉才全德備者當之經綸宇宙師表彝倫非其人莫屬焉吾邑人物之盛素甲鄉邦自諸名公卿外稍加蒐剔尚可卻車而載他如行師曾閔誼合雷陳蘿薜高蹤松筠勁節但有關於世教即宜壽之簡編斯山輝澤媚之徵亦論世采風之助也詎敢忽諸

賢達

士有三不朽蔑之者難不可謂無其人也前乘所紀楷模具存其未盡表章者書缺有間矣亦心竊嚮往之志賢達

宋

李義山字伯高世居豐城後徙居嘉魚西保總角讀書一過能解大義師事晦菴南軒二先生嘉定十三年賜進士第初授衡州司户端平元年知贛縣改授臨川遷吉州饒州能輕其税斂諭安寇攘峻城深池摧折豪強淳祐元年除樞密院編脩又除知大宗正丞兼金部郎中轉對首言為善不可有疑心去惡不可有悔心又言陛下有好善之心而無遷善之勇有除惡之名而無去惡之實數奏詳明上屢首肯而平章師相魏國公請於朝稱其行美於瑜節介於石可謂知公者後以明堂恩賜爵中大夫直秘閣豐城縣開國男食邑三百户孫英以平寇功授岳州府同知不受別有傳

元

程堯臣與其弟舜臣嘗遊湖見絶流而漁者謂其弟曰一船魚半船血吾不忍覩也李丞箕曰堯臣可謂仁人矣臣初名成為鄉人誣奏徵入京師事白順帝元統間改成為臣賜第一區

明

程立中居仁里人明初家貧力學不棄鄙賤常役官府後期為尹所辱立中於庭下朗吟一詩以寄諷尹謝曰才子也急釋之延之上座因與語益知其所蓄即以詩薦之朝拜縣丞又以催科後期下

刑獄一夕呈詩百首太祖覽而悅之謂廷臣曰此子忠愛由是復官九載致仕卒於家

周恕豐義里人以鄉舉任岳池知縣舊尹以遲緩廢事繫獄恕至清其弊端如櫛髮烹鮮累年逋賦悉完訟獄皆平舊尹得釋且復官恕即還朝致其事而退

程鑑字叔明從龍之孫永樂乙未登進士授刑部主事調營膳陞虞衡郎中大學士楊文定曰吾生平不敢廣交游自海內及鄉國相與往還者蓋有

數焉若叔明者吾所願交也鑑特達持重平居恂恂而是非可否卓有定見事非涉已未嘗輕發言營膳虞衡尤劇司鑑所至裕如人推服之刑部侍郎曹公以鑑可大用薦諸朝適鑑奉使於蜀而死矣

李滄字朝宗端謹雅飭學立行脩鄉試第一明年會試中乙榜第一賜進士冠帶給俸入翰林讀書應制獻詩輒蒙恩賚歷官金谿教諭保寧教授學士李英嘗曰朝宗端謹有學行名望素著為教官實屈其才石首楊文定公尤重之以墨竹題詩寄之曰春蒲江皋雨露深此君别後每關心何當養就凌雲節製作蕭韶協鳳鳴正統間典試廣西後又典雲貴等處試事振擢盡名士上特詔立牌坊賜獅子於門年六十致仕以讀書賦詩為樂客至無貴賤必冠帶出見人或治具名之雖貧賤不拒也

童以明字用昭質孱弱如不勝衣知縣莫震性剛傲獨忘年交之以明友愛深至事叔如嚴父弱冠

舉鄉薦為廣西遷江令不鄙夷其民脩學校之教設婚姻之禮遠至洞獠亦服從焉在任六年而卒壽三十七行橐蕭然幾不能歸

程鵬字萬里以鄉薦為廣西河池令地近邊方風俗獷戾以戰爭為事鵬推誠訓導民為丕變後陞滄州同知清操益著所居不蔽風日鵬處之裕如也

李瑁字伯溫西堡人以貢入太學選任江山知縣居官務矜恤視民如子時閩浙海醜為患瑁捧檄

征勦有功撫臣請優擢懇辭歸里

李田字舜耕以進士初任户部主事出監臨清糧務兵民肅清陞郎中遭母喪服除補山西司郎中四川蠻叛朝廷命大將討之故事命六臣督餉尚書楊鼎薦田行比王師至而芻餉百萬聯絡山積任使官屬秋毫不敢違事平陞布政司左參議以次得廣東瓊州蠻叛且僭號衆議請兵於朝田曰兩廣經年用兵公私困弊甚矣此易與也即日渡海發近郡兵捕首惡誅之焚其服器巢穴安其衆

而還或教以獻俘論功田拒之从之尹旻為冢宰晋田左參政權貴人沮之不報權貴人罷陞右布政使尋轉福建左布政使其為政務存大體事有統紀凝神端坐人莫窺其際陞順天巡撫京畿賦役煩重貴卿戚畹多侵暴田皆直之貴人多不便以疾致仕詔不允踰月而卒祀鄉賢

孔儒字宗學為人戇直尚氣節景泰庚午鄉薦丁丑會試值闈中火災官司悉逃奪門無路儒升牆端引手拯出者無數事聞上索牆端舉子姓名衆以儒對遂名入俞勞有差不俟終闈即賜進士第授巡城監察御史拜命數上疏動關大計會星變條呈災異指斥無所忌諱清軍南渊益厲風裁終廣西慶遠府知府致仕家居嚴重端默足不至公門人有游惰不檢必面斥之後進姱媮之士不敢過其里巷焉

吳廷舉字獻臣清溪里人洪武中祖戍梧州遂隸戍籍以進士初授廣東順德知縣潔己字民即抗權璫御史汪公惡其專忤上官以他事按之公因

服牿手詣公所衆共泣訴公無私狀御史大懟釋之尋陞成都府同知廣東盜起陞公兵備討平之逆瑾專權公屢訐其私瑾矯旨坐謫戍雁門是年瑾誅起雲南兵備副使尋陞江西右參政討桃源賊多逢盤錯公竭智勇悉得蕩平他如撫嶺表傜獞之亂疏六事以備宸濠之變累著大功歷官至工部尚書即疏歸衣斂居隘無郭外之田卒之日身無以為斂家口素不給隆慶元年追錄賜葬祭贈太子少保謚清惠祀鄉賢今自湖廣至嶺南引

松夾道是其手植也

李為義字用勇由鄉薦為彭澤令清廉撫字處官豈不為勢屈一統志文行篇獨優公云

李承芳字茂卿自幼穎敏生七月以箸畫灰作士地二字年十四其伯父指鄉之富貴者示之曰兒有大志乎對曰富貴不淫貧賤樂兒之志也既長博涉子史酷嗜吟詠宏治中以進士授大理寺評事性不喜羈束居官無鮮裘良馬清儉而苦嘗謂人曰予得俸錢三十緡可津而南矣未幾遂謝病

歸與弟承箕俱隱於黄公山下以講學賦詩為樂其論道以教化為本雖疏食屢空不悔有勸之仕者曰吾素無作官才非敢邀譽薄世也大學士王鏊表其墓曰卓然自立不顧流俗求合於義不求合於人求信乎後不求信乎今誠確論也祀鄉賢

李承箕字世卿幼有大志不喜舉子業好古文辭非禮不言動成化中與兄承芳同登賢書每上公車定以元旦不忍以令節違親己酉除夕兄弟侍親榻終夜母嘆曰今夕有二子在明夕當何如先生聞之即泣下不忍去勸兄就駕已留奉親隨與樹名不復言仕進讀書大崖之峯因號大崖博綜墳典倡明理學徙步入東粵訪陳白沙者凡四白沙與之遊甚懽終不及為學之方即叩之亦微啓其端而不及其與久之先生曰箕得之矣凡學以言傳非真傳也其有目擊而道存者乎白沙驚曰子真其人耶吾且從子後矣遂以理學名天下為文章刮剔塵垢無趄無止莫可端倪如山川出雲雷雨交至倏然雨止天日晴朗奇偉不凡與兄東

嵩日聚黄公之堂更唱迭酬自相師友室如懸磬家人以告則相視笑曰吾道非耶終不以介意後追配濂溪祀鄉賢

李承勛字立卿田之子也生姿英敏器度宏遠周歲試以諸物獨睥睨一劒知其有文武才焉宏治壬子以儒士舉於鄉癸丑成進士除太湖令俗尚獷悍公至精勤吏事丕變淳良徵南刑主事尋陞戶部郎中出守南昌時宸濠陰蓄異志百計嘗之不墮其術會諸寇紛然丁大王等陷端州公誓師

力勦五寨悉平又桃源賊士浩八叛公出奇計擒之中閒宸濠撓誣百端而治行終為第一陞浙江按察使轉陝西河南左布政使遷遼東巡撫一切戰守芻糧之費皆出羨積事聞特晉一級隨以從參軍務乞休嘉靖初起南臺轉南刑部侍郎晉尚書疏論弭災異濬河道上悉行之召為吏部尚書辭以不堪乃加太子少保又陳列時務上益嘉納徙兵部尚書兼都御史提督團營太子太保欽用為吏部尚書不果是年春公卒贈太保謚康惠

祀鄉賢公學有淵源才無枝拄提兵南北曉暢軍機通達國體議論英發廉潔自守家無餘貲子敉益府長史

尹相字商衡號介石生而穎秀長而方嚴學憲許公宗魯深異之曰尹子文如行雲流水遠到器也由進士初授行人即振風釆陞南刑科給事中凡所建白皆朝廷大體民生休戚嘉靖十五年太廟災應詔陳六事十六年雷火災又陳五事俱深切時弊至於糾武定侯配享論霍尚書紛更忤世勳

犯權寵尤人所難旋丁憂起補禮科左給事中晉吏科都給事中時嚴嵩父子擅權亂政百僚依阿公獨正色自立朝會一揖之外無私見嵩頗啣之會御史何維柏論嵩嵩疑公指授使人誣公無驗邸報公拒之遂奏公黨維柏世宗怒逮何與公皆下獄廷杖公憂懼不形時楊繼盛周怡同在獄歎曰蒙難正志尹子其庶幾乎再閱月始釋削籍而歸公既家居葛巾野服優游田里聞蔣道林信講學桃源扁舟從之臺省屢薦不起穆宗即位追錄

言官晉中議大夫太常少卿又八年乃卒焉祀鄉賢

方逢時字行之號金湖弱冠舉進士筮仕之初三為令尹民甚思之歷陞廣東惠州兵備道會山賊花腰蜂等逆燄彌天殺掠二十餘年白骨山積公蒞任即以平賊為任遂移檄示賊賊得檄大喜即取徐姓者殺之以報明年賊又潛約其黨葉賊入寇衆千餘公率兵盡討之廣人德焉會公有量移之報調山西備兵宣府士民遮留哭聲震天請公

生年月日留衣履建生祠以祀尋陞都察院巡撫遼東甫十日大同告警復命巡撫大同公至嚴制德服斟酌戰守方略屢建奇功特賜蟒玉劍履璽書尋專掌兵部團營加太子太保兵部尚書又加少保廕子世襲祀鄉賢

蕭輔堯號震岑其先世廬陵人六世祖時中狀元官脩撰子緼儀官武昌司訓後遂卜勝嘉魚世籍觀鄧暨公尤富墳典詞源泉湧每試輒驚當事詩律工細有少陵風味以明經諭松陽襄城兩學士

風丕振歸構書室四壁圖畫清幽百家卷軸森列食貧力學泊如也性仁恕尤樂資給其接人貌古而心虛不設崖岸與李太清為忘年交日與評隲古今怡情觴咏有元亮堯夫高致焉、

李沂字景魯號太清誕時母夢虬飛庭中光芒射地覺而生公幼敏邁七歲能詩萬歷十四年成進士選庶常命同諸詞臣脩大明會典成賜宴禮部上祀南郊幸辟雍公皆扈從有詩紀事嘗試王壺冰賦上嘉奬之晉吏科給事中時東廠太監張鯨擅權舞法舉朝憚之公入垣旬日即疏其罪上大怒下鎮撫司廷杖鯨囑杖者斃之公呼太祖高皇帝者三颶風大作杳冥晝晦上感悟乃釋之削籍歸里明年上思公言始戍鯨江南復公冠帶光宗登極特贈光祿寺少卿祀鄉賢・

李憭字景顥號幼泉以進士初授衢州司理清操如雪執憲如山尋陞南銓部主選政丁內艱餐疏廬墓孺慕依依服闋補禮部主客司奉命冊封蜀王王所餽遺一無所受尋改光祿寺丞晉本寺少

卿復晉太僕少卿三疏乞休不報家居四載讀書大崖山中日與炯雲泉石為伍部檄屢速力疾赴京晉光祿寺卿甫三月卒於官公至性孝友與人誠摯邑中利害力請興革如長堤湖課等邑族咸賴之萬歷間朝廷遣官致祭

游士任字肩生幼有大志縣尹龐公一德雅重之命讀書於法華寺歲給衣廩文具并代贍其家日課月程篤於父兄師友公益攻苦刻勵遂領鄉薦成進士初授浙江長興尹勅補廣西道御史再還

監登萊軍務惜其軍功未一奏朝議多阻不克遂
其素志邑人咸謂縣尹之知人造士如此公之不
負所知如此

金聲字正希一字子駿號赤壁一號屏山居六溪
口鎮公幼慧師邑知名士龍先生韜習制舉業嘗
命一題師未許可師出輒藏名作示之曰汝不能
勝若耶公輒三十作始易題故公為大家冠至今
稱為金嘉魚先生毗陵邵子湘慕公作文法備載
青門麓槀然公忠義韜畧與事業更相表裏也時

邑有張公者以鴻儒隱居沙門具經濟才自號覺
来公與邑能魚山尹宣子師事之朋建淨土菴於
邑南山為教授地師歿瘞於菴右公大書表墓旁
注受業熊開元尹民興金聲等為公真墨蹟字勢
剛勁迄今朗潤炳著公性梗概不妄交與熊尹最
睦公十四齡受知於湖北學使葛公屺瞻後與魚
山相繼成進士與尹宣子則同中天啟甲子鄉魁
崇禎戊辰進士及館選與同館劉之綸友善劉公
志在貫濟時有僧申甫具韜畧劉甚重之已巳冬

兵薄都城百官莫任事公詣闕疏薦劉之綸次及
申甫可其奏以公為御史參其軍會兩軍不和動
多掣肘甫力戰死越日劉之綸出師援兵不至流
矢貫顱死公再疏論人材未用遂乞歸葺尚志堂
燕貽閣於邑西將老馬八年又起山東僉事復辭
歸是時流賊蹂楚公家居團結守禦追楚地不可
支遂至徽州起鄉營守擊公祖籍休寧故起義勇
於此馬士英以誤軍上聞賴上勿問仍以翰林院
修撰起用遭母喪請歸終制又詔赴京而燕京陷

矣公慟哭嘔血乞死福王立於南京擢左僉都御
史不起及唐王擢公起用不能守公被執於金陵
死之時年四十有八唐王贈公禮部尚書謚文毅
至今嘉魚鄉賢祠祀之

尹民興字宣子號洞庭慷慨有大志兩試闈墨天
下傳誦初授寧國縣令調繁涇縣潔己愛民懲奸
剔弊神明之頌口碑至今欽取考選丁艱未赴服
闋候銓上十四事上嘉納之擢兵部職方主事召
對平臺面陳兵務轉員外晉郎中巡視九門畢時

職方賓行賄賂公盡屏苞苴清望凜然名對文華殿賜茶及羹奏參楚撫宋一鶴宣督姜禹緒上皆罷之又名對中左門奏參保督范志完中協巡撫潘永圖上亦罷之鎮臣劉超叛公陳方略卒擒超晉太僕寺少卿疏三十餘上皆邊情兵機每奏上輒稱善有重務則問輔臣職方云何時都城戒嚴上命首輔周延儒督師勅公察勢鎮撫功罪西鎮王定論與不發公縛定將斬之延儒捏勸乃止懷宗殉國遂不仕詳載

欽定明史列傳

任嵘宸字濬公號雪柯早聰慧四歲即善屬對八歲詠梅見志有殘雪休矜艷看君和鼎時之句邑令龐公試以文曰是兒瞬息可致千里遂肆力為制舉義及聲歌詩賦年十六補諸生旋首拔食餼與金正希熊魚山皆為葛屺瞻門下士後屢困於場屋崇禎庚午始與長子喬年同列賢書庚辰成進士授戶部主事政績卓然後之重公者卒以學行益其政事其為文闢盡時蹊逕窺古人堂奧凌學之士或不能句然當時文風士習賴以振起其衰

熊開元字元年號魚山天啟乙丑進士令吳江六年有善政舉最守省垣以前任征輸不足謫外久之補行人副晉吏科給事中崇禎十五年十一月請獨對上召入德政殿復請屏閣臣周延儒求退上不許公所奏即延儒也次日補牘上震怒下鎮撫獄都御史劉宗周請釋公及姜埰上愈怒落宗周籍杖公仍詔獄至十七年始出福王召起吏科

給事中丁母艱不赴唐王立起工科左給事連擢太常卿左僉都御史隨征東閣大學士乞假歸棄家為僧隱蘇州之靈巖寺詳載

欽定明史列傳

尹奇逢字辰諸生而姿貌奇偉閎覽博學每試輒傾其曹由拔貢中副榜崇禎庚午登鄉薦辛未成進士授江西德化令丁內艱服除補廣東茂名政事稱第一陞南戶部主事以督餉奏最擢知山東濟南府所轄三十州縣最為繁劇公綜核精明壓

梳積弊剔蠧釐奸東人大悅尋陞山東兵備道未
幾去職公事繼母克孝待諸弟有恩田產祖宅一
切分給不留自屏居嘉蒲之界營別業為終老計
國朝當事者力薦提督兩廣軍門　赴任
國朝
龍文鼎字筆韓廩生龍韜之子韜故邑名士太史
金公聲受業門下未嘗更師沒時公尚在襁褓稍
長太史招置家塾訓課之年十七采芹隨冠軍食
餼明末盜起公被縶遭亂兵中有嘗讀公試卷者
詢其名急釋之公知生死有命益肆力詩古文辭
皆典博奧衍為人溫醇雅飭不言而飲人以和至
其周旋中禮造次不離雖耆儒宿德未能或之先
也康熙癸卯舉明經丙寅授天柱司訓以年老辭
不就明年卒於家
尹士大字自聞以歲貢授彝陵司訓舊規謁刺史
出入不由中門公曰予雖官卑祿薄然師嚴道尊
豈以五斗見屈哉遂申文上憲各允所請至今循
為成例造士興行人文大起以母老乞歸郡守魏

公挽留將以卓異薦公不從浩然解組家居二十
餘載杜門不出生平好施與屢捐粟帛以賑貧乏
訓子孫讀書種德無忝世家云
胡之奇字特生與叔希亮讀書大崖山中苦心孤
詣弱冠即首拔食餼生平孝友所得廩膳田租一
切不私同居再世父卒苫塊三年邑侯程可登手
札獎勵之臨貢而卒次子庠生大撰有父風撫孤
恤貧氷兢自守年八十有四猶勤教授門下多高
弟子孫世列宮墻
李元鍾字清華邑廩生屢試高等性豪邁英挺見
義必為邑中大事可否悉決焉前後長吏皆延為
上賓文酒交歡無虛日所至人皆倒屣亦不繫情
去留居恒授徒自給亦多知名士家無儋蓄弗吝
一錢
李樾泗號魯膏姿秉卓越博學績文康熙乙酉貢
於鄉任衡陽縣教諭後解組歸田乾隆丁巳歲重
修縣志邑侯張延為纂輯著作皆出其手壬戌科
門人尹衡峰成進士乞言於座師汪　序其師

著四書時文衘峰不忘所自而公之文足以傳
而行遠矣
易昆性爽朗超卓由康熙乙酉科武舉成壬辰進
士官侍衛後歸里省親復補陜西凉州衛守備兼
理屯務調寧夏鎮靈營軍民咸歌其德乾隆丙辰
年
特恩引見授江西南康營守備調福建邵武營守備護
理臺灣協鎮印務
周琢字廷章康熙甲午科舉人事親孝與兄生員

琳癸巳
恩科舉人玟友愛老而不倦為鄉里所推服乾隆己巳
邑侯謝顥元置義學房屋聘邑進士房逢年主講
席以琢董其事申報　上憲　大中丞唐賜額曰
立身公正邑侯顧曰惠洽桑梓以巽異之年八十
三卒
房逢年字崴成號雲嶠幼聰穎過人康熙庚子舉
於鄉迨乾隆己未始登軒轅誥榜進士主講湖南
岳麓書院五年門下登賢書者二十餘人皆知名

上當事尤器重之己巳邑之鳳鳴書院落成復延
公主講四載多所成就丁卯壬申兩舉鄉飲大賓
巡撫湖北唐公諱綏祖賜以品高望重匾額公生
平秉修自好孝友不間人言其文稱則湖南督學
俛公國璉太理卿張公璨敘而行之然公以寒素
遊公卿間所至爭延禮恐後者重其品行勝潔文
章又其餘事耳子若孫謹守先訓曾孫盛相邑庠
生
程汝魯字曾傳號唯一進士程公臨川孫也幼穎

異甫四齡祖置諸膝上即能朗誦蘭亭及騰王閣
序雍正己酉登賢書兩上公車不第乾隆壬戌乙
丑庚午截取知縣未赴戊寅改荊州府監利縣教
諭邑有學祖向為廣文中飽寒士虛負其名公按
名均給不剩升斗垂為定例教諸生敦崇實學每
月課捐俸賞賚有差致仕時紳士爭攀轅不忍去
主講鳳鳴書院前後數十餘載遊門下者皆成名
尹佩號衡峰性聰穎嗜學早年入泮壬子膺鄉薦
北遊京都十餘載壬戌成進士出知沙河縣勤於

吏治為　上憲器重遷深州陞保定府居官二十餘年歸里之日清風兩袖而已後為天津院長卒於館舍年八十有一公本寒素然見義必為嘗捐産於其家廟以助祭又置買麥地數十石約千餘金入縣書院以資膏火子均雯由廩貢授漢陽府訓導

程珏字錫五號臨川子程子伊川裔也性孝友天真自率未嘗刓方為圓讀書目數行下經史子籍靡不窮探其制藝主濬發義理直窺理齋堂奥以

數奇躓棘闈十餘次志無少輟雍正壬子魁於鄉癸丑成進士奉

命揀榜中六十以上者予内地大尹辭不就復荷

賜十人安賚以紅錦葛紗二表裏改教授借補黄陂教諭踰年即解綬歸里蓴川王明府雲翔聘為龍門書院山長風規嚴肅多士咸被薰陶時蒲邑多虎患公製驅虎文勸王令籲神除之虎皆遠遁其精誠感格如此子二長曾傳登雍正己酉賢書次羲傳雖積学不遇而孝友實著聞曾孫榮森懋彬

皆邑廪庠生

張大詔字掄傳家貧讀書饔飧不繼晏如也乾隆甲子領鄉薦講學授徒遊其門者皆拾芹素性方正規行矩步族黨咸推重焉

尹貴彪字炳寰號雲峯志潔行芳不爲苟合弱冠補弟子員每試輙冠多士丁卯舉於鄉六上公車甲戌始由明通榜授竹山縣教諭秩滿保舉旋以

卓異揀選壹等引

見以知縣發往閩省試用任永定縣知縣會兄一弟

訃至念母年已八旬謝病歸養庄居二十年布衣疏食不履城市課子廷琦廷璣廷瑛俱成名

游正文字雲章前明進士歷任山東監軍御史游士任嫡裔也性穎達讀書過目不忘家貧雍正五年水荒縣加修長堤文傭工養親時監修候補縣湯諱應求器重之後入泮乾隆丁卯科拔貢庚午科舉人三上公車未第旋以親老不忍離惟侍奉甘旨竭力盡敬及歿不以貧廢禮館蒲邑及本里四方從遊者日衆每與諸生講論經史及先正程

文作古文詩歌援筆立就內閣學士裒賜以聯云
高人守樸名何晚好句驚看賞恨遲年五十餘卒
方承保字從爕號柏亭弱冠食餼乾隆壬申
恩科舉人由教習任陝西三水縣署直隸州商州調涇
陽立書院修涇渠保送引
見奉
特旨授浙江玉環同知又
特授江西贛州府知府撫護吉南贛寧兵備道晚年致
仕歸里為少保金湖公裔孫也子三長增運由邑

庠增列明經次增泰三增能皆入成均
尹一犨字鳴韶自幼工時文詩賦十六補弟子員
乾隆癸酉科拔貢兩任竹山縣教諭已卯登賢書
任長陽縣教諭後以病歸卒年五十有九子光森
國學生
劉士觀字兆瞻龍口人由雍正已酉科選拔初任
江南蘇州府崑山縣丞卓異陞震澤令在任潔已
愛民斷獄平允崇學校宣禮教偶遇遺蝗入境觀
至蝗輒盡去後以終養歸鄉居二十年惟以詩禮

訓子孫其子木亦國學生本松邑庠生其孫俱[illegible]
黌序
尹貴儀字宙春夙承庭訓弱冠食餼由貢生授恩
陽訓導俸滿陞授黃安教諭子均恪候選吏目孫
吉雲龍開東俱邑庠生
尹貴高字謙存早年游泮兩叨房薦由廩貢授監
利司訓子均稼均圃俱列成均

[illegible]貢生遵通庠公[illegible]大賓[illegible]年二九子[illegible]九
孫子日貴日明孫揮道揮良揮德曾孫宗琯等列
[illegible]學者七人列文庠者六人宗嶧以拔貢[illegible]山
教諭[illegible]中[illegible]以為積[illegible]之慶
生員周佩字公和[illegible]敬[illegible]於庭幃和厚泱[illegible]鄉黨
族[illegible]貧苦無告者相關視若同胞凡津渡橋[illegible]

孝義

孝德可以通神明義聲可以動天地𡈼節所先綱維繫焉一邑之内必有其人古今詎不網及耶志孝義

明

李璣字伯瑢洪武庚午科經魁授天長教諭未滿任以舉人不及數左遷成都訓導永樂改元以錯降官員詔取回朝再諭天長轉泗州學正復除宿州為人孝愛居喪獨處一軒不至寢室朝夕以不得葬地為憂夜忽夢神指地於蓮卯山次日往求之遇一老翁曰爾欲求親葬地在鵲巢樹下遂拜懇之老翁示以處忽不見人以為孝所感也兄弟求異居戒諸子不得言物產厚薄

楊秀太平里人性至孝年方十二虎至石井銜食人畜日暮至秀家後門母出收衣為虎所爪秀奮臂持斧砍中虎腦母遂得全孰知有親不知有身聞者異之

童仲醫學訓科市人也性至孝事母極謹母[illegible]

仲年五十餘矣毀不勝衣及期值姊喪自市至姊家二十餘里哭不絕聲入門哭不能起勺水不入口而歸戒家人喪禮不用浮屠

李阜受澥里人幼時能讀父書於死生顛沛散亡之餘及長誦朱文公家訓格言真西山文章正宗等書昕夕不倦以隱為高性至孝母病湯藥嘗而後進祈禱請以身代兄善飲往鄉黨親戚家飲酒至醉或不能行阜雖夜不分遠近扶回略無倦意與其弟都憲公田尤篤愛課其子承芳承箕皆以科第顯以子貴贈大理評事

李九齡受澥里人年十三父為義令彭澤遘疾進諸藥皆不效遍禱梁公靖節諸祠皆不應病勢益危九齡憂懼莫知所措乃泣曰計窮矣吾見輟耕錄有割股刲心以愈親疾者遂取瓣香默效其所為母止之曰恐不濟則徒傷汝生耳九齡暫已遂入僻室割臂煎湯以進服畢漸愈踰年病復作遂至不起九齡叩地號泣吐血數口昏瞶仆地家人[illegible]湯藥灌之踰時復蘇人以為更生之年實[illegible]

所感云

王純父名萬仁奉母至孝母病劇萬仁割股調藥以進母遂愈後母喪廬墓三年及純奉母克篤父志母病純亦刲左股煎湯以療母歿與父合葬廬墓三年縣尹葛中選聞其事一日巫鼓徒步命一役前引至墓所純果寢苫塋內尹嘉慰之聞諸上每歲給絹米有差額其堂曰兩世濟美賜聯曰堯行何地步舜孝此關頭後凡尹茲土者皆給聯額以旌異之

任宏善進士宏震之弟性至孝割股療親縣尹葛中選嘗贈以額鄉黨俱無間言且課子有成山年祺年為名諸生皆其子也

國朝

周傑字仲霖邑庠生素以孝稱父喪繼母彭氏年七十忽攖惡疾四肢潰爛如裂臭穢不可近傑乃率家人焚香哀禱百醫不效俄一道人過其宅云必須子吮痛處盡出其毒藥乃可用傑從之道人出壺中藥少許敷瘡上即去病亦頓愈但子眾供廢寢食起居悉寄於人傑妻殷氏及子媳皆如傑拮据懃奉養十年不倦母乃以壽終闔庠公舉孝行督學蔣以行符子騫額其庭仍令續入邑乘以示風勵云

李卓大字郃菴邑增廣生性至孝父病進藥不效乃祈天願以身代其夜父夢人語曰爾數已定爾子孝姑增爾年後三日醫當至及期果有叩門求治者投一丸立愈其後父卒廬墓三年仍授徒在外母無疾而殞歸而哀毀骨立遂至委頓抱病再

廬墓亦如父喪墓前產白芝一本白鵲一雙通庠公舉孝行已經通報本生力辭

尹濟世字綏蒼少孤母李多方鞠翼之弱冠庠廩屢薦未售性豪爽尤篤於孝友培祖壟松楸皆其手植以子貴庬貴貤贈修職郎

劉本松震澤知縣劉士觀之次子也事親純慤讀書體志髫年補弟子員生母湯氏染瘋疾親奉藥餌三年不倦因母疾未愈憂悸成病而歿臨終以孝祖母媯其子至視諸姪猶已子撫友子皆[illegible][illegible]

又其義行衆著者矣

李文標字仰亭父僖傳邑庠士母吳氏鄉進士杉軒之女也標生有至性弱冠入泮父病篤潔誠具疏願以身代父克全母患痿痺晝夜服勤衣不解帶親歿居喪悲哀親葬廬墓里人共稱其孝子熙美府學生焜美夢熊邑庠生

程義傳進士臨川公次子也事親常有至愛臨川掌教蒲邑書院因疾告義急於奔命舟過西凉湖遇大風覆舟賴捕魚者救之母方氏患渴症冬月

思水爲菜義涉淤泥求之兄染怔忡疾遵父命代兄持家動愜兄意親歿廬居墓側族黨共推焉子懋邑庠生彬廪膳生

張士愽字盛文廪膳生員士綬胞兄也年十四父與嫡母俱亡家貧敬奉繼母體父之志擇師訓綬入學使肄業江漢書院六載讀書白雲山八年衣食皆愽按時親送綬亦勤學不輟

李世敏字文達休寧人入籍嘉魚由國學候補縣丞敦行尚義値邑修

文廟建書院捐金樂助世敄字仁達敏之弟也鄉婦抱布貿縣被人掣去畏歸投溺敄遇救之而予以金城北火焚貧民草廬數間助錢重葺夫人莫重於孝友世敏兄若弟式好一堂迭崇義舉敏爲邑侯謝邑侯黄均給額以獎之敄爲族黨公舉鄉飲力辭不就豈非行孚於人者乎世敄子慶英名列成均

陳茂真家貧父巨賓早亡事母孝奉養維勤母歿哭泣哀毁禮亦至焉既葬廬居塜側三年以井里

之泯倍切孺慕則孝行常留於口碑此採輯之所不容已者

宋以下義行

李宗儀字子文從弟宗儒字子通四世同居相友愛好學篤行築書院建祠以祀

先聖舉私田給來學者如費當時張元勳王正卿以儒學名當時皆其所禮者也文章之美人才之富自慶歷至政和閒濟濟然於斯盛矣工部侍郎李祁都水使者陳求道皆以得升其門塾爲幸及求道

為隨襄鄧潁四州鎮撫一路屬官皆萃於其家而問政焉未幾汴都失守賊兵日盛賓客凋散程吏部千秋勤王宗儀之子彦章開倉資給千秋喜歎官之而不受觀彦章之自守則其父兄師友漸摩之功已深而其自處亦遠矣

元

李英字國章未冠能自立與人交未嘗出惡聲家庭雍睦出處合宜鄉里稱之壬辰兵變武昌失守所在相聚為盜英能保障之癸巳冬元參政阿魯

輝領兵克復武昌英即率義兵出應擒首惡數十人授敦武校尉給以百户銀符白銀四錠不受是年秋蘄黃祝寇以舟師泝武昌而上莫之敢禦蒲圻咸寧嘉魚殺掠殆盡寇由新堤挽舟出大江英率兵尾其後設伏擊之寇赴水死者相枕籍獲舟艦鎧仗輜重甚多獻之官藩臬勘實聞於朝授奉議大夫同知岳州府事以疾辭不赴卒於家

明

方宸字侍臣左湖里人少倜儻不羈多膂力精武藝彎弧横槊雅自矜詡常輸粟賑飢以例受冠帶人感其義正德己巳歲飢流民嘯聚為盜劇賊賀璋劉琪等尤為凶黠聚黨數百人横行江湖殺掠焚劫官軍莫敢攖其鋒追捕數年不獲大為民患撫臺疏聞榜募能擒者優加官賞宸即出應引兵大破之縣録其功受白金之賚未幾餘黨復熾令患之宸奮不顧身誓必滅賊曰危一身以除衆人之害破一家以貽一方之安何不可耶復提兵隨在追勦六日自百合山至李株港遇賊賊懼不敢

進宸方駐兵山寺其地林木深密賊故伏林莽中以二三賊服婦人衣出鬬宸擊斃之一賊從林中出不意刺其脇墜馬而死弟寀急往救之力鬬亦死賊亦潰敗遁去江野遂寧撫臺上其事追勞有差贈府檢校其妻徐氏亦守貞自厲壽八十餘而終

任忠豊義里人以公事役京師舟過采石猛風中見前船婦人失足墮水忠以鐵戟挽衣而上得不死前舟人未之知也暨晚泊舟隣船有悲泣聲忠

詢之謂曰吾已救之矣其夫酬以金帛忠不受亦不告以姓名

方孟錠字世用左湖里人正直慷慨輕財喜施凡鄉黨是非曲直一以理裁之無徇比縣令馬炳然廉吏也召為耆老政事疑者與決之時江夏巨室某被盜誣太守檄令往捕將至門伏其邏卒隻騎造室若借炊者坐堂上伺其動靜渾無盜狀知其誣乃出郡檄示之其人哀訴曰第往見郡守為汝白至郡取囚質之果誣也遂釋之後數月其人攜

四百金来謝公曰使我貪財前捕汝時何患不得今乃需此耶固却之父子感泣而去岳郡有二盜貿易財於鄉公知其為盜止與易者盜憤之歸舟即置酒延公將殺之置刃案上曰吾商也公何自識為賊公曰汝為賊與否吾何從知昨臆言之耳且汝非賊則吾言妄矣汝果賊則吾言得矣若殺我非賊而何且以一老而易汝數賊不亦可乎盜意沮更以實告公以善言化誨之盜悟相與歎飲而去後二人復犯盜岳郡獲而訊之曰悔不用方公之言至此萬歷六年以曾孫逢時貴贈尚書

方龍字晉臣在邑庠中始以毛詩稱督學行縣詢諸生所習經書欽春秋歎曰可使麟經曠典哉選諸生異等者若干人公為首出凡五試有司弗第為人慷慨有大節屬從兄宸勇而任俠邑中盜起宸應募捕斬以次就平無何盜黨有誣宸以他狀者臺臣過聽罪在不測公匍匐赴部部使者廉其狀歎曰義士也以是得雪已而盜再起宸復討之陣亡無後公力請於當道得贈義官賜祭表墓尋

為之立嗣奉其嫠惟謹兄弟八人公以長主家政平居自奉不有私財然好施與歲除夕隣有夫婦貧者枵如也公厚為贈遺元旦盛供具一擬之當家于此雖細行不足述然大概類是矣年四十四而卒

國朝

孫杰字若環其先漢陽人祖瑀由進士官副憲以瀰官鴻臚寺序班公始遷嘉魚小洲性豪爽好烈時通族甚苦軍務公尚幼力請於父捐已田若

百石課地七百畝分給族衆以代公徭萬歷三十六年大荒又請捐私財族人每戶各五十金外姓亦厚加賑贍以至傾囊毫無吝惜其樂施如此長子承祀邑庠膳生次廷聘庠生長孫襄乙酉鄉薦餘列郡國兩學若干衰及在岳者又六人晚舉介賓年八十九而卒

鄧天知字聞儒貢監生持身脩潔雖貴介公子而樸素過於儒生生平無疾言遽色規行矩步驕惰者望之而氣自消待以舉火者則比閭相屬也嘗

捐腴產一十七石分給親族建祖宅三楹推與族之尤貧者居之尤精醫理購藥材病者應手而愈活人無算不取一錢與諸叔年相頡頏奉若嚴父至老不衰年九十一而卒

程日蔡字向生邑庠士年十五而孤上奉孀母下撫四弟婚喪教養一身肩之值明季兵荒備嘗艱苦不廢詩書迨

國朝定鼎與弟大詮同遊泮田產皆其創置分給諸弟自取荒頓廬舍器物亦然錙銖弗屑也姪[illegible]

能任大事順治初年西山寇警徵兵一[illegible]邑民籍其擘畫豆草軍供咄嗟立辦官民咸嘉賴之康熙二十三四年隣邑諉卸長堤偏累桑梓公率六里士民上控三歷寒暑蒙督憲批允照舊脩築資用蕩然幾至破產至於輕財好義急病讓夷尤其素性如是非貌為豪俠者庭訓嚴切長子瓛屢試冠軍文名藉甚次子珏成進士孫汝魯登賢書公二舉介賓前後長吏咸敬禮焉

易興周字紹義本城人家素貧為人幹力勤敏中

年得計然治生之術漸以饒孝於二親先意承志尤篤愛其姊撫孤甥成立體恤周至非特解衣推食已也析烟後將貲本百餘金付弟貿易一無所償絕口不言弟亡棺衾宅兆皆出私財營辦不問諸姪祖宅入己私者仍還之又代爲完娶教之成名與諸子諸孫先後連鑣衣冠濟濟焉晚年著家訓多格言令家人朔望誦之以子貴　誥封如其官

李時楙邑庠生秉性剛直早年失偶父母迫令續

紱時楙守義不娶惟以色養課讀爲事後父母亡
遂居
文昌閣朝夕虔奉
廟掃除必親屢與同學甘又旦倡脩正殿兩廡黌門
俄而不祿論者惜之一子一孫俱列黌序
章成仲清洪里人少苦志力學數奇不售性孝友
母病舌乾晝必親調甘脆夜則披衣十起雖祁寒
盛暑不輟兄弟怡怡無幾微辭色從硯田起家不
甚豐饒然緩急可恃有叩必應正賦先期完納且

諭族衆急公有不給者或捐金代輸必如約無敢
後者舉耆賓年八十四而卒三子兩孫悉登黌序
一門之盛皆積慶之餘也以下鄉者
李正櫛上懷里人豪侠好義慷慨樂施黄岡湖水
涸時有通行要路船不能施正櫛築堤以便行人
又於青魚潭等處各施義渡所謂好行其德者雍
正七年公舉鄉耆
杜方履小洲人孝友天成忠信素具值雙親年老
孝養愈隆至歿則循禮盡哀三載罔間睦族惇

居家勤儉尤人所難去縣止隔一江足跡不履城
市息解紛好施與周人之急甚於己私所建津渡
橋梁或捐或募無不玉成其事雖工費浩繁不辭
雍正十二年舉鄉耆　府憲馬公以德重鄉閭四
字特旌之
李維命爲人正直耿介輕財重義生平好行施與
凡所建造必捐貲首倡督修靖江王廟工將竣惟
少金頂仍竭力獨造用以壯觀舉鄉飲
王雲耀性敦孚詳慎生平無失德賙貧賑匱緩急

必應修建祠堂津梁多所捐助以義侠見稱舉鄉
耆
張自晶字懋功生六月失怙母葉氏年二十有奇
茹氷飲蘗撫養成人終自克家先是族中有祖墓
在漢邑曾在失於兵火公尋訪數年得故址因置
買墓田里中有貧乏者即以墓田所入分給之行
誼端重信於里黨前邑侯張公曾穀雅徵禮焉乾
隆十年通庠公舉鄉飲僎賓壽七十二九子十九
孫子日貴日明孫揮道揮良揮德曾孫宗琯等同

國學者七人列文庠者六人宗嶧以拔貢任應山[illegible]
教諭里中皆以爲積善之慶
生員周佩字公和愛敬篤於庭帷和厚浹於里黨
族中貧苦無告者相賙視若同胞凡津渡橋梁勉
力贊助勷成其美公舉介賓年八十八而卒子開
國邑庠生開疆國學生孫承謨國學生曰庠邑庠
生
來浚字在郊孝友成性惠愛族戚凡邑中義行無
不踴躍捐助乾隆十七年舉耆賓與房周並列前

浚長吏咸加禮焉子佐聖列黌序孫作懋國學生
作霖邑庠生
逸士
出處兩途也乃感會風雲前輩若林立而裒光
匿采者屈指曾不數人泉石之風難於圭組諒
矣哉志逸士
宋
李大同富於學問能文章爲人瀟洒略無凝滯時
人謂其意氣如晴天片雲胸次猶紅鑪點雪器[illegible]

黄鐘大呂節挺翠竹蒼松庚宗咸淳戊辰[illegible]
第一授國子學錄甲戌歸隱屢聘不出作詩辭[illegible]
略云曾上蓬萊第一峯夕陽留住且從容牡丹[illegible]
云鹿啣花去泣闕山回首沉香一夢間觀此則其
忠君愛國不忘諷諫可知矣豈自愛其身而無[illegible]
於世也與
元
程從龍字登雲少嗜學敏德家無餘資不計有無
夏則手不霎冬則以被温足孜孜不倦嘗讀書至

五鼓鄰人有叩門乞火者從龍曰無如是者再鄰
人曰書燈非火耶始覺天將曙矣時元運初興或
勸其試科以敢名位從龍曰吾聞聖人有美玉待
賈之言不取求賈之説且道之行廢有命士之顯
晦有時可衒以求售耶遂棲遲鄉里以教授爲業
隨人之姿稟而化導之多所造就大家禮致若不
及子弟爭往師之入粟益富惟甘旨以養其親不
爲子孫計植梅數株花時則酌酒而吟倚樹而歌
有處士風人稱爲梅軒先生

明

李德良西保人穎悟勤學至志寢食不得其意不已兄弟自相師友有司以禮為羅棄不顧築室西保湖之上號西湖雲隱惟命弟德庸出應薦歷官國子助教其子璣璿俱經魁孫繪解元額其廬曰父子兄弟魁解云

李為臣字用忠幼有大志超邁不凡成化戊子領鄉薦五上春官皆不第當事奇之甲辰試舉選府同知不拜歸與兄弟習古文辭積學種德藹然自適人高其節

列女

婦道從一自古已然特時窮而節乃見事久而論益定故擬以艱貞惟忠可偶衡其勁決與義同方也志烈女

元

何氏邑人徐子安之妻素嫺內則曉大義元末所在兵起氏語夫曰世亂如此家復瀕江懼不免乙而沿江失守遭屠戮者過半氏攜六齡之兵俱被執置之舟中留老弱監守氏私謂夫曰賊意在我不從必并殺汝不若留我於舟汝父子逸去猶勝同及於難夫方痛苦未決而氏已投江中矣守者競赴救之其夫負子逃匿叢葦中得脫

明

任氏縣民李仲富之妻年二十生一子而仲富卒守節終身洪武十八年旌表其閭邑人李滄有詩頌之

熊氏李魚妻蒲圻義豐里人性孝好施與從夫官四川未幾語夫曰舅姑誰養乃告歸所得悉分諸娣姒早作暮宿不辭難易入則整容以事舅姑出則常服除垢而已小至殺蔬割切步履進止皆有法生平無慾顏無高聲語夫亡叔治家甚猛厲事熊如事母焉

楊氏崔琰妻年二十而夫亡家極貧或竟日不食惟閉門靜坐以待斃總不丐人一物其堅潔之操如此詩曰我心匪石不可轉也其斯之謂歟

曾氏任方孟之妻年二十于歸家人宜之二十四

而方孟死誓不再適朝田暮績無求於人志節堅定鄉人稱之

羅烈女廣賢里人正德間流賊大起女與其母避之江濱蘆葦中賊得而欲污之女以死拒墮水賊復出之脅以刃曰從我則生否則死女罵曰吾即死豈受汝賊奴辱賊怒肢解之而去

殷氏宣化里李儒妻儒死於行伍殷年甚艾一子在襁褓人皆勸之再嫁殷曰户無他人惟此一息攜以入人之門非類也不聽子果成立户不絕籍

軍不失伍

方氏方孟英之長女自幼許配未適而夫死誓不更字父母不能奪其志潔清自矢依母兄紡績自贍壽至六十一而終内外無間焉

周氏受瀨里人李為邦妻隨夫侍其翁朝宗教授保寧至和州夫溺水死周投水覓夫尸侍者强救起姑龍氏慰之曰汝有二子在襁褓汝若溺此子雖生不若少忍俟其成長教訓使宗祀有託不猶愈於徒死乎周意解然每一號泣輒絕自後不飾容止不窺户庭教二子椿齡補於庠鶴齡舉明經年七十餘而卒

李閨芳舉人李為臣之女略通書史父喪事母甚謹母疾革乃割臂肉一臠煎湯以進母尋愈時年十六士大夫咸歌其孝府志并李承箕所脩邑志皆紀其事

杜氏增廣生方守妻秉性貞淑克脩婦職夫病危割股和藥以進尋少愈踰年夫卒氏撫孤自守貞潔之操始終如一壽五十一而終

石氏李寶翰妻年二十七翰卒撫兩月孤氷霜自矢卒年七十有七孫宙　著有節孝錄

孔氏邑廪生方亨妻少保逢時之母御史儒之女孫也自幼嫻女範有丈夫志節亨習舉子業七試不第家貧無餘貲孔氏任薪水執炊爨孝養孀姑李氏三十年中歲亨殁訓長子登進士服官嘗示訓曰官錢不養子孫刻薄非招福之道又曰得失窮通有命不可趨權勢辱聲名性喜施與寸絲尺帛不入私藏孀居三十年俱隨子在任吏治賢聲

[illegible]方居多

[illegible]氏少保方逵時繼室敏慧性成公剔歷中外多所贊勳莊皇后聞其賢會親蠶召至内殿賜采桑衣一襲及金剪桑筐余拜命益恭因謂公曰君力竭矣主上眷遇無以加矣古大臣知止足而戒盈滿曷乘時引去保有完名乎公改容謝遂上疏乞骸骨歸

程氏孔玉瑩妻程進士鑑女孫也瑩年十六早逝遺子蓮塘程矢志撫育為娶婦蔡氏蓮塘至十六歲亦早折遺子紹芳甫四月程與其媳又相依撫孫繼芳年十五遂遊泮家窶甚遇雪凍缺餐鋤薪得金數兩始度荒歉程氏壽至八十一而終邑令申請旌表為製節婦傳後令皆有題贈其册頁猶存

饒氏庠生李占燰妻光祿公懔冢孫婦比部郎饒公完白女也適李甫期夫卒遺一子或謂其弗堪非有他志即相從地下矣饒顧不忍棄去卒哭之辰乃盡碎諸奩具取大布帕蒙頭下至襪履無一

紅纂組者親執勞苦若田家婦孤燈寒砌母績子讀始終弗渝鄉里難之咸以為慷慨一死者不逮也

郭氏尹公民興繼室與公避兵同至宣州遇賊公問道亡去郭獨留石窟中不出已而求之獲所佩金剛經宛然委蛻上乃知其守義而死不欲膏賊刃為更芳也

徐氏熊公開元亞室避亂至粤舟次程鄉萬口徐知不免謂公曰當使公見妾死必不使背後芥公懷次晨賊數千奄至夾岸而陣徐急出艙赴水死援以篙櫓竟不受而沉翼日得其尸視衣履叠叠縫無少罅是又以從容為慷慨者

章氏童貢士心開之妻世居白湖癸未獻賊入邑章隨夫抱子先登舟避入白雲山石洞中山故逆城受賊鋒最苦無寸壤不搜掠多被害者心開素以文行著得從萬刃中脫出章被執罵不絕口遂遇害

余氏界石人庠生李之馨妻也遇獻賊亦以罵賊

死

童烈女邑人童洞儒幼女未出適遇流寇陷城女同兄庠生伯隆避湖中兄恐謂妹曰止因汝累女曰如有急必不累兄及兵至女知不免持所携針線竹筐對兵擲曰此中有寶汝可取之兵果取筐女急赴水死其兄得脫

彭氏黄若水之妻明季寇熾夫婦俱被擄彭知不兩全乃紿云若要阿去放夫回乃可賊果釋其夫彭望夫行遠度勢不及追乃高聲謂夫曰汝放心

去吾終不從此賊賊怒支解之

國朝

胡氏里民黄明宸之妻生子仁美甫二歲而夫亡氏年止二十家徒壁立黄口呱呱自顧已無生理但念黄氏四世單傳承祧止此一線乃忍死撫孤藉紡績為饘粥之計卒完孀節子亦有成今庠生從聖武舉從賢皆其孫也

王氏廩生王廷爵之女適里人尹求仲二十三歲夫亡子儒甫二歲時官門中落產去差存康熙甲寅值湖南之變軍興旁午内外交訌氏隻身紡績僅了公家事惟嚴於課子晝則使就外傳夜則篝燈伴讀稍不率必撻之子獲遊泮舉介賓孫亦能文氏年八十一而卒

黄氏儒士劉愈六之妻年二十三夫卒乃扶柩歸葬祖壟親封馬鬣屏居墓左遂家焉舅姑時已六十餘氏生養死葬盡誠盡哀亦如之其子早逝同孀媳朱氏教訓三孫悉登黌序年至九十餘而卒於雍正元年詳奉題

允旌表建坊載郡志

甘氏市人鄧公定之妻家甚窶夫早亡止遺二女有欲奪其志者氏唾之舅姑殁後依壻甘又盤為命性勤而好善將私置柏葉坡田三石課八錢施作龍口渡子工食行旅不取一錢遠近賴之此外絲粟不留量力施濟通邑以節義請

氏力辭而止

熊烈女市民熊叔俊之女即國學熊開文兄弟之姑母也自幼許字諶氏諶氏子不肖有醜聲

訟之官歆令女改適女曰夫亡已失行矣兒若有異志獨不謂之失行乎兒命止此矣勿復言其夜即密縫上下衣裳凌晨投繯而卒父母救之不獲邑人哀之為豎碑墓道墓在西城外鳳皇山之陽前令蔣公敳扁其廬曰節冠閨貞

尹氏里人金彦璋之妻年廿九于歸二十五歲而夫亡無子撫叔彦珩之子忠鼎為子氏痛失所天悲哀特甚因憂鬱成疾年四十而卒

尹氏庠士尹民衡之女儒士來公琰少有文名納

為贅壻生一子而夫亡氏年甫十八居母家舅姑隔越十餘里俱高壽氏旦夕必進甘旨日遣人數往返終身不輟平時深居閫閾行止不踰尺寸暮年猶自矜慎閨門凜若氷霜年八十餘而卒

尹氏貢生尹章世之女方及笄夫熊之桂早逝訃音至即匍匐往弔屏去釵珥綺羅之飾縞素終身祖姑及母憐其少寡欵令改字莫敢發聲歲時哀泣遂以隕命年三十六而卒

古氏石頭口民劉天祿之妻性孝謹雖田家婦承

順舅姑曲盡禮節雍正甲寅四月内姑黄氏病勢甚危氏情廹即封肱以療病立愈年逾七十尚無恙氏祇事有加通邑咸稱誠孝

孫氏庠生鄭日新之妻夙嫻内則勸夫力學有樂羊婦之風焉年未三十而夫卒氏忍死茹辛力供堂上甘旨生盡養死盡哀尤嚴教子世濂弱冠補弟子員每試輙優列乾隆戊戌登明經現躋髦髦手不停披生平行誼端方善氣迎人　郡伯史公諱滿宰嘉時極加尊禮延聘主講書院諸生多

賴造就有成世濂之子亦遊膠庠為邑名諸生書香累世知由姆教良多矣乾隆癸酉公請

表

胡氏市民汪傾若之妻生子凝陽甫五歲夫卒家素貧窘不免飢寒老姑在堂氏生奉甘旨病嘗湯藥殁營宅兆皆以子身任事無何子亦夭媳梁氏遺腹生子逢聖婦姑同心撫育倍受艱辛而梁之事胡猶胡之事姑胡氏卒梁旦夕悲號及葬率孤守墓不忍遽離家人感動謂汪氏世傳節孝守志

各四十餘年卒

龍氏適邑人孫亮本名家子早喪未生子族里以其少寡疑不能守志氏斷髮毀容之死靡他立姪在嵊為後足不踰閾令始終一節氏為廩貢龍文鼎孫日蕃女雖貞淑性成亦得之家教者深也

胡貞女清洪里人胡夢占女許字庠生李懋勉之子執秩未出室而執秩亡女聞訃即欲往以身殉父兄不可女曰夫死吾分當為李氏鬼且舅姑老吾即不死亦當代夫終養遂毅然往執喪三年哀

經不釋有議改字者女毀容破面衆莫能奪舅姑存則定省殁則衣麻一如子媳禮年五十四歲鄉里公舉節孝女泣謝曰我天地罪人有何奇節敢煩

上聞力辭免

尹氏貢生尹士郭之女適庠生程正宏之子文揚年二十六而夫亡無子止生二女翁亦繼亡叔在襁褓氏拮据茶苦力葬翁及祖翁二柩敬事嫡庶二姑曲有禮節又為叔擇師擇配不遺餘力苦[illegible]孤然二女各選名族次壻高興現入邑庠[illegible]

陳氏六[illegible]市民程大漆之妻年二十而夫卒無子氏既少寡姑亦孀居有强委禽者乃斷指自誓雖父母之言無由入惟習女工勤紡績為老姑朝夕之奉姑亡盡哀盡禮喪葬之費無乞假於人者撫姪宏銓為子飲食教誨如已子然而不渝所稱鐵中錚錚者也

喻氏安樂堡胡子賢之妻性貞淑而有才年十七于歸生一子而夫癱醫治弗愈家極貧苦氏克脩婦職謹事其夫十年夫卒殮葬盡禮逢祭祀必虔身

自耕種無傭保之助撫子長孫一以勤儉為教壽七十四歲氷霜一節人無間言

楊氏邑庠生黃藍斌之妻斌卒長子甫七歲幼子僅周歲氏以女工自給課子甚嚴子能讀父書即戒之曰為學不能成器猶績麻不能成布汝先人一線書香何忍失墜子亦承順母志長子正陛餼於庠次子正臨亦遊泮克酬厥志焉

程氏里人劉子門之妻年二十四歲夫卒氏苦節六十餘年代夫終養翁姑盡誠盡孝教一子以[illegible]

旌

為慈其幼孫失恃復為撫摩成立習勞終身至老不倦

俛氏庠生孫選仁之妻選仁入庠冠多士即不祿生一子未匝月氏苦節自甘上奉高堂下撫弱息孝養備至孀居三十六年閨門整肅于媳恪承厥志族里合詞請

凃氏市民朱紹台之妻夫亡氏年二十三歲子傑昌甫三歲家無立錐以績紝為生計佐子讀書遊泮子復早卒與媳楊氏撫養孤孫備嘗勞瘁晚節愈艱通邑憐而敬之乾隆伍年請

旌

高氏庠生尹聖世之妻年二十八夫亡子懷珍方九歲時家產蕩廢懸釜而炊夜則栖敗屋中夢神告曰速避牆且傾氏驚寤抱子趨出則屋已[illegible]矣又值逋糧賠累左支右絀艱苦萬狀守志益[illegible]其子雖不售立品端方孫均學遊郡庠皆[illegible]力也

旌

章氏里人吳國祚之妻年十九而夫沒遺一子之成立授室舉一孫次孫尚未誕彌而其子復殞氏痛極以頭搶地遇大針刺入額中其媳以口嚙出昏暈幾絕嗣是姑媳相依茹苦食淡再撫兩孫苦節四十餘年鄉里無不稱歎

李氏儒生詹錞之妻錞能文而早折父母痛甚不半歲相繼亡家無次丁凡棺衾窀穸皆氏自為拮据時年二十二歲無子一女甫三月與叔同日生孤苦伶仃戚黨共勸改醮氏凜不可奪撫其叔過於已女幼而乳哺長而完娶盡心竭力三十餘年如一日詹氏之緒復振合邑公舉節孝巳申報待

旌

江氏蒲邑巨族女本邑曾扶東之妻生子歲餘夫卒其祖姑胡氏姑尹氏皆孀居叔僅九齡氏奉養而姑綜理家政使叔得專心舉業父子俱列宮牆氏亦連舉六孫書香不替苦節之甘巾幗中之罕覯者也

王氏蒲邑王開建之女孫適嘉邑舉人劉均運之

子丙乙生子紀聖方五歲夫亡時孀姑在堂母亦無嗣以氏為家三寡相依一貧如洗專事紡績為生氏奉姑奉母各盡禮節兩家生養葬祭皆其心力所支又脫簪珥為館穀之費子亦列於庠

胡氏里人王濟臣之妻年二十五夫亡姑高年病目飲食卧起非人不行氏執婦道唯謹授杖執櫛必躬必親教二子隆爵允爵俱列邑庠二子亦早亡又撫其兩孫皆能成立家亦漸饒氏端謹靜默閫以外無聞其聲者族里稱為母範云

孫氏庠生尹士孚之妻士孚性剛方家人嗃嗃氏承以婉順終無違言夫卒子砥世甫三歲庶室之子礪世止一歲舅姑在堂中饋是荷家有薄産差役煩興又遭竊盜氏兼綜內外拮据卒堵不失故物教二子皆入宮牆晚年長齋繡佛壽七十五終

熊氏市民鄭康侯之妻生子紹祖甫三歲氏年止二十三歲夫卒室有老姑家無餘積父道子道以弱女子肩之卒能兩盡不愧初心公舉節孝辭不受尤女流之有深識者

旌

耿李氏年十九適夫耿宗謙二十三歲夫亾乾隆十五年請

旌

王張氏年廿九適夫王遜一二十五歲夫亡乾隆十八年請

房劉氏名高娴生員劉杏貴之女幼嫻內則及笄適夫房銘鼎二十八歲夫亾從容盡節乾隆二十年請

旌建坊

張劉氏年十七適夫張文毅二十五歲夫亾乾隆二十三年請

旌

李王氏年十九適夫李巍大二十三歲夫亡乾隆二十六年請

旌

李楊氏年十八適夫李攜先二十四歲夫亾乾隆二十六年請

張陳氏年一十適夫張烈三二十三歲夫亾乾隆
二十六年請
鄒三姑秉性貞固因被鄒誠意造帖污衊不甘蒙
垢捐軀表潔乾隆三十九年請
吳鄭氏年十九適夫吳步青二十三歲夫亾乾隆
四十四年請

李張氏年十七適夫監生李明觀二十七歲夫亾
乾隆四十八年請
胡曾氏年一十適夫胡德揮二十四歲夫亾乾隆
四十八年請
周黄氏增廣生員周開來之妻年十六適周二十
七歲夫故子方幼稚貧苦鞠養易衣并食姑病湯

三載服勞不倦治家以嚴行慈今長孫岢仁名列
宮墻餘亦知守禮教壽臻髦耋榮膺
旌表
耿孫氏儒士耿闢光之妻年十九于歸生子昭珠
甫數月而闢光亡氏年二十一歲節媲松筠居貧
養翁姑撫嗣承祀乾隆五十四年請
鄭蔡氏庠生鄭開基之媳儒士友侯之妻也年十
九適鄭姑早逝事翁誠孝翁染疾奉湯藥不懈逾

月翁亡夫即抱病敀勤調治數載如一日夫亾氏
年二十二歲淡薄自甘撫子鄭曙克有成立乾隆
五十五年請
高張氏高如岷之妻邑庠生張揮良之姊也年二
十四而夫亡撫姪為子堅貞自守教養成人　督
學邊以氷玉同清額獎焉
劉皮氏劉本恒之妻適劉甫四載而本恒疾篤年
二十一歲家徒壁立茹苦含辛勤紡織針工以養

其姑張氏族人嘉其苦節立族子方保為嗣其兄生員皮德聰同族衆懇請　學憲邉　賜節孝可風額以褒之現年六十八歲

鄧陳氏原聘儒士鄧啟綽為妻二十二歲夫故子光萬方幼穉撫之承祧合邑紳士呈請匾額　學憲戴署之曰貞壽孺人

沈張氏沈啓泣之妻年二十有六而寡一子復殀遺媳高氏撫姪為子零丁孤苦姑媳相依　督學張以兩世貞操額旌焉

程李氏年二十適夫儒士程斌八載夫故撫子作則勤苦成家現年八十一歲友族公呈請匾　學憲李以萱茂氷清獎之

胡貞女江邑監生胡咸桂女許字廣里庠生耿宗昭之次子興霞未婚而興霞殀女年十八聞訃即往執夫喪敬事庶姑曲盡禮節立侄椿為嗣飲食教誨如已出乾隆癸巳年邑侯黄賜貞孝維風額以褒之現年四十八歲

傅湯氏儒士傅尚信之妻年十七于歸十八夫[illegible]

志厲氷玉淑慎其身撫姪昌奇以承宗祀邑侯史學師黄曽給匾獎之

尹閏巽庠士尹均灝之女秉性純静通書文許配蒲邑儒士魏人權未于歸人權病故女聞訃憂悶不起延數月父母欲議改字女不懌沐浴更衣自縊遺書乞與夫同穴灝憐女苦節送柩於魏附葬邑侯黄以貞節可嘉旌之

熊氏廩生李遜光之妻年二十八夫逝時姑梁氏年七十有八氏上奉老姑曲盡孝敬生両子甫離

毀齒夫存日痛兄增庠生讌光早逝無嗣以次子明忠繼嗣兄前氏與伯氏楊同心苦守擇師訓誨督責甚嚴年六十五卒長子明行早餼於庠考授明經

劉氏監生金忠益之妻年二十五夫逝氏撫両月黄口一息偷嘗艱苦事姑夏氏孝養不衰喪祭如禮治家嚴肅訓其子攀春至於成立現年八十有三猶督率諸孫肄儒業人咸稱道焉

劉張氏年二十適夫劉廷衙二十三歲夫故[illegible]

[illegible]素帷苦節自守現壽八十九歲五世同堂奉
例請
高尹氏儒士高毓靈之妻年十八于歸生子正翰未半載夫亾氏年二十六歲荊釵布裙克支家政至若遺經教子母兼父道矣子正翰現列宮牆
尹鄧氏儒士尹貴炆之妻素嫻閨箴適尹生子均普甫週歲夫亾氏年二十四歲寒幃礪節督子甚嚴現今兩孫讀書敏悟足慰含飴之樂云

李程氏原聘儒士李之蘭年十八未于歸而之蘭歿訃至獨步赴李守靈成服父母伯叔力阻不許翁邑庠生李明倫姑雷氏嘉其守義視若親生氏事之亦如入子禮至以居貧備嘗艱苦終心安之矣
張何氏生員張騫之妻舉人張襄冢媳也年二十適張甫六載夫亾生子祿盤僅一歲時翁年七十有七嘗抱孫泣堂前與其成立氏矢志柏舟居窮茹苦以紡績事其翁孝敬不衰後翁八十一而卒現年五十有七
杜[illegible]氏儒士杜浩然之妻年十八適杜二十三歲夫亾生子宏朝甫三月食貧育子內職克全焉
孫蔡氏儒士孫正光之妻年二十夫歿貞順自誓朗節常新矣
皮孫氏舉人孫[illegible]之女儒士皮德懋之妻二十二歲適皮孝敬柔順得舅姑心未及一載夫遭溺死氏欲以身殉姑知其有孕力勸而止八閱月生子基復居貧砥節課讀維勤復弱冠入泮人謂克踵陶歐矣

劉龍氏儒士劉大綱之妻年十九適劉二十五歲夫歿髮髦自誓竭甘旨以奉翁姑安劬勞而撫幼子婦德與母道兩無憾焉
蔡何氏太學生蔡孔元之妻年十九適蔡二十三歲夫卒堅操植節撫子方相入成均娶媳張氏生二子而方相亾姑媳相依為命兩孫咸被恩育一邑稱其芳徽焉
屈祖珍儒士屈祖純之妹温淑性生許字臨邑志

楚才年十五楚才病夭父母欲議更聘女曰兒已
配李雖未于歸應凛從一何敢他適父卮與母兄
相依勤女紅以資衣食鄉里咸高其節
羅龍氏原聘儒童羅瑞仁為室年十六未于歸而
夫卒氏詣門稱婦矢死靡他撫姪為嗣又早逝煢
煢孑立貞守洵宜激揚矣乃公議請
旌氏以家貧力辭不允
汪王氏庠士汪文超之妻年十八適汪生子名豹
數歲而文超歿氏年二十五歲家計蕭然課績自

贍和丸訓豹食餼於庠家貧不願請
旌以自表焉
方王氏邑庠士方增任之妻年十七適方二十八
歲夫亡秉節守義立胞姪紹忠以接夫嗣乾隆甲
午年姑黃氏病篤氏割股以痊其誠孝有如此者
四十四歲卒
方蕭氏方陜南之妻年十九適方二十六歲夫亡
子懋忠甫一歲氏志凛柏操上奉公姑以禮養下
訓子為邑庠生歿時五十一歲

張尹氏監利司訓尹貴高之女國學生張大際之
妻也性聰穎曉書義年十六適張十八夫故喻月
生子撫育倍至奈十齡殀折氏不以命乖易節而
敬養孀姑尤能以節全孝矣
孔陳氏孔錦堂之妻年二十適孔二十四歲夫亡
子毓珀方二歲次毓璉方月餘氏素嫻正图上奉
老姑年歷九十生養死葬獨力支持訓廸長子毓
珀邑庠生現年六十二歲
鄧余氏鄧文表之妻年二十二夫亡氏玉質冰心

婦節貞守立姪若旦為嗣娶媳周氏年二十一生
子廷臣甫四月若旦又亡姑與媳撫孫承祀余氏
現年八十三歲周氏現年六十五歲
鄧段氏鄧文宗之妻年二十二生子若宣甫七月
夫亡氏圭璧自持嚴慈並至娶媳魯氏年二十三
生孔才三週而若宣亡姑與媳復養幼孫成立段
氏現年七十九歲魯氏現年六十三歲
熊鄭氏邑庠生熊芳型長子夢祥之妻生二子氏
年二[illegible]夫歿河遭溺立志貞瑩遵守婦道

染寒痨眽事無間朝夕課子甚勤以承翁志
杜袁氏杜國材之妻年十九適杜二十四歲夫亾子正學甫一週氏茹氷飲蘗倍極勤勞正學弱冠受室又復夭折與媳鄭氏孤苦相依現年七十一歲
張鄭氏張元高之妻年二十適張二十八歲夫亾子文濱方幼氏矢氷霜之節兼怙恃之恩現年六十三歲
萬蕭氏庠士萬樹周之妻十八歲適萬二十三歲

夫歿紡績自養貞同白姪撫姪益燦為嗣不幸病歿撫立姪孫大均苦心鞠育用續宗支
陳徐氏年十六適夫陳其興三月夫亾氷操自矢遵翁遺命立叔子昌祖為嗣以養以教俾至成人宗祀由是不墜
李龍氏李文潤之妻年二十適李二載夫故氏念後嗣無托與姑湯氏勸翁娶側室生子文澤甫三歲翁亡助姑撫叔又立族姪添美以承夫祀兩世稱遂不替

王萬氏儒士王必選之妻年二十于歸甫四載夫故養育孤子已完婚配丁未歲子又亾與媳陳氏復撫幼孫艱辛備歷焉
張黃氏儒士張振鏞之妻年十九于歸越三載夫亡貞固性成躬任婦職子士上生甫九月撫養倍至獲教揚徽壽臻七十一歲士上現列職員
汪李氏儒士汪聘王之妻幽貞夙秉二九于歸閱四載聘王身故生子文超繞數月氏年二十二歲守節甘貧後文超名列膠庠知庭訓之篤於慈幃

者素矣
王龔氏王際明之妻年弱笄適王甫四月而際明歿上無公姑氏屢欲投繯賴祖姑委曲勸慰後立族姪文猷為嗣養之不啻親生云
劉梅氏劉元樸之妻年十八適劉生一子氏二十七歲夫亾翁姑已逾六旬躬勤紡織養老撫幼翁姑繼逝喪葬盡禮三十二歲子又殀孤孑靡依冰操益厲
李劉氏李致和之妻二十六歲夫亾氏念翁

堂子女幼稚守節待寡姑亡奉繼姑克盡孝敬
周孫氏周承潤之妻年十八適夫二十七歲夫亡
貞守代終之義敬奉翁姑誨子有成
孔王氏孔文祥之妻年二十二適孔二十五歲夫
亡子甫三齡姑哭之慟氏勸姑節哀飲泣承顏撫
子馨脩成立
孫胡氏孫朝勲之妻年二十七生子克明甫週歲
夫亡質秉貞良勤勞撫育里黨咸推閨範矣現年
六十七歲

楊李氏楊中添之妻年二十一夫亡生一女立胞
姪啟泗以為夫後紡績劬功此貞婦而遵撫姜之
訓者也現年六十八歲
周[illegible]氏年二十適夫周承豐二十七歲夫亡以水
比一貧苦全節
羅[illegible]氏儒士羅璧菴之妻年十八適羅敬截無違
余四載夫歿時姑年七旬子嘉運生甫五月氏
[illegible]以養姑撫嗣為己任孝慈並著嘉運現列[illegible]
孫[illegible]

張李氏張廷揚之妻二十六歲夫亡履貞表潔竭
事翁姑勉翼繼嗣士龍為邑庠生壽終七十一歲
章周氏章以洪之妻二十四歲夫亡生子用彬甫
數月翁姑及庶姑惟氏以孝敬著至於殷勤課子
閫教有足推者
方王氏方序安之妻年三十夫亡守節仰事俯育
恩義皆至現年九十歲
李湯氏儒士李申易之妻申易好學能文早亡氏
年二十止生一女氷雪為心姪嗣夫後不幸又夭

孤孫更賴撫育族黨無不歎服焉
王呂氏王義勲之妻年十九適王閱兩月夫歿苦
節自勵婉順奉姑撫嗣在元如同己出
劉羅氏監生劉高根之妻年二十七夫亡志堅操
堅孝養翁姑勤撫孤幼子翰明現列成均
劉游氏劉象元之妻年二十七夫亡立姪東升為
嗣方五齡養育婚配守貞而慈範以備
徐氏許字李名珍為室年二十未婚而名珍亡女
欲以身殉母防之甚　甫三朝適李成服守喪占

一嫺於儀則得公姑之心閭里咸以貞女相[illegible]

李龔氏年十九適夫李慶鴻二十三歲夫故生子統四月恩勤撫字上有老姑供膳不衰邑人稱有陳孝婦之風焉

魏何氏儒士魏學安之妻秉性幽閒年十八歸魏二十失偶茹苦食荼堅貞不二上高堂菽水承歡立嗣恩全養教允推香閨之則云

黄馮氏黄正倫之妻年十八于歸二十四歲夫殁厲節勤劬奉高堂而無缺撫孤允徵母道焉

古黄氏古貫萬之妻適夫家姑染瘋疾謹奉湯藥久而無間夫繼姑亡翁亦逝子幼勉力維持允盡生事死葬之禮此族戚之所共見聞而願為表揚者

重脩嘉魚縣志卷之五

藝文志第八

嗚國家之盛者莫如文章發抒經濟陶寫性情篤其實而藝者書之美斯愛愛斯傳焉嘉魚故文獻邑才俊之子人握靈珠縉紳之族家傳鴻藻苟無闡於掌故勢不暇為書傭故言擇尤雅必與事儷即美不勝收已纍纍盈帙矣文章須求有用豈漫然哉

疏

請脩長堤疏　吳廷舉

臣竊見嘉魚長堤自魚山驛起至簰洲下夾口止延亘一百二十餘里本縣所轄宣化廣賢淨保居仁清洪受灘豐義等七里連蒲圻縣地方則有西良觀山神山池口大橋丁家埠錢家渡丁泗橋咸寧縣地方則有桃林鋪紫潭湖王赤磯馬磯西河渡官埠磯蒿城湖後湖江夏縣地方則有五重湖法師洲板橋紙坊新窯龍泉鋪潘家橋等處與本縣前項里分田地相連[illegible]紙窯前堤今又[illegible]

一遇水發則自鈌堤奔灌前田地宗朝滁洪水遽則由金口而出晝夜方消分寸來急則黍麥先滁退緩則晚禾難種以故田地無收錢糧拖欠為此案委武昌府同知唐鄖親詣嘉魚縣督同儒學教官會集士夫耆老從長計議修築若用嘉魚蒲圻咸寧江夏四縣堤成得利之人每縣出銀若干共用銀若干可以始終其事各官既會議踏勘丈量計處回報矣臣又委荊州府通判趙景鸞隨地開稱逐一勘量計處一以各官具呈工費再批仰武

昌府知府沈暕看詳估計調度有無相應具由回報或別有長策由來採用續據沈暕看得景鸞計算用工分數日期遠近頗為詳悉欲照丁定分九則取一竊恐不給又縣小民稀若嘉魚欲起夫一千雖云築堤恐亦難得況今農工告急大水將至之時不如且經畫計悉定為成規候農隙水落之時督令舉事乃為便益至於不必動用官銀之說尤非至計成大事者不惜小費豈謂成此大功而徒驅民以役之乎且民難圖始蠢動之衆能知其

道使之之義者有幾竊恐功利未見而怨謗先興計惟雇夫人日給銀二分窮民圖利自能赴工皆肯乘隙前來一以不妨農功一以得活身家如京城雇工之法每日給直隨來隨募別無所虞合無將蒲圻江夏咸寧三縣正德十四年秋糧存留本府大有倉本色准收折色每石五錢內將三錢照例作正餘二錢約有一萬餘兩俱備雇夫築堤之用候此徵糧之時銀既可辦民亦空閒水落工堅百事可舉嘉魚秋糧原議收銀內除四百兩雇夫

外除銀亦准支奏再有餘銀收庫別用庶官不費財民不費力大功可成矣其餘栽植板築等項事宜俱有條理但節候已過須待來年方不徒費民力等因到臣為照前項長堤沿居江岸所以捍禦巴蜀西來瀟湘南下及岳澧辰常西南而來各江之水使之東行將由金口趨武昌下九江以入於海而障護嘉魚蒲圻咸寧江夏田廬之在卑下沮洳者也此堤一成而四縣享其利此堤一壞四縣受其害始焉得縣尹成宣築之中焉得縣尹[illegible]

修之今二十餘年不修千萬人家失利國賦之所關民食之所繫非細故也見議修築民情各願事體亦宜況經委官同知唐翱通判趙景鸞踏量又經知府沈暕議處觀其往役之夫每日各有二分之雇值則不勞小民之力矣雇夫之銀取之本戶該納之正糧則不動府庫之財矣及時舉事尅日成功但臣賑濟已完勘事已畢不久回京竊恐各該官員見臣去後不但因循廢弛又或刻忌狐疑必使終無成功不類民失所望將來遇有水潦勢

須賑濟小則發廪勸分大則請官開例而已所謂救荒莫如備荒者有司官員孰於平時肯究心耶如蒙乞勅戶部轉行巡撫巡按官督布政司并該道分守及按察司水利各道將前項所議允應修堤岸豫先定委江夏蒲圻咸寧嘉魚四縣佐貳或首領官每縣一員分定地方各司其事仍委同知唐翱督理工程於本年九月初旬起手十月初畢工其雇夫等項合用銀兩悉如知府沈暕所議此外用剩銀兩嘉魚者存留雇夫送迎江夏等三縣者收貯府庫豫備修築但前銀一時徵收未完者將臣賑濟餘銀四千二百六十五兩內借出雇夫候冬末春初追完此數補庫起解其護堤柳樹亦候本年十二月明年正月令嘉魚縣掌印官督令人夫依數栽揷分守水利官員仍須往來督同設法責成於原議所當行者盡心經理原議所未及者從宜處分事完造冊通行繳報功成之後定立每年巡視之法遇壞即修之規一如荆州修理黃潭堤車腦等垸故事而行使四縣小民連歲有收

成之望一方水患常年有捍禦之功其於官民甚為便益

請減南糧疏　正德十一年　吳廷舉

題為量地減糧以甦民困事夏禹則壤以定賦漢文因年以減租自古帝王未有不周知民艱而軫惜民困者也竊民所需在粒食而粒食所出在恒產如湖廣武昌府所轄之嘉魚縣土磽地低兼外濱長江內傍大湖一經水漲汪洋浩瀚禾黍飄為蘋藻之場室家蕩為魚鱉之鄉一年之耕不能給

半年之食此啼饑號寒者十有八九而安居樂業者百無一二民既逃亡國賦安供耶惟是目擊流離而為之籌之者不曰減賦則曰賑濟減賦固屬殊恩第小民之輸將歲有定數豈能常冀又豈能常給至於賑濟度口而授計日而支未必於閭閻無補若嘉魚十年九水災祲不一緃比年來告從而賑之明年復告又從而賑之小民之呼籲無已大有之倉積有限幾何不立匱乎且歲有一災必有司請之府道司府道司轉請之督撫然後督撫

具題幾經曲折幾經展轉則請者既煩即監賑者之官員亦不勝其勞勞也臣伏思之嘉魚雖小縣亦有南漕糧二倉漕糧輸京師以備用又較南糧為多萬不可減莫若減去南糧一倉民實受減一倉之福而下不困矣災異不致屢陳蠲賑不必數行而上不勞矣有若對哀公有曰百姓足君孰與不足自有南糧之減民得少舒必多踴躍以赴公者非惟量地制賦有法而亦足民以足國之一道也我皇上自御極以來好生如天保民若赤匪特四海喁喁嚮風懷德即嘉魚縣偏隅敝黎無不戴深仁厚澤但無如土居瘠薄勢處窪下不比他府州縣可以稍輸知量地減糧必決然而行之伏惟轉勅戶部酌議須除海內同一均沾臣不勝戰汗悚冀之至謹奏

重守令疏

李承勛

夫治化之行自守令始守令之當重人孰不知德知當重而不知所以重徒有重之虛言而不副以重之之實事亦未見其重也重之之目有四曰求

之博而擇之精也曰禮之重也曰貴之專也曰任之久也是四者前後相須缺一不可久任之法先該吏部已奏請而舉行之矣然知府雖當久任而州縣之任亦不可不久推官知縣有行取之例雖難拘以九年亦必待二三年善政有聞而後可旌異之又二三年素履無玷而後可行取之更繁調簡之例一切毋以妨職業然上有員缺則下必遞遷故欲久任之法必行又自愛惜人才始伏願皇上念天之生材至難君之成就尤難毋以小[illegible]

棄大用之材毋以一眚而致終身之擯在上既無輕棄之才則下自無速化之術矣公舉之法近該言官建白吏部查覆重牧守之職而欲公薦天下之賢才可謂得其要矣臣愚以為州縣正官尤為親民擇之尤不可不慱而精况京堂之薦舉有限人才之隐伏無窮與其限之於數人未若慱求天下方今巡撫巡按於按屬之賢者已有旌揚之典矣但賢才衆多恐非一人所能盡知而知之未必盡真也用之未必盡公且當也自知府而論之其

僚佐則有同知通判推官之員其屬則有經歷以下至於州縣正佐首領師儒之員知州知縣莫不各有僚屬又郡邑之中或有志行高潔致仕養病甘於山林而不仕者凡此類皆所謂天下之人才也以僚屬相與則賢否著於官以鄉士居家則善惡孚於鄉見聞之間知之必實使州縣正官各舉所知不拘爵之崇卑不限數之多寡總以聞於知府再加斟酌而明揚焉至於布政按察二司亦與不各以所知屬官鄉宦為薦因其所薦之人[illegible]

知其公私明暗然後吏部加之以訪察之嚴參之以衆人之舉隨才量地授之以官不舉者申蔽賢之罰繆舉者嚴連坐之法則求才極其廣薦舉極其公而選擇極其精矣夫士莫不願伸於知己既受知於君子則凡中人之才猶知自勵而况豪傑之士乎如是而守令之職猶稱乏人者臣未之信也夫守令之職既精選矣然使待遇之不隆猶為未也臣嘗歷官郡縣藩臬三十餘年艱難險阻備嘗之矣其間弊政知之最真夫守令之於統涖最

重者莫如巡撫巡按其參謁之禮具於憲綱著為令矣比來則不然守令之相參也不問賢不肖惟以奉承之何如為其人之臧否拜跪頻仍送迎踰境者雖知為過禮而内喜喜則忘其惡以禮自處不謟不瀆者雖知其為正而不悅不悅則頻忘其善或者於相見之間爭一跪伏之末節而搆成大隙又有陰險小人其設心又以為某知府某知州知縣人皆稱為好官也我乃區區爭一跪伏之禮而持以告人不足以厭衆心於是從而媒[illegible]

假耳目以求其疵瑕植心腹以伺其陰私甚而大張無稽之謗指廉為貪以正為邪而論劾公排考語私醜矣朝廷見其羅織之詞以為去之猶有餘辜而豈能盡知其中不能無負屈者乎或未必遽去而還就為之所使有道之士不得其志而又蒙與汚故有高飛深逝之想而不樂就其職亦勢之所必至者耳流俗之見乃謂其官之賢如彼近被扶私一劾遂致如此况吾曹衆人可不屈意依阿承奉乎州縣則依阿府官府官則依阿二司二司

府州縣則同聲依阿撫按而甚則巡撫亦依阿巡按矣至於公事之是非生民之困苦天災之迭至真知其可憂者誰與真以為已憂者誰與天下之俗愈趨愈下以至於此不急改絃而更張之誠可為寒心也臣願陛下明勅巡撫巡按等官申明憲綱使各遵守弗得違越撫按等官固不可蔑視國憲而責其過為承奉知府等官尤不可不知自重而非禮逢迎各官在任果有異政者更望陛下隆以殊恩或崇之以爵秩或勞之以金帛或錫之朝

覲之年特賜召問則待遇守令之隆又自朝廷[illegible]不惟人不敢輕而守令亦知自重矣如此而守令不知激勸職業未脩者臣未之信也夫守令之待旣隆厚矣然用之不專猶為未也夫任之知府則一府之政不問巨細俱宜使之得專任之知州知縣則一州一縣之政不問巨細俱宜付之自理令之守令凡事必申請於監司者亦樂分其事否則疑為輕已怒及之而謗隨之矣不但提吏參官而又盡反其政至於瑣細末務撫按等官一一皆親

為之各另委官規畫不復關白守令旣有成案然後數刊大榜多者七八十欵飾以四六之文付之施行雖有土俗不宜不得輙有變動前官之榜鄉民未及遍閱而後官紛更之榜又告至矣有志者稍有釐正動輙獲戾僚屬軍民見正官無專主之權益輕忽之蓋知上之人必不聽其自任也守令之職分散如此復何善政之有臣愚以為凡府州縣一切事務皆宜付之守令職掌不得分侵其權或疑如此使郡縣得人則可如匪人也不遺殃於

乎夫守令旣經簡擇得人必多又禮之隆而責之專圖報必切不幸而遇匪人豈無所以處之乎且臣亦非以監司可廢也蓋卑者分其繁尊者執其要治體當如是也撫按二司但當公以照之靜而觀之分巡分守或於歲終季終考其職掌而申達撫按覆核其實旦其優劣而課其殿最不及則教太過則抑反覆之而不悛於是數其罪之所在而去一以警其餘則賢者不至掣肘難行而不賢者亦不得以肆其惡矣守令之職專且久而職業

未修者臣未之信也然前項弊源深痼欲痛革之又不可徒恃虛文而已也大抵天下未嘗無不可救之弊而患無救弊之誠亦未嘗無不可行之法患無行法之人探本核實之論惟在撫按得其人而已矣欲撫按之得其人惟在吏部都察院堂官忠赤肯任怨而已臣願皇上明勅各該衙門堂上官如遇巡撫之推必精擇老成重臣而久任之每歲巡撫之差不論其次而惟論其人必得識達治體有憂國之真心者而後及焉如巡按四五次而

舉措中理輿論攸服者則查舊例不次超拜僉都御史按察使之職否則回京之日考察之例亦必見之行事不可徒存虛名蓋在外臣工監司守令有撫按以舉劾之巡撫則有科道以糾劾之而近日則雖同處巡按亦間有劾之者矣巡按一方其任極重勸懲之典獨缺可乎夫朝廷取舍必公必明天下撫按自然不患其不得人矣撫按得人則其舉劾必公必明天下方面有司自然不患其不得人矣得其人而無其治萬萬無是理也雖然監

司者守令之原朝廷者監司之本故大學首篇極論修齊治平之道而揭其本曰自天子以至於庶人一是皆以脩身為本伏望皇上正身率德以道脩身以身取人則內而輔弼九卿外而監司守令皆得其人矣王道之成何遠之有臣不勝惓惓仰望之至

辭吏部尚書疏　李承勛

吏部咨差官賫檄勅書一道賜臣改吏部尚書天語叮嚀恩超常格欲臣速至則特許乘傳恐妨銓

務則戒令勿辭臣感激驚惶隨即上道晝夜兼程於十月十一日行至臨清州地方覲君有日喜躍交并夫急趨召命不敢暇逸實臣敬畏之誠量能度分不敢冒昧亦臣守身之分切念臣質本凡庸器非宏遠青年學道白首無成昔感風瘓遂成偏痺荷蒙矜憫放回調理病勢稍愈即賜甄收一歲三遷其官濫掌留都邦禁恩已渥矣望已過矣豈期迂濶無用之腐儒復改華要難稱之崇秩受寵逾分自處實難夫吏部職在用人尚書得專銓政

進君子而抑小人則泰可保而怨謗必興泥資格而混賢愚則位可安而治道無補況今奔競一事壞盡天下之人心虛文兩字害盡天下之治體乘積弊已深之日正聖主更化之期講學窮理而聖教日躋舉直化枉而仁智兼盡更望精求馮翼孝德之賢以宣蕩蕩平平之化則中興之治不日可望如臣愚者論才考德已非其人加以病根未除眩暈不常兩膝戰掉不能端立使臣貪冒寵榮處非其據豈惟一身取負乘之譏實慮敗國家之[illegible]

為盛治之累伏望皇上擴天地之量垂日月之明容臣辭免新政職事或憐其病弱放回休致以保餘年或念臣罷小別授相應職事以圖補報臣不勝感恩待命之至

乞恩休致疏　李承勛

臣近因衰病陳情乞休溫旨慰留未賜俞允調治數日病尚難痊再罄愚衷不勝戰慄竊以因材而授任君之明也否必致棟撓之患量力而致身臣之義也否必蒙覆餗之刑故堪其事則鞠躬盡瘁

死生以之不堪則奉身而行以讓賢能君亦不强其所不能而聽其去所以全進退之禮而抑慮夫有妨於政也若不能為久不肯去貪榮戀祿孔子之所謂鄙夫而可使之立於大臣之列乎臣本小器素乏遠猷初任甲官才與位稱致有過情之名以誤遠近之聽厥後官加而才不逮體弱而病漸侵退伏林泉幸全衰朽豈料過恩付茲重任行及一年事無小補然而前古治亂之迹不敢謂不涉其流矣當今可憂難處之事亦不敢謂不介之意

矣軍民貧困日甚臣深憂之災異重大頻仍臣深憂之桐封日廣戎秩日增而正賦不足以給臣深憂之兵将驕惰啜啜者數報而禦侮每苦乏人臣深憂之空抱滲室之懷未獲徙薪之策患将日大蔑無建明當受辱臺之罰久矣且舊患頻發趨朝足不能前立班墩不能忍每閱章牒未及一半輙忽其前凡三四讀未能參詳得失近疾纏綿血氣尤弱委難支持才不稱官即宜求去何必待罪戾之積病不勝繁即宜求去何況乎伏枕逾時臣之愚誠所以不敢避煩瀆

之愆而決於一去庶天下以為皇上召用之人雖不稱大臣之位亦小異於患得而患失者此臣仰酧大造萬分之一也夫天下不患有難處之事而患不得難得之才昔漢文帝時諸侯强横賈誼請益梁封為二世利又請衆建諸侯寡其力以制其心至景帝時以梁委吴楚而七國滅武帝時盡用其策而宗社安唐自天寶後養成方鎮之禍至五季而尤烈宋祖用趙普言銷兵於立談間是二者可謂至難處之事矣而二子一言易於反掌今天下之事豈復有如昔之可憂難處者乎皇上聰明天縱從善如流抑豈二帝之可及乎由臣才識駑下所理者皆細故未務不能如二子為皇上敷陳大計耳然則天變何由而可消弊俗何由而可變不肖者不退則賢者不進伏望皇上憫臣才綿病弱不能有為放臣休致更望皇上勿輕天下以為無人至誠以求之虚已而任之自有全體大用之真儒建祈天永命之良策三代之治皆可漸復何二子之足羨臣下情不勝惓惓憂國之血誠謹疏

請除閹宦疏

李　沂

閹宦之禍譬猶腹心之疾惟英明之主早見豫防振去本根故免後日之禍臣不敢遠引即如正統時太監王振正德時太監劉瑾舞弄朝權傾危社稷後雖萬死何足贖罪至今令人切齒寒心此我朝明鑒也皇上御臨十有六年宮闈清穆朝綱整肅文武諸臣斤斤奉法惟謹獨東廠太監張鯨倚仗恩寵欺天壞法瞻大心雄從來未有諸臣所奏八罪一一有據詔付法司嚴究惡黨中外臣民踴

躍歡呼咸謂萬代瞻仰在此一舉必將剪除元兇以杜後禍昨法司問明奏請邢尚智等俱奉旨處分張鯨姑念侍奉多年勤勞痛加省改策勵供事中外聞之大失所望惡本不除為害滋甚臣恐王振劉瑾復見於今日也敢為皇上極言之昔我太祖高皇帝防制宦官嚴極有罪不赦洪武十年五月一監官供事內庭言及政事即日斥遣因諭羣臣曰自古賢明之君凡有所謀必謀及公卿大夫而斷之於已未聞近習嬖倖可得與者今此宦官

雖事朕日久不可姑息決然去之所以懲將來也羣臣頓首稱善夫監官僅言及政事耳太祖即日斥去不肯姑息使如張鯨犯法太祖當何如處置也今科道交奏法司究問皇上明知鯨罪惡矣即加顯戮以洩天地神人之憤猶恨其晚奈何令罪大惡極者而處宮幃禁掖之地乎昔年馮保招權納賄皇上已籍沒之近日宋坤挾詐騙財即斥去之矣張鯨之惡百倍馮保萬倍宋坤擢鯨之髮不足以數其罪食鯨之肉不足以伏其辜故京

師為之語曰寧逢虎狼莫逢鯨張言虎狼有時而不噬張鯨無人而不害也皇上英明同符太祖不難去馮保不難去宋坤何獨難去一張鯨耶臣伏讀明旨以臆斷之邢尚智監候處決謂其黨鯨害事也使鯨不橫恣雖百尚智豈能撥置李登雲張繼德發煙瘴地面久遠充軍謂其受賄縱情欺君賣法也然受賄賣法孰過於鯨尚智李奇等冒領鈔錠銀兩俱稱張鯨主令是實冒領者既加之罪主令者何獨倖免此臣所未解也以鯨為侍奉多

年其弄權壞法亦多年矣皇上宜深恨之何復念其勤勞耶以為痛加省改猶可策勵供事臣未聞狠如狼虎之人而可責令守門戶者也況在宮闈禁掖之地安知其不包藏禍心乎前數日都市流傳鯨廣進金寶多方乞請皇上猶豫未忍決斷中外臣民初聞不信竊謂皇上富有四海豈少金寶明並日月豈墮奸詐威如雷霆豈徇乞請及接明旨許鯨策勵供事中外臣民遂以此事為真謂鯨之奸謀既遂而國家之禍從此始矣伏願皇上大

奮乾綱為法割愛將鯨重治以儆奸邪以釋羣疑庶宗社生靈可幸無恙不然皇上聰明聖智竟為此閹誣也國家十六年清平盛治竟為此閹壞也以一閹宦之故而壞聖明之治壞祖宗之法壞朝廷之體天下謂何後世謂何此忠臣烈士日夜撫心泣血必欲殄滅此賊而後已也臣職在諫垣君側有惡不為掃除皆臣之罪故敢直言無諱伏惟

聖明裁督是幸

申理解人寃苦疏節略　　吳廷舉

正德十四年四月內據湖廣武昌府蒲圻縣民李志信聶江告稱各人應當江夏縣金口壋河泊所正德九年分業甲徵完課鈔麻鐵八千一百一十九斤一十二兩乾魚八百五十斤完足赴布政司投文於正德十三年八月十六日以江夏縣同所業甲胡淑出名領批議令李志信戶丁李王奇李珠奇李天孫聶希江戶丁聶允寧聶希濟聶允義六人領解各帶銀兩在身湊同嘉魚縣解戶魯學斌等戶丁九人前往省城草埠門熟識人蔣士[illegible]僱船裝送去訖經今八個餘月人批俱無下落縣所屢拘家屬比較狀告分豁等因行間又嘉魚縣民魯玠告稱祖充本縣致思湖河泊所業甲徵收魚課有魚油翎鰾折收麻鐵等料共六千三百五十九斤以戶頭魯寧赴司府轉文備辦料價並路費銀兩正德十三年八月十六日係父魯學斌戶丁魯智李清三人領解湊同蒲圻縣解戶聶允寧李王奇等九人同伴過江赴京經今八個餘月一行九人不見回家府縣監比批收有此苦情上訴

等因臣案候訪察間隨據嘉魚縣廣賢里民周秀四赴臣口報正德十四年三月領解錢糧到京因而詢問魯學斌等人銀俱未到部回日沿途訪問至河南汝寧府真陽縣唐家舖當地住人說去年八月內被賊殺死數人骨屍現在等語就將牌差承差許銓軍人王禮楊八兒押魯玠等前去真陽縣坐委巡捕官同去唐家舖地方拘集當地住人挨訪魯學斌等九人管解前項料價行至某處不見下落其正德十三年八月內唐家舖有賊殺

死九人是否即今身屍埋瘞現在何處如果是實
就便公同到彼處地方巡訪緝拿殺人刼財兇犯
嚴行鞫問賊狀明白具招申詳去後續據河南汝
寧府真陽縣申又據十四年九月初五日汝寧捕
盜通判李章申准本府牒奉臣劄付前事備蒙牌
行本職將問過賊犯原發招由查取去後今據申
繳前來臣看得張子用與田名等一十七人招稱
正德十三年八月二十三日假充兵備道差百戶
義勇在馬鄉店捉住過客九人帶到龍江寺將身

自帶銀兩盡行搜出各分不等共三百八十八兩
五錢仍押九人到火燒鋪殺死丟棄在彼地等情
臣以日期計之魯學斌李奇玉聶允寧等九人於
八月十七日在湖廣起程渡江登岸從漢陽上路
經黃陂縣信陽州行至真陽縣地方計程正該七
日所稱殺死九人俱係嘉魚魯學斌魯仲智李清
蒲圻李玉奇李珠奇李天孫聶允寧聶允義聶希
濟九命無疑也臣伏睹大明律內一欵凡殺一家
三人非死罪一人凌剮處死財產斷付死者之家

妻子流三千里為從者斬凡起運官物被盜刼奪
事出不測而有損失者官司保勘覈實顯迹明白
免罪不賠欽此臣參詳照得張子用招出田名等
謀殺魯學斌等一家三人李玉奇一家三人聶允
寧一家三人律該坐以殺一家非死罪一人各犯
不肯招出實情通判李章問擬強盜得財斬罪照
例梟首固未甚失但又參看張子用招稱本年十
二月廿四日同徐得志到西平縣十里鋪劉鄙河
將麂皮顏料價銀軍裝盤纏銀共六百二十兩盡

行刼去分散本日夜二更時分又將費世和的兄
世春余興明余希梁余貴余興貴錢友剛錢景馬
應受殺死幸世和解繩滾下河內藏避得命等情
臣訪得解户余興明興貴係同一家之人馬應受
亦係錢友剛錢景同户相應查明問以凌剮絕沒
家產方纔合律今照通判李章止將張子用問斬
罪揆之律例不合該分守參政王震分巡僉使王
鏜兵備僉使閻欽亦不參駁俱於情法不通殊失
守巡之體況解京錢糧非惟拖欠各部急用軍需

抑且貽累解户家屬監比人情甚為不便如蒙伏
勅都院查理一行河南廵按御史弔一千人卷到
官再行問提明白將二次殺人刼財兇犯嚴令該
道廵兵備上緊設法挨拿已故者定要將原籍家
產變價完日差人起解各部抵補原解物料此外
有餘銀兩解至湖廣布政司查給死者之家以供
營葬以養妻子臣訪得各賊贓物果係千户吴熊
與史曹玉鍠并應捕兵快多尅入已審勘是實依
法施行一行廵撫湖廣都御史轉行布政司收原

差解人胡淑李志信聶希江魯寧余興明馬應受
錢友剛曹世和等某人解某項料物若干某部若
干某年若干各家自備路費銀若干備細開報河
南廵按御史將現追在贓銀併追出各賊財產變
賣價銀查照原行硃語另給備細公文批差在官
人役管解赴各部交納取獲批單移文湖廣布政
司完卷仍令湖廣布政司將原收胡淑批廻發回
府縣查銷再不許拘擾解人家屬再照湖廣一省
一十四府一十七州一百八縣起解北京錢糧物

料大小解户多從河南地方分路而行臣恐嗣後
賊人得計如前所為今年刼殺人銀一起明年刼
殺人銀一番則國家錢糧何由而完足湖廣百姓
何從而賠償所據地方失事掌印廵捕官員亦乞
併行河南廵撫御史開提究問照例發落庶警將
來一行河南鎮廵捕官員申明賊盜之案嚴謹詐
冒之科重賞捕獲之功講求保互之政督令所屬
各府州縣節年應解送北京錢糧物料乞勅准題
令各部勘合轉下湖廣布政司移文各一十四府

一十七州一百八縣俱令解收布政司貯庫聽候
差官遞解京城庶使上之國課無虛下之民命有
託且法令嚴明奸宄潛服商旅通達而邦國治平
矣

正德十四年二月奉旨這臣所奏上憂國體下憫
民情有此良臣朕甚嘉之着各部知道仍勅河南
廵按御史一一遵依這本内所奏條件舉行將貪
贓一起依律拿問失事一起盡行革職其湖廣解
京錢糧依奏准解湖廣地方官收貯差官遞解勿

踵前轍

記

始修城記　　提學副使張邦奇

嘉魚縣在省城南二百里實爲襟喉之地舊以山水參伍不立城郭民皆因山阻水而居取便耕漁警則乘便趨避習以爲常國家隆平民風敦樸禀國畜牧悉置諸户外自成化間江北比多水患流民就食於外始聚而爲盜昏夜掠商船率於江湖無人之所尚未敢公然入縣治也邇歲征役繁重

遠近逋移馴致劇賊賀璋輩誘脅窮民攻縣治殺民兵刼庫獄燒廬舍出没險阻日滋蔓不可制正德甲戌秋宣城陸棍來知縣事患之謂非築城不可遂以龍見興工縣小而民窮財力無所資日夕疲心力總理矻矻久未克就巡撫都御史錫山秦公適臨兹土躳爲陟降以先築南堤數十里逼隘非規制命展而環焉遂命分巡僉事顧公鐩督旁邑發諸峙協濟工力功乃具舉丙子五月江水大漲襄其南堤五閱月水涸乃伐石甃址并二管門洩水運土併力修築維時秦公念劇賊猖獗將除之或曰不如姑已舉而弗能制患滋甚公曰已之患獨不滋甚乎遂廉其蹤跡命分守右布政使周公季鳳分巡副使惲公巍督其屬設法捕斬之而鎮守太監杜某總兵都督同知楊某巡按監察御史張某暨按察使王都督指揮僉事劉協贊謀畫以成其功積數十年之恣一旦就戮餘黨狼狽解散朝廷下璽書褒美錫以金帛行者居者罔不晏然上下遠近動色相慶而城亦適成城環二百雉

厚六尺高倍之爲四門曰東望曰南薰曰西成曰北鑰樓櫓之屬罔不備飭用工越十甲子皆傭諸他邑及事竣民無告勞者予觀嘉魚士民習俗淳厚蔚然有古風焉乃者賊殲而城成去其毒而圖其衛以奠宜湖藩之襟喉豈徒其邑之幸哉方賊勢日熾民無保障恣其所如莫敢誰何致今日晏堵若其誰之力也繼或吏於兹土者其亦有思乎夫千雉百雉孰非爲民民城之本也民殘而城固未之有也凡蒞斯土者尚思固斯民哉

續修城記　雷士順

古者立國城郭與宗廟宮室並建城者民之衛也民則邦之本也隳其衛以撥其本豈計之得乎故雖時極隆平未有不城而治者乃宇內郡邑治以不城者亦復不少聚廬而居折柳而樊固可幾幸無事質之設險守國之義當不其然我嘉魚雖古治乎以山川參錯城之匪便此有邑以來一大缺典也正德甲戌陸侯諱梘者始築土城都御史秦公發旁邑糧儲以佐厥功顧濱江窪池土城易壞

萬歷戊寅撫院陳公疏請改立磚城邑大司馬方公規議官任費而民任力庶瘠邑貧民不驚畏而思徙當道用其言計處三千餘金吳侯諱騤督修告竣不兩年而再圮則匠作無法苟完而工不堅也至辛丑麗侯諱一德議以洲價為重修之費院道報可閱歲而復為完城垂今幾四十年半圮者又復如是崇禎甲戌程侯蒞茲土次日登埤周望憮然曰此何時何地而俾城壞至此且不堪視拒堪恃乎前之人留以俟後者豈其不念民衛[illegible]

紲不敢舉羸耳吾將任之輒解囊金若干付匠户領費造磚召匠作估計買料給工照民間常例無虧短絲毫者工皆僱募無役民半日者計城內外共百餘丈週城腰墻共計一百八十三丈全修垛子一百六十個半修四百二十個補蓋城樓四座全砌蓋者一座新增守宿窩鋪一間新增柵欄二座閉塞便門二處通算支用銀五百八十七兩有奇無糧儲金錢之助無洲價之包惟故民鄭朝魁妻張氏有夫存日賣田留金一百五十兩送助修

城鄉宦王廷元助修贖田菽麥銀二十兩又助工二十兩侯之任費者四百金皆捐已貲非第捐俸捐贖鍰而已也工告成士民樂之議勒功德於石以垂不朽且托名公謏述以重其事侯謂士順曰牧民者補葺牖户是本分事有如借譽顯貴是施勞也倘必記以示勸則知我無子若子其據實紀歲月俾後人知城所自始所自頽所自修而止必無文無煩言令吾有不安於心者士順雖不敏當而亦不敢辭承命志其大概如此

縣學記

元提舉　王宜振

學校之教尚矣自唐虞三代以來命司徒掌教歷代相承而學宮滿天下庠序學校雖異名辟雝泮宮雖異制其為教則一也詩頌泮水之能修歌菁莪之樂育其以是夫皇元嘉美人文崇儒重道開設學校作養人材申嚴憲章有司主領敦勸之命獎諭諄切武昌為楚重鎮嘉魚其屬邑也江漢炳靈人物鍾秀章縫之士遊於聖人之門訓廸有師肄習有業庖廩有資教養並行倫厚俗美廟學舊

在城南基址湫隘淳熙戊申縣尹姜偃遷於龍潭山之上宮墻數仞巍然靈光士民欽仰歲月更代風雨震凌前至正甲申主簿狄忠重修殿廡植松夾道遺愛尚存延佑甲寅縣尹濟河成文煒增其舊制充柘規模重建大成之殿已嘗加意厥後皆因陋就簡未有能殫智畢力以久遠計者元統甲戌冬臨清蘇公野泉來尹茲邑下車之初首謁
先聖廟見而惕然屬以邑事倥偬未暇議越明年政通人和百廢具舉廼造學宮率諸生議及[illegible][illegible]

皆悅從會材委工究心而理之工費浩繁學廩不給首割俸餘以為之倡學椽文珪亦捐俸以襄斯役士儒義助多寡有差是歲學租所入悉以充費於是崇禮殿及兩廡皆煥然一新從祀牌位悉加修飾櫺星門外結石為道工匠傭役並手偕作公理政之暇必一至其所旋其勤以勵其怠經之營之完矣美矣衆目環視驚相嘆曰邑庠之廢弛久矣豈意目前忽見此修飾耶且邑宰之任本以理民為務食祿而不怠其事斯亦善矣而公能兼修

並舉則其志之高才之優為何如於是邑學士民相與求文以勒石為記予為之說曰大哉夫子之道乎肖形穹壤間靈而為人秀而為士推而為政以修齊治平用之立教以惇人倫美風化造次顛沛孰能外乎斯道人之所以報本返始者固不可以捍災禦患勤事定國載在祀典著例覩之也廟學之建國家所以崇奉
先聖賢哲生民以來未有盛焉豈可聽其殿古莫生城荒鴉噪而置之不問耶今賢大夫舉而力新[illegible]

去弊陋復還偉觀士有絃頌之樂民絕嚚陵之鬬其為風化豈曰小補之哉公名靖字冲卿詩禮之家克世其祿故其為政知所本云

重修縣學記　明提刑按察使司　韓陽

皇明崇重儒道其於學校之政視古加修而益隆益盛所以八十年來海內人才彬彬濟濟先後相望誠非前此所能及焉南嘉武昌上游之邑乃湖湘要衝之區而川廣必由之路官其邑者於往來應酬之不暇尚何有心於學校之事哉以故學宮恒廢而失治學政每闕而不修也稽諸縣志今學自宋淳熙間知縣姜偃始遷於龍潭山之陽禮殿居中兩廡以翼二門碑亭各有成規至元甲申主簿狄忠重修殿廡植松夾道延祐甲寅縣尹成文煒又新其舊元統甲戌野泉蘇公來尹茲邑竭力再為修治時提舉學事眉山王先生宜振為之記刻石尚存入我國朝學政維新洪武乙卯知縣吳起文以廟學隅越非宜乃即廟左山麓建明倫堂復為正心明義二齋而文廟則未之修迨今[illegible]

十稔殿宇傾頹門廡顛敗未有能振其廢者正統元祀皇上慎擇守令惠綏黎元其於學校尤為急務歲在庚申以進士吳江莫震來知縣事視篆之初拜謁學宮顧瞻殿宇頹廢不勝歎息遂言曰學宮之廢興長民之責也震敢不以為己任耶於是鈞考志書諮詢衆議經營圖畫亟欲新之奈頻年水澇相仍公務填委心雖惓惓未克遂也正統丁卯乃悉心以圖修舉邑之好義者咸樂相焉於是召匠揀材揆日庀事朝夕親臨學宮卹其勞役而課其章程崇其垣墉高其臺址禮殿兩廡皆撤而新之加封之舊碑有亭瞻仰之後[illegible]門內外輝映黝堊髹彤舉稽其度始事於丁卯三月畢工於戊辰四月妥神有位配侑在列而[illegible]宜堂閫不具完衿佩來集絃歌相聞人皆嘖嘖稱羨以偉其成庠之司訓黃真備述其事請記於余竊以湖湘廟學府州之外縣庠凡一百有奇予皆歷焉其間邑宰能體朝廷崇儒重道之心以為心者未能多見間有見之吾未嘗不喜談樂道而[illegible]

善焉今觀南嘉邑宰莫震氏以蕞爾要衝之區乃能惓惓以修理學宮為念而文廟為之一新不惟見其能尊崇斯道抑亦可見其無負聖天子擇任之責也宰名震字霆威正統巳未名進士

重脩學廟記　方逢時

孔子之道師表萬世為羣聖之宗歷代尊崇設像祀之學宮禮如王者至隆重也迨我皇明其尊崇之典始亦因先代之舊至世宗肅皇帝謂今之王爵下同人臣非所以為尊也制徹像去王號稱之

曰至聖

先師改大成之殿曰

先師之廟故自國都以至縣衛莫不有學莫不有廟其在嘉魚前代無論矣洪武之初廟建於龍潭山之陽學則在於城南分兩址也既而遷學於廟之後前尹吳江莫公修之而督學韓公為之記正德末年督學鳳梧陳公捐俸修廟而明倫之堂則未暇及也嘉靖戊子學遷於北門之內巳亥復遷於三忠祠之基仍兩地也通來六十餘年學既頹壞廟亦傾圮籩豆之所對越之位鞠為茂草春秋之祀備故事而已及萬歷丙戌之秋漳平蔣侯來令吾邑恭謁

先聖見棟宇摧頹塗墍剝落乃隐然於心顧師弟子而言曰吾夫子之道如布帛菽粟然吾人不可一日無者而祀饗之所傾敗若此於心安乎而況朝廷崇儒重道若是其至也吾與若職忝師儒置而不問其如朝廷建學之意何其如

先師之道何抑何以免於法吏之議是在我矣乃歆大

有所為於時水旱薦臻弗克如志乃先有事於廟以妥神靈木石之費甓堊之需分毫不取於民乃捐私俸市材陶瓦命匠鳩工朽者易之欹者正之卑而窪高而跂者築之平之門甃以磚垣周以土殿宇廟廡秩然維新師弟子欣然相語曰昔者荆棘瓦礫之場今變為朱甍碧瓦之所非我蔣侯孰能為此蔣侯之政可謂知所先務作人之化於是而可觀矣是不可以無記相與徵言於予予既為述其事乃揖諸弟子而諗之曰侯之斯舉固為[illegible]

擾於民而其意蓋示諸生以為學之方也夫天下
之事求諸人者常不足求諸已者常有餘聖人之
道雖大而原於人心萬物皆備反而求之在我而
已故夫子之教有曰譬如為山未成一簣止吾止
也譬如平地雖覆一簣進吾往也蔣侯蓋有得於
此故今舉之以教吾嘉耳不然諸生日馳於言語
文字之間而無得於身心性命之實雖廟貌之修
棟宇之飾謂有司者自盡其職則可於諸生何有
焉是則蔣侯修建之意也諸生勗哉

鼎修聖廟碑記　金聲

今天下郡邑祀廟之制凡以為民也朱明神祀之
謂嘗有功德於民也云報也城隍社稷之神祀之
謂能司吾民升饉之祥也云祈也斯其意未嘗不
不可著教於天下而教天下之事不在焉庠序之
教虞夏以来未之有改也
先師之廟固所謂千萬世以祀歷千萬世祀之而不足
以報其德澤之萬一也蓋未嘗云祈而祈之意未
嘗不在焉釀祭先釀斂祭先斂彼其意未[illegible]
而不勝其祈之之念之隆重也夫臨萬世而教思
無窮者
先師之心也奚俟祈子不云夫自行束脩以上未嘗無
誨乎若然則千萬世之摩頂放踵而求之者固
先師之靈之所嘿攝之者也且其祈焉者非禱[illegible]其身
之謂也固祈
先師之教之明於天下也祈斯教教斯明斯修道之教
之謂也勺盤水以求日光無不專得[illegible]以論於容
光之照耶今郡邑之學皆依於廟吾邑獨兩地蓋

各取地勝此亦未始無祈焉之意矣廟學皆修於
萬歷丙戌丁亥間歲久皆就傾頹比癸酉歲吾友
給諫熊公以休沐抵里門瞻拜廟下盡焉心動已
則悉索餘俸得金百乃傾以首廟事而邑縉紳人
士各厚薄捐俸有差旁得功付伍而高明程侯適
奉命来令下車之明日謁於廟則慨然曰此何莫
非有司事亟捐俸若干益之更復為之考典章審
位置酌度數而績乃竣厥竣予方讀書白嶽諸公
士則以事狀暨廟圖示予而屬予記予為之[illegible]一

諸君子亦知夫先聖王之制之僅存者獨庠序之
教乎夫制則僅存耳然先王之時四術四教樹之
移右亦何勤以懇也後之日月省試上下庶志矣
辭科名已耳其復有所謂春秋禮樂冬夏詩書否
耶其復有所謂離經辨志敬業樂羣博習親師論
學取友如古之一年三年五年七年之一一有以
示之否耶若然則直謂之教之也可而世之偉人
傑士道德勳業之儒比比從學校以出豈非以
先師之經術如日月之經天而亦

先師在天之靈默默有以提命之而收攝之耶國雖匱
不得廢禮士雖貧不得廢師則今日之所以崇
先師之廟貌者豈僅僅高華之所能竟耶且與諸君子
披斯圖也殿堂之崇廣廡楹之增倍戟門櫺星之
嚴飾言言噲噲焜焜將將所以教瞻也王座之縝
美題奉之精確所以教慎也宮墻之閎拓所以教
跽也列級故峻絕也而以紆得坦所以教引而著
人力也甃斷岸而爽庚之所以教康而著利往也
躋星石而山危之所以教就而著人地也泮池槃
先故也而特闢之後之所以教淵而著育也至於
隆啓聖之祠則所以推
先師之孝思而教天下之為人子者苟或仁未充而孝
未舜則有志者之驚目於斯也自不能不瞿瞿皇
皇也名宦鄉賢故有祠然尋椽武楹合室而異楚
耳于所以明虔而遠嫌也者無處且其於宮牆更
若推而遠之推親炙聖人之心以聆事昔之君子
豈應如是今則於戟門之左右各有專祠也一則
以教後之君子之至於斯也學道愛人慎無以此

下澤之蘋藻謂弗芳且烈焉而吐之也一則以教
自今茲以迨無窮之生於斯聚族於斯者或為不
待興之豪傑或為不負師友之良賢皆願有以自
處而殁不俎豆於其間為非夫以自矢也斯舉也
於未備而有待者增三之一踵事而華焉者增三
之二總之以究於備也舉難舉之端者熊公也備
難備之緒者程侯也蓋一舉而十教備焉兩公之
澤於是乎不可既矣寧獨謂吾臣子也而為朝廷
贔屓以勵翼文治也乎蕭九成鳳來儀鼓六變

神格
先師之靈實式几筵不必瞻其騎龍何雲之鄉也則不
佞又為吾子弟擬庠序之歌以誦之歌曰奕奕
文廟唯其閟之秩秩星芒唯其穗之力力熊公式其緻
之明明程侯式其序之逌爾吾師曷其曁之則又
為泮池之歌曰昔兮爍兮誰兮鷺兮子衿青青唯
其惄兮胡斯涓涓滔兮汩兮謂爾於涵胡斯硯兮
謂爾於渙胡斯晝兮格兮格兮翳我心則獲兮於
是并書以為之記

重修城隍廟記　　周融 本縣教諭

府州縣通得奉祀者惟風雲雷雨與社稷而已而
城隍則合祭於風雲雷雨焉其功德福民固莫可
擬而有祀必禱有求必告其功尤甚焉長郡邑者
遇朔望則必拜謁焚香稽首以致敬而後退而視
事嘉魚舊廟在縣西燬於兵燹國朝洪武間遷於
會真觀舊址即今所也西圍墻垣狼籍廟宇傾圮
景泰三年邑侯劉下車之初恭謁神廟顧謂民曰
城隍輔我以治民者也陰佑默相允賴其功視彼
傾圮實吾人責於是捐貲助脩命工匠備器用斬
板榦礱柱礎陶瓦甓築垣墉恢宏舊制煥然一新
設像正位儼然秩然可瞻可仰官寮大小罔不悅
懌自是神亦示靈禱之即應嘗有虎害民劉侯禱
之三日一虎自投火中一虎自死樹下又火起風
作侯禱之風即轉火即止又鼠食禾不侵縣境是
皆神靈之佑助也嗚呼神不可測也而無不可格
神可禱也而不可瀆善者福之惡者禍之禍福人
所自致神豈能私庇於人哉觀於是吾人亦可以
惕然懼蹶然興矣

重脩東平王廟記　　李滄

唐眞源令勑河南節度副使宋加封東平王南陽
張忠臣之祠舊址在嘉魚縣沙陽城本為表忠而
立邑民歲時伏臘必有祭水旱疾疫必有禱咸有
答焉正統五年冬聖天子慎選邑令以任人民社
稷之責詔吏部謂字民惟得人寔簡其尤者往莅
之於是吴江莫侯霆威者擢知斯邑敬神惠下除
穢草邪周視斯祠乃言曰王之德足化導吾民在

禮以死勤事者則祀之泯其死節而祀禮自上出乎睢陽有祠而斯邑立行祠者以神之靈澤普徧所及從民欲而立也遂捐已俸暨僚屬之懽趨者葺理惟恪展拓狹隘恢閎垣宇市材孔良命匠孔臧葢覆孔光楹棟門軒黝堊丹漆舉中其法牆飾以粉道砌以石碑覆以亭經始於正統戊辰之夏越三月祠宇維新儀容端儼其所以奮百代歷千祀而化斯民者宜矣竊惟捐軀狥國此臣子職分之當為崇尚忠良乃賢侯風化之善政遂稽唐至

德元載值祿山之亂王時為真源令始選精兵千人西至雍邱討破賊將令狐潮李懷僊等四萬餘人及潮復圍國命阻絕乃設天子畫像斬欵降賊之大將士心益勸使郎將雷萬春與賊語面中六矢而不動未幾出戰擒賊將十四人斬首百餘級賊夜遁後移軍東守寧陵以待賊將李庭堅等始與睢陽太守高陽許公遠相見是日賊將楊朝宗帥馬步二萬襲寧陵亦至晝夜數十合大破之斬首百餘級勅為河南節度副使其屢破賊如此二

載春正月賊降將尹子奇以兵十三萬寇睢陽遠告急乃自寧陵引兵三千與遠兵合僅六千八百擒將六十餘殺士卒三萬餘衆氣自倍子奇復寇因賊解甲休息與南霽雲等十餘將斬賊將五十餘殺士卒五千餘射喪子奇左目幾獲之子奇乃走及子奇復寇城中食盡士卒耗病諸侯不救乃脩守具絕雲梯與鉤車焚木驢與礮石皆應機立辦其屢却賊如此冬十月保障江淮堅守無救食紙紙盡遂食馬馬盡羅雀掘鼠既盡殺愛妾以食

士至是僅餘四百人終無叛者賊登城士卒饑病而無敵乃西向再拜曰臣力竭矣生無以報陛下死當為厲鬼以殺賊城遂陷罵賊巳俾周背殺身寧讓臧洪以饑疲之寡敵強暴之衆卒復唐室以致中興當時追贈首定元勳刻鮑信之形而祭哭圖麗德之狀於陵牆立廟宋州齊許遠之位納官其子合句踐之心今嘉魚賢侯重新殿宇式是形容典幕姑蘇倪公彬懼事跡久湮願斲堅石假辭紀美惟王智以神其機勇以揚其氣忠以挫其鋒

烈以死其事殘乎身者成乎仁見於行者處於義完節付於天大功信於人此賢侯所以明教固當詳記而俾世祀之遠為臣死忠為子死孝如文天祥所云則廟記之作豈徒然哉若登祠者不此之思不此之效惟獻楮帛以求福利豈惟神明不答抑亦失賢侯之本意矣

修長堤記　元　曹珏

水之為民害多矣昔之為政者謹防水庸之禮嚴曲防之戒若河則東徐有黃樓之賦澶淵奏功而

感宣房瓠子之歌若江則渚宮有息壤之塞堤堰增利而遏懷襄昏墊之勢然長民者興利除害務在得人所謂不偏愛人急親賢也予以皇慶癸丑領武昌郡事郡城當江漢之上而所屬邑中惟嘉魚濱大江楊家洲障之馬鞍山渚洪溢其害及於蒲咸江夏率為沮洳邑令成侯宣以廉能聞而治聲為最廼能灼見其源築堤自馬鞍山延袤數十里而擇士之賢者得人焉曰李季成家世儒而通斂於事躬任是役民驩趨之期以旬日不愆於素

遂使斯水東行由金口入湖堤成而水之患息惟嘉魚得以耕桑而鄰邑皆受其惠邑人將樹碑以紀其功而請於予予聞而喜曰興利除害果得其人成侯可謂能矣俾展驥而守千里則東都有坐嘯之美而民思金堤示不忘也或曰杭有蘇公堤南嘉之人將名之為成公堤矣

再脩長堤記　方逢時

大江出夔峽歷荊渚南過洞庭之浦控九江經東陵乃東北流澎湃蕩潏之勢千里莫禦而嘉魚當

其委注夏秋之間百川泛溢浩浩如溟渤赤壁而下西南諸山蟻聚螺列縣治若浮漚焉川無可梁澤無可陂殆不可以人力為也環龍津循百足逾河泊之磯涉南寧之畈地益下迤山益少東南滙為西保諸湖浩瀚瀰漫與蒲圻咸寧江夏三縣同壤嘉魚之編戶六里附焉無溪谷以洩之無長山大原以間之凡居其間皆緣洲渚而田沮洳瘠薄長江橫被沒畦畛漂廬舍率數百里無人烟蓋自古而然矣按縣志元皇慶間縣令成公宣始創堤

自馬鞍沿江而東築長堤為之捍蔽水道紆逶民
得收穫為利甚厚迨至皇明歲久而圮蕩無遺垷
又江流日南徙垠岸決齧水勢轉盛而四邑之害
視昔彌增正德末年邑人尚書東湖吳公賑䘏全
楚曾議脩築而吏事因循勞而無益又五十年為
隆慶巳巳邑侯吳公實來首詢民瘼知堤之為利
慨然軫念曰是在我長民者之責也請於臺院省
府會三邑之長分疆畫里計徒慮庸循成公故跡
而增築之出府金發倉儲籍富室之羨以助其費

躬巡督責不避寒暑再越歲而堤始成高厚堅固
亘如長虹夾植榆柳以防頹潰衝激蓋百年之規
永逸之舉而總理之周督察之勞又什伯於三邑
也畢功之歲秋乃大熟西湖之民穡功三倍咸欣
欣然喜相告曰劉侯真民之父母非侯我民曷克
胥匡以生惟我子孫其永賴之不可無紀命言於
予乃言曰聖天子奉天休命惠養元元恐一夫不
獲其所而懷保拊循為守令之責為之令者受百
里之地撫數十百千戶之民而為之長宅沃土理

逸民循輯無擾即稱嘉令衆且戴之豈若劉侯當
衝疲之邑撫困瘁之民摶愛煦濡勞心焦思急所
先務成此巨績變荻葦蒲稗之塲為稻粱桑麻之
域拯圍圍之衆獲生生之利深仁厚澤嶽積河潤
使民百世戴之而不忘夫所謂承宣德意度越循
良而功在斯民者非耶昔史起為鄴令引漳水救
鄴民歌其功載在史傳於今為烈即侯之功實媲
美焉是宜著之文辭刻之金石以追配前休垂示
無窮也抑余聞之不泯者德難成者功作事者時

乘時者人劉侯之功德可不朽矣世久則湮時平
則玩勢所必至也念民生之孔艱思成功之不易
時而緝之毋俾或壞終此大惠永保我民竊有望
於後之循良君子矣

又記　熊廷弼

丙辰年予嘗觀嘉魚老堤自馬鞍山至簰洲艾家
墩蜿蜒百里古木蒼蒼雲列霧連蓋居然長江一
長城也按志始自宋政和以來唐均陳景盛諸
君接連創置曁我朝正德年間吳清惠公以賑䘏

之役復疏請大脩之集嘉蒲咸夏人民合力脩築引江水由金口入湖以緩其勢而四邑賴焉自正德至今又百餘年矣歲久衝嚙所在潰决水自上流百道直下而又自艾家墩至赤磯山四十餘里故無堤水復橫入與直下者合湊函四邑田土崇朝立盡廬舍人民漂蕩死徙至不可為嘉魚光祿李公向予顰蹙而言曰吾人其魚矣老堤未脩新堤未築吾與子曷圖之奉書當事者為四邑請命嘉魚葛侯目擊心傷復為申議前後文書至數十

上於是前中丞董公直指史公黎藩陳公郡伯馬公咸欣然允發府庫三千餘金區分四邑長吏募夫併築時嘉咸江夏各次第訖工而會署蒲篆者有派里甲之擾致生齟齬中丞梁公直指錢公方伯劉公憲臬王公張公郡伯黃公特檄江夏徐侯往勘以受水之均而衆議之不容違始鳩卒業而四十里之新堤於是告成功矣光祿為予詠之曰老堤當首衝而濵者弗塞卑者弗高薄者弗厚雖新堤庸有濟乎復為言之徐葛二侯轉請於前[illegible]

[illegible]等共築[illegible]于[illegible]屬葛侯脩補益或協或專脩皆所以導向來成往例也逮新舊堤全而蜀水自西瀟湘之水自南岳澧辰常之水自西南而來者至魚山皆弭伏順衍不敢一窺湖而四邑一旦汙萊盡闢流移盡復桑麻樹畜布蒲中野無復向時昏墊沉溺之虞公私逋負之患其於民食國賦豈曰小補之哉光祿屬予為記曰諸公之德意邑長之勤勞役民之成例後來之勸觀皆於是乎在子不可以無言予謝不敏屢以讓公頃者公作古

人矣傷哉於是畧次以兩言曰凡為地方舉事者為民之念要真而同事之心亦貴真則飢溺由己而勞怨嫌疑之不辭此長民者事也一則吳越共濟而彼此異同之弗立此吾四邑之為士民者事也誠如是則四邑長有此堤四邑之民長受此堤之利雖千百世存可矣董公名漢儒開州人梁公名見孟安肅人史公名記事渭南人錢公名春武進人彭公名宗孟海鹽人陳公名采清苑人劉公名之龍富順人王公名一楨青陽人馬公名人龍

太湖人張公名維樞晉江人黄公名景星莆田人
徐侯名日久西安人葛侯名中選河西人咸寧令
徐侯名可大安化人葛侯在任六年强半居宿堤
上祁寒暑雨備諸勞苦不具述云

又記　　游士任

丙辰年葛侯竣長堤之役還南廷尉評以去熊直
指業為石上言記徐葛兩侯爕事始末侯可千秋
矣游子假歸父老復礱石索言於鶴樓者再游子
曰予不文曷敢為片石辱即有言亦不出直指意

中事耳父老曰吾君一片熱腸向與直指合姑言
所已言亦言所未言可乎游子喟然曰夫堤始唐
均次姜溥次成宣次劉元相而吳清惠亦經疏請
載邑志新堤始馮公應京議焉而未竟載縣牒予
請勿言獨憶丁戊間予以一孝廉牽三邑父老灑
泣而言堤事郡伯張公折節以從而隣邑某侯足
不窺江岸一步輟阻予議時熊直指在遼李光祿
在燕安得有出片言相佐亦此機緣未到耳無何
垸决四邑之田廬蕩然旄倪之啼號沸然予恨不
能為真宰訴也歲庚戌游子成進士葛侯除嘉令
遂與李光祿觴使君者三剌剌言四邑堤不除口
而尤願以新堤為侯新政冠不啻鬮弓涕泣道也
侯頷之甫下車他政未遑也遂東西盼而遠近視
以為荒庾計蓋大江自岷山來領黔瀘諸水出峽
而東走而沅湘辰澧諸水又大會於岳陽下至赤
壁乃始就啣勒又下過魚山則嘉蒲咸夏之山三
面周圍而西缺其一面以受江水大約山如弓而
堤當其缺如弦然堤之形一而堤之屬則四又譬

之人身然馬鞍上下若額若頰三角舖若咽喉巡
司以西若背膂獲口以北若尻向之堤始馬鞍山
夾口至獲口以北不堤即吳清惠之疏不及焉是
額喉背俱全而無尻也不捍七而缺三劍而長焉
起獲口至赤磯如馮公應京議而其尻乃全是為
捍九而缺一虛其一于金口水至口則若建瓴然
不反顧矣其剩流從口入湖而上焉其勢殺比滿
而溢則江已就落不復以四十里為口而朝茹夕
蒲也葛侯既有成算一一條諸牒以力請焉當事

䟦其議江咸無間言而蒲稍不如約如丁戌間故事於是熊直指李光祿慷慨陳說於當事手腕幾脫而予亦向兵備張公郡伯馬公司理唐公孫公披瀝蒲紙當事蒿目是以有勘堤之役撣江夏徐侯以往至則為之別疆域分山澤核里數酌丈尺以所受害多少為準而其議始定當事欣然捐三千金以創新屬四邑分築而堤之尻績矣既又捐三千金以增舊堤屬嘉魚專脩而堤之額若咽若背亦無弗顧者矣明年江泛没堤之半予遊觀茗

上或走告予曰堤以外水高丈餘堤以內黍稷油然桑麻蔚然向時蕩析之區地今盡樂土其魚之人今盡擊壤國賦亦從此不逋矣游子手額曰卓哉兩侯明德遠矣歸而疾走堤上徘徊四顧則見江若白龍堤如青虵周旋翼蔽與三面山共成四塞四邑世世賴之即吳起西門豹寧多遜焉是役也問之里江夏六十三患水者三十四蒲圻三十患水者八咸寧十六患水者八嘉魚十二患水者七問之堤江夏之丈以千者二蒲圻咸寧之丈以千者各一嘉魚之丈以千者一有奇費如前問之當事則中丞張公董公梁公直指史公錢公彭公方伯劉公叅藩陳公臬憲王公張公郡伯馬公黃公司理唐公孫公視堤則別駕李公謝公若某諱某某地多載熊直指記中無容贅也

又記　明　尹民興

水者地之臣妾也先王疏之以利其情隄之以閑其惡疏近禮教引而弗牽隄類政刑峻而不犯然後水供其職而奠其都居嘉魚古堤圯若干尋乃

公虞焉力請於上旬三浹而庸成矣邑之耆老屬余記之余曰斯役也豈於公之心心不可見記其見者耳則為防實其體體不實而土與水相濡也而卒相害土不勝而逸水篡其居登登者以致其實也實歘均外凝而中動則動者為門凝者受寇寇入其中合其動者以攻凝者而無不勝矣均之則外內䕶也水得風而朋土處其孤無以仳之仳諸樹也樹也者土之籓屏也誰謂水無牙土雖實躶而受嚙不如沉之裉褓也蒙以萊不染霜矣然

後極水之技土能任之謂之强土水柔用剛水剛用柔今自河泊磯袤延四十里水勢剛强婉逶其趾則水為客而我為主水輕可奪我柔不可廹此天道也而吾猶臚七則允臧其終則稽問田而備不虞之索植表木而閑牛馬之風設廪庾而輔協濟之衰遴耆民而司朝昏之察嚴薪蒸而助行粟之蕃蓝畛墉而恤隣國之災貴勤作而賤無事之福

重脩嘉魚縣志卷之六

記

儒學進士題名碑記

明　劉池蘊本縣教諭

國朝恩榮燕畢禮部請立石題名遵舊制也郡縣多題於壁久而未有不泯者嘉魚舊鮎漬鎮南唐升為縣廟學在縣南宋淳熙戊申徙廟龍潭山縣學在東偏洪武乙卯徙至今學進士題名碑缺典洪武年間題名壁泯然無存況前此者乎正統戊午予忝學諭即謀諸知縣黄開得石於里士李恭書上提調學校湖廣僉事劉公虬請記弗獲有白本學碑記何必他求池蘊汝為之可也而莫公震適來知縣事書請而覆命如其言予謂碑所以志其姓名而進士由學問所至學問猶水木水有源而其流日遠木有本而其枝日繁嘉魚多士昔之登名進士榜者已用於時其居近侍居清要者有焉居方伯居風憲者有焉各致其職竭其忠黼黻皇猷笙鏞治道何莫非資於學問之懿乎學闕所以立其本事功所以達其用水木之有本源支流

也題其名於石蓋以昭示方來者於學士有舉人焉有貢士焉其出身雖與進士異其學問其顯庸則有與進士同者其名亦所當記今書石四節首篆額次書記序進士之名於記之次列貢舉之名於進士之次事從省也是為記

法華會館記

明　尹相

邑之透迤南盡一阜隆起其上若砥其下若釜市闤遠隔湖光近臨雖非勝形完局亦靜所也始作者以居佛焉是為法華寺浙東吳侯來縣政餘之暇乘興肆覽嘆曰此殆儒林也豈容僧據爰即西南隅建堂翼廊闢門除路厥制煥如厥觀偉如請扁於督學初泉劉公公方以學問率諸弟子意甚愜題曰法華會館夫孔子之教不偕於佛豈俟言哉號孔子之徒風趨日卑佛之說橫行於天下此昌黎動盡法之忿也夫法可盡乎哉嘗聞取益者不妨於行路憂患者必增其壘培存乎志而已耳離脫根塵彼所覺也然而吾敵國也寬博而服侏儒而言敲金戛石以媒其欲其流之下也然而吾

弗士也於其覺以辨吾迷焉於其流之下以正吾士習焉夫不亦孔子之教歟侯才敏智周令行禁止時吏無能之弊削剔殆盡及見談經講藝猶有宗旨真可以牖蓬茅而覿天日固大都之俊也吾知其有為矣歲庚申適嶺南符君至喜厥成遂謀諸博士粵之何君蜀之杜君蔣君刻石以記之符君名大賓何君名鍾秀杜君名容蔣君名永泰

咸嘉社學記

明　趙還

社之有學夏商周三代庠序學校之遺意即古之所謂小學者是也古之士八歲入小學十五歲入大學由小學而入大學學非有大小也蓋小學則學之始大學則學之成是故三代之士非後世之所可及以學之有漸也惟我大明御極歷數世聖化之久學宮遍天下而鄉社亦在在有之人文之盛與三代而匹休猗歟盛哉湖廣武昌府之屬邑有咸寧嘉魚相接壤而學之在社尚有缺焉正德之乙卯歲都御史東湖吳公適奉璽書有事於此惻然念後學之士不可不教於蒙而得養正之地

□□諸□□□□□□諸二邑之交山高而水□得涵養本源之趣飭材鳩工命有司董其役撤其所自為屋而立為正廳廳之後為書館各三間禮夙儒而主之東為號舍凡六間以栖諸生西為廚房三間以便炊爨繚以周垣垣之外雜植松竹鬱然成陰大門左為賓館以接賓客之過至者仍置田一頃七十畝與民佃耕歲除稅外取所餘穀五十石為師束脩費及弟子之貧而願學者悉以周之噫公用心仁矣事既落成咸令尹吳君聰嘉令

尹陳君煒合議於咸庠司訓李君玠走書丁寧於遷謂遷志楚史宜志斯社學之顛末也夫天下之事莫重於始始之不教政本失矣曷以望其成耶故君子作事謀始東湖公是舉也吾知二邑之士他日彬彬禮樂底於大成或足建功名以善達天下或足踐道德以善道聖賢伊誰之力歟東湖公建學之力也雖然二邑之士孰不樂是舉孰不有是心之同然者哉久而玩玩而愒愒而泯焉□□吳李諸君礱石以記得是心之同然將不獨一□之士可以興孟子曰豪傑之士雖無文王猶興直世之下豈無興之者如東湖而士之猶興豈無此豪傑者乎東湖公功被天下者不可勝紀此學之一事亦政之首務也是宜記焉歲在正德辛巳之七月適嘉靖龍飛之始四月也

李氏重脩義學記　吏部左侍郎　余祐　鄱陽人

學校之建將以淑人心變風俗而美士習也三代盛時養民有制人皆獲遂其生而又自里巷以至國都莫不有學以為施教之地其所以教者人倫

物理綱維世道實為政基本所自出焉自秦以降治弗古若學校之設雖亦云遍天下然皆干祿求進之人聚處其間而凡閭閻里巷皇皇覓食與衣猶不免於凍餒果何暇於務學而亦何有能教之者哉治之衰道之否也道之否學之廢也天下國家大小雖殊而士君子欲自盡其輔世之心在家者猶其在國也在國者猶其在天下也勢或不獲行之於遠而近豈不可以致力耶嘉魚李氏司寇立卿最稱邑之名族尊甫諱田仕至副御史懋著

貴藉見茂卿世剏皆由科第講求正學不與俗偕
立卿同予官南都時每於政理之暇講切相資益
詳其實聞嘗為余稱其遠祖諱宗儒者宋慶歷間
創建湖西義學合族共助田若干歲斂其入以為
師生肄業之資逮元末墜當時李氏子姓咸在教
育之中而自鄉隣延及旁邑亦多沾其恵澤國朝
初年兵火頻廢已逾百二十年宏治庚由大理評
事茂卿又偕族人即義學舊址重建堂宇漸圖興
復然有學無田事難持久卒莫克振嘉靖乙酉立

卿獨念先人美善不忍失墜而義學舊址去今族
衆祖廬勢頗踈越子弟肄業往返未便而有學不
可無田即教養薰樂之意也又嘗依附祖墓肇創
祠堂以祀其先置祭田以供其祀有餘即贍族之
貧乏乃就祠堂偏左重建義學為室五間偏右建
義倉五間用貯祭田之入均給奉祀興學之費屬
予記其首末且曰師之所教弟子之所學必有的
焉以為終身祈至之地敢請一言為訓庶俾後進
不迷於所從也予聞之曰學未有得奚能言而立
義學與其先世之懿惡可無一言哉人生而蒙
長無師友之資則益進於愚而遂不可游於人道
所謂去禽獸不遠者是已人豈可不學而學豈可
不切於吾人之身哉四德者身之所蘊也五倫者
身之所處也百行者身之所由也脩四德敦五倫
勵百行師之教弟子之學此其最大且急而辭翰
之麗爵祿之榮功名之顯皆非吾身之所固有者
得之不加益失之不加損而世競趨焉此豈李氏
自昔迄今興建義學之意乎況嘉魚邑治既有儒

學師生之講習矣義學師生所從事者果與之同
耶即無之可也抑與之異耶則當審彼之失求吾
之得懇切用功無或荒怠庶幾真有助於人道之
立而於輔世之功亦甚偉矣哉然則義學雖為李
氏私塾其有關於公家政理如此凡為弟子來遊
是學而克自奮勵窮則為家之才子達則為國之
良臣亦卿偕子均有望焉

義學記　　刑部尚書　鄭　曉　浙江人

曉童子時讀書東海上聞今天下有嘉魚李公者

與仁和胡公崑山魏公鄱陽余公同官留都號君子四友私竊願見顧賤且遠不能以姓名相通越數年以諸生拜公於浙臺一望其顏色又越數年公為大司馬曉從屬吏後始獲承受教言昔人所謂十餘年間聞其名而不得見者一旦為知己曉固非其人也而公不鄙夷命為義學記曉其敢辭夫義學者仁人孝子之心也以之事天以明民也國無棄人焉以之事親以合族也家無不才子焉仁孝之至也可久可大之業也曉何足以知之公

之言曰惟我李自一世祖璠由武寧徙嘉魚凡四傳越惟我宗儒府君始為湖西義學學傍有田若干畝歲收其入以贍來學之人勝國兵燹學遂廢廢且百三十餘年我伯氏東嵩宗儒十世孫也爰復舊址且建為義學學設而無田我族人廬弗附於學學亦旋廢又三十餘年惟我先中丞悼念先猷弗遑式廓予惟夙夜疚心涕慕是經是營度利規遠用弗隕於舊德乃惟予五世宗三祖綽有功德於我宗人禮不獲祀於家廟乃即何婆崙墓偏

為祠祀之亦惟我紀六叔祖有堂構播穫之勞[illegible]宜祀伯氏東嵩大崖以聖賢之學昌我宗入廬於斯耕讀於斯和樂如一克類德音惟於茲學有賴焉嗚呼公之心何心也非仁孝之至其孰與於斯夫正學弗明於天下久矣射利媒榮者固弗足言其進於是者則又侮聖言而崇清談厭實畫而歆虛譽往而不復其究未可知也公之為義學也能無有慨於是乎容迺松楸無念爾祖以發其孝思省之稼穡惟土物愛以弗遷其志幼而相諧羣而

不相忤以廣其樂易子諒之心教之小學五經四書以端其向往四教行而聖功存焉由是而獲用則為良士不獲用亦不失為良民李氏之宗益昌且遠矣嗚呼使家有一人焉如公家之人無弗學矣國有一人焉如公國之人無弗學矣天下亦家國之積也天下之人無弗學雖謂之唐虞之世可也今之人視從子弟已弗若已之子弟矣而況於五服之親乎況於服窮者乎況於百年十世歲時弗相集者乎而公固比渙萃離必歆同歸於善[illegible]

後已此其心何心哉盍亦思公之意景公之行深無愧於斯學哉苟學於斯而求無愧焉亦仁人孝子之心也

李氏重脩世祠堂記　　王錫爵

李氏南嘉望族也宋慶歷間李宗儀宗儒兄弟開義學於所居之旁置田以贍來學者邑中子弟及鄰邑之會學者數百人皆餼於李氏其德之積也深矣宋元間登科第者甚衆迨我聖朝發越益盛如中丞公田户曹公承恩廷評公承芳鄉貢士理

學名儒承箕一時道德功業名高天下而最顯者則贈少保謚康惠公承勛也公於先皇嘉靖時籌邊有功晉兵尚提督團營懋著丕績帝心簡注如捧主太廟助耕籍田持節册九嬪悉以委公以示優寵又屢親灑御劄宸章以賜公追贈四世勅賜祠堂恩至渥矣皇上龍飛之十六年命諸詞臣纂脩大明會典功成各賜金鈔表裏有差而給諫公景魯諱沂者實康惠公曾姪孫前在詞臣列亦與有功獨辭金鈔表裏之錫疏請匾額於世祠堂以褒顯其先人上御書報本二字賜之則李氏之耿光家宗者有其道而朝廷崇德勸功之典亦昭昭於無窮也公以戇諫歸籍乃萃族人重脩世祠堂其弟憭今年成進士以公命自楚之吳問祠記於余時予休致家居已久因昔與景魯於退食之暇得聞李氏世祠堂者詳故特書之以見積累之克驗而仁義之不負於人也是為記

理學祠記　　國子監司業　楊起元

古人以學道為急故不遠千里而從師子游吳人

也而學於魯陳良楚人也而北學於中國若此者難望於後世矣後世以訓詁辭章為學其於聖人之道莫不自以為知之也又奚以師友為哉先生幼抱異質長雄於文一領鄉薦遂絕意仕進從嘉魚走新會以學於白沙先生此果何所見而然耶盖先生秉剛明之氣故其神識拔出於流俗之表一切功名富貴不足以為之動地之相去也豈止千有餘里而已至白沙者凡三其始也居七越月其繼也居一歲又其繼也幾二歲矣當其時師弟

子相與登高山望遠海追雲逐月飲酒賦詩以為樂至於何物而為道何物而為學師不言曰吾以待世卿之自得也弟子亦不問曰吾亦待自得之也此其聲應氣投高風遠韻萬世之下豈不令人有餘思哉今之知先生者皆以瑰琦之文及不仕之節而已至於依依於白沙而不忍舍者未知也是棄先生之所重者以重先生也白沙先生嘗序交情為先生別意義最為微奧大底言有道而後有交嗟夫交義之不明於世久矣如先生之於白

沙乃所謂交也交義立而後友之倫不廢友之倫不廢而後彝倫當叙矣然則吾人與天下後世所當重先生者誠在此先生沒已祀鄉賢歲丁亥嘉魚令蔣公即先生讀書大崖之山捐俸特立專祀因買祠旁公塘二十畝俾先生子孫世世收入以奉祀事葢先生之德久而彌彰亦蔣公之志行有曠世相感者先生曾孫懷今年成進士乃致蔣公命屬記於予予廣人也嘗讀白沙書稍知先生始末不敢辭故特著之以示務學者知求師而事師

若先生者可也蔣公名時馨福建漳平人同予槩丁丑進士今擢南京大理寺評事

西湖雲隱記

翰林學士　劉三吾長沙人

太學生王志請曰同邑有隱君子曰李德良氏養恬邑東梧桐山之陽西湖之上顏其游息之所曰西湖雲隱因以自號其子璣介志以求記且言其奕世業儒有貴顯而食邑江右之豐城者焉厥後徙之沔漢居嘉魚者凡七葉領薦登科屢有其人至德良則耕讀西湖之壖自食其力篤於行誼尚

樸素而賤浮靡課子讀書罔間朝夕鄉之人有過於禮愆於義者從而規之使敦六行而謹四維葢一鄉之善士也居閒則携童曳杖臨水登山俯仰自適弦松風而鏡蘿月盟鷗鷺而侶魚鰕其於世利淡如也賓至則放舟中流匏罇相屬丙穴之魚沼沚之毛足充籩豆抵掌歡歌意愜心怡不知樂之所自故以是名願先生其勿靳焉予重王生之端謹知其辭非溢美乃為之言曰天下之言西湖者非一皆名浸也莫不有賢士大夫願留而賞焉

若永叔之於潁川子瞻之於惠州西湖之美往往因人以名至今稱之弗泯然非隱也惟錢塘之西湖則有和靖隱於梅焉今嘉魚之西湖則有德良隱於雲焉所隱雖異而所以隱殆無異也蓋亦希賢者矣抑吾聞古之人隱居以求其志逃名以自潔也避俗以自高也使得達其道焉則足以化夫人而善夫俗矣茲聞德良之隱居尚能薰陶一鄉俾底於善其或見用則有裨世道必矣矧德良之子五人皆其俊邁者也過庭之訓造就者衆將見

騰霄以從龍為雨以澤物者絡繹以起不啻潤夫千里云耳若然則聲實既溢籍名亦著雖欲隱乎雲而雲豈能終隱也乎德良名公彌璣其次子也

龍津橋記

方逢時

邑之東北濱江有山宛延聯綿有若屏障曰百足山有水自山南環旋屈曲東北入於江曰紅硃港夏秋潦漲滙為巨浸冬春竭涸沮洳塗澤不可揭厲行者病焉歲在癸丑臨海吳侯來令吾邑期月政俗咸底於理乃詢民瘼乃度地形曰是流也非引而别出則杠梁不可成行者終無寧歲乃塞紅硃之隘引而注之龍津之中循山而西以達諸江繚以脩堤跨堤為橋以便行旅厥土堅實厥流迂迴無崩圻決嚙之患邑人咸和行旅大悅歡呼躍舞如登衽席盼睞之間山若增而高水若增而深且風氣回合烟樹鬱盤於邑有庇賴焉以其在龍潭山之陰也名之曰龍津橋邑文學何子杜子簪子乃言於予曰自王政廢而輿梁徒杠之制不備於天下野廬司險之職牧民者咸鄙焉不屑故公

孫僑乘輿之惠君子譏之道茀不可行議者謂陳之將亡也唯是龍津之績吳侯度越昔人多矣子其記之余曰唯唯茲乃侯政之一端云耳夫吾邑固鄂之下邑也土瘠民貧疲於奔走久矣曁侯之來也拊循煦濡若保赤子慈和樂易與之休息凡令之不習政之不宜建置設施之未當者莫不斟酌損益盈縮而變通之惟其適不為其飾夫其嘉績善政惟其時不為其亟惟民之是利不惟已之是棘則遂謂斯橋為吾邑之甘棠也夫奚過哉

新築縣城記　　　方逢時

嘉魚武昌下邑也介在江徼雖倚天塹而四隅無崇山複嶺爲阸塞上則洞庭下則彭蠡萑苻之徒操宛鉅襲犀革往來剽遨如熛風縣無城郭當其鋒猶孤注也平居偷安如寄有驚則渙然鳥獸竄耳前撫臺陳公瑞念之與巡臺趙公應元議曰楚民呰窳無積聚易爲盜幸天子神靈稍靖倘狡焉伺逞寧不憂我父老勇夫重閉況國乎其城之詢於輿人人協厥謀上於廟堂廟堂以俞乃因石於

山因灰於石程土物侍畚揭具餱糧掄有司力取諸羨丁費取諸餘財民若不知者會二公以擢去而撫臺王公之垣與巡臺郭公思極朱公璉繼至曰備豫不虞前人善也是之不遵而忍焉從事命分守鄭蕃明太守曹君愼丞張君翼[illegible]尹吳君騤終其績焉諸君議以爲凡立城郭必風氣所聚必道里所均必形勢所扼無是弗善也躬爲景望正其基址財或不給則損贖鍰以佐縮灘撙勞均事卒徒趨之如影響然城用告成是役也始事於[illegible]

歷戊寅之秋卒業於己卯之冬算總官錢若干緡而城高若干丈方廣若干丈四旁各門焉風氣聚道里均形勢扼屹屹其峙湯湯其流樓櫓翬飛粉堞藻煥戈矛森然鈴柝是飭昔日萑苻之徒心駭而氣奪矣於是吳君以成功告而命文於予以爲記余邑人也安辭余惟明興以來邑肇二百餘祀前後官者不啻百人率踵故勿圖何謂焉夫城郭溝池王政所急著於周官爲甚詳先王非耀觀也將以容衆而保民勿是之圖悖矣此無他長吏兢

兢持檢柙欲避口舌者意圖急效慮茲役大不能聿觀厥成耳急效者失在喜事而避口者失在畏事畏心勝則難任於其始喜心勝則難任於其終始之難任則或至於道路若塞野場若棄市牧不分弗顧也而曰吾姑以待後人也終之難任則寧侈夫琳宮梵宇書館花榭與夫不急之亭障以示有爲而已於所當務者則漫諉之曰衆爲政也之二者爲厲民爲弛業咎均焉蓋天下之若茲者衆矣泝厥本原豈惟吏之咎上不實責下無實[illegible]

宜也今天子患其然悉令易轍而爲吏者恪奉詔墨竭其才諝既不弛業又無厲民則知因一城之建立而識聖政之精綜矧夫名都大郡與夫要害之徼乎志有之城以盛民也固塞既樹晝偵宵邏蠻賊遠屏民有寧宇矣自今以始覆露生息革前數百年之因循貽後數百年之殷盛天子德也諸公烈也泯聖明盛德不載掩賢士大夫之烈不述則余邑人責焉敬爲之記當耊艾歌咏耳文云乎哉

刱建二賢祠記　　龐一德南海人

往蔣公蘭居先生以漳平名進士試宰嘉魚遊刃恢恢百廢具舉既進嘉庠之士日勞而月來之矣而公故自負千載之絶學謂能紹明其緒又謂邑中可與共此者獨一李公大崖先生而阻於世遠也因起九泉可作之思於公舊隱大崖山之麓買地鳩工築書堂以祀公邑中諸後學遂駸駸乎與具有統宗云蔣公擢爲廷評爲選部未幾竟挂冠去而公所與共盟爲肝胆慕岡馮公以巡道之節行嘉魚咨詢蔣公爲令時事慨慕之低回不能去於是邑庠諸彥黄生文炳徐生繼治輩退而以其私議曰吾邑所茹服賢侯之利不無善政者莫若蔣公蔣公之應祠無疑然公所尊信實在大崖祠大崖而不於城郭不載祀典公之心疑若有待者我輩尚亦率先閭閻爲二公圖不朽而以祠典求隸有司乎議既具博士偕來白令一德謂善因曰豈不聞蔣公旦夕且拜命起家霖雨蒼生乎如之何而與李公之陟降帝載者伍也有說於此惟前

為之堂貌蔣公慰瞻仰後為之寢妥李公肇禋祀
是舉之所得行於今茲者而同堂以食則他日事
矣諸博士若弟子具唯唯令遂自白署學道西安
周公守道漳浦陳公若馮公報並可卜得吉地於
宮牆之右大小偕來令一德出餘俸以助之始工
於萬歷辛丑之二月越若干月堂寢成會秋祀以
次丁日始祭李公於寢室又邑民有不遠三千里
走漳平貌蔣公以歸者時亦至因範木為像樹前
堂凡既備矣令曰不有經費時祀何所資其歲以

公費河湖草淌若干緡奉春秋祀申明守道晉江
楊公報如陳公令曰不有守者洒埽何所藉其以
屬壇門子設祠役著為令他日黄生徐生輩謀以
當時名公之記垂不朽責予一言為先資令曰記
以記二公之為學脉計也者不佞安知不佞所知
者奮乎百世之上百世之下聞馬而興起者是謂
百世師李公起於俗學支離之日其所嚴者惟一
獨坐青山不著書之陳子超然而瑩然也蔣公生
姚學大明之後而所慨慕惟一聲利外立脚之士

[illegible]而辯然也是不廉頑懦之伯夷而敦薄之
[illegible]乎百世之下二賢且有餘風師之遂從而祠
之意不誠[illegible]司者當務來急而二三子若父老輩
為春叅者豈而或者以為李公動而能神之說
為有以近者至近至神之旨蔣公誠意誠之教
為有以遠者於其旨支離之訓而一以為江門
之顏子一以為江門之孟子是則知言之學自聲
退之而下者以置一喙者不佞潦倒簿書之日
久誠內二三子而竊有聞焉敢不拜賜馮公名應

京壬辰進士任僉憲周公名傳誦己丑進士任憲
副陳公名一珠丁丑進士任藩大叅楊公名道會
戊辰進士任憲使而令一德為麗氏南海人

黄公山釣臺記　王鏊

宏治壬子嘉魚李世卿考室黄公山之陽廣東陳
白沙先生題之曰黄公釣臺有詣世卿而問者曰
何哉君所釣者果在魚乎世卿曰吾所釣者非緡
非竿非鲔非鱣終日釣馬無所釣也餌且不設而
何有於魚伯氏茂卿方為大理寺副曰盍歸乎吾

將釣乎黃公之山遂解官去天下之士聞而高之頃年白沙德業文章驚動海內天子虛已召焉至則授以侍從中外動色白沙終去不顧世卿徒步萬里往從之遊不肯復舉進士茂卿舉進士官大理甫三歲徑去豈白沙之門必以不仕為高賢者出處固非世俗所能知哉楊子云鴻飛冥冥弋者何慕賈子云鳳飄飄而高逝兮夫固自引而遠去於戲吾安得從斯人者遊而釣於臺上也

大崖記　姜溥

大崖在嘉魚西南與九隴相峙考舊志山頂多巨石外竅中虛古洞深窅而懸崖峭削如壁比諸崖特大故曰大崖邑人李世卿嘗讀書崖下號大崖居士越三載不出既有得乃南走海濱遊白沙陳先生之門一年始還予初至邑世卿每與道大崖有絕離塵俗意心甚慕之今年春三月予奉省檄發粟賑饑且云大崖近南社倉日賑之餘可至也先期約邑博華亭朱君良玉寧都溫君叔莊舞陽郭君道用俱往時溫君以足疾不果是日明發[illegible]倉已旁午事畢舍輿從馬南行數里而日暮矣之大尹杜天錫氏宿焉明日肩輿入山野夫曰達崖有兩徑北崎南夷遊者必南上北下始可予從之世卿亦降迓迓左徐携手躡足梯雲度嶠至崖半見小菴左右皆挺竹蒙密而幽翠冬不甚寒夏不甚暑菴前一泉從東巖下流迸出石罅清冷可掬僧湫之成池鑿石為橋架亭其上號鐵橋亭方不及丈周匝僅可坐八人予與朱良玉輩因少息俄而清風四襲羣鳥和鳴超然物外之樂不知身名

為何物也既而入菴中趺坐交談了無俗事老僧煨筍汲泉煮茶以進數甌而煩渴解時蒲圻致政亞參龔公聞茲遊自郃陵來會以耆年不能躋險走伻自壯遲促下崖數步一石逶迤盤曲大者綿谷小者跨溪仰若虎踞俯若獸蹲豎者為門眠者為梯巉巖交峙千態萬狀而林木陰翳於上下視窈然泉聲泠泠循澗不絕如是者里餘始接舊跡與亞公會予顧謂世卿曰陳希夷在華山非其山名人名也大崖今在嘉魚未名而世卿已有名

正謂地因人勝豈以是與世卿曰神人無名子曰有是哉玆遊亦奇矣非有記不可柳子曰邑之有遊觀或者以為非政是大不然予故記大崖

赤壁山記　姜溥

宏治己酉予來尹嘉魚道黃州艤舟江滸時秋暮江寒月明因憶曰此非東坡與客遊處乎歘起而賦之未暇也明年庚戌秋八月望日予謂邑人李大崖曰黃州赤壁予嘗過之嘉魚赤壁安在耶古之人心與跡異而風景物象亦將有異乎翼午具

舟與邑博質菴朱君魯菴溫君葵軒郭君蜀進士草窓楊君發魚山驛遡江南上未十里適左叅政李公西守北還返逆魚山明日與諸君笑曰行止豈非數耶玆將復往諸君能復從耶咸樂行比登舟江月東升天風北來開蓬擊楫俄頃而至相與探遺鐫岩上有赤壁二字國初楚王南征留題詩刻二絶崖今去江數里春夏水長可遊時秋雖深水未落石亦未盡露崖南秋波瑩澄月影搖蕩漁舟不驚近而可呼遠則兩岸蘆花一白千頃較東坡所遊亦不減也因各分韻賦詩節以酒酒不盡詩亦不盡盡亦玩物以適志而興起焉者豈但高視寘漠寄遺響於悲風而已也哉

石室記重遊　李承箕

大崖周遭皆山山陰可二百餘步有石室焉東西北闕上寂如立甕引風氣通耿兔夏冽而冬溫可布席百餘非神定志堅者不能居往年予讀書大崖每因時一遊焉高林低薄無行人跡望山而走遇石而憩俯泉而飲倚杖而歌或寄之於長吟或

寓之於遊觀或徙倚偃仰隨其所適嵱然於山水之外從予遊者立卿弟也今年子卿弟讀書大崖而立卿成進士請告而歸顧予未老得閒爨無塵累者時春暮矣又相與一遊焉向之高者已為人之棟低者已為人之薪左右前後旁通多岐路惟巉巖老石煖雲氤氳余之坐痕猶在也

仰高亭記　莫震

亭在龍潭山最高處山後有潭淵深莫測世傳有龍潛焉山之陽坡麓平坦孔子之廟在焉正統

夘震重建大成殿披懇荒莽以陟其巔則洞然開豁四矚之間東則崇崗複嶺起伏縈繞西則長江襟帶浩無際涯白面拱於前百匹列於後儼然嘉魚之巨鎮也因建小亭於其上扁曰仰高制度簡樸無華麗雕琢之飾亭之前壘石為山植以松檜蔚然可觀經始於丁夘之十二月閱兩月而落成焉夫亭以仰高名未易言也凡物之高者皆可仰聖人之道猶天然豈易言哉斯亭之建非為快登臨資遊覽而

已盖欲學者從事於顏子之學則所謂卓立之地其殆庶幾乎

大隱樓記

方逢時

大隱樓樗散野人藏書之所遊息之處也古之人有言大隱在朝市小隱在山林野人心慕焉又野人無山林業先人敝廬介在城市故以名之云爾嗟乎野人未能即隱也野人束髮登仕版七年歲在己酉而樓始克成塗塈未畢即搴裳而出滯吳越遊幽燕廵嶺海剖符授鉞於遼海雲谷之間幾三十年神勞形倦壯心灰冷矣中間率數歲始一歸省不旬月輒辭去而山林雲樹之勝風花魚鳥之適賓朋琴罇之樂棲薄天涯徒屢夢想今年始衰尚未知稅駕之所悠悠斯隱知復何時抑嘗聞之君子之隱不同有心隱有身隱東方曼倩避世金馬門非心隱乎子牟身在江湖心懸魏闕非身隱乎野人心隱久矣造物者其將憫予心遂我以老隱身斯樓吟風弄月如古擊壤之民以覩太平之盛乎則大隱之樂且無疆也謹記之以俟

聽琴軒記

徐永聰

吾邑自唐升為縣宋時從白雲山徙今治所民居相錯先君子得受一廛在縣治之北余幸托居焉居之側作堂曰聽琴軒客有問予者曰聽以善聽也子何為而徒寄之琴琴以鳴豫也子何為而惟琴之聽有軒若此不幾過爾優游乎余應之曰不然昔不齊宰單父鳴琴而理言偃宰武城學道而弦歌則琴固善政之所不廢亦善俗之所必有也吾嘉雖小邑士尚禮義民崇廉耻猶有古龐樸風

長吾邑者不必焦勞而治可援琴而撫者子[illegible]
無庸向隅而泣可弦歌而嘻吾生斯世也於斯[illegible]
也抑何為而不樂顧不惟琴之是聽而以名吾軒
哉雖然琴可聽也心不可豫也軒可琴名也居不
可使曠也如徒優游治平之世甘酒嗜音日以此
軒為樂地是又自棄於長吏賢侯非善聽夫琴者
也客是予言予因記之

息亭記　　徐來諒

夫息以言止也士君子當強勵不息吾亭何以息
名蓋吾自少業儒術焚膏繼晷為詩書不息壯歷
王路奔走風塵為功名不息晚登仕籍鞅掌王事
為簿書不息數十年間形疲神勞思一息肩而未
得山林雲樹之樂投閒置散之恩徒作夢寐繾綣
幾盧此生矣歲己未得邀明寵縱我西歸意者天
欲息我以老乎天欲息而我不之息是拂天也吾
因搆是亭而以息名歌於斯飲於斯周旋啓處於
斯舉一切世念都息之亭中惟知有今日之樂又
曷計韶光易盡芳華不再也耶雖吾心之生[illegible]

息吾第不牿亡之已爾故老而不息惟衛武公之
進德可師未老而願息若端木賜之倦學足戒息
乎息乎惟予得而有之乎亭乎亭乎惟予得而息
之乎嗟爾小子慎無忒焉是為記

高明樓記　　李占解

大崖山寺上人即空丰神淡遠諳於名義諸名公
登眺者咸詩之多其能釋且明儒行也構一樓寺
西兀坐其間予叔幼泉公署其額曰高明樓乙亥
春予讀書山中乘暇登焉見八窗洞開松篁掩映

夐然埃氛之表俄而太虛澄朗風日清麗環十有二
峰於几榻之前收一山春色來貯襟袖目曠神怡
若飛蓬壺而俯金臺玉闕也顧謂上人曰偉哉樓
矣若知名樓之意乎天下最高明者惟心佛以空
虛為心以定慧為覺斂之為一介須眉放之入大
千毫髮無非是心耳矣彼禪家者流談苦空競幻
妄貪嗔痴愛日罹苦惱心罔與焉即居層樓重閣
覽奇快勝而其中闇然卑且俗矣奚高明哉君嘗
名山之烟霞嚼禪門之秘訣與俗固別自茲益澄

厥慮凝厥神忘形色相超然塵俗望層崖翠壁而思高焉坐風櫺月牖而思明焉飄然灑然不挂纖塵則心上有高明樓矣步斯樓也閒雲志定飛鳥機忘将不知樓之為樓我之為我也非所謂神仙可接風塵物外者耶上人起謝曰大矣哉斯樓名也微先生孰與颺之願記以俟高明者覽焉

壺亭記

李　沂

忠孝堂西有隙地半畝許構八合亭以象八荒扁曰壺亭客造而問焉亭以壺名何也清似玉壺氷

乎引壺觴以自酌乎投壺矢聲錚錚然乎慕蓬壺員嶠為方外遊乎元洞子曰唯唯否否曾讀列仙傳乎汝南有翁懸壺藥肆市罷躍入壺中市人莫之見唯費長房於樓上見之異焉翁乃與費俱入壺中玉堂佳麗甘脆盈衍飲畢而出授以道術世不知翁為誰氏第稱之曰壺公云余市居者也茲亭高不越仞廣不踰丈若懸壺然日坐亭中雖無所謂佳麗甘脆也者香一炷茶一甌酒一盂閱古圖書周易十餘論黙想天地開闢以來日月幾升沉古今幾更換賢哲幾顯晦頹然兀然忘爾汝齊得喪益不知八荒之為大茲亭之為隘也處喧而境寂地偏而心遠實類壺公故以名吾亭客嗒然笑曰微長房焉知壺公微吾問焉知壺亭微子有仙風道骨又誰為壺中人廼記

真靜所記

李寶蒙

吾大父崖翁成化中隱居大崖山中構書堂於梵宇之東偏嗣後吾伯石室復居取先翁所上學憲薛公書中語顏其楣為真靜所云吾伯坐一軒曰

岑寂時先翁舊房漸廢墜矣嘉靖初山之住持清安偕淨能爰重新之歲甲寅予讀書其中能之徒道泰請予為記而未暇今請益固予曰非靜無以成學吾儒之所以為教至於傳佛語心有資於靜又汝之所知也余何言泰曰不然山以仙而名以静而壽曩吾寺之始創也瑰然亦黯黮幽仄之崖耳天下孰知有此山也自翁養靜於此迨今七十餘祀鉅公貴卿奇人墨士有意探幽者聞名必一至焉俾吾精舍爛然其有耀者誰之賜耶故吾輩

圖復舊跡壽諸不朽耳願為我文之予聞其言而深有感焉夫人情重改作匪其甚不得已者孰肯出力以為之且為佛之教者其禮佛之宮講法之堂雖些題金刹制擬王公亦法令不禁也顧於其急者反後而移其財汲汲吾學之興復如己身事豈所謂墨名而儒行者耶語曰制宅名子足以觀士茲舉也可以風世矣予登山而入其室姜牆不寐愧弗能趾美也然却有意求所謂靜者而寘會之籍使學襲見聞內無自得伏几兀坐苦闃寂如

韁鎖然則茲所也不翻為厲人之具已乎非真靜也泰曰請以是記真靜所

遊大崖記　　　　郭都賢號天門

清商鳴馬寒露炎人觸背闢開忽作振衣千仞之勢因與石溪師講曰大崖一塊積痞入我膏肓久矣惟王不留行可以立消旦了登高一會石師壯之治雨兜子晨發時維九月之七日越隴度阡晴光蕩眼閑看青林釀翠黃葉戀柯不知秋之為何氣抵麓約二十里委蛇南上一望黍橫繞路蜂石

累似生公聚徒中多靈壁弟子灰頭土面鮮有知者項臂曲折而下經鐵礄亭亭跡消沉泉聲鳴咽歎向遊人作耳語者不暇細聽拱手即大崖寺焉寺為本邑李大崖先生講學之所先生出白沙門重研嶺表歸老於茲建鐵礄亭取海南四百三十六佳山吸縮於一亭羅浮蛺蝶應翩翩然來清豪也獨惜寺基南向山脉直扞矢却西來正面不知前輩眼光何在是夜宿寺之中堂落月挂床占我單上石師起步回廊者數四余伏枕得詩一章霸

鐘突吼純狐始奔未及假寐鶬雀嘈嘈催起矣寺去山巔里許策杖露晞經樹再歇向孤雲菴小憩徐步登巔撒手懸崖西北之野濛濛汚瀁洞庭間南則山圻疊障不知幾千萬落也白雲在東拔地而起為嘉邑少祖其環大崖諸培塿悉如神州小島忽斷忽連於杯海中碩頭山獅子山向来雄踞高坐者今可摩頂呼之也大宗熊世兄携茗具追來解衣磅礴於上移時不欲遽去回菴少頃走牛眼泉石師掬而賞之茗香稱副不覺飽啜月上一

山寒光浸袂推月出户一枕黑甜而霜娥拖泣登盈且數行下也晨起大聲如豹有破雨而來者稱李熙之學博熙之即大崖之元孫而光祿之冢公也茶話永日約作石室洞遊攢眉陰霽未可期耳雨公別去始了九日及牛眼泉作凌晨石師先起開門叫絶曰石室落吾手矣余急披衣喜出望外雨後青山曦微四映遥望點點青螺半粧眉額露光水氣白練横拖步步曳湘波六幅裙也傳神寫照真北苑得意之筆此段受饗不得不拜雨師賚

沐之賜安在重陽風雨不堪寫入粉本哉辰刻大宗偕石師取徑北道余與熙之南走寺前指點山情向背直趨山嶺徑造洞前與石師大宗會洞名遠近凡三獨此表裏咸澈南北互通逼真海珠一星想當日五嶺初開十尺珊瑚與百丈瓊樓齊貢海風飄落為君山夫人邀而居之至今挂在洞庭之東也凌風坐嘯便是銅柱珠崖為問鐵橋先生何處起鑪作灶耶下山過光祿公佳城足當鬱鬱大觀畀至大宗書樓夕陽在山矣私念龍潭老人[illegible]

夜不帖席炎晨言旋始與石師告成事焉黄菴曰大崖為南嘉祖龍鶴在鷄羣多骨少肉所居理學之士清直節義之臣生焉乃若洞壑幽奇當為仙佛窟宅遊其地者歆如眺之青山白之爐峰邈不可得惟效坡公乞靈於五老以為他日再來作生客茲遊或庶幾云

白雲山記

李世錫

戊申六月李子来嘉魚知邑之南十里許有山曰白雲洞亦名焉三閲月未暇往也八月之杪携弟

及子賓客數人曉出小西門登一葉舟解纜而南倏離塵地篙師曰北風也宜帆帆挂則舟樹至至則過矣行將御長風凌秋水入白雲也行數里見紅葉紛披客曰天未霜紅何早予曰俟寒落而變色衆草伍耳若木具利根丹成獨早客曰善是時千山翠滴與遊人漸覯側看巨流千里畫鷁危檣折而入東北者江也湖江水接黄碧中分水面螺峰山腰薺樹林間低覆者村也石邊蠕動者樵也自非巨靈手誰能具大幅若斯至岸舍舟而步出

入田坂竹木間百折至山趾路最難至高樹覓山半多奇石玲瓏蒼碧可愛綴以薜蘿苔草下臨湖水萍藻浮動素鮪游溯予與客低徊不能去奈地皆榛莽無住所遂望長松而前馬蛇盤鳥道谿草深滑老樹根盤時成曲磴雙脚既疲賴有搖風長條時來左右得扳以度凡五憩達洞口予憊甚客亦吁吁矣再少休入洞登而折者三約六七丈地稍平可卧飛鼯野狐實據之穢不可留復下洞口洞氣蒸成白雲耶非耶自洞至巖嶺隔里許予勉

起僕夫扶予蟻附而登至天柱菴菴半頹垣覆茅作屋予病矣卧於東偏一離諸苦便成極樂山僧具苦茗鹽豉以進衆客啖而甘之渴塵少滌移時出步山門四望蒼茫恍如置身天半江山繡錯如觀掌果而彈丸嘉魚爲雲巒烟樹所遮不復在睫底惟見白雲遠近舒卷山間耳予乃下至平坂觀奕觀射獵人獲獐漁人獲鯿悉付廚人飛觴共醉微歌度曲客鼓掌而和正鐏罍告空而山後老農送瓦盆至矣復稱快大醉僕夫牛飲促舟人理楫從空明暮靄中欵乃來歸歸來自稱曰白雲吏

重修六溪口丁公廟碑記

龍文彤

公諱奉號承淵行十三仕吳爲左將軍與徐盛齊名永安患孫綝擅廢立主謀於張布布曰左將軍奉計畧過人能斷大事乃召問計公畫策因臘會陳陛兵誅綝吳社稷以安後没而爲神顯靈江上唐張公巡守睢陽夜使壯士砍子奇營張公在城上望見火光中一將策馬放彈殺賊無算心疑之已而假寐夢前將來揖曰我吳將丁奉也家世江

夏之西烏陵之東感君忠義故相助耳張公驚寤具陳其事於朝肅宗追贈張公搜故表因於行所在封丁公爲龍虎將軍遣所在有司傳勅致祭新其廟宇即此是也公神靈正直救人於危或舟行遇颶風號公輒無恙以故歷代王侯將相經過是處者必親禱焉初廟中吳王居中坐公側席於左後謁禱者苦於擠擁乃請公登中坐而以幕隔吳王之前此於主臣禮有未安者是閭紳士父老議於後堂別創一殿奉吳王居内基址已定遭[illegible]

之亂不克建令公廟材又将朽不惟後叙宜刱即莊嚴亦當急脩矣往時六溪饒富甲天下貴人大賈冑上冠帶袍裳皆珠玉羅綺又盡四時所宜服玆時雖非昔比然諸君子車馬至止艨艦督泊入公之廟覩公之容彷徨若有所思顧此榱題傾爾堂奧隘如得無有慼慼於中者乎噫昔當烽烟四起屠城掠野之時衆省為沼宮闕同墟且自吳及唐自唐及今其間不知經幾治亂經幾興衰而公以一宇瞰江干巋然獨存亦公之威之靈實大有以慰乎人心人之敬公畏公咸出至誠樂於捐助則共襄厥事俾湫隘者倏而恢宏傾摧者轉而魏煥以共成此大觀非偶也是不可以無記故勒諸石

静寶寺牡丹牆苑記　陳基

自昔閩境靈區莫不有以標奇炫采如闕里之檜孔明祠廟之柏千載而下徘徊其地想像當年莫不憬然思肅然恐即此可悟鍾英孕瑞其呵護者神也嘉邑之有静寶寺銀湖瀲灔烟島微茫白水平鋪漵文千里故多笙鶴翩翩仙佛蒞止趙宋名寶月建立茲寺歷有奇蹤相傳一僧所坐石版忽生竹筍者三又有馬僧渡活麂狸諸如此類古碑湮没莫考迨元懶狗祖師脩行其間師里人也俗姓張名紹忠晦跡和光借醫道以行其宏願休糧不食者數年出則乘白馬不加鞍勒一黑犬相隨終其生不暫捨於元至正六年入塔端坐而化犬馬亦隨仙去逮明楚昭王以妃產難榜示諸醫忽一僧進藥以救世子自稱懶狗和尚住持南嘉静寶妃吞丸即娩王德之欸殷見問道僧倏不見楚王愈驚異遣使至山延訪始知應化神通特命改脩寶塔長丈餘鐫龍鳳梵經與黃鶴樓前威順王之墓式似以云報也以表異也塔間南面尺許可窺祖蜕而凡夫肉眼往來雜遝不潔者多褻懷之交忽飛砂藏其真體且以夢感前邑侯王公幻住為之閉竇凡此皆師卓卓奇蹤也最要者牢堵前白牡丹一本相傳來自西域黙化作胭脂色暢茂至今閱千年矣每勢豪家劈取移種多方培溉不能活既而悔懼復還本處則又再花其或氷雪

凌剎奇旱烘蒸拱把桐梓摧損者不知其幾而此花亭亭獨秀以致傳諸遠邇舟車絡繹觀者罔不咤嘆爲壽常開數十朶多寡不等土人以其色卜歲豐歉明乙酉春闖賊蹂躪中原祖師示兆西角獨放一朶凡西地避難者多獲保全此其尤著者也舊無欄檻相衛土人多賓愛惜牧童樵子得據而有之自含苞以至盛開摘折無遺使仙犬仙馬有靈不知作幾鳴吠踢蹴攖之者暗損福算無益也予以隣邑僦居數十年頻仰茲地皈依有日一

行作吏此事都廢今者重來見荒頹日甚與家弟遠猷暨嘉邑文學王君孚中炫闇孔君先者鄧君素公王君闕只劉君式如及三韓羅君行脩諸同事沈君隆吉石君長年陳君昇如住持法舟商兇緣以周垣鳩衆僝工作永久計而名花可恃以無恐矣昔世尊說法四十九年天雨曼陀羅花以萬億計然廣長有間歇雨花亦斷續不常何若此花降生下土賢愚得以共觀祖師巍巍威德亦可概見矣苑牆亟就差可觧於屯蒙是宜有記以志

珉因括所聞以補邑志之不逮此役也一以護惜名葩免折傷以杜侮慢之愆一以見真跡顯應不可思議以掃闢佛之妄一以大破慳貪變財施爲法施使茲土與肉花王同沾慧日一舉而三善存矣抑猶有說焉成住壞空法塵影事骨佛不朽而土植易凋後之君子能及時補葺使薪續燈傳旦旦如昔不佞可藉手以報維桑何快如之因踴躍稽首而爲記

創脩泮池碑記　　張其維

文廟之有泮池由來舊矣獨嘉邑戟門外有一土坎勺水無存茅茨叢生殊非古泮池義也予自壬子夏來蒞茲土矢志脩理以補從前之未逮越明春奉委運泰軍糈秋歸而城垣為霪雨傾圮數百丈方且捐資鳩工庀材迅為補葺以為民衛城甫成而江水泛漲田廬不能無慮長堤三千餘丈加厚增高登築雖藉民力而噂漏不無小補焉之

崇聖祠之踈漏

關帝廟之傾頹風雨飄摇犧牲莫展非所以妥侑神靈

也於是勉力次第興脩俗供春秋禋祀且祠祭器
備音樂以光祀典脩大堂建六房以資吏治一年
之儲鏹無幾一邑之待理甚繁是以先其所急五
年之間拮据靡遑而泮池雖有志焉而未暇及也
今以漕運漸省叅種五千之後繼以糧米萬石連
歷長江洞庭風波之險迴憶蘭州解餉十萬崎嶇
之艱因思升沉靡定遇合不常洪㓦斯池以償夙
願旋即購磚石倩匠役擇紳衿之樸實者董其事
三閱月而告成其池深而岸潤其地寬而砥平規

模較前頗宏敞矣惣力雖出於予而經營則邑之
士人也從此而泮水盈池芹藻生香文風丕振科
甲蟬聯是予之厚望也夫因為記

新設義學碑記　張其維

從來人才不擇地而生而何以士之子恒為士農
之子恒為農豈富貴之家多成器而貧賤之族無
良材乎亦示乎教之何如耳富者貴者延名師於
其家幼而習焉長而安焉不見異物而遷焉是以
其成才也易貧者賤者學之無所自師之無其人
是以其成才也難為宰者義學之設所以嘉惠寒
之子弟而使之不終於淪胥也嘉邑人文淵藪縉
紳世家人自為學家自為師父兄教先子弟率謹
願無需乎義學而義學亦徒空有其名也予思有
其名不可無其實以副之蓋學必有其地必有其
師必有其養亦猶百工居肆之意也爲建廣廈
以處之擇名儒以主之買良田以育之凡屬邑人
子弟願就學者無不嘉納焉庶乎名實相稱而後
可永垂不朽也令余捐建正樓三間廂房各二以

作學堂可謂有其地矣置田一石洲地四十畝以
資束修可謂有其養矣聘文行兼優之士司訓其
中可謂有其師矣雖規模初立未為美備然而有
其始基後可徐為理也迨至多士濟濟其基地前
後寬敞尚可添造房屋二重並增膏腴以繼之則
余之志也後之君子不能無厚望焉是為記

金口碑記文　陳新謨

金口南跨鄂渚為武郡首鎮亦水陸之通衢也港
長九里中貫諸湖江嘉蒲三邑之鄰際之成之

際之水漲則屈曲而南涸則毿建而北其潴深未
可以載泳其湍急不得以成梁一葦之航由來久
矣曩者道人何仁存請設義渡吾里中人士翕然
捐助甫有成規不十稔幾廢壬辰歲抄驛憲維揚
楊公祖猶知郡事予與里中諸同學詳細具始末
以聞蒙允分餫之議未幾而公以陞任謝府事繼
守會稽　章公祖到郡屢檄四邑俱不應贖募造
舟竭歷殊甚時事之難可為太息予自甲午登賢
書中間至上春[illegible]往來道長留遲京華数載幸已

亥秋西成有慶東震長老雲隱師捐造新舟且偕
同鄉善士募金如干兩補償前事併築郵亭於渡
南為旅人諜卽次向之草創者次第脩舉洎甲辰
春予自都門旋里解槖董理卒相與有成焉渡之
南岍有地頃畝界凡十数區或南其畝或東其畝
承渡之家可耕而食也一歲之餘完糧修補可仰
而給也鵠巖張公暨其小阮晴洲公另捐置產五
七載間舟楫之朽敝可理而新也榆幾椽庵幾甍
往來人士買米而炊折薪而爨日月雨靈可信

宿也夫道曰虛舟佛曰慈航儒曰濟川其途還適
别斯渡也仁存經其始雲隱要其成諸同志共勸
厥事不殊途同歸乎哉歐陽公曰事不難於創始
慮其繼起之無人使繼起者亦如始事者之心則
民到於今受其賜予於義渡亦云自兹以往有能
同心尚義克蕆陳事令千百載後使義渡長存予
之志也夫是為記

重脩嘉魚縣志卷之七

書

與姜按臺書　尹相

不佞僻處山林久企丰采未通問候為罪忽聞漢陽按縣之意無任驚憂及詢縣吏申文甚久詳悉不得已以嘉魚事向門下白之縣治外江内湖百姓無恒產名雖一十二里實在人戶不滿四百計糧則六千餘石而田困於徵科矣計差則數十餘樣而丁困於力役矣此則大較也甚者於江路遞送之夫上對巴陵下對江夏月無虛日民莫能支成化間濟之以崇通之錢而廢正德間濟之以府倉之折而又廢嘉靖來始遺一二役征於興國以示陰燧乃若蒲圻協濟於今二十年祇成畫餅此苦蓋不敢再控者也又甚如軍戶之漕運者十有九破民與伍兩籍皆空如水夫之在遞運所者在三驛者弓兵之在兩巡司者其逃其絕無問也一切取辦於見役之戶管糧之家苟且支持淪胥以敗而睃莫之救自今大勢觀之辟則匹羸之人特

奄奄一息耳安能更為人役哉郎使漢誠得之亦不濟事且將盡毆吾民而亡實兩損也地方洪水連年百姓賣妻鬻子割骨肉以延旦夕顧其家無所可戀獨纍纍坵墓是其悽悽依依者耳急之則亦不復顧矣苦狀如斯嘉魚亦漢陽也寧不動明公一視之念乎漢可䘏嘉尤可䘏並置於懷而兩全之仁斯溥矣吾民幸甚對楮無任祈懇之至

與劉撫臺書　尹相

嘉魚縣北舊有長堤一座自馬鞍山起直抵金口循江而下委曲約二百餘里堤之内所括江夏咸寧蒲圻并本縣諸湖周圍亦四五里湖之畔四縣百姓衣食田產亦不下數千百頃此堤若完厚夏間水必由金口逆灌而上其勢迂緩及瀰漫必須半月即早稻皆收此堤若壞江水直從馬鞍山尾注入諸湖由上而下其勢順易不過二三日田禾皆沒一春生理悉作魚鯆百姓嗷嗷官府咋咋者六十年於今計此堤遺跡畧存實於四縣皆利若按地計丈每縣各該堤若干各該錢糧若干仍委各

縣賢能各率地方賴利之民四分修築則刻日可成功矣地方粒民之計莫切於此祈惟留意

致李太清書　楊起元 復所

我丈真烈烈轟轟偉丈夫哉立螭頭未浹月即封事批鱗甘受荼痛傷哉此亦苦也遠邇播聞罔不酸心然而三老九卿百職疏二十餘上論救閶闔謝職事者累日自古諫臣受譴未有動善類扶翼如此之般也豈非以關係國是甚鉅哉幸主上神聖温留牢職社鼠蝽狐旋離君側則我丈抗疏受

苦挽回之力也聞受杖幾至虀粉肉泥脫萬死不獲一生雖九夫百身其何足贖乃今藾天地祖宗之靈呵護默庇堂堂忠義七尺軀不致猥没湯火有生還期竊不可不感激君恩矣敬服高風未獲一面幸為宗社生靈自愛

同前　袁 黄 了凡

綱常大義皎如日星靡靡頹風孰為擔荷自我丈一鳴見斥而直聲震天下矣社稷山河若增而重矣丙戌之榜不為虛擲矣我黨二三兄弟實藉有榮施矣聞既訊復杖備受酸辛人生有身終隕有肉終腐有血終枯我丈以夢幻易盡之軀而建忠義不朽之業何榮如之雖然我丈今日以往之身擔荷綱常之身也多士多方引領而望之矚目而視之事事合理僉謂固然未足深異稍稍出格便不厭衆心矣曩也修之家而恩壞之天子之廷今既修之廷而或弛於家是猶以萬金無瑕之璧而輕於擲也是猶以五色文章之錦而納之汚泥也是猶以旃檀無價之寶香而糞壤相汨也願益虛

而心益慎而動無情此擧之奇而忘前途之遠則善之善矣刑臺劉丈慷慨好義每談及我丈輒津津不置屢約相過竟以事奪咫尺難會情緒闇然大業方隆願言自愛

與熊芝岡書　李 燎

前承翰存草率勤報便聞瑣瑣及諸書得毋令冗劇中生憎厭乎屢讀大疏何但遼陽再造長安書生高枕矣史蓮老推按楚不報想久亦無不下者弟有一言最係里中大利害事敢以奉聞乞賜

鼎如何吾郡中江蒲咸嘉四縣為犬牙地敝縣獨當長江洞庭之衝不必言矣縣治以北自馬鞍山至簰洲以及貴地之金口計一百八十里皆平壙無山江水徑行之地自馬鞍山至下簰洲為一百二十里舊有堤而戊申大水潰決僅存十一今當補築者也自簰洲至金口為六十里寔无有堤百年崩卸入江今當另築者也戊申以前水由簰洲之下地名下沙袱而入先灌貴縣之山門湖王盆湖魯湖後石湖等處凡湖之四岸皆田也水勢於

貴縣為横入貴縣諸湖滿而后及咸寧蒲圻嘉魚之境為逆入其勢猶為朔發旬至今於此內六十里接築一堤蓋首捍貴邑之南境以庇及咸蒲嘉之東北者也戊申以後水一平江岸徑自嘉魚之馬鞍山一帶建瓴先灌嘉魚之西梁湖老坑湖以及咸寧斧頭湖而總聚於貴邑之魯湖後石等處以出金口水勢殆為朝發夕滿是馬鞍山以下舊堤之當補築蓋在嘉魚功在蒲咸江夏之民者也若簰洲以下無堤則水灌腹而上馬鞍山次下無

堤則水淋頭而下兩堤俱完止留金口一線洩水則長江東下豈有逆流而南百餘里者計費或者以為二千金撫臺二公祖肯通融設處如往年江岸石其費豈止二千金哉江岸無益而衆見堤有功而人不見此向來當事者所以不以堤工易江岸也且堤內四邑糧田萬頃所入豈止二千金無堤民負賦逋又豈止二千金况楚藩有堤內田地數千頃豈宜驅勞民以代之役即傳語長吏司令出二千金或數百金亦其當自為策非官府勸化

其義助也敝邑先達吳尚書清惠公嘗具一疏請修此堤利及百年疏存武昌府郡志可考清惠公即皇明通紀中所載寧藩移陸吏部書云吳廷舉切不可使之來即此老豈妄言之人哉貴縣蒲咸俱有賦役錄額派協濟第小修之費非大築之費也一勞永逸待其人而行有張史二公在事仁兄又得言之倘戎馬倥傯之暇或一念及桑梓利病見如此事如此時惟仁兄留心若不詳悉則不明始末故不覺其言之蕪長也幸亮弟與趙魏諸公

俱面致蓮老仁兄書來能一詳証之無量功德以
及里中人他年勒石赤磯上又何減今日遼陽萬
口也留心留心

與魏肖生書　李懩

年來得帖末語即示葛侯答云無不可有銀便有
堤弟深嘉之即馳復蓋弟意寧疲民受水害無堤
不欲兩邑父母有異同鬩形迹也道路宣傳貴邑
人具詞當路翁兄有書弟正恐翁兄無書有書則
語公平而不致究人弟不知具詞者何以為詞也

敝邑人亦告狀止告宋元老堤縣估不穀并告飢
求以募役為賑救并不敢及新堤一字亦恃翁兄
及張父母必不以嘉蒲異視也前帖中有嘉堤與
蒲無干云云不言上鄉二十四里無相干而并下
鄉八里亦無干豈昔日舟中所云事不關心餘不
悉記亦奮於衆口證竈成鱉耶蒲土之受下江水
者障山畈直口畢家畈神山卧虹橋史馬湖牛頭山
馬頭山西梁嘴周明橋郭家潭以上屏下畈泉口
汀泗橋自障山東北抵汀泗橋計道路不下六七

十里計稅銀當七八里何云無干今下鄉受水之
民既有代築渠亦必云無干但前頂地西山腰樹
石之間水痕宛然其能欺乎弟居大崖山何以堤
為游長興之居江濱稻藪也成宦之日豈不能買
山間数畝田亦何以堤為蒲八里在水而不言水
者何為若嘉魚止一十二里其上鄉五里內有三
里受陸溪之江流若建瓴然難施隄防止二里山
間耳即大崖遞東諸山一帶也下鄉七里以堤為
命無堤是無六七里也天下豈有二里而可作一

縣者皮去而毛將安附敝邑之所以合山水士庶
無不以堤為言者以此也且言堤之始末可乎自
馬鞍山至獲口計八十里宋元故蹟名曰舊堤今
告增修以募工為賑濟者即其處也自獲口至金
口以上之赤磯山計四十餘里宋元有堤先年崩
卸入江近議補築名曰新堤此四縣築而未成者
此堤之大概也其議築新堤之始蓋敝邑數百年
以來小民具告有司往往以為條陳興革第一議
至蔣蘭居翁父母始申議築未及行而陞任以

及馮慕岡公祖檄行查毅然力任無何以稅璫行二公皆錚錚人傑也豈無的見哉馬學道公祖為大府問及此事弟以寔告則有之後偶晤蓮撫臺談及弟亦力贊之然非二公問及弟亦何嘗言之乎若他處更有一字令不認當死墮截舌地獄馬公祖捐銀四千敝邑止是募工計土一圳發銀一錢合縣不知有堤役也銀者上司之銀也工役者四方就食之工役也以上司之銀驅四外就食之工役為一方百年之永賴弟縱不藉堤寧不為四

邑水濵貧民慶何心而不贊其成哉其先為貴邑計者照此例銀幾百兩還他土幾千百圳止消一廉幹官管工一兩个月工夫於是畢矣何至派及里甲而又派及上鄉之里甲乎眞所謂無干之蠢其蒙寃亦不啻弟與游長輿也幸丞廉謹銀未盡領也今不更法而歸怨於人乎且計日之與計圳相去不啻天淵矣里之夫計日運土固是一日坐臥閒遊亦是一日人誰不坐臥閒遊而運土乎募工之夫計圳也計圳則早了一圳得一錢之利[illegible]

圖一圳夫妻朝暮惟恐不了需以旬日無堤可做矣且此堤之關四邑遠則有正統年舊令莫公誌可考近則正德年間吳撫臺題疏見存府誌後來派條銀便派協濟豈無據而然哉貴邑卻則江次之咸又次之將令濵江垂死之民永斷天日之路此亦不必言但將堤始末及弟二人心跡為翁兄白之事長不覺其言之冗也張父母洞然否翁兄為弟言之弟自一言也乞示望望

奉武昌孫四府書　李憭

仁風載道懷想日切許時未及一字奉起居蓋不敢以寒溫之語仰勤裁答亦深山乞骨之人自揣分義宜然非敢自踈絕恃在老公祖臺慈願原而宥之耳山中忽聞臺旌有勘堤之行江干之民老幼奔走問耗曰孫使君來吾屬生矣生居大崖山中距堤頗遠然一方大利害千萬人之情不忍不為一言以備採擇具在別幅仰惟臺慈垂察并恕僭瀆之罪臨緘悚仄謹啟敝邑十二里上鄉如[illegible]居一帶不需堤者二里長江不可堤者三里邑[illegible]

之東北江堤設焉七里之民所託命也亦咸寧蒲圻江夏之民所共為命也其堤有二自縣北馬鞍山至簰洲獲口十里名曰老堤此宋元故物也自獲口至江夏之赤磯山六十餘里名曰新堤國初後崩卸入江即今馬老公祖捐二千金所修築處也蓋無新堤則水平江岸時江水從老堤盡處以六十里為口而灌入湖內即有老堤不能盡保也二堤並修則水從金口一線而上百餘里勢難逆流矣此二堤之始末與其利害大較也臺旌尚從陸路至山陂驛西指羣峯如八分山斧頭山等處下有巨浸曰後石湖山門湖玉盆湖斧頭湖其湖濱皆江夏糧田也再南則賀勝橋黄石橋官埠橋西河渡馬橋等數十處其橋之下流皆咸寧糧田也江夏咸寧原無爭持者不必深言矣若蒲圻則在汀泗橋從陸而南蒲圻六十餘里寸土皆膏腴何水患之有第自汀泗橋從舟而西則為泉口為屏下為西江畈為郭家潭為烏石湖為周名橋為西梁大湖為馬頭山牛頭山為神山董塘湖為汀

嘉魚縣志　卷七　書　十一

家渡大橋湖之南為直口為畢家橋西為障山畈皆蒲圻之糧田也計其道路不下六七里不知其糧若干當亦七八里耳以上諸水總會於西梁湖其湖之西北則嘉魚也大抵兩邑夾湖而田蒲在內而嘉居外耳今蒲人言無水而田固在水中水即退而水痕固在何謂蒲無堤分乎賦役冊中協濟銀兩豈無據而公派耶宋元迄今數百年不言而今日言之異同之起蓋亦有因陳縣丞不行詹募派及里甲上鄉二十二里無干之里甲蒲士紳安得不譁即今救弊之政惟有免派上鄉止矣奈遂并下鄉八里而欲令嘉代之甚者遂并堤議而欲抹殺之毋乃過乎不但無堤是無嘉魚也彼下鄉八里獨非百姓乎不過嘉魚與江近蒲去江遠可以信口呶呶使嘉魚受其勞蒲享其利耳但履其地則有水無水確然在目悠悠之口永塞矣且堤之役以嘉代蒲則難如嘉蒲協心則非難也役蒲之民則難發原銀而委官募工則非難也派蒲上鄉之民則難給銀與蒲下鄉水濱之民聽其自

嘉魚縣志　卷七　書　十二

築自募則非難也此其事在老公祖片言可決旬月可成不損涓一毛而可以造福四邑恐覆人終欲堅執於大義亦難從矣嘉魚咸寧功成已久江夏前雖悞於戴簿然今有賢令焉其了此局不難俱不必贅也此新堤之槩括也至於老堤不知先年何以稍低雖有三邑協濟不過每年三四十金小小補塞未能加高壬子之秋卒致為大水所乘抹入而東每一缺口衝流數十丈其下遂作深潭矣臺臺一勘了了目中或仍求濟於上司募而成

之惟命或以官民補缺口以敝邑原額定里甲各地面量給銀米而令其各補低狹也亦惟命頻年大澇民苦入骨欲堤之願萬口一心特未知耳西梁湖中不憚風濤第舟小路迂倘遇風雨不無夢頓然不惜數日之勤而可造四縣千萬命之福或一方千百年不朽之事是在老公祖臺裁堤之成否在此一舉調衆情之同異以共成厥美臺裁自有妙用區區之愚聊為芹曝代控不自知僭瀆之罪也臨緘惶悚

與林紫濤直指書

尹民興

嘉魚北絹里役斂銀付機户機户自造自解不再干里役者也前因户房機户表裏為奸崇禎元二三四五年盡行浸没六七八年又以濫惡駁回罪非獨在機户也覈其究單元二三四五六年户房侵扣已一千七百餘兩七八九年可例推矣今應户房機房均為賠造不過以通邑之原銀完累年之逋解何本縣再比里役敲箠竟日至肉血飛庭慘號寃呼上徹霄漢牢户充滿妻孥竄亡而侵盜

國用者竟不之罪而轉横需里役以金錢之多少為賠補之重輕腹高於胷而氣盈溢可謂白日中昏國法墮地也夫以數月之内而欲水旱交侵之苦邑重賠四十餘金此即破骨裂肢萬萬不得之數矣惟老公祖行提户房機户及累年里役嚴訊此項銀兩果已完納在公收帖可據則諸胥與機户皆為應追之贓而亦有必得之罪不然朝廷之御用明飽此輩之私囊窮户之精膏獨供宵人之叠嚼老公祖洞惻民艱自為酸鼻而皇皇明旨屢

戒侵漁倘一上聞何能不為震疊也伏惟嚴究一干通邑幸甚朝廷幸甚

奉林玉礎撫臺書　尹民興

嘉魚一十二里編銀六千餘兩今巨浸稽天丐頃尚求末減不意突派草束三十萬每束費銀一分已輸本年正項之半自嘉魚運至澧州水脚解費每束一錢約計三萬兩是一年之軍需竟費六年之正供矣且武郡所屬大則江夏興國蒲圻中則大冶通城咸寧崇陽最小則嘉魚通山今以蒲圻

之大計里三十計米一萬七千餘石止派草束四十八萬嘉魚六千石之米止該派草一十六萬有零何故蒲圻反多一十四萬也若論水次近遠嘉魚至武昌較蒲圻縣僅近五十里而居民多住山中若清洪里石塘里郘林里土連蒲壤其遠近同而左湖一里南抵臨湘較蒲更遠六十里蒲圻至澧州較嘉魚又近二百里論米論水次不知何以該三十萬束也總由軍需一到各行料理料理到者借名減少無料理者多方困之嘉魚最貧而拙自有軍需以來較米較里派倍他邑徃案可查也每上臺詰問則以水次近遠為解不知水次近為水災亦大嘉魚之水二年矣今不恤浸没之災肥瘠之數反以水次論便則所解草束實錢糧也銀交而草委如泥矣即崇朝可達豈能以一年之澤國而出正供六倍之金錢乎檄甫下縣有投河先死者有鬻賣妻孥者有遠投遐方捐棄室廬者泣血叫號上徹蒼旻仁人聞之當亦鼻酸而心楚也即不得已亦當照縣米之多寡為派數之均衡庶

胥椽不得高下其手而嘉民垂焦之肉頓游恩波之中矣

與梁邑侯書　尹民興

長堤為縣右臂國賦民命恒於斯廼吳清惠李光祿先太常後先經營其間者如請修築錢糧不待再計矣鄉賢一事他縣或失之濫而敝邑自先太常以後不無遺珠之歎司馬方公諱逢時即馬甫一事歲全中國生靈數萬計此其功烈迥出裂骸斷鉄之上矣先外祖李公諱沂抗書擊璫[illegible]

里義聲正氣遠溢蠻方光祿寺卿李公諱愫行宜二十年家居僅蔽風雨至修長堤一事嘉民賴之三公者以不得與於俎豆之榮通邑人爲扼腕三人並舉恐涉於濫欲爲簡擇則此數公並路揚鑣抑一不可故持論者祇求是與非不在多少之數也或千里一賢或比肩數賢苟其求當則百日而祀三公安在其不可也此寧顯先先魂即後進相勉爲忠直而恥於詭隨豈不由此也夫

與邑長某書　尹民興

邑如累子值今農事方作日發千人以障龍津之水灌魚嶽之足民怨如河誠可痛也敝邑諸先紳功勳爛於史冊三懸腰玉楚國所希今之君子又欲跨越先階穿鑿土壤福未至而禍恐隨焉古人云生一事不如省一事又云不愆不忘率由舊章惟斯二則幸留三思

按舊志天啟丁卯邑令王公來儀將查軍家所置民田盤沒入官闔邑大恐公親控撫臺姚公罷之崇禎戊辰積滑某假充勾軍一時擾亂公親控巡臺蔣公罷之邑重監地隘且濕繫藉多斃崇禎已巳公捐五十金拓其地構覓居邑倉獄昔僅壞屋一所里役繫着每大雨臥泥中公捐四十金修廣數間已卯辛巳邑中大凶公捐二百餘金施米施粥全活甚衆順治已丑邑令王公應虹報殷丁充馬戶鄉押驛驛公致書王令罷之夫頭鄉役里甲日爲兵丁鐵項並裝里役之費數倍夫頭公致書巡臺李公轄致劄臺祖公始令里甲出費夫頭復減戶馬湖南用兵軍需疊重順治甲午公致書卯尊減四萬束草丙申派草三十萬束又致書撫毫林公藩司黃公減十四萬束復致書按臺上官公李公撫臺張公陳邑凋敝力請優恤諮書不續載

序

送李朝宗之金谿序　禮部王英

今之論治者謂郡得賢守縣得賢令則政善民安民安則治功成矣此固然也而予則以郡縣教官苟得有學行者以教其人俾之習詩書循禮義脩身勵行則其才有成公卿大夫皆由是出其功豈下於令守哉而近世之人多不知重此惟欲高位有聲勢雖守令亦以爲次其視教官秩卑不足爲也有爲之者又往往易其職問學不講行誼不修規矩不肅士無所取法其才何由而成哉聖天子嗣登大寶簡任賢能以圖至治而尤重於學校之官擇貢士之優於文行者以分教天下郡縣學武昌李讓朝宗以湖廣鄉試第一人積學於冑監從

矣今年試南宮中右榜授金谿縣學教諭朝宗端謹有學行名望夙著為教官實屈其才然亦上所選擇而任之者也朝宗其何愧乎余金谿人也叨禄於朝凡三十餘年衰老無分寸之能以効報稱唯重念教官為學者之師非郡縣庶官可比而又以吾邑昔多賢俊典教者亦皆可稱比年來擁學比者外貌甚偉而内行不臧者蓋有其人此何足以為師範宜乎士之少成也今得朝宗焉吾黨之善士豈不樂而相從以敦乎仁義講乎詩書循乎

禮節哉吾知邑之士其才有成出而為用以昭其聲光者復自朝宗而振之矣吾之嗣子祐備員訓導學識未充惟朝宗與之琢磨他幼稺者居與學宮為隣孝親敬兄持身立本之道當朝夕訓之掌教百里凡有不率者當勉勵之惟朝宗信能任此故於其行書之以為贈且致予之私云

送别李世卿序　陳獻章

君子以道交者也同明相照同類相求雲從龍風從虎聖人作而萬物睹已不遺遺而好與人交者在其能交也孔子曰為仁由己而由人乎哉蔣晃卅杜門謝客開舍中三徑二仲靡然從之游彼賢而隱者也拙庵納汙以治車為業非謝之賢烏能屈致之予四十年取友於天下所得有道德文章有節氣有勳業其賢而在下位者果無其人乎羅一峯張蕪素不可復作乃若所居之旁伍雲鍾淑林暕此其人皆可與遊而今亡矣賢而存者或隱或顯未易概舉其間一出一入嚮道無誠朝而燕慕而越者吾亦未如之何也已矣交豈易言哉李

世卿最後識四五年間兩過白沙每見益親世卿多才兄弟登甲科而官京師輝映前後世卿卜居黃公山與山雲水月為伍若將終身焉世卿今别江門而歸予乃脱藤蓑贈之蓋世卿之飲必期於醉醉則賦詩或世卿倡而予和之或予倡而世卿和之積凡百餘篇其言皆本於性情之真非有意於世俗之贊毁至是世卿以太夫人在堂辭去留不可為古詩十三首别之諸友相繼有言世卿歸以所聞於予者質諸伯氏茂卿登大崖山吟弄赤

壁之風月予所未言者世卿終當自得之或出或處顯晦用舍則係於所遇非予所能知也予老且病行將採藥於羅浮四百三十二峰以畢吾願世卿能復索我於飛雲之上否耶序以送之

杏壇行李序　李承芳

杏壇在魚嶽山之首先輩想像孔子之跡居孔子鼓琴其間地殊峻絶也學宮居其左大江環其右皆在嶽麓嶽之腹建

大成殿凡衣冠士謁

先聖即止望杏壇多不能升中界垣門曰遠塵關常閉之不易啟雖顯者至亦無得而闖焉吾師舞陽鄒

先生滿歸余乃率弟子闢關登杏壇而餞之盍重之也夫先輩重其地故處以

先聖嚴其禁不輕假之人地以聖益尊人以尊而忌尊則卻忌則憚進道者之機也先輩之意固有在也予於是安敢輕犯其禁也哉吾先生之道傳之聖而教淑多人門户同也而況本諸誠達諸用非徒恃言語文字之末聲音笑貌而為之者所謂可以質之聖者矣贈言聖之遺也諸弟子為之詩承芳作之序

按舊志大成廟宋淳熙戊申已遷龍潭山之陽此序出自成宏間乃云在魚嶽山麓似屬謬誤不可曉

李太清忠諫稿序　熊開元

邑前輩李先生太清嘗為諫官斥大璫於顯皇帝旨得罪還直聲震天下然既往矣不可得見疏亦不傳事踰五十年厥仲子宙奇搜得遺草暨一時論救慰勞書以示予予讀之竟而嘆當時之長治

非偶也高祖制中宦不預政不御外臣冠服終洪武之世中外釐如尚矣厥後觀兵奉使聖子神孫漸不無少借亦時遣時撤日月載更入皆仰見惟提督京營東廠暨特赴刑曹審錄三大政不審何故相沿為令行不改而東廠一差伺間卻以達至尊尤宮府關鍵所托自非賢如呂强馬孝諒其人罕不因緣作奸媒孽之加也匪繄厥工雖心膂股肱左右君側且猶虞不免況夫批鱗蹈尾言出禍隨誰無性命憂其身誠不測也萬歷間厥閹[illegible]

沽權播虐既臺省諫下法司而仍許其自效嗚呼難言之矣先生纔入垣義不忍迷國斥鯨虎狼蕪采逢人言入告請以身執其辜顯皇帝不懌付先生詔獄榜掠既備且有旨朴於廷杖甫下雲愁雨黯所傳藥紙上負青天宰輔百職爭相顧曰人諾諾卑吾其身贖此君諤諤不得頭皇多封事蓋數十上上意未即解而忠詐之誅列眉矣不旬日先生創未平而鯨已遣戍非一時上下克和心德鯨必不去後之為鯨者將益繁承平五十年始終不

渝可謂王道易易哉君子謂此一事備三善焉先生之忠也同朝之義也主上之轉圜如不及也希世而一遭者也然非先生精誠不避椹質感通不至此則是刻之成也先生非特至今存雖百世不死矣

徑澹公文稿序　金聲

得道應須慧業文人以深心故其心深也其俯仰出入縱橫曲折之處皆吾別有徑路杳不與世人相涉世人畢竟莫能入其中也莫入其中故弱備處其中以自通自塞自晦自明而函以靜觀百物之通塞晦明以自渝也夫物之不齊由來久矣吾獨有心而獨有眼而或佛我而或魔我而或牛馬我吾皆不顧而獨以吾之去向人皆莫知為吾學問之得力故以行事則多顛倒不可解以為文章則多漫滅不可讀夫宇宙間自有不可讀之文章患無能為之者造物既生此一人為之豈終不復生一人讀之吾不患此蒼天之下黃壤之上終無能讀吾文者吾患吾文出而天下即有能讀者吾

慚實甚吾文出而天下即無能讀而終不克有一能讀者吾憾焉既生瑜又生亮故國士曰無雙奇人曰不偶孔子游歷天下訪師問友意索奇士見天下竟無其匹而後安心歸也吾此語未敢以告人也吾以告吾澹公澹公文近固有唾罵者有尸祝者有居於唾罵尸祝之間以為無用如此者有立於唾罵尸祝之外以為高矣美矣遇合則難者總其大意知者謂深不知謂晦悲哉夫不遇奈何為澹公憂丈夫以氣奪人畏而奉我與愛而收我皆

自不必同日語不問，知不知政恐自茲以往知澹公者且濫觴也大梅云剛被世人知住處又移茅舍入深居澹公從此又遠矣深心奉塵剎願共勉旃外間人本不足語此

任僊孟文稿序　　金聲

僊孟一味好奇吾見僊孟垂髫時時已如墮地虎子氣堪食牛數年來讀書日益多所為文日益富好奇日益不已嘗謂吾此生志願若俯仰天地中間有一事為人心力所能到而吾不知則竊赧愧觀其根性殆古所謂狂者也昔人謂楊子雲以艱深之辭文其淺近之意此謂失言歷觀古今文章苟有奇意非奇字奇句則終莫之見也人有奇心非見奇字奇句亦終莫之發也深入而淺出之使天下後世淺人即以此語之意如是而止而終莫肯精思費解以獲其意之所存亦非仁人君子之用心也夫奇字奇句造物之所吝惜而不輕以入人心孔出人筆舌者其大者如日其次如月其散漫者如列星其恍恍忽忽者亦如電如虹必欲經

雲淺霧以自保目光之不奪豈不過哉夫所謂奇字奇句亦皆人所識認尋常字耳但所用之處人不經見則共怪之見謝東山於草澤揖四皓於朝堂遇蘇子卿於氈雪穹廬之中豈可不深求其意而漫以為不當强以為無謂攢簇成文一字一句動煩思索奉之為經則訓詁連篇命之為題則敷衍累牘因此思近世之文非無佳者亦何其太煞明白不煩點讀與註傳也人之智慧有如大海有若浮漚什伯千萬烏足云澹公父子奇奇相繼今僊孟弟才十餘歲又咄咄逼人其來未已即澹公之與僊孟其胸中奇怪尚未有底也國君聖而文人聚其在斯時歟

李雨公文稿序　　金聲

雨公丙子癸高魁當事以太奇擯之今春雨公省其尊人於繁昌道經黄山出其卷示余予歎息而不能言也予歎當事者尚未能盡雨公胸中之奇千百分一二而遂以此為大奇刀益劉益加刹弓矢从力愈勁雨公自多刼以來所積光怪咄咄應

以今生遁逈吐發殆盡亦時節因緣非偶然也將來者未易量今姑發其過去所為文少許使天下見之雨公與予生同年其天分其積學其駁筆銳思皆百倍予而予顧先雨公十餘年幸得科名以去然寔余不幸使余不以戊辰困頓於長安三年得歸而南盡意師友竭才叅學有所切切何得蹉足岐路遲悞我十年歲月雖終身不第豈以彼易此哉惟我雨公具大福慧雨公歸其以此語并告我魚山

誦臺詩序　張士緩

白雲山窓之東有地焉視西南諸隅最高曠棒壑環其下上有古榴低垂扶踈隱於叢木之間陰籠八九步會新暑襲人余尋凉寓跡半頃延佇花留鳥語竹送風聲梢橫山色林露湖光水田煙村一切蕪而攬之携卷倚樹依依不忍去者數日山僧鐵僊樂與成之芟夷蕪穢蕩填埡穴面其形撫其勢不終朝而臺影就焉顏之曰誦余曰名者實之徵也於誦乎何居山僧曰子不坐誦其間則斯地亦野逕荒墟已耳何有此臺以誦紀臺正吾子徵實之意也余笑無以答既成之二日適届端陽友人趙子士權携客五六輩來訪余遂聚坐於臺臺隘無以容披苔藉草余甚適也而山僧戚然既去復就其旁規其潤落欽石壘土撼榛接葉以為亭亭廣五尺階五級亭以南地似坳亦連而闢焉登臺入坳者必自亭而升亭而臺坳下亭皆尺許以余故山僧咸以誦繫之嗟嗟一邐蕞聚族之區自山僧舉而臺焉而亭焉而坳焉後之攬斯勝者莫不信其地之可臺可亭可坳也由斯觀之人

生之可賢可聖可天何以異於是哉於是即所見作八景詩以紀於臺上是乾隆五十四年也

賦

玉壺冰賦

李沂

惟玉之精天地所泌瑳影而崑岫含輝韜光而荊璞自媚如虹之氣上貫於天抵鵲之珉烏知其瑞懷琳瑯而未聲睎瓦礫以何異乃有良匠目睇珉璵顧之色動剖之神殊獻之玉府襲之華襦規踰徑尺價倍三都界之玉工斵而為壺內圓而朗外潔而孤初視之若羅浮道士之卓骨細玩之若姑射神人之肌膚匪貯醽醁匪酌醍醐玉露天漿不

足當其受瓊樓玉宇乃可奉為娛時維元冬寒冰清冽挹注玉壺虛室生白其傾瀉也低落九天之銀河其清空也斜照三秋之皓月其澄徹也如臨不波之淵而洞乎心胸其明瑩也如開照膽之鏡而鑑乎眉睫比之天上晃玉鏡之流光置之人間覺珠乘之無色若夫雪樓倚空風軒當夕玉竿霞飛金罇夜集浮光流瓊淨影泛碧舄履交加光采相射當其時也玉衍之談辨未見其為清衛玠之姿容難乎其為潔至若積霰明戶清光[illegible]

下帷楊雲草元沉思邃古寄想雲煙一塵不拄澹慮淑然當斯時也啓鮫人之室何足方其朗映解洛濱之珮亦難灑其鮮妍嗟乎後漢之筆止於繪藻鄒衍之舌僅能談天誰寫冰壺之清趣用續鮑照之新篇幸玉堂之多暇鏡芳躅於前賢雖清白之道粹故永世其可傳厥惟叔度懷雅量於千頃亦有伯起砥清節於四知偉文正絶俗之標却珠玉而不御高清獻出塵之韻以琴鶴而自隨思希文襟抱之洒然恒先憂以明志挹君實器宇之凝

定惟對人以不欺數公心跡煒煒熒熒如玉之潔如冰之清虛而能受滿而不盈掩二曜之景爍飈千古之榮名吾將睎聲光於靈府豈徒耀華藻於蓬瀛

真赤壁賦　李占解

秋紅月下客有歌蘇子兩賦而過祭風臺下者飄飄然自以為欲仙漁父聞之曰嘻賦則美矣景則非焉蘇子其亦未審中原形勝南北之分乎夫圖中原者在河北不在江南然不控江南無以控河北天下之重險有九赤壁蓋東南西北之衝也城夏口上游俯瞰吳會西為隴蜀之咽喉南為滇黔之門戶左睇則豫晋青幽右顧則楊粵歐閩悉在盻望中阿瞞當日據漢沔而窺神州意扼荆州下金陵舳艫百萬艘駐師烏林以奪赤壁赤壁奪則上無隴蜀下無吳越而左瞻右顧盡在彈指間是赤壁之存亡天下之存亡也諸葛公瑾籌之審矣黄蓋策行縲舟連絡雖以阿瞞之智之黠不覺墮神人之算中東風一炬全師灰燼神哉神哉固天

之助漢乎抑亦人謀乎長江天塹界限南北赤壁蓋天下之赤壁也而以黄州之赤鼻當之可乎赤鼻之在江北為死地孰如赤壁在江南前有可攻後有可守赤鼻卑小不當一土阜孰如赤壁之岸然江上巉巖嚙嚙砰磕鏗鍧白日無風而自波飛鳶跕跕而自墮瞿塘灧澦三峽擣而來洞庭彭蠡七澤臧而去使以吳越之習水戰者陣此雖卓騎之剽悍何如飛檣犀甲之便利也使以漢武之簡練昆明者練此雖洱海之鬼卒何如與濟俱沒與

濟俱出之為神幻也使以伏波矍鑠據此重險難
九溪百洞不足當樓船之一衝也千載而下英雄
過此不勝感慨曰天下大矣如赤壁者曾何足多
函谷可以丸泥封若何而委去劍閣可以一夫守
若何而拱授藕子之賦何不及此獨取江上之清
風山間之明月乎乃若火戰之奇更有可賦者邀
想其時烈焰彌天出其不意迅帆如駛莫我敢遏
蚩尤揚旂回禄曜威照天爍地走石飛砂倏兮忽
兮誰為為之孫吴之雛乎八公之鶴唳也田單之

牛乎雪夜之鶩聲也阿瞞膽落黑夜倉皇不暇顧
帳中之美人百萬之輜重單騎獨走僅以身免自
此不敢南顧都許偏安夫非赤壁之一炬有以灰
其心哉至今石猶赤也字如新也浪淘不滲折戟
猶存夫非炎漢之德燼而復然為弔古者流連
所不能已已乎客乃爽然自失曰吾今始知真赤
壁矣漁夫胡不賦焉漁夫曰吾之所知者魚也焉
知賦竊嘗聞諸父老試為子歌之曰烏林歸鴉兮
日暮黄蓬夜雨兮無渡舊水西流兮界石洄[illegible]

嶽東峙兮白雲屹立軍營連終兮野火燒江干遥
望兮皺人眸今之桑麻兮昔之戰場奚往不復兮
誰樂不傷六溪以陸遜而名兮古鎮風華呂門以
呂蒙而傳兮江岸蘆花君不見古跡可憑兮蜀山
蜀水子敬建閣兮西良之沚嘉魚舊屬聞雋兮統
名沙羨割三邑以改鎮兮宋始沙陽嗟陵谷之變
遷兮東海田桑大江東去兮滔滔汩汩其何常客
曰是則然矣雖然地險非險也長江一也在諸葛
公瑾則為鐵壁銅山厥後鐵鎖練江不能當司馬

之一炬又何為者漁父乃笑曰千秋興亡之事喜
亦不足喜悲亦不足悲吾且烹魚煮酒為子歌子
且和之客乃歌漢高大風一曲但見山石迸裂江
濤怒飛烽煙之[illegible]雲霾排蕩之聲撼天地恍如
當年之鏖戰焉猶令吴蜀終始同心戮力以奬王
室將金湯如故也三分云乎哉噫

重修黄鶴樓賦　　程　珏

緊江漢之將滙兮界兩峰而並峙惟黄鵠之嵯峨
兮跨鄂城而秀起仙客乘雲以遨遊兮舞鶴鳴[illegible]

而至止蓬聲趨自江干兮梅花紛落川容徵映於檣層樓於兹兮瞰三湘而呑七澤呼吸直通霄漢兮儼星辰之可摘極目千里兮清高百尺崔詩存上兮絶唱傾倒夫太白遡芳洲其宛在兮留亞平之傲骨大江東去兮恍蛟龍之出没睛川入我襟袖兮檻外雲烟其未歇以滋壯麗兮總歷江山之歲月況復奇踪勝概盡染霜毫如瓜赤棗暎石青梗仙翁睡熟辛酒酕醄躍龍之池未圯湧月之勢何豪爾乃新易簷楹重施丹雘慘淡經營兮較前規

而式廓彩煥松雲兮陋岳陽而小滕閣倚朱檻兮落日低俯雕甍兮晚潮泊爰有天涯遷客海内騷人詩分柏梁之體會約蘭亭之賓彈棋載酒選勝尋真至於鉅卿碩輔耆舊薦紳簿書之暇讌會之辰二難齊集四美具存或乘庚公之月或觴北海之樽筵開玳瑁人擬璵璠金釵十二兮環翠慕珠履三千兮傲平原閑中識今古醉裏放乾坤風月堪為友形骸安足論若夫繁華公子遊佚少年嘶玉驄於階下落金彈於花前燕歌在側趙舞當筵

斯樓之堪賞時登眺而争先更有華陰上士西岳遊仙守丹竈以不減鍊金鼎而方堅蹂躪上漢跨鶴騰天長遊萬里暫憩斯焉是以一拳古蹟别具洞天有客必賦有賦必妍加之宇内昇平兮樂風俗之還醇三楚歡呼兮慶勝地之重新於頌鳳漢於層巒兮允萬祺之長春紛膏雨之不遺澤國兮吳山楚水一望旬黄鶴重來兮羽翛翛其清塵登樓北眺惓戀云多揮毫染翰共沐

恩波援琴命操作招鶴之歌歌曰鶴南飛兮楚江清巍

樓接天兮陋金莖千門萬户兮仰

帝京

鳳凰山賦

程玗

鳳居羽族之長山壯宇内之觀何年集鳳乃名兹山粤稽鄂分漢秝吳徙鄂州惟黄龍之初載出丹穴而來遊翔千仞之岡而忽下戢九苞之翼於斯陬詎顯聖王之瑞抑徵太平之休爰有史臣為之載筆揚盛德於簡編紀嘉祥於崒嵂國乘記鳳凰之名形勝據江夏之一若夫千巖競秀萬壑争流

上臨黃鶴之佳景下撼鸚鵡之芳洲仙翁之爽適植辛氏之酒堪芻加以比屋連甍民居稠密畫棟雕墻甲第雲礪陶然烟火萬家允矣崇墉百室至於貝闕珠宮窮幽極麗迥出重霄直接天際怪石作供奇花盈砌不惜步履之蹣跚時據城隈而睥睨載徵下邑又紀蓴川比芙蓉之秀靈埒深宮迎荆泉南嘉魚留其蹟淦水之名並傳由鳳凰之至不數故屬邑之志同鐫昔聞巢於阿閣兮覽德輝而下之既乃儀於虞廷兮聽簫韶而神怡亦越周文長鳴岐山兮閱八百之昌期若徵東吳寔屬偏安胡為乎作枳棘之棲息竟同決起槍榆之凡翰蓋荆楚名區鄂為首望襟江帶湖層巒叠障無靈禽兮以表異蒐山原奚誇其雄壯屬當剏搆建業倏爾來遷武昌幸鵷鶵之至止發大地之幽光是以山不在高有鳳則靈地因物顯物藉人稱隋庾皆鎮荆而觴咏蘇黃時入楚而豪吟廼西門之栁已種南樓之月可乘西山題松風之閣羊腸記九曲之亭何不登斯山而作賦豈遊驟之奈曾經[illegible]

若孟萬年之帽落龍山元次山之亭開廣燕壯海讀書鍾臺陽冰怡亭作篆皆於斯山而翠題或待後人之記傳自昔青蓮懷古金陵以鳳名臺建章作宮長安以鳳名闕況際清晏之時喜覩山靈之赫爰染霜毫用當石碣信千秋萬禩之常存繼咸五登三之大業

雜體

弔鑄鐘文　　秦　觀少游

嘉魚縣南十里太平湖中比歲大旱水皆就涸而夜常有光怪赫然燭天士人識其處而掘之得鑄鐘焉其形有兩欒如合兩瓦面左右九乳總三十六牙鼓鉦舞甬衡旋幹之類考之不與合者無幾縣令施君謀獻之太常未果乃輸之武昌庫中會其守解秩佐攝事見而惡之曰郡得此時器畜之不祥亟命投於兵器之冶嗚呼

物之不祥有如是耶昔九江吏盜忠肅之碑材寘其所述歐陽詹聞而弔之以詞予悲夫鑄鐘鼓樂之器先王所以被功德而和神人審音之士至有振車鐸於空地而求之者非若九江碑材因人而貴也而辱於泥塗無所自效遇其非鑒以觸廢毀好古之士焉得默默而已乎乃作文以弔之辭曰

嗚呼衆方之生謬形殊器更首迭尾雌雄糊廢朝為美姬夕為憔悴或奇偶之相續或九升而一

清鍼和黙刑王眇貴生犢失明得駿折骿因所遇之參差蓊循環於一氣傳曰黃鐘毀棄瓦缶雷鳴余初以為不然今始信之矣嗚呼鑄鐘何世所為質不呈剛形不露奇協律中度渾如天質捲抑雖久不見瑕疵爰有兩欒三十六乳厥音琅然大小隨叩曷所挺之環偉而偶沉於幽陋辱泥塗之污漫厥鱗鬣之腥臭嗟笱簴之一辭邈月弦之幾彀辛陽徙而水涸天日怳其復覯謂廷貢之是充獲效鳴於金奏何夜光之暗投卒按劍而莫售夫赤

刀大訓天球河圖秦璽漢劒趙璧隋珠犍為之磬汾陽之鼎曲阜之履大澤之弧歷世相傳以華國都下至威斗錯刀羯鼓之棬破鏡缺符遺簪墮珥信無益於經綸猶見収於好事是鐘也郊廟所薦樂之綱紀統和元氣舞獸儀鳳令大河而更清使左角而不忒變化風俗返乎羲皇而乃廢於深淵出而遇毀殆藻鑑之不如矧牛鐸之敢企此義夫志士所為疾心而切齒也然予聞之陰精之純幖氣之裔雖從火革其質不變一晦一明昔者

僨而後起可無畢乎嗚呼鐘乎今焉在乎豈復為激宮流羽以嗣其故乎將憑化而遷改易制以周於用乎豈為錢為鎛為銍為斧以供耕穡之職將為鼎為鬲以效烹飪之功乎豈為浮屠老子之像巍然瞻仰於緇素乎將為麟趾裹蹏之形翕然玩美於邦國乎豈如干越之劍氣如虹電掃除妖氛於指顧之間乎將如百鍊之鏡湛如止水別妍醜於高堂之上乎新故相代未始云畢絲然殊途必有一出決不泯沒草木未卒嗚呼鎛鐘又將奚鄉

李後林行狀跋　宋　訥學士

余嘗讀宋史考其世運之盛衰與夏之消長而三百餘年疆宇幅員之廣雖不及漢唐而禮樂刑政蔚然三代之遺風其賢哲之輩出民物之殷富則非唐漢所可跂也自宋盛時輔相侍從三館之臣與夫方伯牧守庶僚胥吏之章奏書疏諸史冊者往往多正大忠厚之言不獨可行於一時而皆足以垂法於後逮乎南渡雖播遷艱難之際而志士仁人奮其材猷竭其忠憤危言讜論盡陳時弊而無所顧忌者多治國之良劑惜乎聽而不能從悅而不能改於是乎浸就衰削而淪胥以亡使言之者蹀足扼腕以流涕於當時而後之覽者亦撫膺太息而不能自已不亦悲夫竊嘗慨嘆於是而未有發余之言者及觀直祕閣嘉魚李公行狀公由進士第兩領郡符三持使節當淳祐間轉對一疏首言為善不可有疑心去惡不可有悔心當今之政進善未能無疑者三去惡未能無悔者三穆陵異其言首肯再四名卿賢大夫翕然題之誠所謂

活國之良劑而卒不能用公雖位不稱其學而鴻聲駿望忠言嘉謨所以光前耀後者固足以不朽而表見於將來矣其曾孫庸乃能寶藏斯文於二百年之後並求宗儒聞士論著而顯揚之雖公之德澤流光而後人文獻訓濟美亦可見矣庸字德庸敦篤周慎恢其家學有時譽方以頌古訓為職他日躋清貴蓋有待云

光祿寺卿李公墓誌銘　李騰芳湘潭人

公諱惇字景顏號悳素其先世宦名譜[illegible]居[illegible]

其弟瑛居江夏珩居臨湘楚由是有三李氏三李
各有其裔而嘉魚最著璠為之始祖數傳至宗虞
歷閩有宗儀宗儒者創義學於嘉魚之湖西以教
鄉里子弟及買田千畝合江夏臨湘之族貧者食
之今五百餘歲矣其田尚在宗儒之後代有聞人
本朝以勳位顯者莫如御史大夫田太保司馬承
勛以理學顯者莫如東崙先生承芳大崖先生承
箕太保父御史大夫而友予二先生二先生之父
曰阜則御史大夫同產也大夫之父曰善舉孝廉

為洪縣教諭以大夫父子故贈如其官而阜亦以
東崙先生贈大理評事東崙先生舉進士筮仕大
理旋棄之大崖先生亦棄其孝廉隱於東崙大崖
兩山間相與講聖人之學而大崖最後三度入江
門師白沙先生江門之學者以大崖嫡派大崖公
之曾祖也大崖生虔虔生寶嘗為公父贈承德郎
主客司初配程氏繼配吳氏生公贈安人承德舉
於鄉早絕意公車靜坐凝慮學江門之學公年十
五六侍御能求其說而有契焉榜其室曰默

終日對之儼若思令漳平蔣公向讀大崖之書悅
之於是求李公子弟得公奇其文過公門草屋數
椽舊書數十卷而已與言舉不愧屋漏四字對令
自是引為嚴友而夷考公生平由始學至白首無
日不以四字為警故在官委蛇平進致位九卿及
卒之日士大夫皆知其貧各出衣冠以襚而天子
亦命司空予葬宗伯予祭海內之士識公者皆咨
嗟澌淺有善人云亡之嘆蓋言信行敬不愧屋漏
者之效也然而學道者多退讓公之深心亦有人

不及知者始第進士司刑衢州平反郡獄摘伏奸
吏莫不服其能而蔣公又在吏部人以為諫官御
史可拾而有也然但遷南曹以行其在南銓也與
泰新蔡公上饒楊公考度庶政咨求人才莫不器
其識其後蔡公為太宰楊公為少宰而公終吳安
人憂自里中來但補一客部而已更丞光祿遷少
卿轉太僕少卿又遷為光祿卿首尾在職一十三
年宮中蠹耗之事言茂不切府中剔灌之事為茂
不力齊躬愁心雖北風嚴寒御一布衣早夜與

官厨胥細人戛戛不休而已不覺其病矣當是時
朝廷老臣舊人甚稀公之望日峻年資亦益高固
宜在要位仔肩一世之務以利乎無垠而太宰鄭
公又誠知公然則坐而待陟可也竟勤一職死嗚
呼其可惜也已公生有至性居父母喪毀踊踰節
二兄死必自京師走歸哭之與人交至誠洞達遢
鄉人童子必無縱言鄉人有利病若已有之與江
夏熊侍御共建長堤一百五十里以捍四邑之江
水尤其便者也予與公同舉於武陵陳先生之門

公初與予言江門之學余不解後連過蔣公反覆
不疚不愧之旨乃心躍然蔣亦曾為湘潭令而以
童子畜我者也自是余敬公為精沉而公亦狎予
為戛爽比年在京師余每提孔子用行舍藏之說
諗公蘄以自卜而公舉安定奠安排語以復余既
得禍而公亦岌岌矣余勸公自決公笑曰我昔以
莫安排告子今自背以擇利乎其後以書語予曰
人心在利害中如波滾沙反以自渾必無所欲畏
無所倚靠無所廻避而後此心之精明强越者有

以自得白沙先生所謂雖無古聖賢為之依歸我
亦惟不得若此也若只揀一完行名色未免改頭
換面陪奉世界試看風急天寒夜誰是當門定脚
人也其後又書曰大崖先生有屋一區在南嶽今
荒久矣余將解組歸葺之與子同起居數年究所
謂心之精神强越者悲哉今書在而公不可作矣
公卒於萬歷丙辰得年五十有六某月日奮等將
葬公於某山之原而以狀來泣且拜曰請為父銘
無以辭紓泣曰悲余孰銘之銘曰衆啜啜兮子吶

吶也衆聶聶兮子孑孑也往不可掣兮而止不可
拙也靳不愧夫爾室兮不靳夫弔也水之潔也山
之截也日月之光恒且烈也皆子心之精明强越
者誰知之而與白兮視吾銘之晰也

讀熊魚山修聖廟序文　　徐自新

子輿氏云孔子之道不著人將相食士君子匡扶
世宙惟揭聖道於中天朝以致君野以牖民此其
修廢墜之志可揭以告人而覺世礪俗之功實
未可名狀者新潦倒邱壑昏昧無聞適接給諫熊

山熊公修
聖廟序讀一過躍然興曰何幸耄年睹此盛舉新爲講
生時每與知巳言他滛祠無論即三朝忠耿濯濯
有靈僅當聖人之一體而賽禱於市宵不斷煙歲
爲莊繪廟貌爭葺理焉吾儒誦聖經博巍科膺廡
仕家温食厚荷
先師之寵澤何神何佛可擬其萬一詎供一炷香而動
念於
聖廟之圮頹若夫昌明聖道轉移世風全惟鄉先達是
賴乃循故事委之有司有司復委之有司坐令雍
容俎豆之區鞠爲茂草風雨不蔽神將焉依且捐
[illegible]滿之藏麗飾乎浮屠老子之宮而一倡百和彈
九下邑周遭五里許不數年而私建庵觀十餘所
異端充塞聖道榛蕪人心之蠹賊不啻榱題之蟲
蟻也綱常之淪壞不啻棟梁之垂絕也名分之倒
置不啻石檽之傾欹也憂時君子目擊惛然隱隱
痛哭流涕有不忍以告人者砥柱中流惟明道以
正人心反經以興庶民此聖賢家法喫緊工夫將

家喻而戶曉耳提而面命直於根宗處振刷揚歷
日月麗天汶闇悉耀夫光明先正云個個人心有
仲尼一番提醒一番新耳目改觀而心志移易凡
有血氣者顧瞻宗廟之輝煌孰不瞿然易慮切仰
止聖人之思夫崇聖教以息異端觀梁公之奏毀
淫祠韓公之廬其居作用不同[illegible]挽回世道之
功同兒七篇後之一人也新持給諫文以語鄉人
而首肯者十不獲一嗟彼褦襶子何足當知言巳
而愚之不且有詩書起家而守錢若命者乎又何
怪目不識丁者也因不憖[illegible]耄而婆舌以告同志

赤壁辨　尹民昭

嘉魚赤壁之名尚矣有言在漢陽漢川者有言在
黃州江夏者其言在漢陽漢川江夏皆無據若黃
州本名赤鼻非赤壁或者以蘇子瞻之賦爲信不
觀子瞻賦云此非曹孟德之困於周郎者乎乃疑
似之言非定論也方操之來下也劉備在樊口周
瑜於此會備進兵逆操樊口正對黃州何以言精
兵逆耶瑜言於權曰請得精兵數萬進往夏口爲

將軍破之夏口居黃州上流二百里若以赤壁在
黃州豈得云進往夏口耶操既敗走華容北歸之
路黃州直通汝潁最爲徑捷安得復經華容也由
是而觀赤壁非黃州明矣蓋赤壁初戰操軍不利
敗於烏林今烏林磯在嘉魚北岸赤壁屬嘉魚豈
不信哉

周國俊傳略

後編　李寶約

邑有隱君子周國俊者名朝英才志士也其先營
道元公裔傳數世始徙嘉魚值元末鼎沸君適陳
友諒之掠幾不免能以智自全我太祖平鄂州聞
其勇畧招置幕府時方國珍拒命隨大將湯和往
征鄉人程梅軒作序祖其行已而刻期掃定厥功
居多朝廷行賞將不次予官辭不受避居橫山之
陽自號青山樵叟抑何其勇退也觀君之言曰吾
不得之於身必得之於子孫今後人代襲衣冠其
裔孫夔遂以甲科宰巖邑與君言若合符節由前
而論非所謂功高者不賞由後而論非所謂有德
者必昌耶噫斯人而在吾願執鞭故述其梗槩而

爲之銘

江嘉會詳四縣公修陶家馬頭堤塍文

主稿知縣　張其維

會看得嘉民劉學洪等呈控江民楊天德等滅古制等事一案緣自江夏赤磯山起上至嘉魚馬鞍山底長堤一道綿亘百有餘里保障四邑田地自宋迄今歷係江咸嘉蒲四邑分修去歲江邑士民楊天德等以無益有害具控　前院憲以江邑改築新堤夫役繁多將江邑分修陶家馬頭以上至夏田寺止三千一百三十三丈五尺批歸嘉邑修理嘉邑士民劉學洪等不出遵依上控　撫憲奉批　藩憲查議詳報由　憲轉飭界職等會議事關堤塍重大界職等敢不悉心妥議以為永久之計按堤内受水田地四邑有多寡之不同是以分堤丈尺亦有多寡之不同今以江堤丈數獨多改撥嘉修易地視之嘉堤不又多乎界職等檢閱通志熊游二官碑文知此堤有則四邑均受其利無則四邑均受其害利害相均勞逸亦宜均也今查江邑改築新堤計長五千一百六十七丈合之三

嘉魚縣志　卷七雜　二二

千一百三十三丈五尺共計八千有奇較舊寬多視三邑加倍平心而論合將此段堤塍分派四邑公修庶可永杜爭端其修葺費用不問之士民即於各縣派定堤費内節省修理江嘉各三十兩咸蒲各二十兩解貯　憲庫每年九月興工時於四邑佐雜各官輪流委修如有盈餘留備後用倘或不足再議加增則官修而民不擾民亦不得有辭以藉口矣緣奉批飭查議事理謬陳愚見是否有當伏祈　憲臺核議轉詳批示遵行旋於乾隆三年正月初八日奉　湖廣武昌府吳　為滅古制錮陳案泣審劈究事乾隆二年十二月二十六日奉　布政司安　憲牌本年十二月二十日奉　督部院宗室德　批本司呈詳查得江邑金口長堤前據江邑士民楊天德等呈請罷修蒙　前憲批司查議當經吳署司會同武守道議將陶家馬頭起至夏田寺止一帶堤塍改歸嘉邑修築緣由詳蒙　前憲批允飭遵在案復據嘉邑士民劉學洪等赴　撫憲呈控陶家馬頭堤塍地屬嘉魚修

嘉魚縣志　卷七雜　二三

應江夏請仍照舊例承修並據江邑士民楊大德等呈訴先後奉　撫憲批司議報當經檄飭武昌府妥議詳轉去後茲據武昌府詳稱江咸嘉蒲四邑分築長堤自宋元明以來至
國朝康熙四年御史顧如華奏請修築工費以五分為率江夏築二咸嘉蒲各築一載在郡誌可考所有陶家馬頭至夏田寺久係江修一朝改歸嘉民自不能踴躍從事而江邑建築新堤民勞已甚又不得不稍為變通查江邑歷來承作堤工六千六百餘丈今以赤磯山至陶家馬頭舊堤三千五百一十丈改築新堤自禹冠山而至陶家馬頭長五千一百六十七丈計增築一千六百五十七丈仍照往例亦應通融分任江嘉二縣所議公帮堤費似為妥協復行咸蒲二縣公同查議俱各允服無異嗣後陶家馬頭至夏田寺一帶長堤令江夏嘉魚二縣各出銀三十兩咸寧蒲圻二縣各出銀二十兩共一百兩統於派定堤費內節省捐出除本年已屆殘冬立待修築外每年於九月中觧府委

員領銀催夫修築核實報銷其餘堤工仍照分定界址承修保固等情前來本司覆查長堤之興廢四邑利害相均除分修外惟陶家馬頭至夏田寺止歷係江邑承修一旦改歸嘉邑寧肯踴躍樂從今據武昌府行據江咸嘉蒲四縣酌中定議請嗣後每年四邑出資帮築江嘉二邑各出銀三十兩咸蒲二邑各出銀二十兩共銀一百兩統於派定堤費內節省捐出每年於九月中觧府委員領銀催夫修築等語洵為平允且衆議僉同應如所請飭令遵照實力奉行其本年應需銀兩催令各該縣照数解府委員赶築至所稱陶家馬頭以上三千餘丈非江水頂衝之處老堤原屬穩固每年派費一百兩儘敷修築等語亦應如府詳將江嘉二縣所請倘有不足再議加增之處毋庸置議可也理合具文詳請伏乞　本部院俯賜查閱批示飭遵等因奉批仰候　撫部院批示繳奉此又奉
撫部院張　批如詳飭遵仍候　督部院批示繳碑摹抄案存奉此合就檄行備牌行府查照牌內

奉　院批事理即便轉飭各該縣遵照將每年出
資帮築銀兩務即照数依時觧赴該府交收聽候
委修仍即遵照此案詳允緣由會同另立碑摹永
為章程併取具各該縣日後不致推卸違悞遵依
同碑摹一併賫司以憑轉呈　院憲備查均毋故
違干咎速速奉此合將轉行為此仰縣官吏即便
遵照將每年出資帮築銀兩務即照数依時觧府
交收聽候委修仍即遵照此案詳允緣由會同另
立碑摹永為章程并取日後不敢推卸違悞遵依

同碑摹各五紙賫府彚轉備查迅將上年冬修工
費即日觧府給委赶修均毋故違切速須牌

詳請派費募夫修堤文　張其維

湖廣武昌府嘉魚縣為循例派費募夫築堤恩從
民便事乾隆三年五月初一日據早縣六里士民
李仕大劉如川周崑池汪若梁羅三及李再清甘
連輝涂殿聲李燊桂劉近黎章公廉孔際會潘識
顏鄧遂成曾惟可周憲章劉名可李岱宗程羲傳
張美玉等呈前事呈稱竊惟長堤一道江咸嘉蒲
四邑照界分修歷今八百餘載其承修之法不一
咸蒲派費募築江嘉照糧役夫上年江夏亦倣咸
蒲之例派費修築現蒙　各憲批允遵行夫築堤
原以保護田廬百姓安敢辭勞但舊例九月興工
二月報竣嘉邑堤當險要工程浩大春耕一刻千
金應役必防農務况三邑既屬派費嘉魚亦何倣
照茲六里民人公籲不設堤長不役民力出費募
修其費銀按米均攤查六里堤米止有二千二百
八十一石三斗九升酌江定議每年夫役及護堤

松椿蘆茪所費不貲每石正米派銀三錢五分共
銀七百九十八兩四錢八分六釐五毫另設木櫃
隨糧按数自封完納市戥無耗倘有改築月堤之
處百姓仍自出力挑築不在歲脩之內仕等再四
思維每年出力修築寔不如出銀募夫之甚便茲
幸臺前視民如傷地方凡有益於民生之事罔不
舉行况堤關四邑賦命自必一視同仁伏乞賑詞
詳請各　憲恩准民便勒石定案永為章程魚山
綠蔭盡皆甘棠六里子孫世代焚頂等情據此該

早職查得嘉邑分修長堤自馬鞍山起至石家墩止共三千一百四十三丈一尺係下鄉六里士民按照堤内田糧多寡分堤丈尺自行出夫修築已多歷年所矣今據六里士民李仕大等環庭籲請循照江咸蒲三邑之例每石糧米派費三錢五分照依市戥隨糧自封投櫃俾在官募夫修築均皆稱便等語似應俯順輿情聽其封納官為經理募夫修築一切夫工護堤物料不役里民一人不取里民一物一歲之内堤塍有益農務無損且一堤

四縣畫一辦理亦無甘苦不均之嘆至有補築月堤仍照六里士民自議出夫自行挑築方為妥便第堤工関係重大事屬更變成例是否可行卑職未敢擅便理合詳請　憲臺俯賜核奪轉詳批示遵行等因詳奉本府吳　批仰候核轉繳旋於乾隆三年七月初九日奉　湖廣武昌府正堂吳為循例派費募夫築堤恩從民便事乾隆三年六月二十八日奉　布政司牌開本年六月二十四日奉　督部院宗室德　批本司道等呈詳會查得

金口長堤一道歷係江咸嘉蒲四邑分段承修其修築之法各有不同咸蒲係派費官修江嘉係照糧役夫出四邑從前修堤之例也後因江邑照糧役夫民多苦累於無益有害等事案内請照咸蒲二邑之例派費官修詳蒙批允飭遵現在遵行在案止有嘉邑堤塍仍照舊例役夫民修未經更易今據武昌府詳據該縣詳稱查得嘉邑承修長堤自馬鞍山至石家墩共三千一百四十三丈一尺係下鄉六里士民按照堤内田糧多寡分堤丈尺

自行出夫修築今士民李仕大等環庭籲請循照江咸蒲三邑之例每石糧米派費三錢五分照依市戥隨糧自封投櫃官募修築均皆稱便似應俯順輿情聽其封納官為經理一切夫工護堤物料不取於民其派費銀七百九十餘兩容俟今冬先試一年一切夫工雜費按日登記工竣造冊賫查如有盈餘留為下年充用至另有應築月堤之處飭令里民自出工力不在歲修之内等情由府核轉前來本司道等復查江咸嘉蒲四邑承修長堤

原屬一轍令江咸蒲三縣均係照糧徵費官修已
有成效而嘉邑士民籲請照例循行似應俯如所
請一律照糧派費官為董理所需一切夫工護堤
物料槩不取之於民其所徵費銀市戥無耗飭令
該縣另立一櫃徵收或銀或錢聽民自封投納每
年歲修亦應嚴飭承修之員實心辦理務使絲毫
卷歸寔用不得於中侵扣有干察究仍於興工之
時將各處堤身某段單薄低矮應行加修若干需
夫若干某段坍塌坐裂應行培築若干需夫若干

共需銀兩若干逐一確實造具清冊賫查俟工竣
之日將實用過夫工銀数有無餘剩若干備造細
冊申賫核銷其看守防護事宜均照江咸蒲三縣
事宜辦理倘有應築月堤令民另出夫工備築可
也是否允洽理合會詳呈請伏乞　本部院俯賜
查閱批示飭遵等因奉批既據士民情願循例照
糧徵費籲請官修均如詳飭遵仍候署撫部院批
示繳奉此又奉　署撫部院批如詳飭遵仍候
督部院批示繳奉此合就檄行備牌行府查照牌

內院批事理即便轉飭遵照循例照糧派費募夫
官脩仍嚴飭承修之員務期實心辦理毋得絲毫
侵蝕擾累有干查究未便毋違等因奉此合行轉
飭為此仰縣官吏查照牌內司檄　院批事理即
便遵照循例照糧派費募夫修築務期實心辦理
毋得絲毫侵蝕擾累有干查究未便毋違須牌

長堤詳文　張其維

查看得嘉魚縣馬鞍山起至江夏縣赤磯山止一
百二十里長堤一道乃江嘉咸蒲四縣之命脈也

其所關利害堤志詳矣卑職毋庸多贅姑就所親
歷者言之自雍正五年大水而後此堤畧存形迹
是年十二月內奉
旨揀發卑職同傳百揆等候選十員來楚辦理水利事
務雍正六年正月到省奉委督修咸寧蒲圻二縣
堤塍六七兩年始得成功此二年江水未經上岸
堤內外二麥大收五穀豐登此時尚未見堤之有
益也迨至八九十十一二五年江水泛漲堤外二
麥顆粒無存堤內獨得無恙麥秋後一望汪洋外

江內湖中有長堤一綫秋苗淹沒房屋傾頹居民僑遷其上五載之間相繼如是至雍正十年水與六七兩年同夏秋俱登民受其利本年水大有夏無秋民得免飢是四縣之湖民一年之計止在二麥而二麥之有成實賴此堤於是始嘆此堤之不可少也彼時惟蒲邑百家口水衝過甚卑職建一月堤長一千四十餘丈筋疲力竭心血耗盡今一旦議廢前功盡棄數萬生靈俱為波臣且蒙
皇恩發帑尤不可私自議去也兹奉
憲飭議詳合將目前情形據實詳請 憲臺電核轉詳并將里民所呈堤志一本并呈 憲鑒

魚嶽山辨　尹貴彪

邑城西里許有山斷岸孑立砥柱江濱夏月水漲時振起波濤中有魚躍之象故名唐保大年間以其地有是山因以名其邑是兹山乃嘉邑錫名之始鍾靈毓秀兹山為最洵活潑潑地於躍有合也胡乃訛躍為嶽殊失其真夫鳳鳴於岡鯤變在海各於其所魚處於嶽其有幸乎泰衡華恒稱嶽不稱山稱山不稱嶽安有疊者是於文為不類於義為不祥詩曰魚躍於淵又曰於牣魚躍明明洋溢天機吉祥善事奈何易之前輩於續志凡例中已指其訛而弗為更正蓋以其相沿久故也兹為之辨以決其疑他如尋鐘秦鐘諸類訛難枚舉彼無乖於事理固可存而不論云

赤壁攷　張宗軾

按水經述江水源流至今巴陵之下江水左逕止烏林酈道元注云右逕赤壁唐元和志赤壁在蒲圻縣西一百二十里北岸烏林與赤壁相對即周瑜焚曹操船處圖經云在嘉魚西七十里蘇公指黃州赤鼻為赤壁不知周瑜自柴桑至武昌縣樊口而後進軍遇操於赤壁則赤壁在樊口之上明矣今赤鼻與樊口對岸何待進軍而後遇乎又赤壁初戰操軍不利引次江北而後有烏林之敗是烏林當在江之北赤壁當在江之南今赤鼻在江之北其非赤壁已[illegible]可知

五言古詩

赤壁

明　林鴻

曹瞞窺漢統，東西朔諸侯。鼎足猶未分，屯蒙迷九州。桓桓長沙裔，欻起揮干戈。兩雄不並立，固知定相謀。朔風吹旆旌，飛霜肅貔貅。飲馬涸天塹，投鞭塡山邱。建業既震蕩，羽檄如星流。衆議徒瑣瑣，獨斷誠嘉猷。拔劍斫玉案，揚旗走輕舟。周郎揮白羽，談笑有良籌。馮夷鼓駭浪，飈伯縱石尤。烈燄蕩艨艟，飛灰喪千艘。論功已顯赫，返駕誠包羞。再光東都業，一洗瘡痍瘳。往事既漫滅，山川尚綢繆。昔聞龍虎爭，今見麋鹿遊。峭壁掛海月，洪濤漲江秋。訪古弔陳蹟，開罇發冥搜。醉來臥烟靄，天地如蜉蝣。

仰高亭

行人　羅如墉

緑源渡柳徑，尋幽入松扃。郤步龍潭山，遂登仰高亭。後有新亭建，八面開窗欞。前有百尺臺，花木多芳馨。宛如蓬萊島，絶俗通仙靈。是時日向暮，山雲陰滿庭。清風颯然至，松聲自泠泠。主人甚愛客，坐倒雙玉瓶。夜深氣蕭蕭，秉燭光熒熒。飲罷出江[illegible]，碧空爛明星。別後屢回首，惟見山青青。

前題

明　莫震

名山號龍潭，玉立何崔嵬。上有仰高亭，文光燭上臺。公餘試登覽，佳興真悠哉。況值重陽節，滿徑黄花開。偃息坐亭上，清風颯然來。旋采黄菊英，滿酌鸚鵡杯。酒酣發長嘯，浩氣充九垓。遠樹日將息，飛鳥投林回。此樂復何有，賦就慚非才。

前題

明　韓陽

殿宇既崙奐，崇岡架斯亭。下瞰大江水，瀰漫復[illegible]瀠。衆木供近翠，諸峰獻遙青。宣聖道高妙，何有聲與形。優優塞天地，萬古恒[illegible]人重懷仰，日日新湯銘。始功顔氏子，言動與[illegible]天驥脫塵鞅，一舉凌高冥。

湖西義學

前部主事　姜麟

先民啟義學，原田隔家塋。胥衿沓朋來，庭履[illegible]數里閭。絃誦聲授受，閱年數時異。勢亦殊，[illegible]今古鐘簴既已移，頽然出遺緒。孫子多象賢，人[illegible]

邁全楚中丞秉清直流風到民部東嶽連大崖今
龍吏文虎家學四百年歷歷皆可譜義方匪聞先
繩祖誰接武潾瀁洞庭西倘許尋墜緒

湧月臺　明　游士任

登臺一長嘯鶴鷩雲欲徙極目盡太虛太虛正如
洗光浮石骨寒沫噴金沙起蕭然見短碣錐畫逼
籀史蒼蘚食斷紋古香從荒圮依稀聞鐵笛梅花
落其裏北下谿古洞可有青泥髓

嘉魚口　明　謝邦柱

羣山枕江灣烟雨洗姿顏忽然展宸立我愛嘉魚
山廻谿瀠而泚山上生蘭芷入江化洪濤我愛嘉
魚水愛山思結廬愛水思釣魚懷哉千古人清淚
落衣裾扁舟宿江驛山寒水容碧欲和甘棠篇勒
彼溪上石

雨中看鳳凰山　明　任宏震

山趣自翩翩光彩日夕變霎雨雲晴怒斯須積蒼
霰庶幾混沌先無處問苞絢風力不肯靜彌空作
瞋眩披雲離合之首翼倏忽轉雲繚山顏沓連蜷
不能睛俛標未可緣青冥眼莫薦揚哉一雨過淡
出當軒面

贈西湖雲隱李德良以下酬贈　錢習禮

微波浩平湖浮雲翳修渚鳧鷺相翱翔漁歌起前
溆中有隱者廬芳菲襲蘭杜茅屋晝氤氳依微見
疏樹高卧北窗涼荷衣夏無暑攜琴欲邀尋還疑
不知處

節婦吟任氏　明　李滄

閨裏抱孤兒夜深淚葉砧冰霜重白首鐵石同冽

心紫泥旌節婦為繼栢舟吟萱花一夕瘁慈烏託
北林母子無親者何異獸與禽我歌發潛德庶以
為俗箴

又

風俗日以衰朝寡暮謀姻何如李氏婦不愧泉下
人紅顏守空幃白髮良艱辛奈這親戚薄厭此孀
嫠貧大節愈光耀完玉同其真願將和血淚風重
揚輕塵

又

碧梧有孤鳳哀鳴引其雛豈不同鳳穴託身峯者
姑口訓燈下書手碎閨中纑自持風霜苦何負黃
泉夫白璧誠如月團圞一軫孤百年明皎後長為
照嘉魚

擬遊白雲洞不果　後編　李元震

邑南有林巒棲跡頗幽邃峭舊莫能名白雲以從
類巖潭可恣遊來者盡登跂我欲假天風向徃來
能至詎敢忽名區實亦愁短轡饑疲望壺飧扶傷
泚清淚訟庭露槐根書牘供胥吏只此慖杖藜焉

能友荷蕢子厚仕柳州窮歷凄寒地子瞻計公餘
疏鑿搜奇異何時異塵土名賢附佳致終從白雲
遊山林免貽譏

七言古詩

赤壁　元　許有壬

孽瞞毦水劇趙女漢火餘光能幾許蜀方傳薪爐
未然吳隅束縕成一炬萬艘枯葦沃以膏空江女
鞲長風鼓九淵禺沸羹魚龍連雲熾炭熺貔虎雄
圖南紀成畫餅匹馬華容作窮鼠坡翁乘興賦赤

壁熳爛天機湧毫楮偶從雪裏寫芭蕉又似題黃
不毛舉考圖求古此其地事去千年若覩覲江山
蕭條歲華晚與黎人間幾今古買魚沽酒邪阿瞞
醉和漁歌短蓑舞

前題　樂府　明　楊維楨

喬家僣真奇才紫旗青蓋潮頭來南風一箭火鶻
發鼙鼓震天怒如雷焦兵爛馬連營倒老奸失脚
華容道當時兵忌蹶上將弩末何能穿魯縞伏龍
料敵非空談瞞首合貯江東函贇軍一歸何太速

左右都督心二三巴西健兒解追賊徑取彝陵未
奇特千金無令購瞞首走馬窮途安可得三軍飲
酒氣如虹南山作豆江作鍾予布子表兩幗婦周
公魯公雙劍雄斫案龍刀第一功

前題　李元震

嘉魚縣南石頭口一片蒼崖勢廻紐題名云是古
赤壁摩崖欲崩字不朽當年軍壘已消亡折戟沉
沙空歲久壇宇猶傳丞相風江流未洗曹瞞醜卻
笑蘇公侈勝遊漫向黃州酹尊酒橫江化鶴夢丁

如良夜吹簫客誰某三國英雄歎逝波二賦光芒
射牛斗何妨兩地自千秋江山詎必論真否愧我
天涯遊子情欲將陳蹟誇陵阜往事淒涼究莫尋
惟見荒烟蔽川藪湍月應難蔽舳艫蘆風欲起吹
魚笛吟嘯誰知戰血腥史案興亡一回首

百疋山為某翁壽 以下酬贈　元　程從龍

熟湖周遭山歷歷諸山神秀讓石壁石壁山上賢
人隱石壁山下蛟龍蟄乾坤巧置山臨湖要使湖
光照山色月來影浸玻瓈寒日出烟凝蒼翠濕雲

氣吞吐天冥冥巖阿花草春深深浮嵐晴助峯勢
壯飛泉瞑續崖猨鳴穎川逸翁遊憩處呼吸山谷
養神氣芝田烟煖稻疇豐窩戶不就蒲輪致翁居
日與羣仙伍手植松柏翠環堵節操松柏符堅貞
壽齡金石同今古

寄題東湖書院　明　王鏊

東湖烟水空復空乃在武昌之西嘉魚之東氣吞
長江卷七澤聞有幽人昔年隱居垂釣於其中邇
來一百四十載九疑連綿竟誰在豈知蒼[illegible]

雲山中亦有東湖儼相待潯江灘江左右流落霞
孤鶩良悠悠竭登大雲嶺霜露欝欝愁松楸主人
自是身許國到此詎敢忘首邱此亦一東湖彼亦
一東湖乾坤萬里雲飛孤願君慷慨終許國致吾
君於堯舜始作范蠡扁舟圖

白雲山紫霞觀同給諫姪沂　李寶全

君不見龍門太史文何奇曾探禹穴登會稽又不
見青蓮居士氣何逸朝遊金陵暮采石天生才俊
世無羣飛馳八極晴空雲胃蟠蛟龍吐風雨眼高

海嶽如蠅蟻吾家長公嗜奇羨飆輪同昇紫霞觀
神草珎花莫辨名遠峯近岑皆覆甑泬寥獨與天
為隣半日俱為天上人北斗低徊為斟酌醉裏襟
懷如初春嗟哉醯雞不出甕浮雲過眼知何用誰
將洗筆紀名山喚醒乾坤一大夢請君聽我歌冲
霄摩漢興如何腰間佩有雙龍劍斬斷華衡光不
磨

江亭送遠　後編　劉士臣

望裏長江碧到天送君晚上洞庭船南湖九月秋

色好但逢山水即流連知君原自有奇懷行行話
花到嶺開黄花無語低似醉一片清香為君來隱
水石翁呼釣叟常醉清江引衆謌闘道官亭飲如
虹赴山欲渡石欲吼行行且自問秋水深有蘭兮
流有芷料得清嘯有知音巨鱗簇浪湘妃起

五言律詩

石頭口水驛　唐　戴叔倫

旅館誰相問寒燈獨可親一年將盡夜萬里未歸
人寥落悲前事支離笑此身愁顔與衰鬢明日又

逢春

嘉魚口　宋　張商英

晚泊嘉魚口移舟過近郭黄茅連上岳毛竹入東
吳漲水迷羣嶼環村應百需摘山非利柄萬旅逆
川途

前題　王懋德

堪羨嘉魚邑江山頗幃幃俗淳民訟簡地僻使星
稀僧寺臨清瀨人家住翠微市橋通遠近時見一
帆歸

前題　明　管時敏

棲花江上驛春水買新魚滿尺銀堪比千鱗錦不
如因歌悲楚客每食感王餘江海親朋少誰傳一
紙書

簰洲

武昌歸已近今日過簰洲沙泊春回雁汀喧晚浴
鷗白花梅欲盡青葉柳生柔駕鶴來天上新晴慰
遠愁

赤壁

曹公兵敗處今識在嘉魚赤壁三分後烏林百戰
餘橋浮春渡濶舟泊夜江虛千古英雄事悲涼太
史書

前題　李整

歸艤黄州棹來登赤壁山一拳英雄石三國利名
關揖遜窮今古生靈籌莫皆陶然一杯酒擊楫放
歌還

雙洲　元　程從龍

雙洲新歲月五夜故園心地狹茅廬小雪消塗

深詩情翻手探酒意向梅斟世事有同與春風共古今

至分司喜晴　明 韓陽

憲節駐南嘉天晴景物華喬松擎翠蕊老桂吐黃花田父添欣喜逺人少歎嗟公庭民訟簡詩思浩無涯

楚雲臺為李世卿立　陳獻章

太極分天地東南有一臺水窮滄海澗雲度楚山来屢見乘桴去終期采藥回逍遥千丈木斟酌萬年杯

黄公山釣臺　吳廷舉

蓑笠全生計謳歌贊化工餘生甘草莽長揖謝王公酒國情懷到名場影迹空楚騷間可續漁父最高風

西湖雲隱　鄭楷

結屋水雲鄉蔵脩興趣長入窓晨氣爽一榻午風涼渾似居蓬島還疑泛野航因思林處士梅隱在錢塘

六溪台　本府判 鄧秀

我亦乘時暇聊為陸口遊荒廬依古岸落日抱孤洲許國心空壯傷時志未酬英雄巳蕪没霸氣未全收

梅澥湖泛舟夜歸　方逢時

剔葉在東城扁舟來去輕湖秋氣沉徹山晚勢崢嶸天遠帆如鳥林踈燈似星滄洲吾道在洗耳棹歌聲

楊汊湖

湖上風光好中流獨放船浪花生桂楫雲意昃梅天蘭芷香風度鳧鷖清影妍雅懷吟不盡長嘯起龍眠

南山擁翠　白石八景

靄靄浮空碧亭亭入望幽龍歸新雨歇鳥過斷雲收色借瀟湘暝寒生衡霍秋閒来勤拄笏那復問蓬邱

東港拖藍

平野微茫外清流屈曲通色深春雨後光濫堯日

溝次地染丹青書不工飛花如有意數點暎
烟紅

黃岡魚鳥

閒來湖上坐觀物興悠悠在藻魚知樂遷喬鳥自
求飛飛雲影淡瀠瀠浪花柔蒙莊并海叟此意與
同不

茭塘隱泉

勝境標靈跡奇峯列畫屏龍宮開紫極蛟室浸青
冥永夜星河炯晴空風雨暝蒼生霖望久莫惜在

山中

赤壁烟霞

嵯峨赤石壁遙對烏林洲寂寞雄圖盡蒼茫勝跡
留斷烟横浦口返照挂峯頭無限登臨意寒江萬
里流

金雞牧唱

自是無憂者行行叩角歌湖春青草滿山曉白雲
多烟際頻呼犢月中時荷蓑天倪成獨和具次不
須過

銅磬漁歌

烟艇衝寒理風絲帶雨收潭空魚可數歲晚鷗麼
愁得酒時還醉無人日自謳乾坤同泛梗萬韻薄
王侯

人豪遺跡

有美幽棲處無人虛翠岑湖大来悵望風物憶登
臨花發古時色鳥鳴空谷音寥寥千載意搔首一
長吟

大崖山寺　李寶約

嗽石人何處眠雲室未扃藤蘿縈洞口烟月濟山
靈隙照懸孤白晴巒漾遠青芳塵風已净聊爾襲
餘馨

前題　甄樸如

寂寞空王宇經過上客車慈雲生洞壑佛自照於
墟僧定鳴鐘後詩成卓錫餘不須遊五嶽此地好
藏書

前題　陳紀

世路風塵客清宵到梵堂壯心春夢短孤枕雨

長幽草吟邊緑　雲花世外香美人何處覓[illegible]
瀟湘

石室洞　　李憭

徙倚孤雲際悠然有洞天乾坤一甕在日月兩燈
懸滴乳吹晴雪垂蘿掛暮烟閒心趺坐處了了見
虛圓

楊葉洞

石磴危千尺翛然一勝遊清泉騰白雉丹井卧青
牛楊葉寒流急梅花古洞幽遙看烏鳥外霜老萬

山秋

淨保寺

疋馬投孤寺春深寫色新寒鴉高樹息野水亂雲
屯客問無為法僧留不壞身浮生空大夢解脱更
何人

雨過崖麓　　任喬年

邑里崖猶卓攀尋勝未開底因寒岫雨直滑石梁
苔聞望磬何遠登臨事可猜妬他嵩極院七十四
回来

訪祭風臺舊址

更欲龍爭起呼天為反風如何吳舊壘空付楚遺
弓會獵聲猶壯占烏事靡同老僧憑一咳回指大
江東

六溪口　　後編　李元震

六溪繁盛處誰使莽榛蕪社樹移焦土樵村失遠
湖堵垣難集雁篝火欲鳴狐何計謀生聚来蘇慰
苦荼

望六溪景色口占誌喜　　張其維

此地憂凋敝前賢意惘然遺民三户識比屋萬家
烟絃誦揚墟里魚鹽滿市廛為官勲撫字生聚在
堯天

望雲亭

四望雲天合登臨興有餘澄江環淨練高鳥過空
虛眼曠皆圖畫官忙總簿書何當清嘯處滿志得
躊躇

新鑿泮池落成

自闢鴻濛境愈增芹藻香文瀾新壯瀾

澤本汪洋躍鯉門非峻潛龍勢易翔勗哉諸士子
級在宮牆

和前題　　王士璥

聖澤源流遠賢侯位置倫依然形半壁不用役三旬小
大從公易鸞旂載道新會當風雨際竚立起潛龍

大崖山　　王之輝

此地稱名勝南嘉第一峰清幽無俗染靜密有雲
封石室藏書古鐵橋流水瀉先型今未遠理學啓
儒宗

送李生喬齡薦示勉以下酧贈　　許少華督學

閩士吾將遍尋師爾獨勤遠求麐史秘早見鳳毛
文阜樹涼風進星河曙色分三年下帷意珍重莫
求聞

送蕭霞岑之任松陽　　習孔教

相國簪纓舊儒林藻采聞一經能裕后六世更傳
君泮水連芳樹氊臺起洞雲年來絃誦地應不愧
河汾

七言律詩

赤壁　　唐　崔塗

漢室山河鼎勢分勤王誰肯顧元勳不知戰伐由
天子惟許英雄共使君江上戰餘陵是谷渡頭春
在草連雲分明勝敗無尋處空聽漁歌到夕曛

前題　　元　程元龍

長江天塹繫安危江上帆檣曳夕暉繞樹月明烏
未宿橫江夢覺鶴初飛北兵夜潰三分定西水秋
涵一帶微乘興登臨增感慨山川如故世人非

前題　　明　李承箕

一聲歌動白雲秋何處官舟並釣舟老我不曾關
世事離人真得與天遊頭無白髮三千丈腹有黃
精一兩甌終古興亡誰記省聊將吟弄此悠悠

前題　　都御史　徐恪

曾看折戟委空壕割據常懷戰伐勞南國帆懸湘
水濶北江烟漲楚天高隆中籌策終存漢許下衣
冠愧屬曹試問石頭磯伴月幾經烏鵲散林皐

前題　　姜濂

愛此江波愛此秋江波江月更宜舟烟蓑釣客岸

魚買南國高人帶月遊赤壁山前隻短棹水晶宮裏一浮漚孫曹勝負今何在衰木凄涼夜夜愁

前題　廖道南

五百年来續此遊水光依舊與天浮徘徊此夜東山月彷彿當年壬戌秋有客得魚臨赤壁無人載酒到黃州詩成一嘯千山靜孤鶴橫江繞小舟

前題　方逢時

危磯巉倚清江人道曹劉舊戰場往事已隨寒浪滅遺踪惟有暮山長雲霞尚帶當年赤蘆荻空餘落日黃欲弔英雄千古憾漁歌聲裏又斜陽

龍潭山　元　黃溍

二月清江照眼明避風艤楫過洄汀斷雲挾雨時時黑密葉藏花樹樹青習隱羞成陶令賦行歌聊共屈原醒碧潭光景無消息坐看魚兒點翠萍

前題　明　方逢時

千仞高峯倚翠微天風吹步上丹梯九江波浪無天湧七澤烟雲入望迷碧殿松陰風瑟瑟石壇花影日凄凄人間久已思霖雨潭底神龍尚滯泥

百足山　元　程從龍

百足連綿萬古看世情翻掌此山安斷崖水落林烟淡峭壁猿吟月色寒巨鎮倚天江勢轉遊雲歸岫雨痕乾登臨舉目山河異長嘯一聲天地寬

前題　明　莫震

名山登處勢凌空石徑盤盤翠幾重極浦漁舟歸落照深林樵斧響東風蒼茫城郭登臨外遠近人家圖畫中對景未窮天際眼捫蘿直上最高峯

望夫山　李滄

步履雲根上碧峯望夫歸去思千重趾根石上已留跡心體人間何所從春鳥啼烟添宿憾林花泣露想愁容於今素節關風化蹻足端宜繼好踪

白面晴雲　孔儒

城南巨鎮勢岧嶢日出扶桑見瑞歊非霧非烟時隱現為霖為雨歲豐饒神光射斗龍還臥霽色浮空雪已消幾度倚欄吟眺處無邊清致絕塵囂

梅山

曾陟危巔望泰華山南山北總梅花晴香度竹森

風片疎影懸崖夜月斜可惜浩然吾未得老教村
靖見尤誇有時玩賞家燃遠欲傍東崖別起家

大崖山寺　姜濤

何處天風不肯休剛來吹我大崖遊烟光[illegible]簇薰
人醉江水茫茫覺地浮事到圖時機自話朴當深
處烏頻謳而今心跡何曾着朝市山林只自幽

前題　馬炳然

看破南華第一篇此心端合大乘禪亂雲引我入
山寺瘦竹扶人下坂泉的的青山聊作供涓涓寒

溜不知年千秋此地如相待靜結浮生半日緣

前題　孔儒

投身林下日悠悠登眺名山又一秋石徑裏苔粘
屐齒林花過雨眩凝眸詩賡舊韻重題壁酒得豈
年滿泛甌醉笑老僧頭已白老僧翻笑相公頭

前題　李承箕

藤蘿之外是諸天寂靜中間息萬緣千古江山真
有待十年踪跡最堪憐狻猊呈瑞来西極鳳烏忘
機別醴泉曾到去来無物我便教糞壤亦芝田

前題　李承勛

一別青山三十年重来風景尚依然蕭蕭木葉全
迷逕滚滚溪聲直到筵松影婆娑教鶴地菊花爛
熳欲霜天同遊更遇同年契緑酒更深困老拳

又

僧迷空谷杳無隣蠟屐聲傳駭鹿羣寒月影篩窓
外竹清風雁度嶺頭雲石泉舊洗高人耳粉壁猶
聞醉墨芬倦鳥知還還未得汗顏燈下讀移文

前題　吳廷舉

平生愛讀遠遊篇也愛尋真也問禪小艇一宵衝
駭浪大崖千尺踏飛泉斯文會合堪今日前輩歌
吟記往年準擬掛冠滄海外東遊西泛了殘緣

前題　李整

四山環合水雲中一逕無塵路曲通李愿固知盤
谷好龐公還愛鹿門重仙騎羊去惟存石鐵鑄橋
成不考工多少世人尋不到風塵驅染白頭翁

前題　方亨

十年契濶崖山路變馬今春又復來石發

曲徑花陰滿地印蒼苔鎖雲深臺催詩思夜分
青入酒杯風景漸于人世異好教啼鳥莫頻催

前題　李敏

殷勤燒竹夜烹茶風味人間莫此佳我輩求閒眞
得所何人到此便思家不曾夜卧三更鼓每覺燈
開幾度花糟粕滿前推不去乾坤無奈遠炎加

前題　莫如忠

春光杳靄遍郊原半嶺雲蘿古殿存遺跡偶尋高
士隱淨緣得共比邱論階前忍草承山屐徙際空

花墮酒罇卻笑獨遊千里客還來此地避煩喧

前題　方逢時

野人家住雲中麓五十來遊憶此藏樹影深金
界淨曇花香滿石林春尊前人物異千古覺後形
骸等一塵暫叙蒲團清客夢莫教門外碾雙輪

前題　李實蒙

水雲三載滯尋眞燕懶鶯慵鬢髮身有酒可邀憐
碧草無詩那忍負青春一通豈識西方聖幾見□
揚東海塵臥起龍吟風雨後扶桑引□

前題　任文光

何人卓錫大崖峯殿閣嵯峨寶氣重石室春深鞠
玉蝠鐵橋波靜隱驪龍振衣雲散諸天月敲枕僧
鳴下界鐘興擬廬山應不淺清齋蓮社任從容

前題粤歸来遊　尹奇逢

堪念勞人車未停名山靜對滌塵氛潺湲澗水鳴
空谷縹緲峯巒帶夕曛仙子半簾別是月老僧一
塌豈非雲此中佳處知何恨捷徑終南未可云

前題　任喬年

入望名山五十年每因牽率到巖巔夢回曲曲肥
丹藥聽說深深漾石泉羣動不驚生植杖百靈無
語坐縈絃向来陵谷頻搔首即此登臨易悵然

灌磯山　分守道雷賀

雪霽魚山春事幽褐来携酒共登樓波澄萬頃江
如練雲帶孤峯草似秋漁浦風帆来野況茅廬水
國起新愁百年登眺今須醉笑折梅花當酒籌

前題　方逢時

危峯突兀倚江干□□穿雲到石壇南國千年□

不返中原萬里雁飛難書楓葉落滄洲暮青桂□
疎白露寒對酒不妨歸去晚天涯岐路正漫漫

城豪山

湖上春風散積陰尋幽迭上碧山岑倚雲試放天
邊眼對景真成物外心千古人豪留勝蹟百年登
臨有知音醉来危坐峯頭石閑看歸鴉遠暮林

又

疎狂敢自謂人豪聊向山靈賦鮮嘲懶性已甘雲
作伴閒身欲借樹為巢連空慕靄横千嶂漾日春

流漲一篙漁父不来山寂寂東風開遍水邊桃

篺洲　僉事　韓陽

年去年来不少休纔過金口又篺洲明蟾泉上圓
圓久大火西流耿耿秋楚澤茫洋驚歳月稽山遼
遼憶松楸半生跋涉成何事親德君恩兩未酬

西保湖　李滄

十里湖光淡眼明漁舟来往鏡中行輕風半捲桃
花煖微雨初收柳葉青浴白淡濃圍翡翠凝霞□
灔醉鵁鶄吾家結屋經年久欲攬餘光入□□

鄧秀

山行戒僕披蓬萬天風吹露沾征袍夜如何其月
皎皎道之云遠心忉忉波寒不戢黿鼉怒夜靜原
闌豺虎嗥荒村息駕屛燭坐俗吏簿書徒爾勞

大成殿　程立中

自識書生禮數寬妙香一瓣束琅玕丹青凝古蒼
苔合科斗書香夜月寒一統山河新社稷千年儀
範舊衣冠巍巍獨立乾坤表萬古龍潭萬古看

前題　劉池藴

鼇山填澗勢寬平臺閣凌空一大成繞舍江光秋
月白洗心靈籟夜天清聖賢事業須吾黨燈火弦
歌有後生天道不違斯道泰奎星分影兆文明

仰高亭　武昌郡守　秦夔

仰高亭上一躋攀風物都歸歷覽間千古衣冠尊
聖教百年臺榭壯賢關雲邊山色看無際樹裏江
流去不還五馬獨来因問俗愧無才術濟時艱

前題　長沙郡守　陸相

仰高亭上似登瀛白面諸峯翠入城潭有龍□□

變化巖如魚躍道分明平湖烟草連天色古礎松風萬壑聲不是知心能欵念窮途寧有此間行

前題　　石渊之

蒼靄濛濛畫始分獨披榛莽躡雲根江無盜艦民初樂山有黌宮勢益尊紅襯錦茵花滿地翠翻晴浪麥連村撫時一點憂時淚安得龔黃與細論

和前題韻　　姜溥

百尺長松夾路分青雲為闕石為門草茅一巷誰堪陋富貴千門也自尊落落風光隨老輿盈盈月

色掛東村憑誰喚起周夫子尋樂齋中與細論

前題　　童以明

危亭卜築位高陽幾度登臨逸興長漠漠生烟人境遠煌煌題字墨痕香道同天地一來往妙在心傳無渺茫到此不知身世在悠悠雲影與天光

前題　　楊暉

仰高亭上翠嵐浮亭外長江日夜流簾捲龍潭山月曉窓涵魚躍石臺秋光陰有限嗟人老道體無為貴自修吟遍夕陽天未晚白鷗飛傍釣魚舟

前題　　方逢時

仰高亭枕北山阿暇日來登試一過開刹漫懷賢令績考槃堪咏碩人薖窮碑蘚蝕螻科斗石竇泉深鎖薜蘿對酒不妨歸去晚壯遊湖海幾蹉跎

博約亭　　李為臣

千仞層臺載小亭登臨萬慮一時平幽階晝永饒春色虛牖風閒碎鳥聲目極澄江銀練遠道高遥漢玉蟾明沉潛博約涵濡久今古乾坤仰令名

摘星亭　　姜溥

獨上龍潭第一鄉飄颻八極與神遊星辰水底光相狎歲月人間去似流萬古未應長是夜一杯聊此可宜秋而今撒手騎箕尾笑展乾坤一兩籌

晚泊亭　　李滄

閱星亭下枕長流鱗次舟車按勝遊春日鶯調垂柳徑漁家笛響白鷗洲錦鋪魚嶽山花媚練幕龍潭水氣浮對景可憐臺榭廢經營須是待賢侯

竹軒　　龔霞

平林蒼玉絕塵埃常記當年手自栽勁節聳晴

雪段虛心應待鳳凰來輕風滿座清音度節月篩
窓翠影開芙羡渭川千畝好一竿纔有傲悠哉

又

挺挺新梢間舊叢影搖蒼翠淡蕪濃簳龍化去雲
逹海彩鳳飛来月滿空勁直不殊君子節清虛無
忝古人風七賢林下成陳蹟獨倚闌干想舊踪

又

翠挹晴窓絕點塵公餘相對獨相親娟娟秀色餐
無厭濯濯丰姿畫不眞春色媚時偏冷淡霜威嚴
處越精神卻憐輕薄閑桃李强倚風前也效顰

又

種得琅玕傍小軒春来生意浩無邊迸泥頭角爭
高下拂漢兒孫列後先嘯咏只容袁粲入栽培獨
許子猷憐莫言相對空相愛要學氷霜晚節堅

九日登白雲山　方逢時

江鄉節物驚重九海宇奇觀此二三一棹遠維青
草岸四人共醉白雲菴琪花冷艷開葱蒨高樹濃
陰覆蔚藍登眺未須愁日暮長風吹月上[illegible]

紫微亭

不向金門冒曉寒早從神武掛塵冠一區小作[illegible]
鷦計千仞遥同鳳鳥摶吟罷倚闌雲乍起飲餘扶
杖雪初乾春風秋月頻来往俯仰人間一大觀

文廟古松　魚城八景載五首　王彥卿

仰高亭上陣雲開鬱鬱喬松未易材細葉迎風搖
碧浪孤標映日覆蒼苔氷霜歲晚無陵競風雨年
深任挫摧羨此一團幽冷節祖龍曾未受封来

法華暮鐘

晚烟湖上月初明古寺疎鐘倍覺清遠逐潮音千
户警輕隨佛號百靈驚嚴城禁鼓隨終始隔岸寒
砧與重輕惱殺暮鴉棲不定飛來飛去不勝情

龍潭秋月

水靜寒潭夜正幽溶溶皓魄一輪秋雲開碧落三
更盡人泛空明幾葉舟神女波前珠正美馮夷宮
裏璧誰投蟾光此地偏昭朗絕勝當年坐庾樓

平湖春柳

託根常在水雲空窈窈春来兩岸濃繫住潭心千

里月掃開湖面萬條風頻催宿鳥斜陽盡半送孤帆細雨中幾向城南高處望綠衣影裏鏡花容

白雲雪浪

飄飄兩岸綠楊風萬頃湖波勢拍空半撼孤城来滾滾輕浮落日去溶溶更無菰米能沉黑已盡桃花不泛紅惟有一天晴雪影遊人收入畫圖中

咸嘉社學　　詹　瑩

雲山疊翠抱清流一鑑天光萬頃秋千里湖湘長自在百年文獻又從頭乾坤何處非真樂廊廟而

今屬壯猷白鹿嵩陽應未遠喜鳴吾道繼前修

前題　　劉大夏

全楚蒼梧一脈通青山綠水趣攸同臺臣久注東湖念社學今存故國風後樂未忘諸景在高情常付詠吟中獨憐老我曾經地把筆題詩思不窮

淨保寺牡丹　　吳廷舉

牡丹爛熳梵王居惜此春光共賞之泠雨淒風来寺路晴天皎日看花時幽深西洛先天數敏捷東吳百詠辭最好酒天人不醉大都妝點太平基

前題　　李承勛

不到禪林十八年石藏金像故依然經無貝葉傳空偈砌有名花識妙緣幻跡人皆驚懶狗真機誰解縶靈猿浮生尚覺迷途遠欲借毫光照大千

白湖寺　　李寶全

勝槩都收萬頃湖晴光倒影白雲孤也知清況人間少自覺豪華眼底無參破元關開曉鏡滿斟白水壽皇圖揮毫驚焰三千丈誰道溪南日已晡

熟湖寺　　李為臣

兩鬢蕭蕭雪幾莖歸来應得恣遊行漫將月下梅邊翫遍寫胸中物外情白簡飛霜閒舊手蒼松巢鶴定新盟壁間且得留詩句不管山僧話廢興

紫霞觀　　李　沂

白雲深處啟元關曾住眞人鍊大還萬里江山聊縱目百年天地幾開顏重重綠蔭烟中樹點點青来雨後山欲向紫霞高結屋清平應許外臣閒

正氣樓

正氣樓開海嶽收字驚華袞耀千秋生逢明盛世

無補身處江湖更有憂請劍不聞天上語飛雲[illegible]
見日邊浮何人共遺登臨興高視雄談隘九州

鳳凰山演武亭　　游士任

八門江上陣雲開畫棟高凌舊日臺赤壁鯨波濤
緩帶彤弓雕影落閒杯憑欄不話登壇事投筆慮
留記室才最喜楚天刁斗靜采蘋一曲鳳凰來

赤壁　　任宏震

周郎英發擁旄初漢賊書來會獵餘炎火寧私閫
上石連環空說釜中魚南飛烏鵲詩成讖北走闕

山計莫攄我探遺跡發孤嘯銅臺歌吹復何如

醉鶴　　雷士順

放鶴亭前鶴不回江樓猶自傍江開霜鐘夜點[illegible]
如笛峴柳新聲琵似梅雲白不迷仙子去山青何
計野人來臨風欲試蹁躚舞先貫辛家酒一盃

白雲山　　李占解

青雲高隱楚天宮湘水衡山一望中渺渺孤帆浮
遠樹冥冥雙眼送飛鴻氣吞天地名何用景寫江
湖句自工不與紫微談北極誰知李白有仙風

贈西湖雲隱李德良　以下附贈　蕭時中狀元

見說幽居不在山棲遲偏愛水雲間柴門有徑人
稀到世事無心身自閒夜靜窗明漁火集晚來簾
濕雨龍還何時得過湘南路飛佩尋君一叩關

前題　　左布政　周文褒

西湖湖畔卜幽居湖上閒雲自在飛微影到窗秋
淡淡晴光落户晝霏霏未從賢佐為霖雨且伴漁
翁坐釣磯料得高人甘淡泊此身誰道厭輕肥

前題　　張敬

青衫白髮老西湖與世無心任卷舒槽滴真珠延
客酒架藏羣玉課兒書朱簾捲雨收歸鶴畫舫迎
風罷釣魚幾度放舟江上過無因移棹問幽居

前題　　張璧

車馬無煩使節過湖光天影共婆娑高峯南北雲
雙屐短棹東西水一窩掃石静彈鳴鳳曲倚床閒
和飯牛歌開樽坐飲幾忘俗如此幽情奈爾何

奉答李茂卿世卿兼以為饋　鄒寶　二泉

潁濱才思似東坡十載交情此見過議論久知[illegible]

郡守姓名今喜壯䝨科何年塵海鳴丹鳳到處琴歌

風長綠莎我有古琴常掛壁欲將短曲和君歌

送茂卿大理還嘉魚　趙寛

囊中苦乏買山資何事飄然去不疑萍世功名兼寵辱野人腸胃耐寒饑簿書脫手紅塵息湖海藏身白日遲覓得漁竿堪送老市朝那見有還期

奉寄李世卿　姜麟

古來南學得精華況復南遊住海涯羅阜山深藏赤豹楚雲亭煖醉春花堯夫心事無名傳遷史文章大作家衡嶽烟霞洞庭月秋風定擬買江艖

與世卿仲子嚴　陳獻章

野鶴將雛到海還楚雲秋夢幾鄉山羡牆見我三湘外歲月遲君五嶺間杏花不禁春意鬧美人爭捲繡簾看長安莫買乖巖屋泰華常留睡老搏

同選會分得朝字韻　尹相

江山雄勝上皇朝王氣輝騰逼九霄人物風流周棫樸將軍聲望漢嫖姚袞龍懸仰重華見池鳳爭看異彩飄愧我斑連諸彦後漫隨登眺醉扶

翔鳳樓為方司馬賦　雷賀

鳳凰山上鳳凰遊鳳去山空草樹幽萬里風烟春色淨一樓雲水暮光浮不辭華紱披蒼鮮雜愛清樽俯碧流羨爾祥鸞棲枳棘喜今揚翮鳳池頭

和前　方逢時

漸老無心賦壯遊興來還與共登樓清江草郭留殘照木落山椒見遠洲身世休教悲枳鳳襟期應喜傍沙鷗紅蘭翠竹看愈好醉裹狂歌任白頭

大隱樓和方司馬韻　李寶約

三朝經濟羨通儒歸隱樓成榜大書地厰江湖明畫錦簾開沙鳥賦春渠韜藏龍虎間揮翰客有羊求喜到吾兄荷主恩深注念江城氣色百年無

前題　李沂

一代勳名仰巨儒歸來尚喜玩琹書樓題大隱雲環座詩入仙園水到渠破胆舊驚韓相國揮毫新壓李金吾天王指日承清問曾見籌邊國老無

餞別李鶴齡之任慶元　吳廷舉

綱常職任新君寵鄉黨衣冠舊世家蘋施有才

倚馬文場[illegible]運幾圍沙能餐仙李千年[illegible]
桃一縣花獨念我来君又去歲寒誰與共[illegible]

贈李作楫陞楚東安授　潼川守　黄[illegible]墉

東滙青衫仰泰山艨艟又去大川閒傳繼[illegible]喜源
流遠遊宦常憐直道難秋雨廣文甘苜蓿[illegible]陽安
定集金蘭長安風雅多才調譬[illegible]筠還[illegible]立班

讀李後林集　江西解元　黎　讓

讜言直諫顯當時丹赤那知宋祚移翰墨已歸雷
侍制廟堂終識鄭清之百年忠鯁父[illegible]猶[illegible]一代文

章我獨推回首穆陵無限恨為君[illegible]寫新詩

偕江龍門遊魚嶽山值雨　[illegible]奇逢

皇華萬里勸君駕起乘長風正此時[illegible]雨翻盆雲
[illegible]笠長江崩浪水臨岐茭蘆鷗[illegible]人渡洲渚烏
栖[illegible]照暹父老牽衣歌有客高燒銀燭罷題詩

五日威鳳亭閱民兵　以下後編　李世錫

[illegible]姬拭麗中天載酒横戈威鳳前野渡鼓鉦連
五日江城組甲壯三千雄風自昔傳西楚兵法當
時窩井田湘漢無波平似練歡呼童叟是今年

同郭江西郎南城觀漲　李宙復

睥睨遥遥作障隄湖滑江岸一天迷怪松幾樹撑
雲立比屋千鱗貼水低孤艇遠浮烟雨外明霞高
結海門西行来峻嶺攀星極謝眺驚人句已攜

又

横江崩浪嚙金隄泛宅浮家路已迷嫋嫋危橋人
影斷蕭蕭遥隴雁行低射潮無復天山北塡海難
回若木西幸有仁侯勤乳哺嬰雛歲歲得提攜

威鳳亭遠眺　李元震

傑構臨江踞鳳岡蒹葭縹緲絮如霜寒侵豫惻民
襦短海晏還虞戍騎忙目送征帆歸鄂渚驚聞孤
雁落衡陽天南冀北縈懷切雲樹蒼蒼引睇長

城隍祠中側葉柏大可數圍碑志唐時所植
物也愛其盤曲離奇蒼翠欲滴詩以紀之

何年古柏挺霜姿森爽靈奇風展時根轉百盤玉
局語黛凝千尺錦宮祠幸無封號蠚蓁碣宜有巫
陽奠楚辭嘉蔭累朝光邑乘豈同社櫟擁支離

灌磯山夜集賦得一天星斗煥文章分章字

韻　龍文斗
豈學鴻詞赴選場更闌猶自倬天章文分蝌蚪堪
成卷字採珠璣儼在囊碧落有碑凌五嶽丹書留
篆印三湘早朝太史驚相謁奎璧年來見楚疆

赤壁　袁奐
孫吳此地走雄師誤落黃州千古疑名出巖關屯
虎豹天空草樹失旌旗運留孟德歸猶幸才妬周
郎死亦奇蜀白西沉龍去遠荒臺望斷立江湄

前題　方海
烏林隅岸對臺荒上下征帆指戰場應是武侯忠
漢室非關孟德困周郎三分鼎裂同灰燼兩字山
高共水長弔古不須頻悵望由來成敗各相當

前題　羅元傑
自古臺荒不計秋青山疊疊水悠悠波沉劍戟應
難沒巖鎖鋒烟似未收興廢幾人談往事乾坤到
處憶同遊相看萬古磯頭月擊楫還來一泛舟

前題　胡自炳
石壁嶙峋千古赤烏林一望水悠悠不因孤鶴驚

予夢也載寒簫共客遊烟火已經灰羽艦叢殘坐
自漾漁舟英雄事業今何在兩字丹文射斗牛

魚嶽山　尹士郭
湖光江色混長天阜湧波迴界碧泉豹虎參差巖
勢險鼓鐘鏜鞳水聲濺潭龍躍後疑留鎮天馬行
來欲卸鞴眼底一岑看不盡幾時還上白雲巔

白雲洞　孫襄
借屐東山覓勝遊烟埋古洞耐人搜斜開風竅輕
塵起深鎖雲根積翠流當户垂簾疎樹掛向空返
照夕陽投環溪我欲移家住那得青蚨買一邱

初夏同友人雨中泛湖　程珏
湖光瀲灧接天浮一棹輕舟古渡頭笑指暮雲歸
遠岫喜看時雨足先疇故金漫索吳江句有客欣
為楚水遊麥浪松濤都入畫可知得似輞川不

晚步雨山觀麥
野外堪憐綠未齊平疇秀色望中迷寒烟萬井都
懸釜積雨千村只斷虀南阮長饑猶自忍東方覓
飽向誰啼阿婁未解今年苦漫說青黃漸可攜

大崖曉望　王士璥

曉烟籠樹樹籠岡一片霏微入渺茫寺古尚封蝸臘雪崖高還帶早春霜重重雲嶺南盤密滚滚江流北去忙欲訪前賢遺跡杳鐵橋横翠但蒼蒼

又

望雲亭　李楚泗

幽尋處處憶曾經俯仰乾坤只此亭平遠不遮千里碧長空直合四圍青參差睥睨因山險突兀岡巒枕地形便好憑虛招鶴下九皋清唳會重聽

秋老芙蓉獨自開一聲長嘯又登臺人如旅雁匆匆過憾與江流汩汩來三峽波濤從古險九疑面目至今猜天高地迥情難盡悄聽城頭畫角催

淨保寺牡丹　章以榛

花王自昔占仙胎未許塵埃倚砌栽魏紫姚黃難比擬瓊林祇樹可重陪枝枝東向梵宮指瓣瓣西從佛國來妙悟不將開落問拈時微笑個中裁

時雨頌　李正朝

綠滿郊原瑞滿天窮簷共戴邑侯賢皇皇子夜憂先切穮蓘農工意歡翩禾黍崇朝沾化雨棠陰千載浴甘泉採風應入循良傳下里歌謡續簡編

五七言排律

石頭口水驛　唐　張九齡

山檻憑高望川頭渺北流遠林天翠合前浦日華浮萬里緣津渚千艘咽渡頭漁商多末事耕稼少良疇自守陳蕃榻常登王粲樓徒然騁目處豈是獲心遊向跡雖愚谷求名亦盜邱息陰芳木所空復越鄉憂

柳山湖　明　方逢時

夜泊柳山湖秋蓬客思孤候蟲吟露嶼宿鳥集霜菰石實天光炯沙汀漁火疏風香生杜若星彩散蘼蕪樹影時高下歌聲乍有無壯懷增感慨逸興轉縈紆何日辭簪笏常年伴鶴鳧放歌天地外浪跡水雲區自信天隨子誰知楚大夫叩舷長嘯起河漢倚天隅

文廟古松　王士璥

仰止高山在瞻依喬木存枝盤龍屈曲葉動鳳

鬖翠色虛難寫寒光静不掛未須觀禮罷已覺崚
嶒垣容蔭儒冠冨高標道範尊自甘樗散質嫩落
在邱園

城隍廟古柏　李懋泗

古柏何年種千尋鐵骨奇濃陰凝黛色側葉覆霜
皮勁直神靈護榮枯運數知参天增氣象匝地壯
威儀新甫原同幹夔州舊有祠降香聞拂拂孕子
見纍纍冰雪無今古青蒼自歲時直應齊廟祀登
拜仰依庇

赤壁懷古　李正意

清時尚憶漢江天赤壁雖存事枉然諸葛既能綿
漢祚阿瞞何用繼孫權三分鼎峙非人定一炬兵
灰已莫堅寂寂草荒銅雀杳潺潺水湧祭風旋携
魚有客忙收釣載酒何人不掛錢幸有烏林長作
証誤將蘇子賦雙傳

五言絶句

嘉魚口　宋　王十朋

船過嘉魚口買魚人道無青山不堪煮彈鋏笑馮

符

秦鐘寺　明　方逢時

古寺空山裏林深客到稀欲尋僧定處只恐暮鐘
微

讀李茂卿文以下酬贈　陳獻章

著論必無同乾坤孰此容人扶周孔教用世豈無
功

又

不薄論交意因書稍稍知還將天下眼照破老人
癡

龍潭吟為縣尉吳公　李承芳

龍潭大江側風雨噴龍涎吳君飲此水餘爽是貪
泉

戚鳳亭競射以下後編　李世錫

水濶魚爭躍山高鳳有威太平宜偃武張矢月中
歸

洞庭湖　李元震

[illegible]洪作烟波色相邀帝子

文廟古松　　甘又旦

百尺虬龍幹低枝拂廟堂莫驚鱗甲厚直爲飽冰霜

龍潭夜月

曉晴星斗見碧落柳烟齊彷彿驪珠動澄鮮一色低

七言絶句

赤壁　　唐　李白

二龍爭戰決雌雄赤壁樓船掃地空烈火燒天照雲海周瑜於此破曹公

前題　　杜牧之

折戟沉沙鐵半消自當磨洗認前朝東風不與周郎便銅雀春深鎖二喬

前題　　王周

帳前斫案決大議赤壁火船燒戰旗若使曹瞞忠漢室周郎焉敢破王師

前題　　胡曾

烈火西焚魏帝旗周郎開國虎爭時交兵不假揮長劍已破英雄百萬師

前題　　宋　李堂

赤壁危磯幾度過沙羨江上鷗鷺多今人誤認當年祠是猶賴水經能証訛

前題　　陳菊南

往事何須問阿瞞斷頭沼不去此山自從羽觴隨烟波惟有漁舟竟日閒

前題　　明　龍仁夫

踏呂摧袁虎視眈阿瞞氣勢壓江南磯頭一炬東風轉天下江山自此三

嘉魚口　　元　程鉅夫

黃茅為屋荻為籬水滿新堤碧四圍路入嘉魚腸巳斷更堪山鳥勸人歸

前題　　明　方亨

江村聽雨幾宵眠烟水茫茫別是天雙目雲飛雁斷好風何日送行船

魚嶽山　　葉

野繞青青狹路斜隔林烟火有人家數聲啼鳥出
風靜開遍滿山桃李花

大崖山　　姚　梧

鐵橋低度通幽徑石室開開倚碧霄月色一溪真
我在松聲萬壑俗緣消

梅獬湖　　莫　震

嘉魚縣前湖水平湖邊蘆葦曲青青居民曠絶人
踪少時聽棹歌三兩聲

西保湖　　龍　潛

曾合杭州飲酒徒嘉魚誰信有西湖水光雲影相
涵處何必人間看畫圖

采芳亭　　倪　彬

新構香亭氣鬱葱水光山色古今同采芳亭畔香
花草到此應知造化工

竹軒　　莫　震

公家種竹似貧家不許人稱縣令衙為愛年年氷
雪裏數竿長伴紫微花

又

音泊黃陵古廟西詩成冒雨節間題今年敕向
邊過人道曾同彩鳳栖

鐵橋亭　　陳獻章

長髯遺我一囊山鐵橋流水沘人間我今決策山
中去踏斷鐵橋無路還

賀前題韻　　婁　濬

鐵橋深在大崖山誰作橋頭屋半間留住人間成
小歇春来秋去不知還

前題　　李　[illegible]

大崖山亦是羅浮投老尋盟鷺與鷗采得雲根鐺
裏煑鐵橋亭下汲清流

净保寺　　本府判　尹　覺

懶雲臥處覺忘年還是維摩病裏禪留有牡丹花
不老年年二月放南簷

萬壽寺　　袁　亨

山寺来遊正及秋友朋相聚酒盈甌先忘形跡渾
無定懶向山僧話所由

新塘書屋　西保八景載四首　　李承芳

新塘活水探書源聳向晴颸竹裏椒綠野[illegible]何所燕長留道脉鎖青軒 李朝宇書室

蓮邱卓筆 李堅白求雙硯地精神得此

蓮花邱裏筆如峯蜿蜒名山畫俯從道是神祇人不解隴頭看取白雲封

蜀岡隱叟 李德良與程梅軒講學於此

蜀岡洗硯興如何岫裏雲孫護薜蘿漫記先生山共水就中留得好風多

透脱雲烟 岳武穆追楊太太逃脱處

縱是驚魚脱釣磯依然八日紀軍威溪邊巴洗天河甲惟有烟雲貼水飛

送李世卿還楚 以下酬贈　陳獻章

黄公亭子李家山水國初歸作夢看愛殺在家兄弟好一壺春酒對承顏

前題　吳廷舉

文章伯仲歐陽子道德平交李老君歸去大崖了何事坐分江月看山雲

寄懷李世卿　陳紀

君借大崖養高節大崖借君馳遠名大崖作舊君何在孤鶴一聲秋月明

前題　吳廷舉

楚蜀交情兩載違封緘但託寒鴻飛這回真見春風面剔盡寒燈坐不歸

送李茂卿得告南還　吳寬

秋風高興説歸與不為遥思丙穴魚歸到湖西開義學好修白鹿洞中書

憶弟大崖　李承芳

搖搖天外劇心旌鴻雁南飛又北征五嶺三湘春草綠東風疑有杜鵑聲

送李端㮚端行昆弟還嘉魚　王鏊

二李高風挽不回巫山衡嶽勢崔嵬憑將一掬懷人淚洒向黄公舊釣臺

憶黄公釣臺　李承勛

兄住湖西弟澥西平分風月作詩題黄公臺下春如舊人去山空鳥自啼

追輓嘉魚縣孫大尹倫　吳廷舉

山蜂飛去寧官家晓枕何来又報衙二月洞庭兴
上水百年留憾在南嘉

寄李茂卿

我屋黃公咫尺分漁歌風送隔波聞明朝欲謝開
来往走共先生釣白雲

大江烟雨憶周郎 句出宋蘇棠先生註時謫赤壁因借為題句賦四章　李元震

大江烟雨憶周郎結契恩深拜母堂子翼遠来良
自苦君臣骨月總難忘

嘉魚縣志　卷八　詩　五二

大江烟雨憶周郎名士風流幕府張沙捲浪濤千
尺雪武昌夏口欝相望

大江烟雨憶周郎南國佳人姓字香雀鎖臺空漳
水濶烏飛樹繞楚天長

大江烟雨憶周郎如飲醇醪入醉鄉生亮生瑜何
足較英雄意見各相當

赤壁怨 次郭天門韻　龍文鼎

颯颯秋風拂古岩凄凄寒浪洗蒼苔夜来猿鳥啼
情事只道蘇公兩賦乖

拜恩臺　孫襄

先生羽扇獨從容百萬魔消一劍風欲識英雄真
手段杯中白水望溶溶

赤壁 補編　明 楚昭王

赤壁之山上摩空三江之波浩無窮峭壁窮崎江
流東當年鏖戰乘天風百萬北走無曹公鼎立已
成烟焰中大書石上莓苔封千年不泯周郎功我
今送客放舟去江山如舊還英雄

大崖古洞　孫襄

嘉魚縣志　卷八　詩　五三

峥嶸遠接白雲巔曲澗紆廻繞洞邊幽似大行招
隱客勝如白鹿適高賢輕雲幕結千峰霧細雨朝
看滿樹烟莫謂桃源無處覓昔人名已借斯傳

遊獅子菴　李雩大

出郭探名勝来雲鎖薜蘿地違三伏少佀定一身
多竹月窺簾入松風與磬和陶然瀟淨處山鳥隔
牆歌

魚嶽山

四維皆水繞魚山一柱中流萬派環想是鼇蹤藥

島地三山直立海隅間

去嘉繫懷　汪雲銘

爾俸實民膏與脂官箴凜凜天難欺殷勤培溉蘩
多物新長蘭叢三兩枝署有盆蘭既萎復茁而余將適彌月故云

又

家近錢江舊著名江距余居五十里以劉太守捉錢得名酌廉心跡
與同清仰高亭上重回首秋水白雲無限情

外志第十

二氏之法流傳二千餘年辨之固不勝辨外志云者非徒外之無可紀故存其略耳嘉魚邑少名山既乏卓錐之地人多糞食蕪無託鉢之門即一二古剎存者漸圮象教之不光其由来也久矣至於星壇法院尤所稀聞豈人雖佞佛獨不羨白雲鄉乎抑二氏之興替本無關政俗之臧否也倘有心外之必有不能外者矣

寺觀

法華寺在縣南城外宋建隆二年立至正壬辰兵燬洪武元年僧法壽重建二十三年災二十七年僧法慧復建成化元年僧信通重修嘉靖丁卯災隆慶六年僧懶空重建萬歷間剏法華會館邑紳李沂協修前明先達皆讀書其中乾隆三年知縣張其維偕衆捐修

淨保寺一云靜寶寺在淨居里致思湖左宋紹熙初僧寶月建元僧紹忠重建以後無考至康熙六十年建立山門雍正元年重修八角亭及拜殿

太平寺在西安里創始無考僧性錦重建
白湖寺在白湖南唐建宏治中僧覺性重修
熱湖寺在縣東宋開寶間建洪武元年僧宗暉重建
大崖寺在大崖山本大崖觀今改寺以上俱無考修建
蜀山寺在蜀山頭
夏田寺在廣賢里
萬壽寺在豊義里
觀音寺在石塘里

秦鐘寺在郤陵里
寶相寺在左湖里
順濟寺在六溪口
沙陽寺在縣之東北今為三忠祠
石嶺寺在縣西宋時立今廢址存
會眞觀在城東今廢為城隍廟
五嶽觀在灌磯山上今廢為社稷壇
紫霞觀在大崖山今改寺
眞武觀在北門外今毀

觀音堂在大牛山
普安堂在左湖里
獅子菴在縣東門外一里許
大士菴在六溪市鎮萬歷初年僧如文募建崇禎時鄉紳熊開元金聲重修扁曰三摩地

釋老

懶翁祖師名紹忠俗姓張本土人元時出家於淨保寺能守戒律修持數年不食烟火常乘白馬出入無鞍轡一黑犬為之前導或趺坐犬即臥

其側後入塔端坐而逝今肉形尚存寺有紅牡丹一株相傳為師手植至今蕃盛如故移置他所即萎土人每以花之多少卜歲之豐歉云

天如和尚不知何許人萬歷壬寅始至嘉魚行止詭異若儒若僧給諫熊公開元未遇時師偶見其文即批紙尾云此掀天揭地男子特於彈丸中寄跡耳邑中老宿多出其門獨與熊公孚善似有夙緣所得佈施即散與乞丐隨手而盡或經旬不食無憊色言禍福奇中然亦於事後

之来叩者多不答嘗於衆中大言曰世上人[illegible]若輩能從吾遊乎市人皆笑以為狂明末往來溪口乞一居沽之子為行童瓢然而去住鄢城靜修寺每五更沿街呼曰大難將至[illegible]為計崇禎癸未元旦忽不見六月閤省及於難

覺来和尚早歲習舉子業補邑庠博通内典隨感悟棄諸生結草廬區外負米自炊不受人間緣粟放生戒殺持誦禮經久之心膽洞然了無滯礙坐化之日感應異常邑中先達皆其門下士今所建塔表在白湖淨土庵之前

無相禪師名如堂一云號有相南陽人始師有歐歐之疾往岳陽深山中持蓮華經二十年夜夢金臂人飲以玉露疾遂瘳掛錫出泥巷三年忽一日謂主人曰本以十月行因修懺事展期一月旦日酉時予逝矣及旦禮十方佛入龕趺坐久之奮聲呼曰去衆請曰師何去曰竟往佛國俄而火光漸漸化作金蓮花而上今其塔尚存

現菴和尚臨濟三十三世大覺國師之孫先住[illegible]

蓴川草堂縣治南牛首山之麓里人周士講結屋其間倣鹿門遺事縣令李世錫偶遊其地歎曰別一洞天宜梵刹宜羽客惜乎其獨少此士講即捨宅為安禪地令嘉之乃專簡請師至日與之遊問為政何先師曰勤恤民隱以報君恩令善其語隨改拓周居為牛山南院公餘即造焉師道律精嚴兼通儒術與人言悉以忠孝為綱領

東震寺在簰洲頭社建自明初規模宏敞屹立江干其神最靈為往來客舟所必祭今已崩塌乾隆丙午住僧蜜波募化移入社之東北曰彩鳳地

廣賢院在簰洲二社其先為烈女祠即志中所載羅烈女也今改為廣賢院里人何蕻溟曾為文以辨之